法学教育研究

Legal Education Research

2022 第三十六卷 杨宗科 主编

法律出版社
LAW PRESS·CHINA
——北京——

本书各篇文章中的观点均属作者个人观点，不代表主办单位或其他机构、个人的观点。

法学教育研究 （第36卷）

理论探讨

从法学教育大国迈向法学教育强国的历史自觉　冯　果 / 3
新文科与法学教育的现代化转型　黄锡生　王中政 / 17
新兴目录外法学二级学科设置的依据、原因与未来建设
　侯明明 / 38
多学科交融的国家安全法学专业建设探究
　舒洪水　马　瑜 / 54
论“新法学”视阈下纪检监察专业的建设
　褚宸舸　齐　飞 / 70
新时代中国航运法律本科专业教育培养模式之反思
　孙思琪　郑　睿 / 91
社会科学融入法学教育的应当性与可行性分析
　——从社科法学的兴起说开去　沈明敏 / 120
人际网络视野下清末法律学子的留日生涯
　——围绕沈锡庆的考察　姜　增 / 144

教学研究

“学生慕课”教学模式在法学本科教学中的应用
　杨　攀 / 161
论法律大数据实证研究课程的构建　黄　磊 / 186

一期一书一会:法史学经典著作研读的教与研　陈新宇　翟家骏　杨同宇 / 206
联合国体系下国际法教育方案之实践考察　刘　畅　张昕宇 / 219
高等院校跨学科协同教学模式研究
——以《法律语言学》课程为例　何静秋 / 237
法学教育的"田野"
——法学田野教学的意义、实践及课程预设　易　军 / 254

比较研究

法律诊所教育需要理论吗?　休·麦克福尔　著　宋海彬　杨　昊　译 / 281

管理经纬

抑制还是激发:"预聘—长聘制"对科研产出的影响
戚业国　李　丰 / 303
我国大学管理人员专业化发展:机理、约束及路径　罗向阳　姚聪莉 / 322

教育法制

学位授予品行标准的实证考察与功能分析　温红超 / 345

书　评

论"司考"改"法考"与法学教育发展
——《司考十年反思录》再思考　杨城新 / 371

《法学教育研究》稿约 / 391

Contents

· Exploration of Theories ·

On the Historical Consciousness of Stepping from a Large Country of Legal Education to a Powerful Country of Legal Education ········ *Feng Guo* 3

On the New Liberal Arts and Modern Transformation of Legal Education ········ *Huang Xisheng* *Wang Zhongzheng* 17

On the Legal Basis, Reasons behind for the Setting of Emerging Secondary Disciplines of Law Outside the Catalogue Regulated by the Ministry of Education and their Future Construction ········ *Hou Mingming* 38

Research on the Construction of National Security Law Specialty with Multidisciplinary Integration ········ *Shu Hongshui* *Ma Yu* 54

Research on Constructing the Major of Discipline Inspection and Supervision from the Perspective of the "New Science of Law" ········ *Chu Chenge* *Qi Fei* 70

Reflections on the Cultivation Mode of the Undergraduate Education of Shipping Law in China in the New Era ········ *Sun Siqi* *Zheng Rui* 91

The Necessity and Feasibility Analysis of the Integration of Social Sciences into Legal Education

—Starting with the Rise of the School of Social Sciences and

· Management Framing ·

Inhibition or Stimulation: The Impact of "Chinese Tenure Track System" on Scientific Research Output ········· *Qi Yeguo Li Feng* 303

On the Professional Development of University Administrative Staff in China: Mechanism, Constraints and Pathways ·· *Luo Xiangyang Yao Congli* 322

· Education and Law ·

On the Empirical Investigation and Functional Analysis of the Standards of Conduct for Academic Degree Award ··· *Wen Hongchao* 345

· Book Review ·

On the Transformation from Judicial Professional Qualification Examination to Legal Professional Qualification Examination and the Development of Legal Education
—Rethinking on *Ten Years' Reflections on Judicial Professional Qualification Examination* ··························· *Yang Chengxin* 371

· Notice to Contributors ·

······································ 391

理论探讨

从法学教育大国迈向法学教育强国的历史自觉

冯　果*

摘　要：在法学教育自身发展冲动和对中国法治人才的内在需求合力作用下，中国法学教育取得了举世瞩目的成就，从规模和体量来看，已经成为名副其实的法学教育大国，但离法学教育强国这一目标还有较大差距。我们需要顺势而为、谋势而动，以准确识变之智，科学应变之道，主动求变之能，牢牢把握发展的主动权。这就要求我们必须进一步解放思想，打破制约法学教育发展的藩篱，扎根中国大地，凝练中国特色，走开放创新、内涵式发展的道路，推动中国法学教育高质量发展，实现中国法学教育由"大"到"强"的跨越式变革。

关键词：法学教育　教育大国　教育强国　内涵式发展　创新突破

2021年是中国共产党成立100周年，习近平总书记在庆祝中国共产党成立100周年大会上的重要讲话吹响了向第二个百年奋斗目标进军的号角，中

* 冯果，武汉大学法学院教授、博士生导师，研究方向：商法、经济法、法学教育。本文受"四个一批"文化名家暨哲学社会科学领军人才项目资助，特致谢。

华民族正在以慢不得的紧迫感、坐不住的危机感、等不起的责任感阔步迈上新征程。“法学兴则法治兴,法治兴则国家兴”。法学教育是国家法治建设事业的重要组成部分,具有基础性、战略性和先导性的地位。法学教育的得失,关乎法治的得失,有关国家的前途和民族的命运。站在两个一百年的历史交汇点,我们有必要认真审视我国法学教育走过的不平凡历程,准确把握法学教育的现状,顺势而为、谋势而动,以准确识变之智,科学应变之道,主动求变之能,牢牢把握发展的主动权,推动我国法学教育高质量的发展,实现我国从法学教育大国向法学教育强国的历史性跨越。

一、法学教育大国之形成

所谓“××大国”中的“大”主要是从规模和体量上讲的。“大”和“强”是动态关联的。“大”不等于“强”,“强”也不一定“大”,但“强大”往往是事物最完美或最理想的组合。在事物的发展进程中,既可以是由“强”而变“大”,也可以是先“大”而后强。当然也会产生一直“大而不强”的状态。但“大”和“强”绝对不是对立的,更不是孤立的。“大”通常蕴含了向“强”转化的基础和优势,为由“弱”向“强”的转化创造了条件。中国共产党百年奋斗的历史就是一部从小到大、从弱变强的奋进史。对中国的法学教育而言,也是同理。没有一定的规模,法学教育的做强恐怕无从谈起。只有成为法学教育大国,我们才有提出建设法学教育强国的现实基础和可能。

作为培养法律专门人才的活动,我国的法学教育历史是短暂且曲折的。我国近代法学教育诞生于清末和民国时期的救亡图存运动中。1949年10月,随着中华人民共和国的成立,中国法学教育走向了一条全新的道路,但由于受到错误的影响,法学教育也一度陷入停滞。改革开放后,中国法学界深刻反思、全面批判,摆脱了错误思想的干扰,改变了僵化的法学教育模式,广泛学习和借鉴其他国家的法律文明、法学教育经验和智慧，积极调整我国法学教育体制、政策和具体教育模式，推动了我国法学教育的快速发展，实现了从无到有、从小到大的历史性跨越，一个法学教育大国的雏形已经显现。

首先，法学教育指导思想的确立和人才培养目标的成型。“为谁培养人、培养什么样的人、怎样培养人”这是法学教育的根本问题，也是法学教育体系的基础性和核心命题。经过改革开放40多年的探索，我国法学教育已经确立了马克思主义的指导地位，并进一步摆脱了教条主义的束缚，重构了具有中国特色的社会主义法学理论体系，实现了法学教育理论的转型，开启了马克思主义法学理论中国化的全面探索。在法学教育人才培养目标上实现了向“立德树人、德法兼修、明法笃行”法治人才的转变，为我国法学教育的发展扫除了障碍，指明了方向。

其次，我国法学教育在改革开放后经历了由专业教育、学科教育再向职业化教育的探索和转型，人才培养的模式、手段和路径更加清晰、更加多样，法学教育体系更加完备。主要表现在：(1)经过40多年的快速发展，我国法学教育改变了法学教育早期专业、学科、学位层次单一的局面，不断调整法学教育层次结构，形成了本科、硕士、博士等各个学历层次在内的学历教育以及专升本、电大、夜大等教育的法治人才培养体系。(2)实现了法学硕士学术型研究生和法律硕士专业型研究生等不同类型人才的多样化培养，完成了法学教育从一元到多元的根本性转变。(3)随着法学教育目标的转型，案例教学、模拟法庭、法律诊所教育等实践型课程不断增加，人才培养的渠道不断得以拓宽。上述改革探索推动了我国法学教育的升级和转型，不仅满足了早期重建法律秩序的任务要求，也为中国法治建设事业培养了一大批有法律专业基础和法律素养的法治人才工作队伍。

再次，在海纳百川的基础上，我们的学科体系、学术体系和教材体系逐步成熟。40年来，我们不断加大学科建设力度，建立了法理学、法史学、宪法与行政法学、民商法学、经济法学、刑法学、诉讼法学、国际法学等法学二级学科体系，成立教育部法学教学指导委员会和全国法律硕士教学指导委员会，制定了法学课程设置大纲，不断推进教材体系建设，积极加强马克思主义法学理论本土化研究,初步建立了具有中国特色的社会主义法学学科体系、学术体系和教材体系,具有中国社会主义特色的法学理论开始逐步形成,为我国法学教育的高质量发展奠定了基础。

最后,我国法学教育规模和体量得到了迅猛突破。特别是1998年之后,我国法学教育进入了大众化教育阶段。经过数十年的发展,已从新中国成立初期的"五院四系",发展到今天法学院校627所,在校本科生31万人,法学硕士1万余人,法律硕士1万人左右,法学博士约1100人。[①] 与此同时,拥有了一支数量庞大的以高等院校法学教师为主,科研机构和实务部门共同参与的、专兼职结合的法学师资队伍,并形成了稳定的师资培养模式,为中国法学教育的可持续发展创造了条件。

纵向比较,我们的成绩有目共睹;横向比较,无论是法学院的规模、招生人数,还是师资队伍与办学条件等方面,我国法学教育已经位居世界首位,可以说是名副其实的法学教育大国。

应该说,我国法学教育的快速发展和法学教育大国局面的形成有其深刻的历史原因和时代背景,它是法学教育自身发展冲动和对中国法治人才的内在需求合力而为的结果。这些成绩的取得,既得益于改革开放的成功推进,又得益于我国经济、社会与政治发展实践的有力推动,特别是中国法治实践的坚强支撑,也源于中国法学教育自身发展的冲动。正是对自身发展不足所产生的强烈的焦虑感和紧迫感,推动着中国法学教育的扩张式发展。[②]

二、法学教育强国之羁绊

(一)何以还不能称为法学教育强国

法学教育大国,显然不能等同于法学教育强国。判断一个国家教育

---

① 参见李其瑞、冯飞飞:《中国法学教育70年:发展历程、问题反思与未来展望》,载《法学教育研究》2020年第2期。

② 参见杨学科:《篱笆、渴望和中国法学教育四十年之"不惑"》,载《法学教育研究》2019年第2期。

力量的强弱，主要看两个方面。首先要看其教育系统自身是否足够强大。这里面又隐含两个方面的内涵，一是教育系统自身的发展水平，这就不仅仅体现在教育系统规模和数量、经费与硬件等方面，更体现在教育理念、教育结构、教育体制以及教育制度的先进与完善程度。二是其是否能够有效地支撑、服务和引导国家和社会发展，即其基础性和引导性功能是否能够得到足够有效的发挥和切实充分的彰显。其次，还要看其是否形成了自己的优势和特色，是否具有影响力和竞争力，在全球范围内是否展现出强大的吸引力和辐射力。法学教育也不例外。我国法学教育虽然获得了突飞猛进的发展，但无论从上述哪一点上看都不能称为法学教育强国。

1. 法学教育质量良莠不齐，教育发展不均衡

如前所述，我国法学教育的快速发展是法学教育自身发展冲动和对中国法治人才的内在需求合力而为的结果。在法治人才极为短缺的特定历史条件下，法学教育也以前所未有的速度在赶超，缺乏必要的法学门槛设计和办学资质认证要求，没有必要的评估和淘汰机制，结果不少法学院在办学条件极为简陋、师资力量奇缺、没有进行必要的可行性论证的情况下仓促上马，从而不同法学院校之间办学质量参差不齐，制约了法学人才整体培养质量的提升和社会对法学教育的良好评价。与此同时，优质教育资源也集中在少数经济发达地区，法学教育区域发展不平衡的矛盾非常突出。

2. 法学教育的基础性和先导性功能没有得到有效发挥，无法满足快速发展的社会需要

首先，法学是一门实践性很强的应用性学科，法学教育培养的是能够解决复杂社会问题的专门法律人才，但我们的法学教育在教学方式上，却以说教式的理论灌输为主，法律实践教学落后。即便最近几年开始注重法教义学的研究和法律思维的培养，但在具体的课堂教学中，也多是利用法律条文去分析所选取的事件，而忽略法律条文在具体事件中的运用，很少引导学生去分析事件发生的原因、情景，导致学生只会机械地背诵或理解法条而不能真正地运用法律知识去解决形形色色、复杂多

变的现实问题和纠纷。

其次,专业和课程设置无法跟上社会发展的步伐。社会是一个复杂的系统,法律仅仅是复杂社会系统的一个组成部分,法学学科自身并不具有充分的自洽性,法学理论从来就不能脱离其他学科理论而存在,如果不能有效整合法学、社会学、政治学、经济学等社会科学,乃至公共卫生学、计算科学等现代知识,将很难有长足的发展,也无法培养出合格的法治人才。③ 但是,深受教研室设置的影响,我国法学教育一直未能摆脱传统学科之间"以邻为壑""条块分割"的桎梏,法学教育队伍门户隔离严重,研究公法的老师不会涉足私法,讲授私法的老师也不涉及公法,专攻国内法的老师绕开国际法,研习实体法的老师回避程序法等现象比较突出,更遑论传统学科与新兴学科之间的融合以及法学与其他学科之间的交叉。画地为牢式的专业、学科和课程设置导致培养出的学生知识结构不合理、眼界狭窄,无法适应法治社会对法治人才的需求。

最后,教学内容存在概念和命题老化、知识陈旧、无法回答和解决复杂的现实问题。当今世界进入了一个科技日新月异、社会快速变革的时代,人们的生活方式和商业模式都在发生急剧变化,权利的内涵、表现形式及其实现方式也都发生着重大变化,需要法学知识内容和知识体系的推陈出新。但是,我们的法学教材和课程内容却存在命题老化和知识陈旧的突出问题,无法跟上时代步伐。如果这一矛盾不解决,高质量的人才培养自然无从谈起,法学教育强国也是空中楼阁。

3. 充满活力的有效法学人才培养体制尚未建立

一方面,我国法学教育现代化进程一直是在政府主导之下推进的,在一定程度上遏制和影响了法学教育发展的自主性。改革开放40多年来,政府在法学教育的发展中发挥了主导作用,政府在总体设计法学教育的目标和实施方略、动员法学教育资源、塑造法学教育发展偏好、政策刺激、创新话语中与时俱进。政府主导为我国法学教育的跨越式发展提供了强有力的支撑和保障,体现我国举国办教育的体制优势,但也产生

---

③ See N. Luhmann, *Operational Closure and Structural Coupling: The Differentiation of Legal System*, 13 Cardozo Law Review 1419(1992).

了法学教育发展对政策刺激的路径依赖，陷入了“没有政策刺激就没有自我发展”的制度锁定陷阱，高校的自主创新能力受到抑制。④ 不仅如此，顶层设计很少照顾到不同层次和不同类型法学院校的实际情况，多元化的教学模式在国家相对单一的政策指导和刺激下无法真正形成，法学教育体制的僵化态势明显，教学创新活力不足。另一方面，法学人才应该是理论和实践部门的合力培养，只有如此才能满足社会的行业需求和实务部门对法律人才培养质量的要求，但我国法学教育“高校—行业”以及“高校—实务部门”联合培养的高质量法治人才培养机制并没有有效建立。高校老师主要是从高校到高校的年轻博士，基本上没接触过法律实务部门，缺乏实务操作经验和感受。虽然自2013年起，在中央政法委的牵头之下，开始实施高校和法律事务部门人员互聘的“千人计划”，仍然存在不少制度上的掣肘，实施机制并未理顺，实施效果并不理想。

4. 缺乏自身特色和国际影响力

首先，我国法学教育自身特色并不明显，缺乏自主性的法学教育理论和法学话语体系。长期以来，我国的教育一直是充当西方法学教育追随者和模仿者的角色，无论是法学学科体系、学术体系，还是课程体系、教学模式都是步人后尘、亦步亦趋，先是模仿苏联，后追随德日，继而模仿英美，没有自身禀赋和特色。目前，我国法学教育基本上仍然处于知识输入大国的地位而非思想和知识输出大国，占据中国法学课堂的或被学界推崇的仍然是各种各样的国外的法学学说和话语体系，法学教育在融通本土文化资源和外来文化资源方面的能力还存在较大的不足，中国特色社会主义法学教育理念和教育模式尚在形成过程中，还没有向世人彰显其影响力和竞争力。

其次，我国法学教育缺乏国际视野和国际眼光。在全球化的时代，大国教育不可缺失的是全球意识和全球思维。法律作为社会治理的手段，必须树立国际化思维，要兴全球化之利、除全球化之弊，积极应对“逆

---

④ 参见杨学科：《篱笆、渴望和中国法学教育四十年之“不惑”》，载《法学教育研究》2019年第2期。

全球化”“反全球化”思潮,在全球化的背景下引领和推动法律全球化和法学全球化。问题是,我国当下的法学体系还明显缺乏国际视野和全球思维,专业设置单一,国际法学科发展受阻,⑤对全球治理规则、治理体系、治理体制的变革反应迟钝,人才培养和人才供给均不到位,与日益走进世界舞台中央的大国角色不相匹配,也与法学教育大国的身份不相符。

(二)制约我国教育高质量发展的深层原因

改革开放以来,我国法学教育已经走过40多个春秋,对于进入“不惑”之年的中国法学教育来说,需要进行理性的思考,究竟是什么原因导致中国的法学教育在低质量上徘徊?制约中国法学教育质量进一步提升的深层次原因究竟为何?只有将这些深层次的原因找出来,才能为未来法学教育征程“再出发”破除樊篱,扫清障碍。笔者认为,制约我国法学教育高质量发展的原因很多,但深层次的原因主要是以下三个方面。

第一,心理层面上缺乏自信。中国近现代法学教育的产生和发展并非一个自然演进的发展过程,而是在追随和模仿过程中发展起来的。从清末到改革开放的不同历史时期,政府派遣了一批又一批的留学生赴欧美和苏联学习,其中的不少佼佼者又返回国内投身于法学教育事业。他们译介了大量的海外优秀法学著作,编写出版教材,并将其所学的知识和经验尤其是法学教育理念付诸教学实践,成为不同时期法学教育的引领者,推进了中国法学的成长,但不可避免地烙上模仿者的历史印记。⑥长期的追随和模仿,也容易导致心理上的劣势,缺乏自信。当然,这对任

---

⑤ 参见黄进:《加强我国涉外法治人才培养的战略选择》,载光明网,https://legal.gmw.cn/2021-02/09/content_34611217.htm。

⑥ 民国时期我国法学的开山鼻祖们奠定了中国法学近现代法学的根基,为新中国法学教育积累了丰富的文化资源,成为社会主义新兴法学教育的精神命脉和文化资源,但受当时条件所限,这些前辈们主要是将国外尤其是欧美的教学理念以及教材引进国内,并仿照西方的模式来培养国内的法律人才。新中国成立后的1950年,在北京创办的中国人民大学法律系成为新中国第一所法律高等教育机构,同时承担全国法学教师培训的主要任务,但其培养模式、专业设置和课程体系基本上承袭苏联模式。我国法学教育在1977年、1978年恢复的时候,全国生效的法律一共八部,那时候我们编的法学教材基本上是介绍外国的学说和理论为主。后来局面有所改变,但也主要是移植西方的学说和理论。

何一个后发国家来说都是再自然不过的事情,而这种心理上的转变则需要一个渐进的过程。

第二,主观上缺乏创新的动力。坦率地讲,我国法学教育自身有急于扩张的内在冲动,但在追求内涵式发展和提升人才培养质量方面却动力不足。这与我们的学科评价机制不无关系。一方面,面对被破坏殆尽的法律秩序和法律人才短缺的局面,我们内心充满焦虑;但另一方面却对什么是好的法学教育、如何办好中国法学教育缺少认真的思考。为了挽回被耽误的时光,并向世人展示学科的成熟和进步,我们渴望得到社会的认可。这种冲动表现在对开办法律专业的无限热情,表现在对学科排名的热衷追求。无论政府还是法学院校都渴望能够早日挤进"世界一流学科"之列,希望能够得到国际社会的承认与认可,"不发表即死亡"被绝大多数法学院校和学者奉为圭臬,片面追求学术发表,形成了狂热的"学术 GDP"崇拜。相反,教学成了难以量化和衡量的东西,对教学投入和教学质量缺乏应有的热情和关注,教学反而成了一个附属品。在这样一种浮躁的教育氛围下,教学研究和教育创新的热情和动力明显不足。

第三,客观上缺乏创新的机制保障。教育是一个塑造人的灵魂的事业,有其自身的发展规律,也有其客观的生态环境。如同自然界的生态圈一样,教育也是由互相关联的主体(教育者、受教育者、教育管理者、教育服务者等)组成。在没有外力干预的情况下,如同自然界会形成自发秩序一样,商业圈会形成商业生态圈,教育界也自发形成被主体认可的秩序和自治型的共同体生态圈。⑦ 事业心、责任感、同事认同、学生认可会在高校内部生成共识和标准,并产生相应的激励和约束机制。不同的高校有自己不同的办学条件、理念和风格,也最熟悉和了解自身的情况,它们才应该是教育创新的主体和基本单位,应明确自身的定位。政府和社会应该赋予高校自主创新的空间,尊重高校的创新。如果我们不能进一步解放思想,改变教育管理思路,法学教育强国也可能就是空谈或奢望。

---

⑦ See James F. Moore, *Predators and Prey: A New Ecology of Competition*, Harvard Business Review 75(1993).

三、法学教育强国之进路

教育因责而生,尽责而兴,提出“法学教育强国”的意义在于凝聚教育共识,找准历史方位,明确奋斗目标。正如中国政法大学党委书记胡明教授所分析的,“我们不缺一流的校园,一流的设备,中国学者的勤奋聪颖世人公认。我们缺的是能把大学的物质条件与人的条件紧密融合、最终提质增效的能力——对一流大学的内涵支撑”⑧。法学教育强国梦的实现需要的是一种变革图强的历史自觉,需要的是突破“制高点”堡垒的攻坚克难的精神,需要的是放眼未来的眼光和胸怀全球、兼容并蓄的气魄,需要的是充满活力的教育体制和切实可行、扎实推进的具体举措。

(一)融入新时代

首先,法学教育要自觉融入中国特色社会主义新时代,走扎根中国、贡献国家的发展之路。经过长期努力,中国特色社会主义进入了新时代,这是改革开放的新时代、以人民为中心的新时代,是奋力实现中华民族伟大复兴的新时代。法学教育必须融入这一伟大的时代,以习近平新时代中国特色社会主义思想和习近平法治思想为指导,办让人民满意、让社会尊重、让党信赖的法学教育。这就要求我们,必须坚持社会主义办学方向,坚定理论自信和道路自信,坚定不移走中国特色社会主义法治道路,以研究和解决中国问题、凸显中国特色为导向,更加注重立足国情和本土资源,对复杂现实进行深入分析、作出科学总结、提炼规律性认识,不断丰富中国特色社会主义法学理论体系并将其贯穿于研究和教学全过程,逐渐摆脱对西方法学理论和研究资源的依赖,及时回应中国社会法治人才建设需要,探索一条具有中国特色的法学人才培养之路,为中华民族伟大复兴提供强有力的法治人才支撑和智力支撑。

---

⑧ 胡明:《从高等教育大国到高等教育强国的历史性跨越》,载《人民论坛》2020年第25期。

其次，法学教育要融入科技创新信息化的新时代。21 世纪以来，新一轮科技革命和产业变革正在重塑全球经济结构，科学技术前所未有地深刻影响着国家的前途命运与人民的生活福祉。法学教育必须立足前沿、接轨国际，以积极姿态及时调整法学教育模式和法学教育手段，有效回应互联网、区块链、大数据、云计算以及人工智能等新技术发展对法律制度的挑战。

最后，法学教育要融入全球化的新时代。“这个世界，各国相互联系、相互依存的程度空前加深，人类生活在同一个地球村，生活在历史和现实交汇的同一个时空，越来越成为你中有我、我中有你的命运共同体。”⑨一方面，当前世界上出现的一些逆全球化动向只不过是全球化潮流中激起的几朵浪花，阻挡不住全球化大潮；另一方面，世界的政治格局和经济格局也正在发生巨大变化，我们正面临百年未遇之大变局，全球治理体系必将出现大的变化和调整。在推动构建全球治理体系和国际法治新秩序的时代背景下，我国作为负责任的大国，不能仅仅作为国际规则的接受者和适应者，而需要积极参与全球治理，做国际规则的维护者和建设者，不断提升在国际事务中的话语权，不断增强我国在世界舞台的影响力。⑩ 因此，我国法学教育必须具有全球视野和国际眼光，加快推进涉外和国际法治人才的培养，同时坚定不移地走国际化办学的道路。

（二）走内涵发展之路

法学教育内涵发展是法学教育强国的建设内容，也是法学教育高质量发展的应有之义。我国法学教育发展必须进入由数量规模为考量的外延发展到以质量为特征的内涵发展的新阶段。为此，需要从以下几个方面着力：第一，法学教育发展目标要从功利回归本源。“有什么样的评价指挥棒，就有什么样的办学导向”，法学教育的发展目标不能是功利化

---

⑨ 习近平：《在莫斯科国际关系学院的演讲》（2013 年 3 月 23 日），载中国政府网，http://www.gov.cn/ldhd/2013-03/24/content_2360829.htm。

⑩ 参见刘晓红：《以习近平法治思想为引领　加强涉外法治人才培养》，载《法治日报》2021 年 1 月 20 日，第 9 版。

地追求排名,不能是功利化地追求产出,而是培养德法兼修的社会主义法治人才,法学教育评价机制的改变刻不容缓。第二,发掘潜力、稳控规模、优化结构、提高质量、增强效能。这就需要建立和完善法学教育的认证制度,确保法学人才培养质量,通过强化精神支撑和优化资源配置,形成以质量提升为核心、办学规模与质量协调推进的发展道路。第三,要着力改变目前课程和专业设置不合理的局面,全力推进传统学科的升级转型和新兴学科与交叉学科的快速发展,尽快破解理论与实践脱节、教学手段和方法陈旧等长期制约法治人才培养的"卡脖子"问题。

(三)走开放发展之路

开放发展意味着,首先要有全球化的办学理念和眼光。习近平总书记考察中国政法大学时特别强调,我们要积极吸收借鉴世界法治文明的优秀成果,因此不能回到自我封闭的老路上去,要勇于向世界发达地区和国家的主流化教学模式学习。当然也不能囫囵吞枣,不能照抄照搬,不能做西方理论的搬运工,要兼收并蓄,在批判融通西方教育的基础上探索建立适合中国国情的具有本土化特色的中国法学教育模式。

走开放发展之路就是要进一步解放思想,打破目前条块分割的局面,以更加包容的心态来实现法学教育的自我改造。其一,要实现法学教育体系内部的协调和联动,彻底改变法学教育体系自身分割的状况。目前我国法学教育的现状:本科是一块,研究生是一块,博士后研究又是一块,法学教育没有形成一个有机体系。其二,法学学科内部壁垒需要被彻底打破,改变现有的以学科为基础组建教学单位的做法,建立以问题为导向的课程组和教研团队,以需求为导向,设置课程和安排授课内容。其三,就是要跨学科专业、跨学院学校、跨理论实践、跨国家地区,推动不同的学校学院之间的交流以及理论和实务的融合。

(四)走自主创新的发展之路

自主创新能力作为国家竞争力的核心,是我国应对现实和未来挑战的必备基础。中国法学界在原创性的概念、思想、理论或者对原创性的法律制度提炼方面作出的贡献应该说还十分有限。随着全面依法治国战略的稳步实施和习近平法治思想的形成,我们毫无疑问地进入到一个前所未有的新时代，我们已经有条件、有实力、有自信形成具有自己特色、风格和气派的"学派"，构建自己的法学思想理论体系。我们完全可以围绕中国和世界发展面临的重大问题，以问题为导向，提出能够体现中国立场、中国智慧、中国价值的理念、主张、方案。问题是，教育创新需要有理想的外部条件和环境。就法学教育而言，我们需要创立一个能够适应国家变革发展和需要的分类分层的法学教育体系，需要充分调动各高校自主创新的积极性和主动性，这就迫切需要在教育主管部门和高校之间形成有效的"控""放"平衡机制，逐步形成科学、开放的弹性治理体制，为中国法学教育的创新释放必要的空间。

四、结语

高质量教育是教育强国的核心、生命线，最能彰显教育强国内涵的就是质量，中国的法学教育迫切需要由"学有所教"的模式转向"学有良教"的高质量发展模式。扎根中国大地、突出中国优势、服务国家社会，办好人民满意、人民尊重、人民信赖的法学教育，是社会的期盼、人民的重托，是新时代法学教育工作者义不容辞的责任和担当。我们需要拥有自我认知的大智慧以及主动求变的历史自觉，为实现我国由法学教育大国到法学教育强国的跨越式发展而贡献力量。

On the Historical Consciousness of Stepping from a Large Country of Legal Education to a Powerful Country of Legal Education

Feng Guo

Abstract: Under the integrated effect of the innate development impulse of legal education and the internal demand for Chinese legal talent, China's legal education has made remarkable achievements. In terms of scale and volume, China has become a veritable large country of legal education in the world, but there is still a big gap in the goal of becoming a powerful country of legal education. We need to take advantage of the trend, follow the trend and firmly grasp the initiative of development through the wisdom of accurately recognizing change, methods of scientifically adapting to the changes of the time, and the ability of actively seeking the changes. This requires us to further emancipate our minds, break down the barriers that restrict the development of legal education, root in China, refine Chinese characteristics, take the road of opening, innovation and connotative development, promote the high-quality development of China's legal education, and realize the innovative breakthrough of Chinese legal education and make it from "large" to "powerful".

Key Words: legal education, large country of legal education, powerful country of legal education, connotative development, innovation breakthrough

新文科与法学教育的现代化转型*

黄锡生**　王中政***

摘　要：新文科是国家对学科建设为适应新时代发展而提出的新要求。新文科的时代内涵包含了以“传承”和“创新”为核心的知识逻辑以及以“认知”和“实践”为核心的社会逻辑，新文科具有本土性、开放性和技术性三重属性。新文科与法学教育的融合促使法学教育的现代化转型。法学教育的自适应性为法学教育的变革提供了可能。法学教育需要在克服内生困境的基础上，作出理念和模式上的双重转向。法学教育的现代化之路应当围绕完善纵向分级培养体系和构建横向分类培养体系两个逻辑展开，重点从教育理念、教育主体、教学内容、教育评价四个方面作出创新。

关键词：新文科　法学教育　现代化　知识生产

---

* 基金项目：研究阐释党的十九届五中全会精神国家社科基金重大项目“生态文明视野下自然资源资产产权法律制度研究”（项目编号：21ZDA091）；最高人民法院2021年度司法研究重大课题“事实审和法律审审级分层机制研究”（项目编号：ZGFYZDKT202119－01）阶段性研究成果。感谢外审专家的宝贵意见。

** 黄锡生，重庆大学法学院教授、博士生导师，研究方向：环境与资源保护法学。

*** 王中政，重庆大学法学院博士研究生，研究方向：环境与资源保护法学。

历史表明,凡是社会大变革、大发展的时代,也是人文社会科学大繁荣的时代。习近平总书记在全国哲学社会科学座谈会上指出,当代中国正经历着我国历史上最为广泛而深刻的社会变革,也正在进行着人类历史上最为宏大而独特的实践创新。而后,“新文科”的概念应声落地,旋即引发了学术界和实务界的热议。法学作为人文社会科学最古老的学科之一,迄今已历经几千年的岁月浮沉。无论是早期的罗马法学,还是中世纪的神学法学,抑或近代以来的法哲学和法社会学,等等,其从产生、发展到鼎盛或灭亡,都离不开法学教育的推动。可以说,法学教育的演变与法学学科的发展相伴而生。正是两者的共生性,使得法学教育也随着社会的变迁而不断地自我革新。当今,新文科的提出因应了社会的变革,对人文社会科学产生了革命性的影响,促使着法学教育的再一次转型。新文科与法学教育的关系是理解法学教育现代化转型的关键,实现法学教育现代化也是每一位法学教育工作者的殷切希望。

一、新文科的时代内涵

新文科之提出乃晚近之事项。一般认为,新文科最早由美国希拉姆学院于2017年提出。① 就国内而言,新文科的首次出现是在2018年全国教育大会召开前的文件里,即“高等教育要努力发展新工科、新医科、新农科、新文科”(简称“四新”建设)。2019年4月,教育部等13个部门联合启动“六卓越一拔尖”计划2.0,吹响了新文科建设的号角。2020年11月,《新文科建设宣言》的发布标志着新文科建设工作的深化。在新时代背景下,新文科有着丰富的时代内涵。

(一)新文科的两重逻辑

自新文科提出以来,学界对其内涵就进行了热烈的讨论。有学者认

① 目前,关于“新文科”来源的讨论中,比较多的说法是认为这一概念是由美国希拉姆学院于2017年率先提出。但有个别学者质疑这一说法,认为新文科是由美国斯隆基金会于1980年率先提出。参见赵奎英:《“新文科”“超学科”与“共同体”——面向解决生活世界复杂问题的研究与教育》,载《南京社会科学》2020年第7期。

为,新文科是后工业时代基于知识高度综合化、信息化、数字化的一种文科知识生产与再生产的新形态。② 另有观点认为,新文科以继承与创新、交叉与融合、协同与共享为主要发展途径,促进多学科交叉与深度融合,推动传统文科的更新升级。③ 还有研究认为,新文科的本质是融入新科技、新理念、协同解决时代发展迫切问题的创新之举。④ 可以说,学界对新文科的内涵进行了深入的探讨,对新文科的融合性特征也基本达成了共识。然而,既有研究看到了文科与自然科学、现代技术融合之必要性和紧迫性,却忽视了新文科与传统文科的内在联系,未能同时站在历史与现实的角度对新文科的内涵进行完整的诠释。本文认为,对新文科的把握不能脱离传统文科的发展脉络,更不能游走在新时代背景之外,而应是历史与现代的深度融合。

其一,以“传承”和“创新”为核心的知识逻辑。“传承”意味着对传统知识的汲取。新文科并非摒弃旧文科的传统,也不是在传统知识之外“另起炉灶”。新文科建设的基本要求在于对传统知识的批判性吸纳,即将经过时间检验、具有时代精神的知识进行保留。从文科发展的轨迹上看,文科所具有的“传统面向”特点在知识演进的长河中也得到了充分的证明。在西方,古希腊人创造的知识经古罗马、中世纪、近代、现代之变动而形成今日之多元局面。在东方,中国先秦诸子的思想也深刻影响了后世东亚各国人民。与理工科通过纠错和迭代所形成的知识积累模式相比,文科知识的弥散性和多元性形塑了一种以经典阅读为主要方式的教育体系,“传承”是新文科的基本要求之一。⑤ “创新”则意味着对旧有知识的更新和超越。继承传统固然可以促成知识的积累,然而在不断精耕的同时也容易造成知识生产的“内卷化”。从知识生产的角度

---

② 参见权培培等:《文科之“新”与文科之“道”——关于新文科建设的思考》,载《重庆大学学报(社会科学版)》2021 年第 1 期。

③ 参见王铭玉、张涛:《高校“新文科”建设:概念与行动》,载《中国社会科学报》2019 年 3 月 21 日,第 4 版。

④ 参见宁琦:《社会需求与新文科建设的核心任务》,载《上海交通大学学报(哲学社会科学版)》2020 年第 2 期。

⑤ 参见吴岩:《“守城”到“攻城”:新文科建设的时代转向》,载《探索与争鸣》2020 年第 1 期。

说,知识不再是“闲逸的好奇”,而是在应用下生产;知识不再是只解释过去,更重要的是面向未来。⑥ 新文科建设的另一项任务就是去“内卷化”,促使知识生产的革新,即立足于本学科的传统知识,在学科互鉴的基础上,针对一些本原性的问题作出新的理论概括,提出具有原创性的概念、理论和方法。

其二,以“认知”和“实践”为核心的社会逻辑。“认知”代表着对客观世界的理解,表明了一种认识和判断客观世界的能力。“实践”体现了一种对象性活动,即将通过认知获取的知识与客观世界相结合,进而融入或改造世界的过程。高等教育以提高人的认知能力为使命,同时也担负着输出知识产品以满足社会需求的职责。⑦ 一方面,新文科提出的目的在于增强人的认知能力。然而,与传统文科不同,新文科在培养方式上不仅需要本学科的知识,更需要其他学科的知识,以提高认知的全面性。另一方面,新文科还需要提高知识的社会服务能力。事实上,西方国家之所以提出新文科,很大程度上是源于文科的式微。美国学者乔·古尔迪(Jo Guldi)就曾指出,“最近的半个世纪,整个人文学科一直处于危机之中”⑧。而文科式微的基本表征就是文科知识生产与社会需求相脱离。这一现象可以通过知识生产模式进行解释:传统文科知识的生产以科学为基础(模式Ⅰ),设置和解决问题的情境主要是由一个特定共同体的学术兴趣所主导,对外界的关心并不多,这也造成了传统文科知识与社会的脱节。而新文科则是以研究为基础(模式Ⅱ),知识处理是在一种应用的情境中进行的,这也就意味着新文科会更多地关注社会需求,也将承担更多的社会责任。⑨ 因此,在实践层面,新文科强调学术研究不是“闭门造车”,而是要关注社会的需求,提高知识的社会

---

⑥ 参见黄启兵、田晓明:《“新文科”的来源、特性及建设路径》,载《苏州大学学报(教育科学版)》2020年第2期。

⑦ 参见展立新、陈学飞:《理性的视角:走出高等教育“适应论”的历史误区》,载《北京大学教育评论》2013年第1期。

⑧ [美]乔·古尔迪、[英]大卫·阿米蒂奇:《历史学宣言》,孙岳译,格致出版社2017年版,第6页。

⑨ 参见李志峰等:《知识生产模式的现代转型与大学科学研究的模式创新》,载《教育研究》2014年第3期。

属性。

（二）新文科的三重属性

新文科的提出既是对传统文科社会性不足的回应，也是对文科知识生产模式的再一次升级。作为新时代的产物，新文科的产生有其独特的时代背景。一方面经济全球化和新科技革命加强了各国之间的联系，由此引发的问题也逐渐演变为全球性问题。另一方面随着国际地位的提高，中国需要更加深入地理解世界，由此亟须包括文科在内的各种智力资源的支撑。可以说，新文科建设是适应新技术变化、新需求产生、新国情要求的应变之举。

第一，本土性。新文科的提出在很大程度上是源于中国文科话语的缺失。话语是一个国家、一个民族外在身份和内在精神的表征。大国复兴，话语不能缺席。然而，在文科领域，中国话语的缺失却是不争的事实。回顾改革开放40多年，文科中不少学科的基本概念大都来自西方，法学、政治学、社会学、经济学、管理学和传播学的研究对西方学术体系和话语体系的依赖性很强。[⑩] 这种外源性的学术话语虽然能够迅速地建构起现代化的学科体系，但从长远来看，这种“舶来品”却不能真正解决中国问题。历史表明，中国经济社会发展所呈现出的复杂性远远超过西方，而且随着现代化建设的深入，中国问题的地方特色更加鲜明。这种情况下，源自西方的文科话语存在种种理解和分析上的障碍。而新文科建设正是为了摆脱对西方话语的依赖，将文科的发展与中国特色社会主义的伟大实践相结合，试图构建具有中国特色的学科体系、学术体系、话语体系，着力打造融通中外的新概念、新范畴、新表述，真正体现中国立场、中国智慧、中国价值，以此展现中国学术话语的特色和优势。

第二，开放性。谈及新文科，似乎一个基本共识是，新文科比传统文科更加强调学科之间的融合，即新文科建设鼓励跨学科研究，融合人文社会科学与自然科学的成果。但严格意义上，融合性并不能准确概括出新文科的属性，且容易造成理解上的偏差。一则“融合”并不能分清主

---

⑩ 参见樊丽明：《“新文科”：时代需求与建设重点》，载《中国大学教学》2020年第5期。

次,我们提倡文科与自然科学的融合,到底是将文科融入自然科学,还是将自然科学融入文科?二则融合之后的产物到底是文科还是自然科学,抑或新的学科呢?实际上,通过考察发现,多数学者的意思是主张将自然科学的研究方法或研究视角引入文科的研究之中,以此弥补传统文科的视角局限。由此可以看出,传统文科具有一定的封闭性,而新文科则具有开放性。新文科的开放性一方面表现在学科体系上,新文科不排斥其他学科视角的介入,而是鼓励学科之间的交叉,或是以此改造传统文科,或者形成新的交叉学科;另一方面,新文科的开放性还表现在学科视野上,与自然科学不同,文科的发展在很大程度上取决于一个国家和民族的文化传统,具有典型的“本土经验”。因而,文科视野似乎更多地聚焦在一国之内。然而,人文社会科学既具有民族独特性一面,同时也具有客观普遍性一面,因为独特性才需要加强对话和沟通,因为普遍性才使得对话与沟通成为可能。⑪

第三,技术性。新时代是信息化的时代,机器人与自主系统、大数据分析、云计算等新生事物和研究方法层出不穷,这些对传统文科的知识体系和教育方式产生了巨大冲击。新文科的提出回应了信息化时代的社会变革,也在新技术的推动下进行着自我更新。新文科的技术性至少体现在三个方面:其一,学科体系不断丰富。新技术的出现不断突破着传统文科的学科范围,在促使传统学科革新的同时,也催生出很多新兴领域,而适应新技术变革的新学科也在不断建立。其二,教育方式更加多元。新科技不断丰富着传统文科的教育方式。从知识生产的角度看,新文科必须善于利用大数据、云技术、虚拟仿真技术等来推进文科知识生产方式的升级,改进社会调研、自然实验的操作范式,全力借助生活场景仿真、社会行为模拟、数据处理方式改进等来提升人文社科研究成果的硬度与可信度。⑫ 其三,人才培养体系不断完善。新技术革命开辟了

---

⑪ 参见操太圣:《知识、生活与教育的辩证:关于新文科建设之内在逻辑的思考》,载《南京社会科学》2020 年第 2 期。

⑫ 参见龙宝新:《中国新文科的时代内涵与建设路向》,载《南京社会科学》2021 年第 1 期。

诸多交叉性的学科领域,对人才的综合能力要求不断提高。文科人才的培养要紧跟时代的脚步,积极吸收其他学科的教育方式和培养理念,不断提高文科学生服务社会的能力。

二、新文科促使法学教育的现代化转型

2018 年全国教育大会的召开,不仅使新文科这一概念深入人心,也同时开启了中国教育现代化的全新版本。2019 年 2 月,《中国教育现代化 2035》的印发为中国教育的未来指明了方向。新文科建设与教育现代化作为我国深化教育改革的两大战略,在目标上是存在交叠的,即推动我国文科教育的现代化。法学教育既是新文科建设的关键环节,也是教育现代化的组成部分,实现法学教育现代化是两者的共同目标。

(一)新文科与法学教育现代化的融合

第一,法学教育现代化是新文科建设的目标。关于现代化,国内外学者的基本共识是,现代化表明了一种变革的过程,是从传统社会向现代社会的变革、从农业国向工业国的变革、从欠发达国家向发达国家的变革。[13] 在此意义上,现代化是动态的概念。由此可以推出,法学教育现代化表明了法学教育从“低级形态”向“高级形态”转化的过程。如何实现这种转化,则充满了渐进性和复杂性。在这一背景下,新文科的出现打破了法学教育现代化的困局,以新的理念、新的手段为法学教育现代化提供了方法上的指导。因此,新文科建设可以说是法学教育现代化过程中的手段创新。此外,现代化不只是一种过程,也表明了一种状态,可以指发展中国家赶上发达国家后所处的状态(完成现代化进程后的状态),也可以指发达国家已经达到的世界先进水平所处的状态,从这个意义上理解,现代化又是相对静态的概念。循此,法学教育现代化也表明了法学教育的理念、模式、方法等达到了较高的成熟度,在世界上处于领

---

⑬ 参见陈柳钦:《现代化的内涵及其理论演进》,载《经济研究参考》2011 年第 44 期。

先地位。目前,我国正处于法学教育现代化的变革之中,离实现法学教育现代化还存在较大差距。新文科以开拓新领域、开设新专业、建立新学科、培养新人才为使命,实现法学教育的现代化本就内含于其中。

第二,新文科建设指导法学教育的现代化。新文科与法学教育现代化不只是“手段—目的”的关系,新文科也指导着法学教育的现代化。这在很大程度上源于现代化不确定的过程和结果。现代化理论自诞生伊始就裹挟着强烈的西方色彩。但这样一种以西方国家为蓝本的现代化药方,并没有在非西方国家取得预期效果,反而导致了一些国家有增长而无发展、经济长期停滞、社会两极分化等现象。⑭ 这充分说明,现代化的道路本身充满了不确定性,并没有一个完美的范本适用于所有的国家,也不存在固定的方式能够实现所有领域的现代化。因此,法学教育现代化的实现本身是一个不断探索的过程,而新文科建设可以很好地指导法学教育的现代化转型。一方面,新文科建设能够从理念上指导法学教育现代化。长期以来,我国法学教育注重书本教育、知识传授,在一定程度上忽视了法学的实践性;同时,我国法学教育的对外性相对不足,对于涉外型人才的培养较为欠缺。新文科建设正是要革新学科理念,从传统狭隘的、近视的区域性、民族性的视角转变为开放的、前瞻的全球性、国际性视角。另一方面,新文科能够在教育方式上促成法学教育的现代化。新文科强调不同学科的互鉴,在丰富法学研究手段的同时,也能够强化研究结论的合理性。当然,新文科所具有的技术性也促使法学教育方法的与时俱进,法学教育工作者也要学会运用现代信息技术,培养能够面对文明转型挑战的现代型法治人才。

(二)法学教育的现代化转型

新文科与法学教育的融合促使法学教育的现代化转型。法学教育现代化要以先进的教育理念为指导,以新文科建设为契机,使法学教育与经济社会发展相适应,达到世界法学教育先进水平。法学教育的现代化转型主要体现在两个方面:

⑭ 参见王宗礼:《新中国成立70年来现代化中国道路及其理论超越》,载《中国特色社会主义研究》2019年第4期。

第一,从“个体”到“社会”的法学教育理念转型。每个人既是个体的,也是社会的。长期以来,法学教育以个体为本位,将个人的发展作为教育的出发点和落脚点。亚里士多德认为,人之为人是因为天生理性。如果理性是人的本性,教育的结果应该能够促使每一个人作为一个理性的个体来行动。⑮ “个体本位论”符合教育的最初状态,即教育是关于人的活动。然而,在新文科建设背景下,“个体本位论”却难以实现教育的社会价值。一方面,由于每个人接受教育的机会不同,在缺少矫正正义的情况下,教育资源的分配不均逐渐演化为社会资源的两极分化,进而诱发社会矛盾。另一方面,“个体本位论”在不断提高个人能力的同时,却难以将家国情怀、社会担当等价值观念融入培养环节之中。可见,“个体本位论”与新文科对法学教育的期待是偏离的。法学教育现代化需要重视教育的社会价值,将“服务于国家和社会”作为法学教育的最终目标。当然,提倡法学教育的社会价值并不是排斥个人价值,而是强调法学教育的社会属性。事实上,教育的社会价值与个人价值在实质层面也是统一的。人无法脱离社会,社会也需要每个人的贡献。因此,在现代社会,个人与社会不再是教育价值的对立者,而是教育价值的共同体。⑯

第二,从“脱离”到“融合”的法学教育模式转型。传统法学教育以课堂讲授为主,强调教师的主导性。随着社会对法学人才的需求转变,传统法学教育吸收了实践教学的内容,从而形成了现代法学教育的经典模式,即理论教学和实践教学相结合。然而,尽管在形式上法学教育“理论＋实践”的模式已然形成,但实质上法学理论教育与法学实践教育是相脱离的。这一模式也产生了诸多弊端:其一,导致部分学生在参加工作后,感受到理论知识与实践问题关联不大,进而对理论学习产生怀疑。其二,教学资源供给不足导致法学实践教学成为理论教学的简单延续,目前,由理论课程教师兼任实践课程教师是多数学校的做法,尽管不排

---

⑮ 参见[美]凯瑟琳·埃尔金、李雁冰:《教育的目的》,载《教育发展研究》2016 年第 18 期。

⑯ 参见刘茨等:《个人与社会:教育价值的共同体》,载《玉溪师范学院学报》2005 年第 8 期。

除很多理论课程教师具有一定的实务经验，但与法律职业人相比，参与程度仍然受限，这就导致法学实践教学的广度和深度略显不足。其三，导致法学实践教学的异化，即过分偏向于社会的需要，将法学实践教学转变为法律职业培养工具，忽视了理论与实践之间的互动性。法学教育现代化应当打破理论教育与实践教育的隔阂，学以致用、用以促学，将理论教育与实践教育真正融合起来，实现法学教育模式的现代化转型。

三、新文科对法学教育提出的新挑战

新文科建设是我国人文社会科学领域的一次革命性调整，在给法学教育带来改革契机的同时也提出了诸多挑战。法学教育如何通过自身调整回应这场变革，是法学教育实现现代化转型的关键。

（一）法学教育的自适应性

“教育总是屈服于人类事业的规律，它总是变得衰老、逐渐枯萎。如果教育要继续成为一个生机勃勃的有机体，那么它就必须克服自满和墨守成规的缺点。教育必须经常检视它的目标、内容和方法。”⑰法学教育经过千年演变依然能保持其独特性，一个重要的原因是，法学教育能够随着时代的发展而不断地自我更新。如上文所述，法学教育起源于古罗马时期。最初的法学教育主要以私人法律学院为主，法律与宗教常被交织在一起，而宗教又被一些“官员”所控制。因此，法学教育便被操控在罗马教廷掌管的大神学院（Pontifical College）那里。这种教育模式一直持续到公元1世纪。到公元3世纪，公立学校开始出现，法学教育开始进入“官学”时代。到公元5世纪时，查士丁尼皇帝授权五大法学家的法律解释为最权威学说，所有的法学教育便开始围绕如何阐释、分析五大法学家的学术思想而展开。进入中世纪后，法学教育的独立品格开始被神学所瓦解，法学教育逐渐演变为神学知识体系下的神法教育。到14

---

⑰ 赵雪洁、刘军：《法学教学模式研究》，东北师范大学出版社2018年版，第24页。

世纪,随着文艺复兴带来的思想解放,法学教育也被套上了“人文主义”的标签。[18] 从法学教育的发展历程可以看出,法学教育存在对政治的依附性,法学教育模式在很大程度上取决于当时的政治环境和政治需求。[19] 这一特点在我国现代法学教育发展的历程中也可以得到佐证。新中国成立后,我国法学建设大致经历了社会主义革命和建设时期的法学、改革开放新时期法学、新时代“新法学”三个阶段。[20] 第一阶段的法学教育是在我国“全盘苏化”的社会主义建设背景下展开的,彼时的法学教育也是以学习苏联的法学知识、法学体系为主。第二阶段的法学教育是在改革开放的背景下进行的,此时的法学知识生产,一是总结中国法治建设的历史经验和教训,阐释党和国家领导人的思想。二是大量翻译引进西方法学知识和思想。[21] 第三阶段,新时代的法学教育是在我国社会主义进入新时代的背景下提出的,面对复杂的国际国内形势以及新科技革命的冲击,法学教育开始以培养具有家国情怀、国际视野、基础扎实、能力突出的复合型法治人才为目标,以适应国家和社会的需求。由此可以看出,法学教育的发展与国家的发展密切相关,法学教育始终能通过自身的调整适应时代的变迁,服务于国家和社会的发展。

(二)法学教育的内生困境

法学教育的自适应性表明了法学教育具有与时俱进的时代品格以及服务国家的时代精神,也体现出法学教育能够通过自我调整满足新文科建设的能力。然而,法学教育的内生困境也说明当前的法学教育与新文科的要求仍有较大差距。

其一,法学教育方式较为单一。由于法学知识的弥散性,课堂教育一直被认为是法学知识传播的最佳途径。然而,随着信息时代的到来,

---

⑱ 参见刘顺峰:《近代以前的法学教育:历史叙事与经验启示》,载《山东法官培训学院学报》2020 年第 6 期。

⑲ 参见[美]约翰·S. 布鲁贝克:《高等教育哲学》,王承绪等译,浙江教育出版社 2001 年版,第 22 页。

⑳ 参见杨宗科:《论“新法学”的建设理路》,载《法学》2020 年第 7 期。

㉑ 参见舒国滢:《中国法学之问题——中国法律知识谱系的梳理》,载《清华法学》2018 年第 3 期。

课堂教育的弊端开始显现。一方面，课堂教育的模式逐渐固化，讲授式教育异化为“填鸭式”教育；另一方面，课堂教育的载体显现出了滞后性，由于将教材作为课堂教育的主要工具，教材编写的滞后性深刻影响到了教学的质量。传统法学教育方式的单一性难以实现新文科建设的目标。一是课堂教育不能满足新文科的技术性特征。新文科是在人工智能的时代背景下提出的，其强调通过大数据、人工智能等现代技术促进文科教育的“升级”。然而，以“教师、教材、课堂”为中心的课堂教育无法适应快速发展的现代技术，也与新文科倡导的技术化教育方法相偏离。二是课堂教育难以培养“新人才”。“人”是教育活动的核心，怀特海认为，教育是教人们掌握如何运用知识的艺术，教育的目的是培养既有文化又掌握专门知识的人才。㉒ 新文科建设的理想不仅要求学生具有家国情怀，同时也要具备综合性知识。而课堂教育与这一要求相距甚远：在传统课堂教育中，授课教师与学生大致具备相同的学科背景，这也就意味着教学内容无法脱离本学科的范围。尽管很多院校在必修课程外开设了选修课程，但基于知识认同，文科类的学生更倾向于选择相关或相近的课程。因此，课堂教育难以培养出新文科所要求的交叉复合型人才。

其二，法学教育内容关联不足。法学既是一门强理论性的学科，也是一门强实践性的学科；既有通识教育的内容，也有专业教育的属性。因此，法学教育是一种多面向的活动。传统法学教育虽然看到了教学内容的多面性，却忽视了不同教育面向的关联性，削弱了法学教育的有机性和整体性。一方面，法学理论教育与实践教育难以形成互动。由于法学实践教育通常被定性为“法律职业教育”，使法学理论教育不是教学生“如何思考”，而是教他们“如何解决问题”。“法律职业教育”观下的理论教育与实践教育逐渐分离，法学理论不能为实践活动提供指引，而实践活动也无法丰富理论研究。另一方面，法学通识教育与专业教育难以有效衔接。通识教育重视内在适切性，强调高等教育要切合学生的内

㉒ 参见［英］怀特海：《教育的目的》，徐汝舟译，三联书店2002年版，第1页。

在需要；专业教育重视外在适切性，强调高等教育要切合社会需求。[23]法学教育的定位分歧导致法学通识教育与专业教育之间衔接不足，结果是法学通识教育并不能为法学专业教育提供良好的基础。法学教育内容的关联性不足，使法学教育不足以支撑新文科建设，甚至与新文科理念相抵牾。新文科强调不同学科视角的互鉴互补，但是不同学科视角的引入是否能够真正实现研究结论的合理性则需要实践的检验。在这一层面上，新文科比传统文科更加重视实践活动。此外，新文科建设更加注重通识教育与专业教育的关联性。通识教育与专业教育犹如"点面"之关系，通识教育在"面广"、专业教育在"点深"。新文科建设不仅需要学生具备较宽的知识面，也要求学生具备扎实的专业素养，更重要的是知识传递的融贯性，这就要求通识教育与专业教育应当贯通衔接。

其三，法学学科体系相对封闭。完善的法学学科体系是法学教育的重要依托，也是新文科建设的重点。经过70多年的发展，我国逐步形成了相对合理的法学学科体系。然而，随着科技进步，大量知识被生产和创造，法学学科体系的封闭性和滞后性开始显现。一方面，法学学科体系的回应性不足。现代社会的一个显著特征是功能分化，卢曼将其描述为"社会发展促进了逐渐增加的、更为抽象的、预先条件化的、具有结构风险的分化"。[24] 社会的分化带来了知识的多元。法学教育感受到了社会分化的冲击，并尝试在学科体系上作出回应。例如，近年来人工智能、大数据等领域不断兴起，我国部分法学院校开设了"人工智能法学专业""数据法学专业"等。但是，法学学科体系对社会分化的回应仍然不足。一个显著的例子是，作为法学学科体系重要表征的学科目录未能及时反映学科分化与融合的现象，这不仅导致法学一级学科的设置与经济社会发展需求的契合度不高，也造成法学二级学科回应社会实践的能力

[23] 参见周光礼：《论高等教育的适切性——通识教育与专业教育的分歧与融合研究》，载《高等工程教育研究》2015年第2期。

[24] ［德］尼克拉斯·卢曼：《法社会学》，宾凯、赵春燕译，上海人民出版社2013年版，第235页。

有限。[25] 另一方面,法学学科体系的开放性不足。社会分化导致法学所面对的社会问题更具有综合性和跨界性,因而需要其他学科知识的补充。法学学科应当保持其开放性,引入其他学科视角,弥补自身的局限。法经济学、法社会学等交叉学科在共享理念的沃土上蓬勃生长,而数据法学、人工智能法学等由于缺乏共享理念而发展滞后。[26] 法学学科体系的封闭性严重阻碍了新文科的建设。新文科注重学科的交叉,提倡打破学科的壁垒,强调不同学科的理性对话,而法学学科的封闭性与新文科的核心要义大相径庭。

四、法学教育现代化转型的逻辑与进路

法学教育现代化不仅关乎法学学科的现代化,而且决定了国家法治人才培养的质量。面对新文科建设的契机与挑战,法学教育需要从逻辑和路径上做出变革,尝试从教育理念、教育主体、教学内容、教育评价四个方面作出努力。

(一)法学教育现代化转型的逻辑基础

1. 纵向逻辑:完善分级培养体系

目前,我国基本形成了"本科—硕士—博士"的法学分级培养体系。尽管在形式上,培养体系的周延性得到了彰显,但事实上却存在两点不足:一是体系内不足,即法学本科、硕士、博士教育本身存在的问题。就法学本科教育而言,其功能定位一直是学界争议的焦点。付子堂教授对本科教育职业化的趋势表达了担忧;[27]贾宇教授则认为法学职业化教育

---

[25] 参见马怀德、王志永:《完善中国特色社会主义法学学科体系的实践路径》,载《比较法研究》2021年第3期。

[26] 参见张文显:《在新的历史起点上推进中国特色法学体系构建》,载《中国社会科学》2019年第10期。

[27] 参见柴葳:《规模扩张遭遇结构失调,与实践脱节导致就业率滑坡,在依法治国大背景下——法治人才培养如何应对挑战》,载《中国教育报》2015年7月20日,第1版。

可以培养更多高素质的实务人才;[28]江国华教授则糅合了以上两种观点,认为法学本科教育应当是一种以职业教育为本位,以专业教育和人文教育为支撑的教育模式。[29] 在硕士教育方面,我国将硕士培养体系分为法学硕士(偏学术)和法律硕士(偏实务)两类,分别锚定"理论型"和"实践型"的教育定位。分类培养的初衷是正确的,但难就难在"偏"字上。由于不同院校教育基础不同,容易造成"法学硕士教育非学术化、法律硕士教育非实践化"的问题。[30] 最后,法学博士教育的现状也令人忧心。尽管法学博士教育的培养定位是相对明晰的,但在既有评价体系下,法学博士教育的创新能力大打折扣。二是体系间不足,即法学本科、硕士、博士教育的衔接困难。好的教育应当一以贯之,本科打基础、硕士练技能、博士求创新。但部分院校基础薄弱,导致其根本无法保质保量地完成法学基础教育,更遑论提高教学质量。而基于市场选择与自我认知,这些学院毕业生的考研率一直居高不下。然而,尚未进行很好的本科教育就直接进入硕士阶段学习,不仅增加了硕士培养的难度,而且有使后者沦为本科再教育的可能。

基于此,本文认为,新文科背景下法学教育转型应当首先完善分级培养体系,打通不同阶段的壁垒,实现一体化培养。首先,本科教育宜定位成基础教育。一方面紧抓法学专业教育,重点培养学生的法治精神和法治意识;另一方面开设交叉性课程,拓展学生的知识面,为培养新文科要求的复合型人才打下基础。其次,在硕士培养方面,一是坚持法律硕士与法学硕士的分类培养体系,同时建立两者的流通机制。二是适当增加交叉性学科的研究生招生规模,积极回应社会发展对高端人才的需求。最后,法学博士的改革重点应当放在评价机制上,单一评价体系,释放法学博士生的思想空间,走出学校、走出论文,更多地参与社会治理,从社会实践中发现"真问题"。

---

[28] 参见贾宇:《改革开放三十年法学教育的发展及其当前改革》,载《法律科学(西北政法大学学报)》2008 年第 6 期。

[29] 参见江国华:《法学本科教育改革研究》,载《河北法学》2012 年第 4 期。

[30] 参见朱立恒:《我国法学硕士教育的学术化改造》,载《社会科学家》2009 年第 6 期。

2. 横向逻辑:构建分类培养体系

法学教育还应当尝试构建分类培养体系,这主要基于两方面原因:其一,法学学科的特殊性。法学学科范围之广、理论之深,意味着培养“法学全才”几无可能。因此,法学培养应当突出专业化和差异化的特点,即培养“术业有专攻”的法学人才。其二,教育资源的差异性。我国目前开设法学专业的院校主要分为三类,一是综合性大学法学院(重视基础法学,以培养能够熟练从事法律或相关工作或可以继续攻读研究生的专门人才为目标)。二是专业性政法院校(多以职业教育为特色,其人才流向也主要是公检法司等传统司法部门)。三是财经类、师范类、理工农医类等院校开设的法学专业(多具有复合型法律人才教育的特点)。[31] 由于院校间的资源禀赋差异较大,以统一培养标准要求所有院校也几乎不可能,这就使分类培养成为必要。在宏观层面上,分类培养体系的构建需要以院校为基础。如上文所述,不同院校的教育资源不同,由此培养的法学人才也应当各具特色。例如,财经类院校法学专业的优势主要集中在经济法、民商法、国际法等与财经专业密切相关的法学二级学科,因而,各财经类院校在培养学生时,除了教授法学基础知识外,还可以充分利用本院校的特色资源,将法学与经济学、管理学结合,开展交叉性学科培养。在微观层面上,分类培养体系的构建需要以学生为基础。承认学生的个体差异是开展教育活动的前提。法学硕士教育将培养对象分为法律硕士和法学硕士,是一种很好的尝试。同样地,这种分类培养方法也应当沿用到法学博士的培养体系中,即在现有的法学博士培养体系之外,构建法律博士培养体系。[32] 一是为了满足司法实践对高素质法治工作者的需要。二是破解我国日渐突出的法学博士培养难题的新思路。

㉛ 参见乔宝杰:《论高校法学人才培养模式的改革与创新》,载《中国高等教育》2011年第Z3期。

㉜ 参见袁钢:《我国法律博士专业学位设置的必要性和可行性》,载《中国高教研究》2020年第1期。

(二)法学教育现代化转型的具体路径

1. 教育理念:德法合一

教育理念的转变是新文科背景下法学教育现代化转型的基础。习近平总书记强调,全面推进依法治国是一项长期而重大的历史任务,要坚持中国特色社会主义法治道路,坚持以马克思主义法学思想和中国特色社会主义法治理论为指导,立德树人,德法兼修,培养大批高素质法治人才。“德法兼修”是法学专业学生的基本素养,也是法学教育的应然目标。新时代语境下的“德法兼修”不仅要求学生具有德与法“两条腿”,而且要求“两条腿”的协调。值得注意的是,“德法兼修”不意味着“德法分修”,而是强调“德法交融”。“德法分修”最大的问题是“德”“法”步调不一,容易出现“有法无德”的情况。新时代法学教育应当贯彻“德法一体”的理念。其一,坚持以马克思主义法学思想统领法学教育。在中国特色社会主义建设的大背景下,将法治人才培养与“四个全面”战略布局等国家重大战略相衔接,制定明确的法治人才目标,保障法治人才培养不偏离正确的政治方向。其二,重点培养学生的法治精神。尽管法律与道德有着千丝万缕的联系,但两者毕竟属于不同的范畴。而法治精神作为超越法律文本的存在,与自然法、道德同在一个层面,是实现两者衔接的关键要素。

2. 教育主体:专兼合一

教育主体改革是新文科背景下法学教育现代化转型的关键。在传统法学教育模式中,教师是教育的主体,学生是教育的对象,师生关系处于失度的不平衡中。然而,教育的本质是人与人精神的契合,文化得以传递的活动。平等的对话和交往是教育得以实现的基础。㉝ 在失衡的师生关系中,学生逐渐被塑造成被动的接受者和教育的旁观者,自身对教育的认同感逐渐消失。因此,法学教育改革的关键就是破除“主体—对象”的二元对立,重塑师生关系。此外,师资的供给也应因时而变。新文科建设对法学教师提出了更高的要求:不仅要讲授法学知识、传播实

㉝ 参见[德]雅斯贝尔斯:《什么是教育》,邹进译,三联书店1991年版,第2~3页。

务经验,还要积极引导学生的跨学科研究。丰富教师的主体范围和教学方式或许是解决这一问题的有益尝试。其一,建立校内合作机制。就目前来说,我国大多数院校开设的专业都是相对丰富的,而遗憾的是,很多院校并没有注意校内合作的重要性。建立校内合作机制,不仅可以降低教育成本,也有助于培养复合型人才。其二,完善兼职教师制度。目前,兼职教师制度在很多高校都已确立,但兼职教师的作用被局限在研究生培养以及实务教学环节,真正进入课堂的时间和次数相当有限。为此,可以尝试通过开展定期课程、不定期讲座的方式,将兼职教师制度的效能落到实处。其三,坚持校际教师资源共享。如前文所述,我国很多高校虽然开设了法学专业,但师资力量相对较弱。基于此,可以探索校际合作的方式,通过资源丰富的高校对资源较弱的高校对口帮扶,助力学生培养。其四,充分利用现代信息技术。新文科裹挟着现代技术扑面而来,促使着法学教育从"工业时代"迈向了"智慧时代"。[34] 授课教师应当善于利用现代化的信息工具丰富自己的教学手段,打破传统课堂的空间束缚,提高教学的质量。

3. 教育内容:学用合一

新文科的提出因应了文科发展的式微,尤其是文科与社会实践的脱离。因此,新文科建设下的法学教育应当重新审视理论教育与实践教育的关系。在教学内容上,既要分别抓理论教学与实践教学,也要突出两者的融合。就理论教学而言,我国法学教育的问题在于理论教学方式单一以及教育水平参差不齐。由于法学理论不同于丰富多彩的法律实践,显得较为单一和乏味。因此,在授课方式上,高校教师多偏向于文本讲授的方式。这在一定程度上造成了路径依赖:有的老师授课内容多年不变,同一PPT沿用多年,对法学理论的发展关注不够,无法将最前沿的法学理论介绍给学生。教育水平的参差不齐则主要体现在教材上。由于把编写教材作为晋升职称的捷径,一些缺乏编写能力的院校所编写的法学教材往往是低水平地重复国家组编教材或名校的教材,致使在教材体

---

[34] 参见张海鹏:《智慧法学教育:数字化时代法学教育的革新》,载《法学教育研究》2020年第2期。

系、理论观点和技术规范上存在严重的弊病。[35] 基于此,既然教师的授课水平无法用统一标准要求,但教学的内容可以尝试通过指定教材的方式避免各院校的参差不齐。就实践教学而言,最大的问题是实践教学的"有名无实"。目前,实践教学被限定在案例研讨、法律诊所、模拟法庭等形式之中,呈现"中断性"和"孤岛化"的特征,即每种实践教学都是一个独立的单元,缺少一种体系性。实践教学在法学课堂教学中的比重全看教师的个人兴趣,在实践实习上的机会直接受到了所在高校的社会资源充裕程度、教师人脉的条件性束缚,未能在理念上、制度上、方案上建设一种长效的、规范化的操作机制。[36] 基于此,法学实践教学的改革重点应当放在课程体系的建立上,即建立"实验—实训—实践"三位一体的实践教学课程体系,通过证据实验、基础实训、综合实训、法务实践等递进式的实践教学培养学生的法律技能和实践能力。

4. 教育评价:知行合一

教育评价关系教育发展方向,有什么样的指挥棒,就有什么样的办学导向。目前,我国大多数法学院校对于理论课程的教育评价还停留在"唯成绩论"的阶段。这种单一的评价方式与新文科的理念是相悖的:新文科倡导的知识生产社会性带来了教育评价的社会性,而以"卷面成绩"评判教育效果显然过于片面。然而,法学实践教育却未能摆脱单一、刻板的评价体系。无论是校外实习还是校内诊所,往往由校外实习单位和监管学生的老师根据主观意见评定分数。这种缺少客观性、多样性的评价方式往往使教学活动陷入不公。2020 年 10 月,中央印发《深化新时代教育评价改革总体方案》,提出坚决改变用分数给学生贴标签的做法,创新德智体美劳过程性评价办法。基于此,法学教育的评价标准首先是要破除"唯分数论"的顽瘴痼疾,建立"道德—知识—实践"三位一体的评价体系。在传统的评价体系中,道德作为一种隐性的评价标准常

---

[35] 参见张文显、黄文艺:《高校法学理论教学存在的问题与改革思路》,载《中国大学教学》2004 年第 1 期。

[36] 参见《法治人才培养中实践教学模式的中国探索:"同步实践教学"》,载《中国政法大学学报》2017 年第 5 期。

常被忽视,使很多同学通过作弊、作假等不道德的行为获得高分数,造成了恶劣的教学氛围。因此,新的法学教育评价体系一定要将道德标准凸显出来,作为教学评价的基础和前提。在法学教学的综合评价环节中,应当将知识与实践以1∶1的权重进行考量。传统法学教育重理论、轻实务的弊端已然显现,归根结底是评价环节的重理论、轻实务。因此,可以采取“末端治理”的思想,重置评价标准以此倒逼法学教育的改革。

五、结语

新文科建设已经成为当前国家人才培养以及学科内涵式发展的必然要求,这对于构建中国特色社会哲学社会科学理论体系、话语体系、教育体系具有深远的影响。新文科建设是一项系统性的工程,从理念到方式都对人文社会科学产生了巨大冲击。法学作为人文社会科学最古老的学科之一,在这场建设浪潮中也不断推动着自我革新。尽管新文科建设与法学教育现代化提出的时空背景不同,但在进入新时代之后,两者存在着功能和目标上的一致性。法学教育现代化是新文科建设的目标之一,新文科建设也指引着法学教育的现代化转型。在新文科建设的大背景下,法学教育的变革需要克服自身的障碍,基于自身的自适应能力,围绕纵向分级培养和横向分类培养两个逻辑,重点从教育理念、教育主体、教学内容、教育评价四个方面作出变革创新。

On the New Liberal Arts and Modern Transformation of Legal Education

Huang Xisheng　Wang Zhongzheng

Abstract: The "new liberal arts" is a new requirement put forward by China for discipline construction to adapt to the development of the new era. The connotation of the new liberal arts in this era includes the knowledge logic centered on "inheritance" and "innovation" and the social logic centered on "cognition" and "practice". The new liberal arts have three attributes of locality, openness and technology. The integration of the new liberal arts and legal education promotes the modernization of the latter. The adaptability of legal education provides the possibility for the reform of legal education. Legal education needs to make a dual shift in concepts and models on the basis of overcoming the endogenous dilemma. The road to modernization of legal education should center on the two logics of improving the vertical hierarchical cultivation system and building the horizontal classification cultivation system, focusing on innovations in the four aspects: education concept, education subjects, teaching contents, and education evaluation.

Key Words: new liberal arts, legal education, modernization, knowledge production

新兴目录外法学二级学科设置的依据、原因与未来建设[*]

侯明明[**]

摘　要：我国新兴目录外法学二级学科的自主设置已经形成了自上而下与自下而上相结合的相对成熟的层级法律规范体系，使研究生法学教育领域的改革呈现“法律先行”的“于法有据”状态。在教育行政权的下放与办学自主权的扩大、精准对接国家战略和法治建设的需要、“承包型教育”下的学科建设锦标赛、打造优势学科与特色学科的错位发展策略等多种促生因素的叠加下，各个学位授予单位对于新兴目录外法学二级学科的设置呈现出了一种因内部需求和外部推动而有意建构的内在机理。就未来的法学知识生产和学科建设而言，需要在厘清传统二级学科和新兴二级学科之间关系的基础上，继续创新法学知识的生产方式，并且处理好涉科技应用型学科与涉伦理关怀型学科、学科建设与受教育者能力以及学科设置论证话语与现实建设不成熟等事项之间的关系。

* 基金项目：2021年度吉林省社会科学基金博士和青年扶持项目（项目编号：2021C64）。

** 侯明明，吉林大学理论法学研究中心、法学院讲师，法学博士，研究方向：法理学、司法学、法学教育。

关键词：目录外法学二级学科　新兴法学学科　自主设置实施细则　承包型教育

依托教育部网站学位管理与研究生教育司（国务院学位委员会办公室）2020年最新公布的《学位授予单位（不含军队单位）自主设置二级学科名单》，可以看出，国内各大学位授予单位（主要是高校）已自主设置了众多目录外法学二级学科。据笔者初步统计，已有63所学位授予单位自主设置了目录外法学二级学科共128个，比如人工智能法学、数据法学、网络法学、社会治理法学、监察法学、国家安全法学、党内法规、人权法学、文化法学、卫生法学、廉政法学、禁毒法学、传播法学、司法文明、教育法学等。由于这些学科大多属于"新兴"学科，所以可以称呼其为"新兴目录外法学二级学科"，也因此与"传统目录内法学二级学科"形成鲜明对比。新兴目录外法学二级学科的设置，意味着具有法学一级学科硕士学位授权点或法学一级学科博士学位授权点并且符合其他相关条件的学位授予单位，可在国家所规定的学科目录外按照相关程序自主设置法学二级学科，报教育部备案，公示期结束之后，就可以开展相应二级学科的研究生招生、教学、学位授予等系列活动。

法学二级学科不仅是研究生法学教育的基本单元，也是法学知识生产和法学人才培养的基本载体。其设置的法律依据是否充分，背后的促生因素是否丰富、理论反思是否深刻，直接关系我国教育法治与研究生教育的水平和质量。但是对于此问题，无论是教育界还是法学界，并没有足够的重视，已有的研究并不多。因此本文欲求对新兴目录外法学二级学科设置的法律依据以及背后原因与未来学科建设作一番探讨，试图总结归纳出其设置的法律规范体系及其背后的类型化促生因素，并进行法学知识生产和未来发展建设上的理论性和批判性反思，最终促进我国学位与研究生教育领域的法治化水平和学科建设水平不断提升。

一、新兴目录外法学二级学科设置的法律依据

如表 1 所示,新兴目录外法学二级学科设置的法律依据是由不同位阶的规范性文件组成的层级法律规范体系。其中,居于最高位阶的是《教育法》,其次是《高等教育法》,再次是行政法规和部门规章,最后是中央和地方不同政府部门和学位授予单位发布的内部规范性文件。其中,2010 年《授予博士、硕士学位和培养研究生的二级学科自主设置实施细则》(教研厅〔2010〕1 号)(以下简称《自主设置实施细则》)以及《关于做好授予博士、硕士学位和培养研究生的二级学科自主设置工作的通知》(学位办〔2011〕12 号)(以下简称《自主设置工作的通知》)文件的发布,赋予了学位授予单位在一级学科学位授权权限内自主设置与调整二级学科的权限,目录外二级学科的设置彻底地由以前的"审批制"改为"备案制",其预示着我国学位与研究生教育领域的一次重大改革。①

表 1　目录外法学二级学科设置的法律依据

规范名称	效力级别	发布部门
《中华人民共和国教育法》	法律	全国人大常委会
《中华人民共和国高等教育法》	法律	全国人大常委会
《中华人民共和国学位条例》	法律	全国人大常委会
《中华人民共和国学位条例暂行实施办法》	行政法规	国务院学位委员会(国务院批准)
《学位授予和人才培养学科目录设置与管理办法》(学位〔2009〕10 号)	部门规章	教育部、国务院学位委员会

① 参见杨晨光:《把学科设置自主权交给大学》,载《中国教育报》2011 年 7 月 18 日,第 1 版。

续表

规范名称	效力级别	发布部门
《授予博士、硕士学位和培养研究生的二级学科自主设置实施细则》(教研厅〔2010〕1号)	规范性文件	教育部办公厅
《关于做好授予博士、硕士学位和培养研究生的二级学科自主设置工作的通知》(学位办〔2011〕12号)	规范性文件	国务院学位办
《国务院学位委员会、教育部关于印发〈学位授予和人才培养学科目录(2011年)〉的通知》(学位〔2011〕11号)(此目录2018年被更新)	规范性文件	国务院学位委员会、教育部
《授予博士、硕士学位和培养研究生的学科、专业目录》(1990年颁布、多次修订)	规范性文件	国务院学位委员会、国家教育委员会
各省级行政单位发布的地方实施细则	规范性文件	地方教育行政管理部门为主
各学位授予单位发布的相关实施细则	工作文件	各大高校为主
《国家中长期教育改革和发展规划纲要(2010-2020年)》、《国家教育事业发展第十二个五年规划》、《学位与研究生教育发展"十三五"规划》、《高等学校人工智能创新行动计划》(教技〔2018〕3号)、《关于"双一流"建设高校促进学科融合 加快人工智能领域研究生培养的若干意见》(教研〔2020〕4号)等	党内法规、规范性文件	中共中央、国务院、教育部、国务院学位委员会、国家发展改革委、财政部等

另外,政府部门发布的内部规范性文件根据是否与目录外二级学科设置直接有关,可以分为直接性内部规范性文件和间接性内部规范性文件,比如《自主设置工作的通知》就属于直接性内部规范性文件,而2020

年印发的《关于“双一流”建设高校促进学科融合 加快人工智能领域研究生培养的若干意见》,虽然没有直接规定目录外二级学科设置的情形,但是其间接地促进了人工智能法学、智能法等目录外法学二级学科的设置,所以属于间接性内部规范性文件。其一般与直接性内部规范性文件或法律法规进行联合才能发挥作用,否则就失去了基本的依凭,只能是作为一种更宽泛的倡议性政策而存在。

而且,新兴目录外法学二级学科的设置也是我国《国家中长期教育改革和发展规划纲要(2010—2020年)》《国家教育事业发展第十二个五年规划》《学位与研究生教育发展“十三五”规划》等文件中,建立人才培养与供给结构调整机制,支持学位授予单位按照经济社会发展需求自主设置二级学科,以前沿问题或重大科学、重大工程问题为导向自主设置新兴学科等内容的贯彻落实和具体体现。因而,以上文件也构成了我国新兴目录外法学二级学科设置的间接性内部规范性文件。此外,在法律法规以及宏观政策的指引或授权下,各学位授予单位也制定出了更为精细、可操作的实施细则,对新兴目录外法学二级学科的设置加以贯彻落实。在国家未对相关事项作出详细规定的情形下,学位授予单位内部的规范性文件暂时起到了很大的管理规范作用。就各大高校发布的内部工作类通知或实施细则来看,其基本设置了比教育行政管理部门更为细致和更为严格的条件标准。

就具体内容而言,其不仅直接或间接规定了目录外法学二级学科设置的实体性标准,而且具体设定了相关的程序性规程。比如,根据《自主设置实施细则》的规定,欲求在目录外设置二级学科,就需要在师资结构、专业知识体系、研究方向、开设课程、社会需求,以及与法学一级学科是否具有强相关性、是否遵循国家和学校规定的相关程序、是否与学校的发展规划相适应等方面满足基本的条件。在程序操作方面,其大体遵循了提出方案并论证—同行专家评议—信息平台公示—接受评议和质询—学位授予单位表决—提交教育部备案等流程。在流程当中尤为凸显的两个步骤则是,通过专门信息平台(中国学位与研究生教育信息网)公示以接受同行专家和其他学位授予单位的评议与质询,以及公示完毕后无须审批,直接备案后就意味着相应学位授予单位可以设置此目录外法学二级学科。除此之外,其还规定了国务院学位委员会、教育部职能部门、学位授予单位等相关主体的职权和责任,以及获得本学科学位的条件等内容。

总之,就现实研究生法学教育中新兴目录外法学二级学科设置的法律依据而言,既有法律规范的强制度性支撑,又有内部规范性文件这一弱制度性政策的宏观调控,二者的灵活组合才构成了完整意义上新兴目录外法学二级学科设置的法律依据。如果说学科作为一种专门化组织方式,可以将研究者、教学者联结在一起,②那么新兴法学二级学科的制度化、规范化确立,则为法学研究者和法律教育者(尽管这两者往往是重合的)提供了坚实的专门组织方式以及相应学科建设的合法性权威。

可以看到,我国新兴目录外法学二级学科的自主设置已经形成了自上而下与自下而上相结合的相对成熟的层级法律规范体系,教育法律规范的有效供给使研究生法学教育领域的改革呈现出“法律先行”的“于法有据”状态。相关的二级学科管理和学位授予工作也都在有条不紊地依照规范程序进行着,进而实现了新兴目录外法学二级学科设置的标准化、程序化、秩序化和高效化,也基本做到了科学立法下的有法可依和权责统一,推进了研究生教育的依法治教水平。但是需要看到的另外一个面向则是,以上规范在提供合法性依据的同时,也在对高校新兴法学二级学科的地方实验式设置进行了某种程度的约束,以防止法学二级学科设置的失范以及背后教育资源的浪费。

这也说明教育行政管理出现了教育治理的价值倾向,适度改变了以往“行政命令—高校服从”的单一压力型管理模式,注重了多元主体的共同参与,实现了“自上而下与自下而上”的双向协作模式,并且在规则治理的作用下,试图通过治理效能逐步带动教育系统的整体优化。这也进一步表明,国家对教育关系的调整手段逐渐从行政化、微观化向法治化、宏观化转型,更多地依托法律手段对教育事业进行宏观调控与监督

② 参见[美]伯顿·克拉克:《高等教育系统——学术组织的跨国研究》,王承绪等译,杭州大学出版社1994年版,第34页。

管理,③进而呈现出明显的全面依法治教趋向。而全面依法治教是教育治理的一场深刻革命,④法治精神和法治思维的落实具有促进教育治理体系和治理能力现代化的时代意义。

二、新兴目录外法学二级学科设置的原因

(一)教育行政权的下放与办学自主权的扩大

在政府和高校之间,存在教育行政管理权和高校办学自主权两种权力,这两种权力本应通过结构耦合、良性互动,充分彰显高等教育政策的功能。⑤ 但是,在超大规模的学位授予单位治理中,如何具体调试二者之间的界限,既能保证政府统一主导的法理型权威,又能给予学位授予单位必要的灵活性和适应性,则是教育行政领域一直以来面临的结构性难题。随着教育行政领域"放管服"政策的敲定以及"管办评分离"改革的进行,教育管理权力的下放政策以及学位授予单位办学自主权的扩大,给予了各大高校很大的改革契机与发挥空间。在此背景下,纵向的教育行政管理关系出现了弱化,横向的协作关系得以逐步呈现,法学知识受到权力支配的可能空间开始式微,高校办学的自由裁量范围得以扩大。

同时,这种办学自主权的下放,在一定程度上使知识的生产与行政权力产生了适度的分离,也削弱了权力干涉以及对于知识生产的纯粹性的损害,进一步激活了以高校为主的法学知识生产组织体以及以高校教师为主的法学知识生产群体的活力。根据以上相关规范性文件的规定,学科目录按照规定性和自主性相结合的原则,授予硕士、博士学位和培

---

③ 参见彭宇文:《教育法地位再探——兼论教育法学学科建设》,载《教育研究》2020 年第 4 期。

④ 参见陈宝生:《全面推进依法治教 为加快教育现代化、建设教育强国提供坚实保障——在全国教育法治工作会议上的讲话》,载《国家教育行政学院学报》2019 年第 1 期。

⑤ 参见周湘林、朱江煜:《"双一流"建设:政策功能逻辑及其发挥》,载《北京教育(高教)》2020 年第 6 期。

养研究生的二级学科由学位授予单位在一级学科学位授权范围内自主设置与调整的权限。这种宽松的政策和权力自主运行的良机，大大调动了前述高校根据自身差异化情况探索学科设置、创新人才培养机制以及提升法学研究生培养质量的积极性，进而驱动着学位授予单位呈现内涵式、创新性发展的态势。

（二）精准对接国家战略和法治建设的需要

根据学者达玛什卡的"回应型国家"与"能动型国家"的国家权力类型理论，可以观察出，国家目标及其实施的政策深刻影响了法律的社会角色扮演，自然也间接影响着法学教育的形态。⑥ 作为调整人类行为的法律规范以及立基于法律人才培养的法学教育，如何以符合自身特性的方式来回应"全面推进依法治国，建设社会主义法治国家"重大战略引发的时代挑战，无疑成为了法学研究、法学教育中最前沿的面向。⑦ 国家战略的创制或法治建设的变化，对于法学智识的证成以及解释功能都提出了很高的要求，如果现有的法学学科结构不能适应此要求，那么必然就需要对现有的法学二级学科进行适当的调整，尤其是设置因应国家重大战略和法治建设需求的新兴学科，这也是新兴目录外法学二级学科设置的基本时代背景。

比如，在国际和国内的复杂局势下，我国在政治、经济、军事、生态、科技、意识形态等各个方面都面临着严峻的国家安全形势，设置国家安全法学这一新兴法学二级学科，不仅是贯彻总体国家安全观的需要，而且可以通过此学科为国家安全法治化贡献智慧、培养人才，进一步完善国家安全法治战略思想以及国家安全人才供给体系。⑧ 审计法学、廉政法学、监察法学等二级学科的设置也是完善国家治理体系和监督体系的

---

⑥ 参见[美]米尔伊安·R. 达玛什卡：《司法和国家权力的多种面孔——比较视野中的法律程序》，郑戈译，中国政法大学出版社2015年版，第94～109页；杜维超：《论法学教育中的多学科交叉融合》，载《中国法学教育研究》2018年第4期。

⑦ 参见周佑勇：《新时代中国法学研究及学科发展的新任务》，载《武汉大学学报（哲学社会科学版）》2019年第2期。

⑧ 参见杨宗科：《论新时代全面依法治国背景下政法高校的使命担当》，载《法学教育研究》2018年第4期；杨宗科：《培养服务国家特殊需求的高层次法治人才》，载《人民法治》2018年第16期。

战略需要,通过法治的方式对权力进行约束,实现监督的全覆盖,最终通过提升依法执政与依法行政的水平来实现国家治理能力的现代化。

(三)"自由竞争"式局势下的学科建设偏好

在国家行政对教育事业支配有所弱化的背景下,法学教育中横向平等的社会属性得以凸显,高校法学院之间的竞争变得更加激烈,这时市场经济中的"自由竞争"方式在高校行为偏好中起到了更大的调控作用,也成为了新兴法学二级学科设置的重要引擎。

在政法体制改革期、科学技术发展期、教育制度调适期等多元混合共存的复杂局势下,虽然新兴目录外法学二级学科设置的论证方案需要耗费各大法学院的部分精力,但是在各种评价指标体系以及预期利益的内外驱动下,国内各大法学院往往在"卡里斯玛式"⑨权威人物的倡议与推动下,动员院内优质师资力量,紧紧抓住法学学术前沿提早布局,纷纷设置与国家战略、体制改革以及社会需求相契合的新兴二级学科,竞相占领制高点,争夺法学发展的新领域和新高地。以便在世界一流大学作为生产力、权力和声誉之象征的时代,⑩在接下来的教育竞争中获得先发优势,在新一轮学科评估与"双一流"建设评估中获得较好的评价,进而可以根据此评价等级获得不同的办学资源,在新的利益调整形势中可以处于优势地位,甚至是在全国研究生法学教育格局中成为引领性的学科标杆和示范性的学科阵地。

(四)复合型法治人才市场需求的推动

社会新兴领域的出现需要社会的再分工,而再分工如果想要胜任新兴领域的要求则需要新的法学知识生产,新的法学知识又需要新兴学科的设置来供给。如果法学学科划分依然停留在旧有的状态,则必然不能适应社会的发展,进而与社会的法学知识需求和人才市场节奏相脱节。⑪ 随着信息科技的迭代发展、政法体制改革的持续推进、国际秩序

⑨ 参见[德]马克斯·韦伯:《经济与社会》(上卷),林荣远译,商务印书馆1997年版,第446页。

⑩ See Hazelkorn E., *Questions abound as the College-rankings Race Goes Global*, 57 The Chronicle of Higher Education 28(2011).

⑪ 参见解志勇:《法学学科结构的重塑研究》,载《政法论坛》2019年第2期。

的复杂多变以及社会各领域新生事物的不断产生和发展，社会分工逐步出现了新态势，人才市场对于复合型法治人才的需求急剧增长。

在这样的人才市场导向下，就需要打造“法学+”的交叉融合培养模式，实现人才供给的模式创新。通过优化法学二级学科结构，对涉及法学和其他学科的特定领域进行具有复合化知识储备的人才培养。比如，卫生法学是法学+医学，体育法学是法学+体育科学，法律经济学是法学+经济学，法政治学是法学+政治学，传播法学是法学+新闻传播学，廉政法学是法学+政治学+管理学等。这种“法学+”的培养模式，在一定程度上打破了传统部门法学的学科建制以及知识结构单一的人才培养模式，实现了多种知识与思维方式的融合、交叉、互补与再建构，所培养的人才也更能适应专门领域的复合型人才需求。

（五）传统法学二级学科自身缺陷的助推

传统法学二级学科不仅面临着表面上“知识体型过分庞大”“内容涵盖过分广泛”的问题，而且实质上随着内部知识的严重分化，彼此之间的沟通对话意愿与可能空间也大大降低，逐步变得更加封闭。进而容易走入一种“内卷化”的境地，看似造就了精致繁复的学术体系，却难以产生知识增量和理论进步。⑫ 此外，在现实的鲜活法治实践中，不断迎来的领域新问题又时刻考验着传统法学二级学科的知识供给能力和解释的有效程度。比如，网络时代的数据权利问题、信息保护问题呼唤传统的法学知识能够给予适恰的有效解释。但是在这种情景下，其实传统部门法学那种“单兵突进式”的知识隔绝方式已经不能完全适应“综合进路”的知识需求，⑬亟须形成关于某个领域的综合式法学以及更具有“回应型法”⑭性质的研究路径，进而实现一种整合各个传统部门法学，同时

---

⑫ 参见王利明、黄文艺：《论法学学科的发展规律和发展前景》，载《大学与学科》2020年第1期。

⑬ 参见佘倩影：《“领域法学”：法理视野与话语共建》，载《法学论坛》2018年第4期；王利明、常鹏翱：《从学科分立到知识融合——我国法学学科30年之回顾与展望》，载《法学》2008年第12期。

⑭ See Philippe Nonet & Philip Selznick Law, *Society in Transition*: *Toward Responsive Law*, New York, Octagon Books, 1978, p. 73 – 79.

又立基于现实问题解决,运用多种规范和社科视角,提炼基本法理,以综合治理姿态积极回应时代难题的研究格局。随之,与之因应的数据法学、网络法学等新兴目录外法学二级学科也就诞生了。

(六)打造优势学科、特色学科的错位发展策略

在中国当下研究生法学教育出现明显分层、分类的情形下,各学位授予单位如何根据自身现有的学术传统、学科基础以及其他办学资源,集聚核心力量打造优势学科、特色学科,在提升核心竞争力的同时,形成相对优势与个性优势,进而实现法学教育的错位发展、差异化竞争以及形成对未来法学学科发展方向的科学定位就具有了极高的战略意义。

发挥学位授予单位主体学科优势,实现其与法学的跨学科结合,进而呈现法学教育能够培养复合型人才的优势,在此基础上再逐步进入"主流"的法学院。这种"先特色、后主流"的错位发展策略,尤其是在正在崛起的后发型法学院之间被广泛地采用。这体现出行业院校在与综合类院校、政法类院校作出区分的基础上,依凭自身的行业优势与学科资源来辅助、融合法学学科的发展,大力培育与行业对口的复合应用型人才,也进而走出了一条区别于传统部门法学而具有显著行业领域特色的法学二级学科之路。同时也避免了以往"贪大求全"的单一学科发展模式,实现了"优势学科发挥引领作用、特色学科彰显标志作用"的分类发展新路径。

三、新兴目录外法学二级学科的未来建设

(一)传统与新兴法学二级学科的关系厘清与知识生产

"传统目录内法学二级学科"以传统部门法学为主,其是调整一类法律规范的总称;而"新兴目录外法学二级学科"则不同于传统以调整对象和调整方法为标准而划分的部门法学,其是以某个独特领域的法律现象作为研究对象的规范与理论集合,比如数据法学的数据领域、网络法学的网络领域、卫生法学的卫生领域、社会治理法学的社会治理领域

等。其不局限于某一类法律规范,不仅具有知识整合的特性,而且在内容上也是处于开放的状态。多是以一种问题的需要来整合法学知识的研究范式,自身蕴含着独特的知识生产和创新机制,大大降低了法学理论知识交互创新的成本。⑮ 就二者的关系而言,“传统目录内法学二级学科”是“新兴目录外法学二级学科”的基础,新兴法学二级学科的研究不可能完全脱离传统法学的既有知识体系,直接“另起炉灶”,而是要在整合既有法学知识体系和规范体系的基础之上,再结合自身领域的特性,从事延伸性和补充性的法学研究,其有助于法学学科内涵的发展与外延的拓展,深入既有的法学研究和法学教育。

但是,从法学一级学科之下设置新兴的二级学科,直接决定了相关的研究必须是法学领域的,必然会涉及法律权利、法律义务、法律关系、法律责任等基本的法学概念和法学理论,也必然会关涉到法律领域独有的规范分析等研究方法。如果以上都不涉及,那么此二级学科的设置至少在法学一级学科之下看来是不成功的。此外,新兴目录外法学二级学科的设置使得传统部门法学的划分界限得以弥补,也使得传统部门法学不能容纳的“领域法学”⑯得以“正名”,树立了相对独立的学科地位,进而避免了其他不必要论证资源的浪费。同时,新兴目录外法学二级学科的设置也意味着法学一级学科内部出现了更多的分化,实现了学科结构内部的自我调整,其表面上是法学学科逐步细化优化的过程,而背后代表的则是法学领域的社会再分工,以及再分工基础上的法学知识再生产。比如,大数据、人工智能时代背景下的数据生产和应用,就区别于传统工业时代的数据采集式生产,因而,基于这种不同情形的知识产权保护就应该是有所差异的。如果现有的知识产权理论不能给予保护或者提供适恰解释,那么就应该发展出一种适应于大数据、人工智能等独立领域和信息时代的“知识产权法学”。

---

⑮ 参见李大庆:《法学范式竞争与领域法学的知识创新》,载《江汉论坛》2019 年第 4 期。

⑯ 刘剑文:《论领域法学:一种立足新兴交叉领域的法学研究范式》,载《政法论丛》2016 年第 5 期。

依照此思维方式继续进行推理的话,就会发现,新兴法学二级学科的设置虽然契合了时代背景,但是“一流的学科离不开一流科研的涵养”,所以这也对教学研究人员的复合知识储备、创新意识与创新能力提出了很高的要求。比如,涉及人工智能的二级学科就需要教学研究者具有一定的科技知识作为前提铺垫,在此基础上才能全方位地展开法学领域的研究生教育。因为新兴目录外法学二级学科的设置,不仅仅意味着表面上一个学科即将开始招生、开展研究生法学教育和进行学位授予,其深层次的表达则是新型法学知识的不断再生产,以及在此基础之上的不断成熟化、体系化与系统化,以期产生不同情形下的影响力,甚至于承担着塑造未来法治秩序的使命。所以,在此意义上讲,如果未来的新兴法学二级学科不能供给出当下社会所诉求的有效法学知识,那么以往所面临的“中国法学向何处去”⑰的问题将会转变为传统法学二级学科和新兴法学二级学科的双重考问。

(二)未来二级学科建设中需要反思的三对关系

第一,涉科技应用型学科与涉伦理关怀型学科在法学二级学科设置中的比重关系。目前新兴目录外法学二级学科具有明显的偏科技应用色彩,法律职业伦理学科的设置单位只有中国政法大学一所高校,显著偏少。现代社会是一个科技迭代发展的时代,在科技洪流大肆入驻法学教育的时代背景下,在算法歧视与社会正义不断错位的意义拷问之下,如何在平衡好二者之间关系的基础上培育出德法兼修的法学人才和坚守住健全独立人格的人文精神,以及法律伦理的重要性是否等同于一定要将法律职业伦理提升到作为法学二级学科的独立地位,仍值得进一步反思。目前能够达成共识的是,虽然像人工智能法学、数据法学、网络法学等二级学科具有强烈的应用型色彩,但是这种应用效果的追求也是建立在能动地反思基础之上的,而不是简单庸俗实用主义下的“有用”“有效”,继而忽视其背后的价值与伦理问题。在应用的过程中,也应该给予诸多价值层面的考量。比如“算法正义”应该对各种算法作恶进行规制

⑰ 邓正来:《中国法学向何处去——建构“中国法律理想图景”时代的论纲》,商务印书馆2006年版,第2页。

等。总之,这种科技色彩、应用倾向应该试图达至"良法善治"的理想法律图景。

第二,新兴目录外法学二级学科的建设与受教育者能力之间的匹配关系。法学教育不是单向的灌输过程,其最终的教学效果取决于教育者和受教育者的双向互动。以往的教育,可能把关注力过多地放在了教学资源的供给侧,而忽视了作为需求侧的受教育者的自身能力。其实,新兴目录外法学二级学科的设置对于受教育者来说,意味着受教育对象也需要一定的法学专业知识以及复合的知识背景才能更好地适应特殊领域研究生法学教育的高标准要求,无论是硕士研究生还是博士研究生,在课业的学习和学术研究过程中,所需要的相应能力也都应该随之得到很大地提升。否则我们培养出来的法学人才质量和社会所真正需求的法学人才水平会出现严重的脱节。但是需要明确的是,我们形塑的是一条以法学知识为主、其他知识为辅的"半开放"的复合型法治人才培养模式,而不是纯粹地将多门社会科学互相嫁接,进而试图培养出多学科"全能型"人才的方式。因为后者往往因受到多种条件的限制而变得不现实,前者在有限的教育资源内更为可行。

第三,新兴目录外法学二级学科设置的论证话语与学科建设的实际不成熟现状之间的罅隙关系。判断一门学科是否成熟,有两个重要维度可以考量:一是涉及客观对象的解释能力,即这门学科所揭示的客观对象能够达到的深度和广度。二是关涉主体的反思能力,即这门学科对它自身作为科学体系的内容、方法、性能、价值的自觉认识程度。[18] 如果以这两个标准来衡量现有的新兴目录外法学二级学科,那么就会发现很多的二级学科其实还在走向成熟的路上。虽然说,只有在新兴法学二级学科领域的学术研究具有一定积累的基础之上,学位授予单位才有可能进入到目录外二级学科设置的论证阶段,但是与新兴法学二级学科的宏观成熟论证话语相比较而言,目前的新兴二级学科研究大多停留于对某些特定领域的法律法规进行归纳、分析和总结的层面,对于新兴法学二级

⑱ 参见梁文永:《一场静悄悄的革命:从部门法学到领域法学》,载《政法论丛》2017 年第 1 期。

学科的理论框架和学科体系建设也在摸索当中,尚未达到建构出一套成熟的理论、范式和方法来支撑其独立存在、发展的程度。所以,在未来新兴目录外法学二级学科的建设中,需要正视话语和现实之间的差距,通过各种途径强化其发展所需要依托的学科组织与制度体系,丰富学科文化和知识结构。这也理应成为当下各个学位授予单位建设新兴目录外法学二级学科所要坚守的基本历史态度和理论姿态。

四、结语

虽然本文只是笔者以所在的法学一级学科为核心内容,对目录外法学二级学科的设置进行了法内、法外等多个维度的透视,但是其对其他学科的设置也具有很强的参考意义。因为除却法学本身的特色以外,其与其他一级学科也有很大的相同之处。其实,其他一级学科也同时或多或少地面临着以上类似或者同构的问题。在这个意义上讲,法学一级学科和其他一级学科可能就有了"扩散式的互惠"。

On the Legal Basis, Reasons behind for the Setting of Emerging Secondary Disciplines of Law Outside the Catalogue Regulated by the Ministry of Education and their Future Construction

Hou Mingming

Abstract: The independent implementation of emerging secondary disciplines of law outside of China's catalogues regulated by the Ministry of Education has formed a relatively mature hierarchical legal regulation system which integrates both the top-down path and bottom-up path. In turn, it makes the reform in the field of postgraduate legal education presents the "law-oriented" and "law-based" status. Under the accumulated influence of a series of factors, such as, the decentralization of educational administrative power, the expansion of autonomous school-running, the demand for precise matching of national development strategies and the construction of the rule of law, the discipline construction competition under "contracted managerial education", and the misplaced developmental strategy of creating superior characteristic disciplines, each degree-granting unit presents an internal mechanism that is deliberately constructed due to internal demand and external promotion for the establishment of the emerging secondary disciplines of law outside the catalog. In terms of future legal knowledge production and discipline construction, it is necessary to continue to innovate the production methods of legal knowledge on the basis of clarifying the relationship between traditional secondary disciplines and emerging secondary disciplines and to handle different relationships, such as the science-related applied disciplines and ethics-related disciplines, subject construction and the students' capacities, and the discourse and argumentation of disciplinary setting and the underdeveloped reality.

Key Words: secondary disciplines of law outside the catalogue regulated by the Ministry of Education, emerging law disciplines, independent implementation rules, contracted managerial education

多学科交融的国家安全法学专业建设探究

舒洪水[*]　马　瑜[**]

摘　要：国家安全法学专业回应了时代的特殊需求，弥补了国家安全法治人才培养的缺失，建设国家安全法学专业对于推进国家安全学学科的整体构建意义重大。国家安全法学专业是新兴专业，学科定位、建设原则和建设路径尚处于探索阶段。国家安全法学专业应当以明确的政治立场和政治站位，明确的指导思想和发展方向为建设原则，遵循学科设置规范和发展规律，契合我国新文科、新法学建设进程。国家安全法学专业建设应立足时代需求制定建设方案，对接实务创新培养模式，构建完整的课程体系框架，建立科学的管理制度。

关键词：国家安全法学　国家安全学　交叉学科　学科定位　人才培养

习近平总书记在中央国家安全委员会第一次会议上强调："保证国家安全是头等大事。"国家安全法

---

[*] 舒洪水，西北政法大学反恐怖主义法学院教授，博士生导师，研究方向：刑法学、反恐法学。

[**] 马瑜，西北政法大学2019级博士研究生，主要研究方向：反恐法学。

治是全面依法治国的应有之义，是全面推进依法治国的重点工作和难点领域。为维护国家主权、安全和发展利益，我国亟须要培养一批复合型、应用型高素质国家安全法治人才，以服务国家的重大需求。国家安全法学新文科专业契合“总体国家安全观”，从维护国家安全、主权和利益的现实需要出发，国家安全法学对于构建具有中国特色的国家安全法专业人才培养模式，聚焦满足维护国家安全的法治人才需求，具有很强的针对性。当前，国家安全法学尚属于学科专业的新领域，其专业建设还需要进一步地探索，需完善国家安全法学学科建设，例如，课程设置、人才培养、教材建设和相关研究工作，为国家安全学学科的整体构建提供支持和服务。

一、国家安全法学专业建设的重要性

一门学科在创建的过程中，必须首先界定其内涵，并在此基础之上探究其建设的重要性，这有助于推动国家安全法学建设，服务于新兴的国家安全学一级学科发展。

（一）国家安全法学的内涵

国家安全法学，是综合运用规范分析法、政策分析法、比较分析法等研究方法，以《国家安全法》为核心的国家安全法律体系为研究对象，旨在探求国家安全法律的内在精神、诠释国家安全法律的规范含义、推进国家安全法律体系的进一步完善的新兴法学学科。① 国家安全法学专业的主要研究内容是国家安全法律体系，国家安全法律体系是指以《宪法》为统领，以《国家安全法》为基础，包括《反间谍法》《反恐怖主义法》《情报法》《保守国家秘密法》《反分裂国家法》《国防法》等专门国家安全立法与刑法、民法、行政法等相关法律中的维护、保障国家安全的法律条款。

---

① 参见兰迪：《简论国家安全法学》，载反恐怖主义新信息网，https://cati.nwupl.edu.cn/bgpl/rdsp/549.htm，最后访问日期：2021年6月28日。

(二)建设国家安全法学专业的重要性分析

顺应新时代的新需求。随着总体国家安全观的提出,国家增设"国家安全学"交叉学科,与传统的安全学在内涵和外延上均有很大差别。国家安全法律体系作为国家安全的法治保障,对其进行系统的理论分析与研究,对于中国推进国家安全法治基础理论与提升国家安全工作法治化水平均具有重要的现实意义。作为国家安全学下的新兴二级学科,国家安全法学当前的基础理论体系尚不完备,要发挥国家安全法律理论的指导与修正作用,需要以国家安全学和法学学科为基础,综合法学、政治学、民族学、宗教学等学科知识,构建基础理论体系,明确学科建设的任务和目标。

弥补国家安全法治人才培养的缺失。总体国家安全观要求对于危害国家安全的行为必须运用法制手段予以解决,要依靠法律、应用法律,发挥法律在维护总体国家安全层面的应有价值。因此,加强国家安全法治建设是落实总体国家安全观的必然选择。当前,我国现有的专业设置并不能完全适应新时代对国家安全法治人才培养的要求。习近平总书记强调,法治人才培养上不去,法治领域不能人才辈出,全面依法治国就不可能做好。② 传统的法学专业中少有国家安全法方向的人才培养,国家专业目录中也没有国家安全法专业。随着基因工程、大数据和人工智能等新技术的应用,网络安全和生态安全得到重视,新技术在维护国家安全中的作用越来越重要,传统的人才培养方式已经不能满足新时代对应用型、复合型国家安全法治人才的需求。因此,为了解决国家安全领域出现的新问题、新矛盾,我们需要加快培养国家安全领域法治人才。

推动整体国家安全法治教育。设立国家安全法学专业有助于从整体上全面宣传国家安全法治理论。党的十八大之后,以习近平总书记"总体国家安全观"为指导,我国加强国家安全方面的立法工作,制定了《反间谍法》《国家安全法》《境外非政府组织境内活动管理法》《反恐怖主义法》《网络安全法》《国防安全交通法》《生物安全法》《香港特别行

② 参见黄庆畅等:《做强法治中国人才支撑(全面依法治国新成就)——打造一支忠诚担当的法治工作队伍》,载《人民日报》2020年11月17日,第1版。

政区维护国家安全法》等一系列涉及国家安全的法律。其中,一些创新性的制度安排与传统的法学理论完全不同,很多都是过去法学理论未曾涉猎过的。无论是《反恐怖主义法》《反间谍法》,还是《刑法》《情报法》等,都是以国家安全法学的某一个领域的内容为学习和研究对象,而国家安全法学专业是对国家安全法治理论进行整体性教育的专业,包括国家安全理论和与国家安全相关的法律成果都是该专业的学习内容。整体性、系统性的教育能够使学生从总体上掌握国家安全法治理论。国家安全法学专业对深入推进国家安全学科建设具有重要意义。作为一个具有整体性特点的新兴专业,其直接对应国家安全一级学科,显然在学科支撑方面,相较其他专业具有整体性,因此有利于从整体上推进国家安全理论学科建设。

二、国家安全法学的学科定位

自国家安全学科正式设立以来,学界对国家安全学科的二级专业设置问题进行了探讨,初步形成了国家安全法学是国家安全学下属二级专业的共识。国家安全法学的交叉性和实践性特征为推动专业建设提供了根本指引。

(一)国家安全法学应归属国家安全学一级学科下的二级专业

目前,我国的学科体系结构层次被划分为学科门类、一级学科、二级学科或专业等。学科门类是学科划分的第一个层次,亦是学科大类。门类是由诸多一级学科所构成,门类所属的各个一级学科的研究领域具有关联性,相互支撑、相互照应,从而形成学科门类,且各一级学科均以该门类确定和授予学位。2020 年之前,我国共有 13 个学科门类,如哲学、法学、理学、工学、农学等。2020 年 12 月 30 日,国务院学位委员会和教育部正式下发通知设置了交叉学科门类,并将“国家安全学”确定为交叉学科门类下的首批两个一级学科之一。③ 这标志着交叉学科已经成为我国第14个学科门类,国家安全学一级学科已经正式设立。国家安全学既是一门新兴的学科又是综合性的实用型政治科学。它的研究对象包括国家的安全、影响和危害国家安全的因素、国家安全保障体系及其活动四个主要的方面。它的基本任务是全方位、系统性地研究和探讨国家安全及其相关对象的客观状态、本质、规律,探寻合理的国家安全观和国家安全战略,服务和指导国家安全活动。④

当前,中国人民解放军国防大学、中国人民大学、西南政法大学、西北政法大学等高校,先后成立了国家安全学院或国家安全研究院。西南政法大学、西北政法大学在法学一级学科下自主设置了国家安全学硕士授权点;国际关系学院在政治学一级学科下设置国家安全学硕士授权点;中国人民公安大学在公安学一级学科下设国家安全保卫学培养本科学生。⑤ 可以看出,高校现在普遍将国家安全学作为二级学科去设置,还没有将其上升为一级学科,所以在培养方案、培养模式等方面并没有形成独立的体系。随着2020年12月国家安全学一级学科的设立,国家安全学下的二级学科或专业将逐步趋于完善,更加健全。国家安全法学以国家安全法律体系为研究对象,服务于总体国家安全,为国家安全治理提供法律支撑,其最终的落脚点更加贴近国家安全学。因此,将国家安全法学作为国家安全学学科下的二级学科或专业去设置,一方面能够推进交叉学科门类下国家安全学一级学科的建设;另一方面有利于国家安全法学整体性的学习,培养出具有针对性的国家安全法治人才。

(二)国家安全法学是一门具有交叉性、应用性的新兴专业

国家安全学作为一门新兴学科,拓展了其他学科的内涵和外延,使

③ 参见国务院学位委员会、教育部:《国务院学位委员会教育部关于设置"交叉学科"门类、"集成电路科学与工程"和"国家安全学"一级学科的通知》,载中华人民共和国教育部政府门户网,http://www.gov.cn/fuwu/2021-01/14/content_5579799.htm。

④ 参见刘跃进:《加快国家安全学理论研究与学科建设》,载中国社会科学网,http://news.cssn.cn/zx/bwyc/201907/t20190709_4930972.shtml。

⑤ 参见毛欣娟:《论当前我国国家安全学学科建设中的几个基本问题——基于中国知网的相关数据分析》,载《北京警察学院学报》2020年第1期。

对其他领域国家安全的局部研究转为综合有机整体下的全面、系统的国家安全研究。[⑥] 国家安全学是一门具有综合性、应用性的新兴学科，这是由国家安全学的研究对象和国家安全学的学科层次定位所决定的，而作为国家安全学下的国家安全法学是一门综合性学科下的交叉性、应用性专业。

首先，从研究对象来看，虽然国家安全法学的研究内容是国家安全法律体系，但是国家安全法律体系的范围涉及广泛，包括社会各领域。一方面，国家安全法学具有国家安全学的特征，需要利用哲学、宗教学、国际政治学等已有研究成果和研究方法来审视社会各个领域存在的问题，并解决国家安全及其相关问题；[⑦]另一方面，国家安全法学以法学学科为基础，以期为那些单一学科无法解决的复合安全问题提供法律基础。在国家安全法治研究的过程中，始终伴随着其他学科对国家安全法治问题的交叉研究，这些交叉研究不仅拓展了国家安全法治研究的广度，而且还推进了国家安全法治研究的深度。从这个角度来讲，国家安全法学应当是国家安全学和法学的交叉专业。

其次，从学科层次上看，无论是自然科学还是社会科学，都有基础科学与应用科学两个层次。依据这种层次划分，国家安全学学科虽然涉及许多基本理论，但就其本质而言，国家安全学学科是一门以应用为主，或者是以应用为直接目的的应用型学科。[⑧] 国家安全法治是全面依法治国的应有之义，国家安全法治的实效，直接关系全面依法治国的绩效。[⑨] 国家安全法学作为国家安全学学科下的专业，是为构建完备的国家安全法律规范体系和服务国家安全法治而设立的，虽然国家安全法学更多的是对理论知识的学习和研究，但是法律问题源于实践，又要通过实务去

---

⑥ 参见李文良：《国家安全：问题、逻辑及其学科建设》，载《国际安全研究》2020 年第 4 期。

⑦ 参见潘波：《一门新学科的奠基之作——〈国家安全学〉评介》，载《华北电力大学学报(社会科学版)》2004 年第 4 期。

⑧ 参见刘跃进：《试论国家安全学的对象、任务和学科性质》，载《山西师大学报(社会科学版)》2003 年第 2 期。

⑨ 参见李竹、肖君拥主编：《国家安全法学》，法律出版社 2019 年版，第 7 页。

检验其实效,国家安全法学更是如此。因此,从国家安全法学专业设立目的、培养目标来看,其应当是一门偏向应用性的专业。

三、国家安全法学专业的建设原则

国家安全法学专业建设需要遵循总体国家安全观的要求,顺应学科设置规范和发展规律,契合我国新文科、新法学建设进程。

(一)国家安全法学专业的建设应当具有明确的政治立场和政治站位

国家安全问题,首先是政治安全问题。党的十九大报告将坚持总体国家安全观列为新时代中国特色社会主义的重要内容和基本方略之一,强调坚持国家利益至上,以人民安全为宗旨,表明了在我国国家利益、人民安全就是最大的政治。当前,在国家安全制度体系的建设中,我们应当以政治安全为根本,加强国家安全能力建设,坚定地维护国家的主权、安全和发展利益,坚持中国特色社会主义制度。在国家安全法学专业的建设中,要始终保持正确的政治立场和政治站位,深入研究国家安全制度建设中的法治理论与实践问题,特别是我国在新时代面临的新兴国家安全法律问题。

(二)国家安全法学专业的建设应当具有明确的指导思想和发展方向

2014 年 4 月 15 日,习近平总书记在主持召开中央国家安全委员会第一次会议时首次提出总体国家安全观,并系统提出“11 种安全”。新时代总体国家安全观包括“16 种安全”。总体国家安全观是对国家安全问题的战略性、全局性认识,是新时代国家安全活动的标志性举措,是我国未来国家安全工作的指导思想,也是国家安全学学科建设的指导思想。因此,作为国家安全学学科下的国家安全法学专业,其发展方向应围绕总体国家安全观全面发展,重点发展,学以致用。根据总体国家安全观构建国家安全法学专业,加强总体国家安全法治理论研究,用总体国家安全理论审视社会各个领域,准确把握我国国家安全所处的历史方位和面临的形势任务,用法治理论与法治思想助力推进总体国家安全战略实施。

（三）国家安全法学专业的建设应当遵循学科设置规范和发展规律

任何一门学科都有其自身发展的客观规律、理论基础和现实需要，有其学科基本定位和学科内在特点。国家安全法学是以国家安全法律体系为主要研究对象，以涉及国家安全的法律与理论为基本研究内容，坚持将国家安全法治理论与国家安全、公共安全实践相结合，开拓了我国国家安全学学科的崭新局面。因此，国家安全法学专业应当是一门理论性、专门性、针对性、实践性特色鲜明的社会学科，应当具有依照学科设置规范建设的学科类别，具有特定的研究领域、研究内容和研究方法，有反映国家安全领域社会现象、思维方法的客观规律和知识体系。

（四）国家安全法学专业建设路径应当契合我国新文科、新法学建设进程

2016 年 5 月 17 日，习近平总书记主持召开哲学社会科学工作座谈会时指出，“当代中国正经历着我国历史上最为广泛而深刻的社会变革，也正在进行着人类历史上最为宏大而独特的实践创新。这种前无古人的伟大实践，必将给理论创造、学术繁荣提供强大动力和广阔空间”⑩。在国家安全内容变化大形势与习近平总书记对哲学社会科学对社会发挥作用的殷切期待下，社会科学建设进入新时代，新文科、新法学建设应运而生。党的十八大以后，中国特色社会主义建设进入新时代，国家安全管理范围从传统国家安全向非传统国家安全延伸，法学发展的客体方面也发生了历史性变化，转向服务于建设中国特色社会主义法治体系和法治国家、建设社会主义现代化强国、实现中华民族伟大复兴的宏伟目标。国家安全法学专业是以新时代国家总体安全观需求为导向，融合了法学、情报学、宗教学、传播学、心理学、社会学、军事学等多个不同学科分化出的不同内容，经过综合研究后形成的一门独立于其多个母体学科的，具有典型兼容性、交叉性、应用性的新兴专业。因此，契合新文科、新法学发展方向，整合文理学科，是构建国家安全法学专业的应有之义。

---

⑩ 《在中国特色社会主义伟大实践中加快构建中国特色哲学社会科学》，载新华网，http://www.xinhuanet.com/politics/2016-06/02/c_129035902.htm。

四、国家安全法学专业的建设路径

为了进一步提升国家安全法学专业的建设水平,需要在制定建设方案、创新培养模式、完善课程体系、建立管理制度方面着力。

(一)立足时代需求,制定建设方案

在国家安全法学专业建设的过程中,立足时代需求,做好专业的宏观战略规划,能过有效把握专业发展的基本路径和未来总体方向。首先,在推动国家安全法学专业建设的过程中,教育部及地方各级教育主管部门需考虑将国家安全法学专业作为国家安全学科建设的重要组成部分,做到同步立项、同步建设、同步评估,以二级专业建设细化一级学科建设目标,以同步建设促进一级学科实现更好更快发展。其次,政法类院校、较早开设国家安全专业的院校可以发挥更好的示范作用,主动承担国家安全法学专业建设任务,联合召开国家安全法学专业建设会议,商定国家安全法学专业建设指标,尽快筹建国家安全法学研究会,为国家安全法学学科建设贡献高校力量。最后,国家安全法学建设机构需统筹考虑国家安全类专业的特殊性和保密性特征,采取"自上而下"的方式推动国家安全法学专业建设,优先推动博士和硕士阶段国家安全法学专业建设,进行"精英化"试点培养工作,优化专业建设方案,进而铺开本科层次的专业建设,以区别于传统学科人才培养的方式,小切口、高水平推动国家安全法学专业建设。

(二)对接实务工作,创新培养模式

人才培养方案是一门专业建设的核心所在,也是该专业建设的基础工作。各高校应当依照当前国家需要,结合学校优势,突出应用特色,主动适应国家社会发展需求,培养高级应用型人才。建设"新法学"也始终强调要立足中国法治建设实践,解决重大现实问题。国家安全法学作为一门新兴的应用性专业,在制定培养方案的过程中,各高校必须仔细审核和论证制定的培养方案,特别是对能力要求、课程设置、实践运用能

力和创新能力的培养进行重点审核与论证。随着经济发展和社会转型，各类新生事物和新的研究领域层出不穷，复杂的现实问题始终是法学理论研究的“源头活水”，法学界应当直面社会中存在的法治实践和复杂的法律问题，通过更新研究内容、创新研究方式等，形成具有中国特色的优秀研究成果，不断开展接地气的法学研究。[11] 国家安全法学面对的是一系列涉及国家安全的现实问题，因此该专业不仅要将立德树人作为专业建设的根本任务，还必须进行社会基层实务需求调研，与时代发展要求紧密结合，在考虑融入多学科培养的基础上，制定出具有自身独特优势和研究特色的人才培养方案。

应用型专业的本质属性是应用性，国家安全法学培养的学生毕业的就业方向一般为涉及国家安全的部门，因此与国家安全相关的实务部门开展协同合作，对于国家安全法学专业的建设来说就非常重要。与实务部门合作，可以提升国家安全法学专业建设的标准与能力，带来学校专业建设的高水平发展。学校应选择具有针对性的国家安全实务部门，强化产教融合、深入开展教学合作，与实务部门建立深度合作的“双向三维”育人平台，联合成立实训中心，涵盖课程实践和专业实践，通过教师与实务部门专家共同培养的方式，使学生在实践中学习研究，在实战中增长本领。此外，可以尝试联合编写国家安全法学教材和指导实训，将实务部门的培训与实践课程嵌入国家安全法学专业的课程中，真正实现学校与实务部门双向互动对接，形成学生学习、教师培养、专业提升的三维育人机制，以高水平的应用型人才培养和高水平的应用性科研成果服务地方与国家。[12] 在培养模式实施过程中，高校应当对国家安全法治人才的培养成效进行反馈、监测、评价，适时对培养模式进行调整和完善。

（三）切合安全需求，完善课程体系

随着中国日益走向世界舞台的中心，我国面临的国内外挑战逐渐增

---

⑪ 参见杨宗科：《适应新时代新要求建设“新法科”“新法学”》，载《法学教育研究》2020 年第 1 期。

⑫ 参见王蕾、葛军：《地方应用型高校一流本科专业建设探究》，载《江苏高教》2021 年第 5 期。

加,国家安全学科的人才不仅要具有处理国内事务的能力,同时还必须具备应对国际事务的技能,这就要求国家安全相关专业培养的人才必须是政治立场坚定,爱党爱国,熟悉党和国家的路线、方针、政策,系统掌握国家安全工作的法律、法规和政策,具有良好的职业素养,熟练掌握国家安全学专业的基础理论、基本知识和基本技能,具备开展国家安全工作的职业基本能力和创新精神,能够适应在各级国家安全机关和其他公共安全机构工作的应用型专门人才。根据国家安全法学的人才培养模式,理论课程和实践课程是国家安全法学专业的两大课程模块,前者包括通识类课程、公共基础类课程和专业课程三个部分,后者分为课程综合实践与专业实习。

1. 理论课程

第一,通识类课程。通识课程的目的在于对学生进行多方面能力的训练,发展其思维能力,提高学生表达思想、判断和鉴别价值等方面的能力。通识课程的特点在于不同学科的知识相互通融,遇到问题时能够从比较开阔的、跨学科的视角进行思考、收集资料、与人交流合作,实现不同文化和不同专业之间的沟通融合。国家安全法学虽然注重对学生进行法学理论的教育,但是“国家安全”涉猎范围广泛,仅仅依靠单一的法学知识很难将理论知识融会贯通,必须通过其他课程的辅助,帮助学生以开阔的视野去看待、解决问题。

综上,国家安全法学专业的通识类课程应当具有以下特点:其一,基本性:课程内容涉及学生最根本、最重要、最不可或缺的素质教育,例如,可以适当引入心理学课程。其二,多元性:课程内容应该拓宽学生视野,养成尊重多元差异的人格与精神,例如,中外历史课程,不仅有利于提高学生的文化涵养,而且通过中外、古今比较,有助于引发学生对法律制度的进一步思考。其三,整合性:课程内容整合不同领域之知识,以启发学生的心智,拓展专业知识之直观与创意,并赋予新的诠释和内涵,例如,哲学类课程,能够帮助学生养成良好的思辨能力。

第二,公共基础类课程。国家安全法学专业的公共基础课与法学其他专业的学习内容比较类似,主要是思想政治类、外语类和计算机类课程，这些基础课程可以为学生提供最基本的工作技能，有利于学生专业课的学习和综合素质能力的提高。思政课对于大中小学的重要性是不言而喻的，习近平总书记曾强调，“思政课是落实立德树人根本任务的关键课程，思政课作用不可替代”⑬，所以思政课是包括国家安全法学专业在内的所有专业基础类课程中必不可少的。全球化与科技化使得英语与计算机技能成为学生就业必备的能力，国家安全法学专业以培养国家安全法治人才为目标，掌握娴熟的外语与计算机能力，对于学生毕业后应对国内外国家安全法律问题，应对美国等西方国家针对我进行的“法律战”具有重要作用。基于此，相较于其他专业，国家安全法学的外语和计算机课程应当更加完备，在有条件的基础上探索开设第二外语和计算机进阶课程。

第三，专业课程。国家安全法学专业以培养了解国家安全领导体制与战略规划，熟悉国家安全法律规范体系的国家安全法治人才为目标，其专业课除了法学基础课程，还应当包括针对国家安全开展的必修课与选修课。其法学基础课程与其他法学专业的相同，包括法理学、宪法学、刑法学、民法学、经济法学、刑事诉讼法学、民事诉讼法学、行政法学与行政诉讼法学、国际法学、反恐怖主义法学等。必修课程具有专属性，作为具有综合性和交叉学科属性的国家安全法学专业首先必须了解什么是国家安全、维护国家安全的基本任务等，因此开设国家安全法、国家安全学等理论课程是必要的；其次要在理论的基础上开设高校特色课程，国家安全涉及领域广阔，不同高校的研究优势往往只集中于其中的某一个或几个方向。国家安全法学专业侧重于对法律制度的研究，开设政治学、社会学、历史学等法学相邻学科课程有助于提升学生的学科视野；最后要掌握理论运用的方法，开设社会调查研究方法、比较学研究方法等课程。选修课的设置要突出多学科交融的特征，以开阔视野和拓展思维为原则，增加一些技术性和应用性课程，满足学生对国家安全某一领域的知识需求。例如，开设国家安全情报学、网络信息安全学、民族学、宗

---

⑬ 《学习进行时|这门课，习近平特别重视》，载新华网，https://xinhuanet.com/politics/xxjxs/2021-06/18/c_1127573875.htm。

教学等课程。

2. 实践课程

第一,课程综合实践。课程综合实践除了常规的实践活动,例如组织参观爱国主义教育基地、举办模拟法庭、模拟联合国外,还应该注重培养学生的社会调研和运用理论分析问题的能力,可以利用假期组成小组,制定主题,让学生利用所学知识去开展社会调查,深刻理解国家安全法律规范,同时在现实中发现、探索国家安全法律存在的不足,最后撰写调研报告。此外,国家安全教育对于中小学学生至关重要,国家也应高度重视学校的国家安全教育,高校可以组织开展"国家安全法进校园"活动,推动国家安全法的宣传。

第二,专业实习。基于专业的特殊性,国家安全法学专业的实习应当采取统一实习的方式,实习单位包括政法委、法院、国安、公安等部门。实习内容由学院和实习单位共同确定,如在政法委主要进行材料撰写、舆情收集等工作,在法院主要进行案卷整理、案情分析和协助案件审理等,在国安、公安部门根据具体的实习部门,从事协助侦查、情报分析、案件处理等工作。实习过程要将实习目的、实习任务、实习管理和考核方式充分结合,避免出现"过场实习"的现象。实习期一般以半年以上为宜,这有助于学生充分了解和熟悉实习单位的工作和具体运作过程,掌握当前国家安全工作的动向和关注的重点领域,以及收集相关部门在实务工作中面临的难题与困境。通过专业实习,提升学生理论结合实务的能力、处理专业问题的水平和社会人际交往的经验。

(四)总结前期经验,建立管理制度

国家安全法学专业作为新兴专业,目前的管理制度基本是仿照其他专业开展,但是在培养模式、教学方式、课程设置和培养目标等方面,国家安全法学具有自己独特的特点,简单地移植其他法学专业的固有制度显然不利于该专业今后的发展。对此,可以总结开设国家安全法学相关专业的西北政法大学、西南政法大学、中国人民公安大学、国际关系学院等院校的成功经验,建立科学的专业管理制度。

第一,将国家安全法学专业的日常管理纳入教学管理体系,由教学负责人领导教学质量工作[14],并实施定期评估。《普通高等学校本科教学工作水平评估方案》等文件明确指出:专业质量评估指标由招生录取、师资队伍、实验设备、实践实习、培养模式、就业、专业特色等指标构成。[15] 在进行国家安全法学专业建设时,应当结合教育部制定的评估指标,设计专业建设结果的评比考核指标,并依据考核指标对专业建设过程进行督导、评议和评估,确保专业建设顺利进行,达到形成特色的同时提高人才培养质量。

第二,高校适时对专业进行管理改革,提升教学管理水平。通过定期的质量管理评估,高校应当制定周期性的管理调整,以一年为一个小周期,四年为一个大周期,对国家安全法学专业的教育教学进行管理改革。作为一门具有交叉学科属性的新兴专业,国家安全法学应当以培养目标和培养规格为标尺,不断分析教学中遇到的问题,及时总结经验,适时调整,探索建立适用于本专业的教学质量监督措施,细化各项评估指标,科学执行管理措施。在四年大周期结束后,要及时追踪毕业生的具体就业情况,重视用人单位对学生的评价,并将收集的数据作为教学管理改革的重要依据。

五、结语

建设多学科交融的国家安全法学专业是建设国家安全学学科的必要之举,创新法学人才培养,探索国家安全法学专业的设置,我们必须制定符合国家安全法治人才需求的国家安全法专业人才培养目标和培养标准,构建多学科交叉融合的国家安全法专业课程体系和教材体系,编纂核心课程专业教材,形成具有推广价值的国家安全法治人才协同育人

---

⑭ 参见王少:《马克思主义理论本科专业建设问题初探》,载《思想理论教育》2021 年第 3 期。

⑮ 参见王蕾、葛军:《地方应用型高校一流本科专业建设探究》,载《江苏高教》2021 年第 5 期。

体系,形成完善的专业建设和人才培养方案。这一过程需要各大高校持续探索和逐步完善,最终实现培养维护国家安全和法治化建设的应用型、复合型高素质人才的目标。面对当前复杂多变的国际国内安全形势,国家安全法学的专业建设与发展不仅具有重要的理论与现实意义,更具有广阔的应用空间。将国家安全法学设立为国家安全学一级学科下的二级专业,不仅有利于通过教育激发和培养国民维护国家安全的使命感、责任感、荣誉感,不断增强中国特色社会主义道路自信、理论自信、制度自信、文化自信,还能够为我国国家安全领域培养出越来越多具备国家安全法学专业知识和技能的高素质人才,优化我国国家安全工作队伍,进一步提升我国国家安全保障能力。

Research on the Construction of National Security Law Specialty with Multidisciplinary Integration

Shu Hongshui　Ma Yu

Abstract: The national security law major has responded to the special needs of the time and made up for the lack of legal profession cultivation for national security. The construction of the national security law major is of great significance for promoting the overall construction of the discipline of national security. The specialty of national security law is a new specialty, and the disciplinary orientation, construction principle and construction path are still in the exploration stage. The construction principle of the national security law major should convey clear political stand and position, clear guiding ideology and development direction. It should follow the discipline setting norms and development rules, and conform to the construction process of new liberal arts and new law in China. The construction of national security law specialty should meet the needs of the times, formulating construction plans, dock practice and innovate training models for the purpose of constructing a complete curriculum system framework, and establishing a scientific management system.

Key Words: science of national security law, national security studies, interdisciplinary discipline, disciplinary orientation, talent cultivation

论“新法学”视阈下纪检监察专业的建设*

褚宸舸** 齐 飞***

摘 要:党和国家对高素质、专业化纪检监察干部队伍的人才需求,《中华人民共和国监察官法》对监察官业务能力、监察学科建设的紧迫要求,学界对纪检监察相关学科、专业建设的发展诉求,为纪检监察专业发展提供了时代机遇。但该专业建设也面临诸多问题:学科和专业定位不明、理论研究滞后,优质师资不足、课程建设薄弱、人才需求与供给之间存在制度和机制性障碍。梳理、比较我国已开办该专业或方向的高校的人才培养目标和课程体系,发现各校普遍强调德法兼修、应用导向和交叉复合。基于上述现状和问题,提出纪检监察专业建设的路径是:破解专业建设的体制机制困境、确定专业名称、明确人才培养目标、构建专业课程体系、创新教学方

---

* 基金项目:2021 年陕西省社会科学基金专项项目《加强市域社会治理现代化建设,不断提升社会治理效能研究》(项目编号:2021ZX06);陕西省“三秦学者”创新团队“西北政法大学基层社会法律治理创新团队”成果。

** 褚宸舸,西北政法大学行政法学院(纪检监察学院)教授,博士生导师,研究方向:监察法学、宪法学和社会治理法学。

*** 齐飞,西北政法大学行政法学院(纪检监察学院)博士生,研究方向:监察法学。

法。具备专业建设条件的高校应当在"新法学"理念指引下,通过建设纪检监察专业,创新法学人才培养,助力党和国家廉政与反腐败工作实现治理体系和治理能力现代化。

关键词:新法学　纪检监察　专业建设　监察官法

一、问题的提出

纪检监察专业建设①是《中华人民共和国监察官法》(以下简称《监察官法》)的明确要求,也是"四个全面"战略中全面依法治国和全面从严治党的现实需要。从政策层面看,党的十八届四中全会通过的《中共中央关于全面推进依法治国若干重大问题的决定》对加强法治工作队伍建设、创新法治人才培养机制提出了明确要求。2017 年,习近平总书记考察中国政法大学时指出,"法治人才培养上不去,法治领域不能人才辈出,全面依法治国就不可能做好";他同时指出,"法学教育和法治人才培养也存在一些问题和不足。比如,学科结构不尽合理,法学学科体系、课程体系不够完善;社会急需的新兴学科开设不足,法学学科同其他学科交叉融合还不够,知识容量需要扩充……"。② 习近平总书记的讲话既指出了传统法学学科的顽瘴痼疾,也为"新法学"发展指明了方向。

2020 年 11 月 3 日,教育部新文科建设工作组举办了新文科建设工作会议,会议研究了新时代中国高等文科教育创新发展举措,发布了《新文科建设宣言》,在国家层面对新文科建设作出了全面部署。"新文科应该包含'法学',新文科在法学领域的展开就是'新法学'"。"新文

---

① "纪检监察专业"尚未列入《普通高等学校本科专业目录》和国务院学位委员会颁布的《授予博士、硕士学位和培养研究生的学科、专业目录》,也无相应学科代码,这里仅作为未来应当建立的"新专业"从学术角度提出。需要指出的是,已有学者指出,高教领域的"专业"和"学科"概念经常并用或混淆。"专业"概念多运用在教学实践和人才培养语境中,指一整套教学标准体系和人才培养模式。"学科"概念多从学术认知角度出发,指知识体系上的分门别类。参见王健:《法学本科专业的若干基本概念》,载《新文科教育研究》2021 年第 1 期。

② 习近平:《论坚持全面依法治国》,中央文献出版社 2020 年版,第 174 ~ 175 页。

科”建设，不仅强调学科间的深度交叉与融合，而且还包含着一种解决生活世界复杂问题的“超学科”视阈。所以，“没有社会需求对文科的挑战以及对法学的再造，就没有‘新法学’”③。我国“新法学”建设目前已进入“新时代中国特色社会主义法学”的发展阶段。④

从纪检监察工作实践和人才需求层面看，纪检监察工作在国家治理体系与治理能力现代化进程中的地位和作用日趋重要，急需高素质、专业化的人才队伍予以支撑，并已经产生干部培训的“刚需”。2018年监察体制改革后，我国纪检监察干部队伍整体呈现三方面特点：一是人数众多。纪检监察干部广泛分布于党政机关、企事业单位中，其中既有各级纪检监察机关的公务员，还包括党政司法机关、群团、企事业单位、社会组织、基层群众性组织中的大量专兼职纪检监察干部。在国家监察体制改革过程中，检察院系统反贪污贿赂、反渎职侵权和预防职务犯罪等部门的检察官转隶纪委监委。截至2019年年初，全国纪检监察机关工作人员据估算有52万～57万人，⑤数量上仅次于我国人民警察队伍。如果加上巡视组和党务口的兼职纪检干部，人数可能更加庞大。二是干部的经历和专业背景各异。当前队伍主要是由纪检体制改革前的原纪委干部、检察院转隶干部以及近年新遴选、招聘的干部三类所构成。在新人招录标准方面与普通公务员、企事业单位工作人员没有实质性差异。各级纪检监察机关干部队伍的内部主要按照专案模式管理，各种职务序列未明确区分。三是基层干部普遍面临“本领恐慌”问题。在法治反腐和廉政建设并行推进的新时代，纪检方面的监督、执纪、问责和监察方面的监督、调查、处置等职责对干部业务能力和综合素质提出了很高要求。中共中央《干部教育培训工作条例》第4条第3款规定，“分类分

③ 徐显明：《“新文科”建设中的“新法学”》，载《北京日报》2021年6月7日，第16版。

④ 参见杨宗科：《论“新法学”的建设理路》，载《法学》2020年第7期。

⑤ 2014年中央纪委组织部统计：纪检监察全系统专职干部47万余人。全国各级检察院反贪系统人员转隶至监委后，纪检监察机关人员增加了约10%。参见石艳红：《“全覆盖”不是“啥都管”》，载《中国纪检监察》2018年第14期。据此推断2018年时纪检监察干部约为52万人。经咨询中国纪检监察学院专家王冠博士，该学院2019年年初的调查表明，全国纪检监察系统专职干部约为57万人。

级，全员培训”。近年来，中央纪委为提升队伍整体素质和业务能力，在系统内不断完善全员培训制度。2020 年 1 月 13 日，十九届中央纪委四次全会报告再次强调“全员培训”的要求：“加强专业化建设，贯彻执行监督执纪工作规则和监督执法工作规定，分级分类开展全员培训和考核测评。”同时，《监察官法》中也明确提出了监察官职前、年度、晋升等不同类型培训要求。

本文拟以新时代纪检监察专业建设的现状和实践中的问题为研究对象，窥斑见豹，思考在推进国家治理体系和治理能力现代化的背景下，法学专业、学科体系以及人才培养如何应对历史性变革，而纪检监察专业又面临怎样的发展机遇，其建设现状如何，面临哪些掣肘因素。在“新法学”理念指引下，具备纪检监察专业建设基础的高等院校应当如何把握时代机遇并回应现实挑战，未来应当从哪些方面加强和发展纪检监察专业，后文拟对这些问题抛砖引玉，求教于方家。

二、纪检监察专业发展的时代机遇

（一）党和国家对高素质、专业化纪检监察干部的人才需求

2020 年 11 月 16 ~ 17 日，习近平总书记在中央全面依法治国工作会议上，针对全面依法治国要重点抓好的工作提出了 11 个方面的要求，其中第 6 个方面强调，要坚持建设中国特色社会主义法治体系……要加快形成完备的法律规范体系、高效的法治实施体系、严密的法治监督体系、有力的法治保障体系，形成完善的党内法规体系。强调中国特色社会主义法治体系是推进全面依法治国的总抓手。纪检监察队伍就是“严密的法治监督体系”的重要组成部分。

党的十八大以来，反腐败斗争的复杂形势亟需建设一支忠诚干净、勇于担当作为的干部队伍。习近平总书记在不同场合多次强调纪检监察干部队伍建设的重要性。2019 年 12 月 6 日，习近平主持中共中央政治局会议研究部署党风廉政建设和反腐败工作，指出要“提高规范化法

治化水平,建设忠诚干净担当的纪检监察铁军”“建设高素质专业化纪检监察干部队伍”⑥。2020年1月,十九届中央纪委四次全会工作报告也专门强调“建设高素质专业化干部队伍”。“高素质、专业化”作为中央对干部队伍的整体要求。“高素质”“专业化”同样体现在《监察法》第56条和《监察官法》第37条的规定中。⑦ 概括起来主要是指“政治素质、履职能力和职业伦理三个方面”。⑧ 该提法最早于2018年6月29日中共中央政治局审议的《关于适应新时代要求大力发现培养选拔优秀年轻干部的意见》提出。此外,党的十九大报告在谈及新时代党的建设时也明确提出“建设高素质专业化干部队伍”。2018年7月,全国组织工作会议以及《党支部工作条例》《党政领导干部选拔任用条例》中均提到高素质专业化的要求。这实质上为纪检监察专业建设与发展指明了方向。党和国家在不同会议不同规范性政策文件中反复提及“高素质、专业化”要求,说明对该类型纪检监察人才需求非常迫切,亟待加强专业人才培养。

(二)《监察官法》对监察官业务能力、监察学科建设的紧迫要求

2021年8月20日,《监察官法》在第十三届全国人大常委会第三十次会议通过,将于2022年1月1日起施行。制定《监察官法》既是贯彻实施《监察法》的要求,也是实现纪检监察队伍高素质专业化发展的客观需要。其中纪检监察专业建设“紧迫性”的要求涉及两方面:

一是《监察官法》要求加强监察学科建设。设置监察专业或者开设监察课程的规定指向了专业人才培养的核心问题。该法第32条规定:“国家加强监察学科建设,鼓励具备条件的普通高等学校设置监察专业

---

⑥ 《中共中央政治局召开会议 分析研究2020年经济工作 研究部署党风廉政建设和反腐败工作 中共中央总书记习近平主持会议》,载新华网,http://www.xinhuanet.com/2019-12/06/c_1125317836.htm。

⑦ 《监察法》第56条规定:“监察人员必须模范遵守宪法和法律,忠于职守、秉公执法,清正廉洁、保守秘密;必须具有良好的政治素质,熟悉监察业务,具备运用法律、法规、政策和调查取证等能力,自觉接受监督。”《监察官法》第37条规定对监察官应“重点考核政治素质、工作实绩和廉洁自律情况”。

⑧ 参见褚宸舸、王阳:《我国监察官制度的立法构建——对监察官范围和任职条件的建议》,载《浙江工商大学学报》2020年第4期。

或者开设监察课程，培养德才兼备的高素质监察官后备人才，提高监察官的专业能力。”二是《监察官法》关于监察官业务培训的规范内容指向了提升履行监察权人员的专业能力这一目标。该法第29条规定：“初任监察官实行职前培训制度。”另外，第30条规定：“对监察官应当有计划地进行政治、理论和业务培训。培训应当突出政治机关特色，坚持理论联系实际、按需施教、讲求实效，提高专业能力。监察官培训情况，作为监察官考核的内容和任职、等级晋升的依据之一。”

《监察官法》中关于“监察专业”“监察官职前培训”“业务培训”的规范内容，本质上都是对纪检监察基础性支撑学科、专业和相应课程体系提出的潜在要求。所以，为将来更加有效地落实《监察官法》，也应当及时推进纪检监察专业建设。

（三）学界对纪检监察相关学科、专业建设的发展诉求

早在2008年3月10日，中央纪委在成都召开纪检监察学科建设与课程设置专家咨询会，结合中国纪检监察学院的创办，组织学者讨论了纪检监察学科体系、结构以及纪检监察干部教育培训工作科学化、规范化等方面问题。[⑨] 2009年中央纪委颁布的《2009—2013年全国纪检监察干部教育培训规划》明确提出“加强纪检监察学科体系建设”。2010年10月，中国纪检监察学院作为中纪委下属事业单位正式挂牌成立，中央编办把学科建设作为中国纪检监察学院五大功能定位之一。中国纪检监察学院李永忠等人梳理了20世纪80年代中期至2011年之前这段时期的纪检监察学科建设情况。他们认为，从学科定位看，主要存在纪检监察学、监督学、廉政学三种不同观点。倾向在学科归属上，将纪检监察学定位为监督学，作为政治学的一个二级学科，但由于学科自身特点，最终应争取发展为独立的一级学科。此后，学界围绕纪检监察专业建设相关研究逐步展开。近十年来，特别是2018年监察体制改革以后，法学界相当多的学者开始关注、重视监察法学学科建设问题。湘潭大学吴建雄提出，监察法学的研究必须突破部门法的学科局限，在政治属性、职权

---

⑨ 参见陈松：《以科学发展观指导纪检监察学科体系建设》，载《四川日报》2008年3月14日，第A01版。

配置、价值取向、法律地位等基本问题上达成共识,构筑起监察法学统一话语的讨论平台。[10] 其还认为,监察学学科应在法学门类下创建为独立的一级学科,同时建立监察法理学、监察法史学、比较监察法学、专门监察法学科等二级学科。[11] 浙江工商大学封利强认为,监察法学是一门亟待建构的新学科,将其确立为法学二级学科必要且可行,在理论体系建构上应以监察法律关系为主线展开。[12] 中国纪检监察学院王希鹏认为,越来越多的高校和科研院所重视纪检监察学科建设,依托本校的政治学、法学、马克思主义理论等诸多优势学科进行学科教育,形成了纪检监察学、国家监察学、廉政学等各具特色的研究方向和研究领域。纪检监察学有可能、也有必要作为法学门类下独立的一级学科进行建设。[13] 武汉大学秦前红教授从构建监察学科和理论体系方面,归纳出 11 个重难点问题:监察学具有哪些鲜明中国特色、是否具有独立学科地位、能否定位于一级学科、研究对象和范围、如何归纳其范畴体系、有哪些研究方法、学科形成基础和划分依据、二级学科体系构成、与其他一级学科的关系、有哪些教学方法、如何有序推进国家监察学的学科建设。他建议遵循学术规律、学科建设规律和人才培养规律,坚持问题导向和目标导向,研究提出国家监察学科体系建设的"时间表"和"施工图"。[14]

学界的讨论一方面源自廉政治理和学科建设的现实需要;另一方面源于监察体制改革以来纪委监委专责监督职能与现有体制融会贯通和效能发挥的关键性问题。及时回应时代体制变革所带来一系列问题和命题,促使学界提出了加快"纪检监察专业"建设的发展诉求。

---

⑩ 参见吴建雄、杨立邦:《论监察学学科创建的价值目标、属性定位与体系设计》,载《新疆师范大学学报(哲学社会科学版)》2022 年第 2 期。

⑪ 参见吴建雄、马少猛:《构筑监察法统一话语的学科讨论平台》,载《行政管理改革》2019 年第 6 期。

⑫ 参见封利强:《监察法学的学科定位与理论体系》,载《法治研究》2020 年第 6 期。

⑬ 参见王希鹏、罗星:《纪检监察学科的发展现状、学科建构与实现路径》,载《西南政法大学学报》2020 年第 2 期。

⑭ 参见秦前红:《建构中国特色国家监察学科理论体系》,载《中国社会科学报》2021 年 5 月 14 日,第 3 版。

三、我国纪检监察专业建设的现状和问题

（一）近 20 年我国纪检监察专业建设的历时性考察

我国纪检监察工作实践的需求、变革和发展为该领域专业建设的发展提供了源动力，人才培养工作也由此展开。自 2002 年开始，中国人民解放军西安政治学院军队纪检工作教研室（现为国防大学政治学院西安校区军队纪检监察学系）就在军队政治工作学下开展军队纪检工作方向的硕士、博士研究生教育。而我国普通高校纪检监察专业建设肇始于 2013 年，该年秋季，我国南北的两所高校首次在普通高等教育本科层面开展纪检监察专业人才培养：2013 年 4 月 10 日，云南省纪委、监察厅和云南师范大学合作共建“云南纪检监察学院”，该学院在校内的主要支撑实体是云南师范大学哲学与政法学院（现为法学与社会学学院），哲学与政法学院 2013 年在国内首次招收法学专业（纪检监察方向）本科生；2012 年 11 月，西安市纪委和西安文理学院共建“西安廉政研究中心”。2013 年，西安文理学院政治学院（现为马克思主义学院）在国内首次招收思想政治教育专业（纪检监察方向）本科生。

中国政法大学是我国最早在普通高等教育研究生层次培养纪检监察人才的学校。2013 年 6 月，该校在政治学一级学科下设置二级学科“纪检监察学”。2014 年 1 月，纪检监察学专业研究生正式招生。2017 年 11 月，成立在编科研机构国家监察研究院，具体承担纪检监察专业人才的教学培养工作。2018 年 10 月，该校纪检监察学专业更名为国家监察学。与此同时，在专业建设进程中，部分学者围绕学科发展现状、价值目标、学科归属、定位、理论体系、建构路径等方面进行过不少讨论。例如，西安文理学院杨永庚认为，中国特色的纪检监察学学科虽然初步形成，但在研究中仍面临许多挑战与问题，主要体现于基础理论薄弱、专业研究队伍不足、学术研究的系统意识与规范化程度较低等方面。在综合创新、拓展研究空间、优化结构、培养人才、理论研究和实际贯彻结合的

基础上,需要推动学科建设规范化、专业化发展。[15]

2018 年监察体制改革,我国纪检监察专业建设驶上“快车道”,目前已进入发展的关键时期。2018 年 3 月 20 日《监察法》通过当天,西南政法大学成立国内首个监察法学院,该学院同行政法学院“两块牌子、一套人马”,合署运行。2018 年 7 月,该校增设专业目录外二级学科监察法学,并从 2018 年秋季开始招录首批监察法学硕士、博士研究生,同时在本科法学专业中设置了监察法学、监察调查、监察审计三个实验班。2018 年 4 月,西北政法大学行政法学院成立国内首个监察法教研室。2019 年 6 月,成立纪检监察学院,与行政法学院合署办公、运行;同年 12 月,该校监察法学交叉学科硕士点经教育部审核同意并备案,于 2020 年开始招收监察法学硕士研究生。2020 年 12 月,学校内设监察法学学科。2021 年 5 月,在法律硕士(非法学)中设立纪检监察方向,从 2020 级法律硕士中首批遴选了 14 名研究生进入该方向学习。在博士研究生培养方面,该校主要在国家特殊需求项目博士点下开展纪检监察专业方向博士生的培养。2021 年 6 月,华东政法大学在交叉学科下设立纪检与监察法学博士、硕士点。该校之前在政治学学科下,通过监察法研究中心开展硕士研究生培养工作。2018 年 7 月,南京审计大学也成立了监察学院,与法学院合署办公。招收法学专业(监察方向)本科生和审计法学、监察法学等二级学科法学硕士研究生。

除此之外,在一些省、市纪委监委支持下,各地还成立了一些面向纪检监察干部、党员干部和社会各界进行廉洁教育和专业能力素质培训的机构。例如,内蒙古自治区纪委监委在内蒙古大学挂牌监察官培训学院。重庆市纪委监委与西南政法大学合作成立重庆市纪检监察理论与实务研究中心。攀枝花学院和其他单位共建攀枝花纪检监察学院等。部分省级纪委监委也陆续成立了一些非学历教育性质的纪检监察职业培训机构,隶属关系上多为省级纪委直属事业单位。其中,河南省纪委 2006 年成立的河南纪检监察宣教基地时间最早且规模较大,目前培训

---

[15] 参见杨永庚:《纪检监察学学科的形成与发展述论》,载《廉政文化研究》2016 年第 2 期。

人数已经达到10万人次以上。近年来,山东省、新疆维吾尔自治区的纪委也相继成立了山东纪检监察干部培训学院、新疆纪检监察学院等机构。

总体来看,普通高等院校纪检监察专业的人才培养和教学组织活动,一般多采取挂靠二级学院或合署办公,少数成立单独实体性机构(学院、研究院、研究中心)的教学组织体制来进行。

(二)纪检监察专业发展面临的问题

监察体制改革为纪检监察专业发展提供了历史机遇,但也提出了新问题、新挑战。传统法学专业的建设思路、方法能不能适应新时代、新阶段的人才培养需要?专业建设与党和国家对高素质、专业化纪检监察干部队伍目标定位之间存在一定张力。通过调研部分开设纪检监察相关专业或方向的高校,发现目前主要存在以下四方面突出问题:

1.学科和专业定位不明。目前,学界和社会对纪检监察学科、专业的认可度仍不够高。在学科归属上,由于纪检监察专业名称尚未进入教育部本科招生目录,各校通常将纪检监察专业(方向)置于法学或政治学一级学科之下,作为二级学科或交叉学科进行设置。因而纪检监察专业的人才培养目标也大都根据其所挂靠的学科专业特点来设定,缺乏科学性、统一性。在专业领域问题研究的聚焦上,目前学界的研究视域主要集中于政治学下的监督学、反腐败以及廉政治理领域,对此还没有达成认知共识、存在一定分歧。国内各高校和研究机构以自发分散的探索方式为主,缺少统一的领导和科学的规划,纪检监察专业设置与发展于“法”无据的尴尬境况亟待解决。

2.理论研究滞后,优质师资不足、课程建设薄弱。纪检监察性质上属于交叉学科,但存在关联学科间交流不足,研究学者人数较少,权威性理论研究成果相对不足的问题。既有的部分研究成果既无助于学科的分离独立,实现系统化、体系化发展目标,也难以解释、回应并指导实践。究其原因,一方面,纪检监察工作信息保密性要求高,行业封闭性强,学界与实务界交流沟通存在障碍,加之改革逐步迈向深水区,体制变革剧烈,理论研究悬浮于制度实践之上,形成理论和实践“两张皮”的现象;

另一方面,社会科学理论界对纪检监察工作不够重视。我国传统社会科学研究范式中,更注重借鉴汲取西方理论资源。但纪检监察作为中国传统、中国特色、中国话语下的制度规范体系和运行机制,无论从学者还是其成果的学术影响力,和既有的其他一级学科相比还存在非常大的差距。李永忠在十年前提出的“共识凝聚不足,基本问题研究不足”⑯的问题现在依然存在。

此外,师资作为专业和课程体系建设的关键要素,理应选配理论功底扎实、研究能力突出以及具备开放视野的教师担纲专业课程教学。但是,目前开办纪检监察专业(方向)的高校,师资主要是过去讲授宪法与行政法学、刑事诉讼法学、政治学、思想政治教育、侦查学等课程的专业教师。跨界教师们仍较多保留着自身原先求学、专研或授课时的学科方向,进入纪检监察专业领域时间较短、积累不够,学科归属感和阵地意识也不强。绝大多数专业课的主讲教师都没有纪检监察实务工作经历,师资培训工作亟待加强。部分开设该专业的高校为解决师资队伍基础弱、专业能力不足的问题,通过选派挂职方式,有计划地遴选教师到所属省、市地方纪委监委业务处室或就近到本校纪委参与实务工作,为部分教师专业成长提供了锻炼机会,但受制于缺乏系统规范的衔接配套程序,这样的“机会”并不能起到常态化的教培作用。教材建设方面,根据调查了解的信息,目前除西安文理学院在西安市纪委的专项经费支持下出版过系列教材,其他各校仅是出版了监察法学核心课程的1—2部教材。总之,专业师资和教材建设的“短板”仍较为明显。

3.培养目标和课程体系缺乏统一规范的标准和指引。部分高校较早探索或结合本校学科特色开办了本科阶段纪检监察专业(方向),政法类高校也开始逐步探索“本硕博”一体化的专业人才培养模式。我们收集了国内具有代表性的高校人才培养方案中的培养目标(见表1)和课程体系(见表2)梳理如下:

---

⑯ 李永忠、董瑛:《对纪检监察学科建设问题的几点思考》,载《中国延安干部学院学报》2011年第5期。

表1 部分高校纪检监察专业(方向)的培养目标

院校	纪检监察专业(方向)的培养目标
中国政法大学	硕士:主要培养有志于从事国家监察工作的理论研究人才和复合型实践型人才; 博士:培养有志于从事中国纪检监察工作的高层次学术研究人才、高等学校的教学骨干以及高层次实务人才
西南政法大学	本科:侧重复合、创新应用能力和专业、职业能力培养; 硕士:侧重理论研究能力和复合型人才培养; 博士:培养高层次学术理论研究和教学、实务人才
华东政法大学	培养政治立场坚定,法学、政治学素养突出、能从事纪检监察教学、研究和实务工作的高层次专门人才
西北政法大学	本科:根据宽口径、强实践思路,培养高素质专业化队伍建设需要,具备扎实法学和纪检监察专门知识的复合型、应用型高素质人才; 硕士:培养政治素质高、专业能力强,具备实务工作和一定理论研究能力的复合型人才; 博士:培养高层次创新型的理论研究、教学、实务人才
云南师范大学	培养具备扎实法学专业基础知识和纪检监察业务素养的有理论、能实践的复合型人才
西安文理学院	以培养法学方向下的纪检监察实务应用型人才为目标
南京审计大学	培养政治素质过硬、专业基础扎实,既熟悉纪检监察理论知识,又通晓法学专业知识技能的专门人才

通过表1我们发现,目前国内在该专业领域具有代表性的高校所设定的人才培养目标中,主要体现了三方面特点:第一,在育人理念上强调德法兼修。第二,在培养目标上,普遍坚持应用导向,强调交叉复合。第三,依据本、硕、博不同培养层次,设定了差异化的人才培养目标。各自为政的局面虽然有利于各高校结合自身优势学科以及办学特点培养人才,但在人才培养的未来"出口"问题上,监察官职业特殊的政治性、执纪执法规范性以及监察职业伦理都对后备人才的培养目标和规格标准提出了较高要求。从特殊人才特殊培养以及规范化发展角度看,制定科

学的人才培养指导意见和标准指引是接下来的当务之急。

表2　部分高校纪检监察专业(方向)的课程体系

院校	课程体系
中国政法大学	博士阶段课程采取“学位公共课+学位基础课+学位专业课”模式。学位基础课是政治学理论前沿,方向课按照各自研究方向开设1门。跨学科和同等学力考取博士的补修政治学理论、中外政治制度两门课程
西南政法大学	本科相关课程主要有监察法学、党内法规学、监察制度史、历代监察大案要案、职务违法和职务犯罪专论、纪检监察信访举报工作概论、监察证据学、监察文书写作、监察官制度、监察审计学、外国监察法律法规概论。 硕士生开设监察法理论、监察法实务、监察法制度、党内法规学四个方向。硕士专业必修课开设监察法学专题研究、中国监察制度史专题研究、党内法规学专题研究等课程;专业选修课开设监察制度比较研究、监察调查专题研究、监察法经典案例研究、监察审计专题、监察官职业技能与职业伦理专题等。 博士:专业必修课开设监察法学专题研究、党内法规学等;选修课开设监察调查、中国监察制度史研究、党内法规专题研究、政府治理理论等课程
华东政法大学	硕士:学位课包括政治理论+外语课+公共基础课。公共基础课包括公共管理学基础理论、政党建设与国家治理;必修课有纪检与监察法学原理专题研究、纪检监察实务专题研究、纪检监察制度专题研究、比较监察专题研究等主干课;选修课职务违法与职务犯罪专题研究、刑事诉讼法专题、监察调查专题研究、纪检监察史、监察证据的收集与运用、纪检监察文书写作实训、侦查讯问学等;此外还有实习、调研等实践课程
西北政法大学	本科阶段设置法学(监察法学方向)实验班,除法学常规课程外,专业课程有五门(“1+4”模式),即一个必修课监察法学和四个选修课:党内法规、纪律检查学、廉政制度与文化、监察调查。法学本科、法律硕士均开设上述五门课的专题研究课
云南师范大学	本科专业基础课纪检监察概论;专业方向课监督学、法务会计;专业限选课廉政文化概论;专业选修课中外反腐败制度比较、侦查学、监察法等

续表

院校	课程体系
西安文理学院	本科专业课有纪检监察概论、监督学、纪检监察执纪审查与审理实务、纪检监察法规选读、会计学、审计学、廉政文化概论等;选修课有职务犯罪概论、中国共产党廉政建设史、监察法、写作、公务员法、行政法与行政诉讼法、刑事诉讼法等
南京审计大学	本科专业基础课有当代中国政治制度、中国法律史(监察史)等;专业课有监察学、党内法规、监察法、职务犯罪、纪检监察实务、中国信访制度、政务处分法、比较监察制度、职务犯罪案例研究等;专业复合课有舞弊审计、审计法、党史党建、审讯学等

如表2所示,国内各校纪检监察专业课程体系差异虽大,但基本是在法学或政治学课程基础上,结合纪检监察实务工作需要而设计;尊重学科原理和实务工作需求是各校课程体系设置的一般规律。课程体系作为人才培养的关键环节,同样有必要在国家层面设定规范的指导性意见作为参照的标准体系。

4.人才供给与需求之间存在制度、机制的障碍。目前,具备开办纪检监察相关专业条件的国内高校限于部分政法、审计、师范类专科性高校。学科门类齐全、教学科研资源丰富的综合类大学并未实质性跟进,人才培养规模有限,难以满足未来监察官队伍发展的实际需要。目前,研究生培养规模尚小,就业困境还未充分凸显。但从部分先行试办纪检监察专业(方向)高校的本科毕业生就业情况来看,本科层次人才培养无法有效缓解实务机关的人才需求缺口,主要原因是高校培养的专业人才无法畅通地进入纪检监察专业岗位,专业人才在就业“出口”上存在制度性的机制障碍。教育部专业目录中没有纪检监察专业及其代码,纪检监察方向的学生只能以法学、思想政治教育、马克思主义等专业名义报考,竞争一般性岗位,其专业优势无法凸显。本科纪检监察专业(方向)的毕业生每年大约仅1/3至一半的比例能通过公开招考进入纪检监察机关。在各类学科、专业评价体系将就业率列为高校刚性考核指标的背景下,毕业生就业渠道不畅、就业率低,无疑会挫伤高校办学的积极性,在客观上也限制了纪检监察本科层次人才培养规模。目前,大部分已经开办涉纪检监察领域专业的高校,在主观层面更愿意在研究生层次办学培养人才,对本科层次人才培养多持观望态度。

四、“新法学”视阈下纪检监察专业的建设路径

专业建设和人才培养是一套完整的标准化体系,其规范成熟需要一个循序渐进的发展累积过程。《普通高等学校本科专业类教学质量国家标准》中关于专业建设设定了8方面要素:培养目标、培养规格、课程体系、教学规范、教师队伍、教学条件、教学效果和质量保障。在“新法学”视阈下开展纪检监察专业建设,首先是明确“专业”命名、建设路径,规划具备指导性意义的参照性标准,建构具备前瞻性、科学化、规范化的人才培养目标、课程体系及体现“新法学”理念的教学方法。囿于资料占有等因素限制,本文仅就专业建设所涉及的几类关键性要素展开论述。

(一)破解专业建设的体制机制困境

针对目前存在的理论研究与实务需求悬浮错位,高校办学积极性不高等情况,中央纪委国家监委可主动作为,牵头调研、论证并推动专业建设。通过明确专业的学科归属、地位、具体设置及发展规划等重大问题,努力破解三个方面的体制机制性困境:一是协调教育主管部门,在专业目录中增设纪检监察专业名称和代码,确保专业设置有据可依,在此基础上进一步推动成立纪检监察专业教学指导委员会,实现顶层指导的规范统一。二是探索建构纪检监察专业人才专项招录相关机制,畅通人才供给渠道。建议参考借鉴公安部门在人民警察招录方面的政策和经验。协调组织、人社部门,在公务员招考目录中设置纪检监察专业名称和代码。公安部于2016年起推行实施面向公安专业毕业生的专项招警与社会普通招考并行的制度模式,使公安专业毕业生成为补充公安队伍新鲜血液的主渠道,此举显著提高了院校人才培养质量和队伍建设,在招警和招生协调机制、专项招录制度、考试内容等方面有一定的经验可汲取。三是通过顶层设计,科学合理布局,保障人才培养的地域均衡。借鉴我

国按区域布局政法类高校以满足地方政法干部需求的经验，为保障纪检监察人才培养的均衡发展，可在国家各大区域遴选若干学科专业实力较强、具备一定基础且具有发展潜力的高校作为学科和专业建设的“国家队”，使其成为未来监察官职业化培养的重要基地，通过以点带面，满足地方纪委监委队伍建设发展的需要。

（二）确定专业名称

我国与学科建设相关的国家权威目录分别是教育部《普通高等学校本科专业目录》、国务院学位委员会颁布的《授予博士、硕士学位和培养研究生的学科、专业目录》、国家技术监督局《学科分类与代码》、国家图书馆《中国图书馆分类法简表》，四个目录均未将纪检监察学科、专业设置其中。为加强学科建设，应注重学科目录编制和学科人才培养问题。⑰ 在迫切的“专业”的建设方面，可先申请进入本科招生专业目录，至于学科知识体系划分及具体归属，还需要理论体系进行较长时段的发展，且需配合相应政策的出台推动才可能逐步予以明晰：纪检监察专业有无成为独立学科的必要？是否能够被列为一级学科？而一级学科发展成型的标志需要被特定要素所标识，即存在“已有专门的理论体系和研究方法，形成专业化的研究群体，有研究机构或学术团体，有专门著作和出版物等外在标识”⑱予以标定确认。

作为顶层设计的重要内容，专业名称不仅统摄并赋予人才培养标志性的符号特征，一定程度上还深刻影响着专业建设未来发展的内在意涵。目前，在学科或专业名称方面，各高校有“监察法学”“纪检与监察学”“纪检监察学”等不同提法。我们认为，专业名称及其指向的内容应该具备形式和实质上的一致性，建议命名为“纪检监察”专业。主要缘由包括两方面：第一，“纪检”和“监察”不应割裂开来。纪律检查源于《中国共产党章程》（以下简称党章）第46条规定的中国共产党纪律检查部门履行“监督、执纪、问责”职责；监察则源于《宪法》《监察法》的规

⑰ 参见李永忠、董瑛：《对纪检监察学科建设问题的几点思考》，载《中国延安干部学院学报》2011年第5期。

⑱ 王健：《法学本科专业的若干基本概念》，载《新文科教育研究》2021年第1期。

定,监察委员会的职责是"监督、调查、处置"。前者依据是党内法规体系,后者依据是国家法律。纪检、监察虽然各自规范体系不同,但在强调系统集成,纪委监委合署办公,执纪执法贯通的背景下,二者交叉和衔接较多,执纪执法的主体也应一体化发展。第二,以一项特殊行业领域工作作为学科或专业名称,并由国家业务主管部门来牵头推动学科和专业发展,在我国已有先例可资借鉴。最典型的就是公安部主管的"公安学"一级学科以及应急管理部主管的应急管理学科。在法学学科中,近年也有较多学者提出观点,主张重视、发展、支持行业法学、领域法学。[19]

(三)明确人才培养目标

培养目标是知识传递和人才培养各环节训练所要达到的最终目的和要求。在"新法学"理念下,人才培养最根本的还是要适应并满足社会的需求和期待。首先,育人以德为先,特别是纪检监察这一专责"监督"的特殊领域,更应强调德育和专业能力的兼修融合,不仅要培养具备扎实法学知识和监督执纪执法的专业功底,还要特别强调政治素质、拥护党和国家的路线、方针、政策,具备健全的人格和良好的道德品质。其次,人才培养要以满足纪检监察机关监督执纪问责、监督调查处置等实务工作需要为关键。监督执纪执法工作的性质复杂、涉及领域宽,要求知识面不仅广博而且专业,知识结构和能力训练体系中应当涉及马克思主义、政治学、法学等诸多学科。所以,在学科定位上应始终坚持融通共建的理念。在学科上可建构以党内法规学和监察法学为主体,以政治学和会计审计学为两翼的结构体系,积极应对国家监察制度变革对交叉复合"新法学"人才的需要。最后,设定高标准差异化的人才培养目标:本科阶段以基础知识掌握和应用能力培养并重;硕士阶段强调写作素养训练和知识体系的复合;博士阶段则强调理论政策研究、专业实践和教学素养的培养,而基于纪检监察工作的特殊性,本、硕、博均应设置实习、实训等实践培养环节。通过更新人才培养目标,满足国家监察体制改革后对高素质、专业化纪检监察人才的需求,指引纪检监察专业实现科学的

---

⑲ 参见刘剑文:《超越边缘与交叉——领域法学的概念提出及功能定位》,载《中国社会科学版》2019 年 1 月 4 日,第 5 版。

全流程化建设发展,促进专业及学科实现跨越式发展。

(四)构建专业课程体系

人才培养方案的关键和核心是课程以及课程体系建设。课程体系和课程质量一定意义上影响并决定着人才培养的质量,因而专业建设的重心应放在课程体系建设上。但以目前客观情况看,如果没有中央纪委国家监委及各省、市纪委监委的有效支持和帮助,仅依靠高校和专业教师等学界自身力量,要在短期形成具有可操作性的、实务导向的、成熟且体系化的人才培养模式还存在较大困难。建议通过政策引导,积极调动并发挥纪委监委参与专业建设的主动性。通过中央层面的统一布局和规划,建构纪委监委助力高校专业、课程体系建设、教学实践环节常态化的挂职、交流机制;由省、市纪委监委在具备条件的高校挂牌设立纪检监察干部培训基地,组织编写培训教材或聘请专业教师参与干部培训工作。通过建立纪检监察机关和高校之间以解决实务紧迫问题和重大需求为导向的科研合作机制,设立协同创新中心和研究基地,以合作研究、委托课题等形式,发挥高校智库功能,促进专业教师提高科研能力。在硕士研究生培养方面,我们仍应以应用型的法律硕士(非法学)为主,本科层面则参照法学“10 + X”模式的国家标准课程体系,以夯实基础的“宽口径”模式作为人才培养的基本盘。从学科角度看,纪检监察课程体系可以从原理、制度、实务三个层面来设置相关课程;从实务工作和纪委监委内部功能性分工角度出发,可从廉政学、党内法规学、纪律检查学、监察法学四个方面设置相关课程。

在“新法学”理念下,纪检监察专业课程体系既要体现法学知识门类下人才培养规律的普遍性、科学性,也应当具备现实可行性。各校课程体系必然因各自优势学科不同而出现差异,但其核心课程仍应体现一定的规律共性。这个规律共性即是课程体系建设的最大公约数:体现纪法思维培养和实务部门应用需求为导向。通过各自发挥优势学科的理论创新与阐释,力求形成学科理论与专业建设良性互动的发展局面。

(五)创新教学方法

“系统集成、精准施策”是习近平总书记 2021 年在中共中央政治局第二十七次集体学习时强调“完整、准确、全面”贯彻落实新发展理念时所提的具体要求。[20] 同时,“系统观念”“系统思维”也是赵乐际同志对新时代纪检监察工作所提的最新要求。[21] 在实践“新法学”理念,推进纪检监察专业建设过程中,同样应在教学方法上体现实务导向和新发展理念。当前,大数据、云计算、人工智能、区块链等现代信息技术对法学教育提出了新要求,法治要和新技术融合在一起。意味着“法学教育所使用的理论工具,不应再局限于传统文科的手段,也要学会运用现代信息技术,让学生们懂得算法,学会编程,能够从容地应对新技术带来的新挑战”[22]。监督执纪执法、审查调查职责履行中,如何收集、固定电子证据、视听资料证据?如何运用新技术手段实现电子查账、视频调查?如何在纪检监察新法治人才培养过程中实现“知识”传递与“技能”养成的融合?纪检监察日常工作越来越需要借助全新的信息技术手段才能便宜开展。诸如此类的新挑战不仅在观念上考验着传统法学教育转型升级的决心与勇气,更在教学方法的技术性层面提出了新时代法学教育能否继续开拓创新的时代之问。仅就纪检监察专业建设而言,应在“系统集成”理念指引下不断探寻新路径。在校内“第一课堂”,通过在常规基础法学教学之上融入纪检监察实务所需的各项新技术能力培养训练,强化过程性控制,提升应用能力,实现人才培养输出与实务工作需求的贯通。同时,拓宽人才培养的“第二阵地”,实现协同育人。地方纪委监委可选派具有丰富执纪执法办案经验且具备一定教学能力的干部兼任高校实践性课程的教学任务,以实务导师身份参与教学指导工作。总之,纪检监察专业建设的顺利推进与人才培养的高质量发展,只有在深刻领会新发展理念以及融会贯通实践“系统集成”教学方法的基础上,方才可能

---

[20] 参见习近平:《完整准确全面贯彻新发展理念　确保“十四五”时期我国发展开好局起好步》,载百度网,https://baijiahao. baidu. com/s? id = 1690212811878029810&wfr = spider&for = pc,最后访问日期:2021年10月22日。

[21] 参见赵乐际:《坚持边学习边调研边工作边总结　更好履行监督保障执行促进完善发展职责》,载中央纪委国家监委网,https://www. ccdi. gov. cn/toutiao/202110/t20211021_252633. html。

[22] 徐显明:《“新文科”建设中的“新法学”》,载《北京日报》2021年6月7日,第16版。

回应并解答好“新法学”人才培养的时代之问。

综上所述，建设纪检监察专业，创新法学人才培养，是助力党和国家廉政建设与反腐败工作实现治理体系和治理能力现代化的时代使命。纪检监察专业作为实践“新文科”和“新法学”理念的一个重要增长点和着力点，也是法学院校落实习近平法治思想，回应新时代创新法治人才培养这一重大命题的应有之义。通过纪检监察专业建设，实现教育培训透析“既有血液”和生产供应“新鲜血液”的双重功能，将直接促进我国廉政和反腐败工作的制度化、法治化和长效化，进一步提升纪检监察工作的效能。具备纪检监察专业建设条件的高校应立足我国制度实践，着眼于高素质、专业化队伍发展要求及监察工作规范化、法治化发展需求，在遵循法科人才培养普遍规律的基础上，打通科际边界，整合专业资源，通过积极创新，更新教学理念、目标、课程与方法，争取各级纪检监察机关的支持，以实现开门办学、协同育人，构建共建共治共享的人才培养模式，满足纪检监察实务需求，进而助推纪检监察工作高质量发展。

Research on Constructing the Major of Discipline Inspection and Supervision from the Perspective of the “New Science of Law”

Chu Chenge　Qi Fei

Abstract: The Communist Party of the People's Republic of China and the whole country demand high-quality and professional personnel of discipline inspection and supervision, and the *Supervision Officers Law of the People's Republic of China* has brought forward urgent requirements for supervision officers' professional capabilities, the construction of the major of discipline inspection and supervision. The academic circle demands for the development and construction of the major of discipline inspection and supervision and the related disciplines, all of which provide the opportunity of the age to develop the major of discipline inspection and supervision. However, the construction of this major also faces many problems: the positioning of disciplines and majors is unclear, theoretical research is lagging, high-quality teaching personnel is insufficient, curriculum construction is lagging, which are considered as the institutional and mechanism barriers between the demand and supply of the talent in this field. After sorting out and comparing the talent cultivation goals and curricula of universities in Chinese universities that have offered this major, it is found that the schools generally emphasize the following features, such as, the promotion of both moral education and law specialty, the orientation of practical application, and the interdisciplinary ideology in teaching. Based on this analysis, the authors of this paper propose the measures and the path of constructing the major of discipline inspection and supervision. In the future, colleges and universities with qualified development conditions should be guided by the concept of "new science of law", through exploring the major of discipline inspection and supervision construction, the schools should innovate the ways of the cultivation of legal talent, and impel the modernization of the national governance system and governance capabilities.

Key Words: new science of law, discipline inspection and supervision, major construction, Supervision Officers Law of the People's Republic of China

新时代中国航运法律本科专业教育培养模式之反思*

孙思琪**　郑　睿***

摘　要：航运法律是以海商法为中心的法律领域，同时也是典型的特色法学专业。航运法律专业教育在本科阶段应当设置较为全面的基础法学课程，兼顾通识与特色；同时，不宜设置大量的实务类课程，而仍应以理论教学为主。可以专题讲座的形式有计划地定期邀请实务部门人员授课，目的是为学生提供对于航运法律实践的描述性了解；同时在实践教学环节开设"案例研讨与模拟庭审"和"法律写作"等课程，适当培养学生在法律领域的分析表达能力。《法学类专业教学质量国家标准》规定的核心课程、航运法律涉及的周边学科课程、法理学、民法课程群、商法、国际经济法、英美法、航运法律课程群、海事国际私法等课程如何安排较为合理，应是本科阶段航运法律专业教育课程体系的主要争点。

关键词：航运法律　课程体系　法学专业核心

---

* 基金项目：中国法学会部级法学研究课题后期资助项目"当代海商法价值论"[项目编号：CLS(2020)HQZZ07]。

** 孙思琪，上海海事大学法学院讲师，研究方向：海商法。

*** 郑睿，上海海事大学法学院副教授，研究方向：海商法、保险法。

课程　航运法律课程群　国际法学

航运法律是调整航运活动的法律的总称,具有明显的跨部门法特征,应当属于当今法学研究所称领域法,即调整特定经济社会领域的法律集合。航运法律传统上以作为民事特别法的海商法为中心,同时涉及航运经济法、航运行政法以及相关程序法。

航运法律的重点在于海商法,航运法律专业教育也是以海商法为中心,同时设有少数航运行政法、航运经济法以及相关程序法课程。海商法作为法学领域典型的小众学科,素来以领域狭窄却内容庞杂而闻名。目前我国有大连海事大学、上海海事大学、集美大学、广州航海学院四所高校开设了海商法方向的本科专业。然而,我国海商法的研究与教学又有着颇为悠久的历史,不仅民国时期即有不少论著问世,两所海事大学早在20世纪50年代末60年代初便已开设了海商法课程。但是,海商法学科长期以来偏重实践经验的分析与提炼,理论构建存在明显不足,特别是教学研究未能受到充分关注,其结果不仅是海商法学科自身的课程编排未能实现科学周延的体系化,而且海商法专业的基础法学课程安排也常有瑕疵。如何处理通识与特色、理论与实践的关系,是长期困扰航运法律专业教育的疑难问题。

一、航运法律本科教育的两组基本关系

(一)通识与特色

航运法律专业因其鲜明而突出的特色,培养过程时常引发的争议是如何设置法学通识或谓基础法学课程。个中重点在于除《法学类专业教学质量国家标准(2021年版)》(以下简称《国家标准》)规定的法学专业核心课程外,基础法学课程是否仅限于研习海商法必需的一般法基础课程,即主要是民商法除身份法以外的内容,以及国际贸易法、英美法领域的课程,抑或仍然维持法学本科专业教育的传统广度。

较为典型的实例，应是上海海事大学法学本科专业虽然设有“亲属法”课程，但历来是作为选修课程，而且安排在第七学期，即四年级。此时学生大多在外实习，且已满足了选修课学分的修读要求，因而除非具有强烈的个人兴趣，否则大多不会选修该课程。导致的结果是该课程限于选课人数，实际得以开课的情况颇为少见。而且，上海海事大学的课程体系在家事法部分并无继承法内容。

法学本科教育处于整个法学教育体系的基础地位，因而我国法学教育界目前已经基本达成共识：法学本科教育的基本目标是为培养各类法律人才提供基础，应定位为通识教育。此种定位既是由中国的现实国情决定，也符合长期以来司法改革的价值取向。①《国家标准》规定的培养目标也指出，法学本科专业是为培养具有扎实的专业理论基础和合理的知识结构的法治人才。② 所谓“合理的知识结构”应是对于法学学士知识广度层面的要求，即法学本科毕业生对于法学的主要领域均应有一定程度的了解。

域外经验同样证明了基础法学教育的必要性。以世界海商法教育重镇英国南安普顿大学的法学（海商法）本科专业（LLB Maritime Law）为例，其课程概览对于学习目标的描述为：详细了解法律的内容；掌握批判性分析的技能；通过考虑法律的社会、政治和历史背景，以及法律概念之间的关系，将法律应用于解决实际问题；探索法律作为一种实践的复杂性。上述目标并未强调航运法律特色。该专业三年的培养计划中，“海上货物运输法”“海事法”等航运法律特色课程仅在第三学年开设，最初两年的课程与英国非海商法专业院校开设的课程并无显著区别。③

基于上述原因，航运法律专业虽具特色，但教育目标仍应是在法学本科通识教育基础上的强化和拓展，而不能借此反而弱化了基础法学的教育，否则即有本末倒置之嫌。易言之，航运法律本科专业教育是为培

---

① 参见李桂林、叶林：《当代中国法学本科教育的定位》，载《江淮论坛》2003 年第 4 期。

② 参见《国家标准》第 3 部分“培养目标”。

③ 参见南安普顿大学法学院网 2021 年 9 月 3 日，https://www.southampton.ac.uk/courses/maritime-law-degree-llb#learning。

养具备航运法律专长的法学学士,而非航运法律学士,即法学学士的基本素养与航运法律的特色专长二者不可偏废。而且,目前我国航运法律本科专业教育的招生数量已有一定规模,如大连海事大学、上海海事大学每年分别招生 140 人、170 人左右。较大的招生规模与市场需求之间难免存在一定错位,这就决定了其中部分学生毕业后并不从事航运法律领域的实务工作,或者通过攻读硕士学位转向法学的其他领域,故较为全面的基础法学教育仍显必要。

(二)理论与实践

法学教育应当侧重理论抑或实践,已是法学教育界经久不衰的争论。④ 可以肯定的是,法学专业教育具有很强的应用性和实践性。⑤ 虽然法学教育的人才培养目标颇为多元,但无论何种目标均应注重对于法律规则、法律实践的了解。不仅以法律操作为目标的法官、检察官、律师等人才需要掌握法律的真实情况,以法学理论研究为目标的人才也必须对于法律的实践具有充分的认知。法学理论的研讨、对于立法与司法的审视和批评应是基于对于法律实体与程序的洞见,而此种洞见必须建立在对于实践、实际情况具备清晰认知与思考的基础之上。⑥ 因此,如何培养法律实务技能时常成为法学专业教育的讨论话题。

海商法具有更为鲜明的实践品格,突出表现为成熟航运实践做法的转化是海商法律规则的重要来源,从而要求海商法律具有良好的航运实践基础作为支撑,法理的逻辑演绎在海商立法中被相对弱化。⑦ 此种特征也决定了海商法的研习无法单纯依靠在课堂和书斋中的闭门造车完成,而必须给予航运实践充分关注。目前,我国的航运法律本科教育大多开设了实务类课程。例如,上海海事大学法学本科专业历来有“班轮

---

④ 参见王晨光:《理论与实践:围绕法学教育的难题之一》,载《中外法学》1998 年第 6 期。

⑤ 参见《国家标准》第 1 部分“概述”;参见沈四宝:《法律的真谛是实践——沈四宝演讲录》,北京大学出版社 2013 年版,第 1 页。

⑥ 参见何志鹏:《我国法学实践教育之反思》,载《当代法学》2010 年第 4 期。

⑦ 参见胡正良、孙思琪:《海商法基础理论的内涵、研究现状与研究意义》,载《中国海商法研究》2017 年第 1 期。

运输法律与实务”和“租船运输法律与实务”两门课程,[8]即强调法律与实务并重,作为海商法课程群的重要组成部分。此外,该专业的卓越法律人才班更是开设了一系列实务课程,包括“货代实务”“集装箱运输实务”“租船实务”等12门课程,每门课程均为0.5学分8学时,合计达到6学分96学时。

必须明确的是,高等教育特别是本科教育是以理论教学为主。我国《学位条例》对于授予学士学位的学术水平已有明确要求,一是较好地掌握本门学科的基础理论、专门知识和基本技能。二是具有从事科学研究工作或担负专门技术工作的初步能力。[9] 因此,法学本科教育应以教授基础理论和专门知识为第一要务,至于技能方面仅需达到基本了解的水平即可。法学本科教育对于实践能力的培养固然是一种应然状态,但也同时也具有浓厚的理想主义色彩。原因在于理论和实践之间本就不是可以择一实现的教育目标,而是存在明确的递进关系。法律实践主要是法律理论演绎的结果,因而熟稔法律实践需以扎实的法律理论知识为基础,而学习理论知识的过程必然需要占据法学本科教育的多数时间,导致几乎不可能设置教学内容系统而深入的实践课程群。传统观点功利性地将法律实践教育视同于职业实践教育,不断强化法律学习者的实践技能,却忽略了现代法律人文精神之提升。[10]

基于法学本科教育对于实务技能培养的上述局限性,应将教育目标定位为培养合格法律职业者的“毛坯”,而“毛坯”经过工作,即实践的过程才能成为一名真正的法律职业者。[11] 切实具备扎实法学理论知识的本科毕业生,进入工作岗位以后应当能够较快地了解实践做法,进而通过理论与实践的结合,胜任法律实务工作;反之,如果将大量的课时

---

⑧ 上述两门课程原名“班轮运输实务与法规”“租船运输实务与法规”,即实务在前、法律在后,2017级开始改为现名,主要考虑在于法学专业课程应以讲授法律内容为主,而且“法规”一语不甚准确,特别是租船合同部分较少涉及具体的法律规范。

⑨ 参见《学位条例》第4条。

⑩ 参见黄文瀚:《法律实践教育的人文反思与路径求索》,载《法学教育研究》2020年第2期。

⑪ 参见盛鹏、吴万群:《法学本科生实务技能培养的“为”与“不为”》,载《阜阳师范大学学报(社会科学版)》2020年第2期。

用于教授所谓的实务技能,甚至轻视或者放弃理论知识的教学,导致的专业基础缺失恐怕并非一朝一夕能够弥补。诚然当前我国法学专业教育培养的人才存在部门法结合能力较差、写作能力严重弱化等突出问题。[12] 但是,部门法结合能力较差的原因恐怕并非实践内容教学太少,而是理论教学出现了目标和方法偏差;写作能力的弱化则是当代教育的普遍问题,而不限于法学一隅。因此,不能期待通过大量开设实务课程解决上述问题。质言之,通过实务工作了解法律实践的经验积累过程,实非课堂教学的知识讲授能够替代,即实践在一定程度上具有不可教学性。

航运法律专业开设实务技能课程面临突出的客观障碍,不仅航运法律本身的内容纷繁复杂,而且对应的实践行业也颇为多样,至少包括国际航运、贸易、物流、融资、保险、港口及其他全球供应链上相关企业的法律和商务部门,导致授课人员的安排存在困难。从上述上海海事大学开设的实务课程来看,实际的教学效果并不理想。原因在于校内教师毕竟缺乏充分的实践经验,除作为律师处理海商海事纠纷的实践经验以外,由于航运、保险、港口等行业的实践经验缺乏,而无法准确、全面地向学生介绍其实务做法;实务部门人员限于备课时间、授课经验等因素,则通常在教学的系统性方面存在明显欠缺。

基于上述理由,航运法律本科专业教育不宜大量设置实务类课程。可以考虑开设一门不超过2学分的“海商法实务专题”或类似课程,或者拆分至多个学期,以专题讲座的形式邀请不同领域的实务部门人员来校授课,目的是为学生提供对于航运法律实践的描述性了解,以期在进入工作岗位从事实践工作后能够更快地把理论与实践结合,而不能期待通过课程教学实现实务经验全面而系统的讲授。

---

⑫ 参见刘冰:《论中国法学本科人才实践教学模式的优化》,载《法学教育研究》2018年第4期。

二、航运法律本科教育课程体系的主要争点

(一)法学专业核心课程

根据《国家标准》的规定,法学本科的核心课程采取“1+10+X”的分类设置模式,“X”部分,即从“经济法”“知识产权法”“商法”“国际私法”“国际经济法”“环境资源法”“劳动与社会保障法”“证据法”“财税法”中选择开设不少于5门课程。根据航运法律本科专业的特色需求,以下5门课程应当设置为必修课程。

经济法。航运法律除海商法外还包括航运经济法和航运行政法。航运法是调整国家干预航运经济中产生的特定社会关系的法律,⑬因而在法律部门划分上属于经济法的特别法,需要开设经济法课程作为一般法基础。

商法。海商法作为传统商法的主要分支,商法课程可以提供商法理念方面的必要知识。但是,商法涉及的法律制度较多,内容体量颇为庞大,因而作为课程也需进行适当拆分,破产法等与海商法关联较小的分支可以设置为选修课程。虽然由于2017年2月韩进海运株式会社破产,航运企业的跨境破产问题一度成为理论研究的焦点,特别是船舶优先权担保的债权与破产债权的受偿顺位冲突。但是,航运企业的跨境破产毕竟不是海商法和破产法关注的主要问题,而且从知识层次的角度来看,此项命题可以作为理论研究的对象,也可用作研究生课程的专题讲授内容,但不宜作为本科阶段的教学内容。

国际私法。海商海事关系大多具有涉外因素,需要通过冲突规范的指引确定准据法,因而国际私法的知识对于解决涉外海商海事纠纷不可或缺。海事国际私法历来也是海商法的重要研究内容。

国际经济法。海上运输主要是为国际贸易服务,因而国际贸易法作

---

⑬ 参见胡正良:《航运法的调整对象与我国制定“航运法”的必要性》,载《大连海事大学学报(社会科学版)》2004年第1期。

为国际经济法的组成部分与航运法律关联密切。特别是海上货物运输合同当事人以及其他相关主体之间的权利和义务,时常受到国际货物买卖合同的影响。

环境与资源保护法。当代海商法日益呈现为防止船舶污染海域服务的趋势,海洋环境保护也已成为海商法重要的价值目标之一,⑭突出表现为船舶污染损害赔偿法律制度的创设与完善。船舶是海洋环境的主要污染源之一。⑮ 虽然作为环境与资源保护法组成部分的海洋环境保护法,更多侧重于污染发生前的防止,而海商法的船舶污染损害赔偿制度则是关注污染发生后的民事损害赔偿,但二者之间仍有颇为密切的联系。

(二)航运法律涉及的周边学科课程

航运法律作为调整航运活动产生的社会关系的法律领域,系统的理论学习需要具备一定程度的周边学科基础知识。严格而言,航运法律本科专业教育涉及的周边学科必修课程主要应是以下3门:

船舶概论。船舶是海上运输最为主要的运输工具。"船舶概论"课程主要讲解船舶类型、船舶布置、船舶尺度、外形特征,船舶浮性、稳性、抗沉性、快速性、可操纵性、适航性等船舶性能,以及船舶结构与强度等方面的基础知识与原理。

国际航运概论。国际航运是海商法主要适用的社会活动领域。"国际航运概论"课程主要讲授国际航运业务与管理的基本知识,包括国际航运市场、国际航运生产组织基础、国际航运管理指标体系、班轮和租船营运组织、船舶生产计划与控制、航运统计分析、航运企业组织管理、运输船舶管理、集装箱运输管理、航运企业战略管理、运输安全质量与货运质量管理等内容。

航海概论。航海技术是国际航运活动依托的主要技术基础之一。"航海概论"课程主要讲解船舶交通运输生产、经营和管理必需的航海

---

⑭ 参见胡正良主编:《海事法》,北京大学出版社2016年版,第29页。

⑮ 参见胡正良、孙思琪:《我国〈海商法〉修改的基本问题与要点建议》,载《国际法研究》2017年第4期。

基本知识,包括航海天地文基础知识、船舶通信、船舶操纵与避碰、船舶航政管理、船员管理和船员职责等内容。

此外,“海运地理”和“货物学”可以考虑设置为选修课程,前者主要讲授世界海运活动的地理要素及其分布,后者主要讲授各类货物与运输有关的性质和装卸、保管、积载等要求。

(三)法理学

法理学作为法学的一般理论,[16]传统上大多设置为一年级的法学基础课程。但是,法理学的部分内容由于较为抽象而对法学的初学者难度较高,特别是关于法的起源和发展、法的运行以及法的价值的原理,需要经过一定程度的具体法律制度学习积累归纳提炼的感性认识基础,不宜作为低年级的课程内容。目前,已有不少高校尝试将法理学课程进行拆分。例如,中国人民大学本科法学专业分设“法理学Ⅰ”和“法理学Ⅱ”两门课程,分别讲授法学导论、法哲学和法社会学的内容。前者设置在第一学期,后者设置在第四学期。此种课程安排能够较好地适应不同年级学生的法学理论基础和理解能力。

我国出版的法理学教材也有不少采用类似模式,较为典型的当属付子堂主编的“法理学三部曲”。其中,《法理学初阶》着眼于法学、法律与法治基本知识的介绍,[17]而《法理学进阶》着重在法律基本原理方面进行深入的分析乃至研究;[18]《法理学高阶》则主要讨论法理学与法哲学、法理学主要传统、法理学基本理论、法理学前沿问题,具有较为浓厚的研究色彩。

基于上述分析,航运法律本科专业也宜将法理学拆分为两门课程。其中“法理学Ⅰ”开设在第一学期,主要讲解法和法律、法的渊源、法的效力、法的分类、法律体系、法的要素、权利和义务、法律行为、法律关系、法律责任等法理学基本概念;“法理学Ⅱ”开设在第四学期,主要讲解法的起源和发展、法的运行、法的价值、法治等进阶内容。

---

⑯ 参见张文显主编:《法理学》,高等教育出版社2018年版,第25页。

⑰ 参见付子堂主编:《法理学初阶》,法律出版社2015年版,第1页。

⑱ 参见付子堂主编:《法理学进阶》,法律出版社2016年版,第337页。

(四)民法课程群

关于民法课程群包含的具体课程,目前设有海商法本科专业的四所高校的做法基本相同。具体而言,民法课程群的课程设置需要着重关注以下问题:

物权法。目前大连海事大学和集美大学的"物权法"课程均为3学分,广州航海学院为2.5分,而上海海事大学仅有2学分。学分偏少导致的结果是课程学时不足,依照物权法原理的逻辑顺序,担保物权制度在教学实践中通常无法具体讲解。但是,担保物权恰是与海商法关联最为密切的物权法律制度。船舶物权除船舶所有权外,船舶抵押权、船舶优先权、船舶留置权均为担保物权。因此,"物权法"课程应当设置为3学分,以保障课堂讲授的充分时间。

债法总论。目前上海海事大学的民法课程群不包括债法总论课程。虽然我国《民法典》未设债法总则编,但债法的基本原理对于学习大陆法系民法的知识结构仍显重要。特别是海商法的部分制度虽然无法与具体的民事法律制度对应,但仍可借助债的概念进行理解,较为典型的即是共同海损分摊之债。⑲ 考虑到《民法典》合同编在实际中一定程度上发挥了债法总则的功能,⑳因而应在合同法课程中适当讲解债法的基本原理。上海海事大学"合同法"的教学实践事实上已有此种传统。

婚姻家庭与继承法。婚姻和继承等家事法律制度,一定程度上也是法治社会人民应有的法律常识。法学学士更应较为深入地了解我国的家事法律制度,因而"婚姻家庭与继承法"至少应当开设为选修课程。

(五)商法

海商法是传统商法的主要分支。目前大连海事大学、集美大学和广州航海学院均开设了名为"商法学"或"商法"的课程,其中大连海事大学拆分为"商法学Ⅰ"和"商法学Ⅱ"两门。上海海事大学则是采用单独

---

⑲ 参见胡正良主编:《海事法》,北京大学出版社2016年版,第355~356页。

⑳ 参见王利明:《论民法典合同编发挥债法总则的功能》,载《法学论坛》2020年第4期。

开设部分商法分支课程的形式，除“公司法学”必修课程外，仅有“票据法”选修课程。结合航运法律专业教育的实际需要，建议将商法课程拆分为以下两个部分：

商法Ⅰ。包括商法总论和公司法等商事组织法，性质应当设置为必修课。考察德国、日本、韩国等采取民商分立立法体例的大陆法系国家的立法实践和理论研究。海商法很大程度上仍然依循商法的基本原理，因此，适当讲解包括商法的概念和原则、商主体、商行为在内的商法总论知识，有助于为后续学习海商法提供必要的商法理念。公司法则是商法最为主要的分支，属于法学学士应当掌握的法律专业知识。

商法Ⅱ。包括票据法、保险法等商行为法的分支以及破产法，性质应当设置为选修课。其中票据法应属重点讲解的内容，原因在于海商法中提单的流转和背书，一定程度上遵循或者至少与票据的流转和背书原理具有相似性；至于保险法虽是学习海上保险法的一般法基础，但保险法总论以及财产保险合同的主要内容均与海上保险法存在交集，特别是保险法的基本原则，以及其他基本概念和一般规定，因此，基于航运法律专业的特殊情况，商法课程对于保险法的内容仅需略讲，且在具体学时分布上偏向人身保险合同和保险业法。

（六）国际经济法

海商法与国际贸易法关联密切，而国际贸易法在我国历来是国际经济法最为主要的分支之一。国际海上货物运输合同的订立通常是为履行国际货物买卖合同的货物交付义务。例如，提单的转让主要是为协助卖方履行买卖合同下的义务。[21] 至于国际贸易支付，以最为主要的信用证方式为例，提单作为海上货物运输单证的记载可能影响信用证业务。例如，如果提单包含表明货物或包装的外表状态不良的批注，此种提单称为“不清洁提单”。国际货物买卖合同和信用证通常规定，卖方必须提供清洁提单，即保证货物外表状况良好，因而不清洁提单将会影响信用证结算。

---

[21] 参见许忠信：《海商法要义》，元照出版有限公司2016年版，第3页。

航运法律本科专业设置国际经济法课程的难点之一,是如何处理国际经济法与国际贸易法的关系。国际经济法通常分为国际贸易法、国际投资法、国际货币金融法、国际税法、国际经济组织法、国际经济争端处理法等分支。但是,学理上对于国际经济法的具体内涵不无争议,而且存在明确区别国际经济法和国际商法的观点,即将二者主要以公法和私法作为标准进行区分。例如,左海聪曾在《论国际法部门的划分》一文中明确提出"国际法四分法":

> 确立国际经济法、国际商法的独立法律部门地位,把国际法划分为国际公法、国际私法、国际经济法和国际商法四个法律部门,可以较好地解决目前我国国际法教学、科研和国际学术交流中存在的问题和困难。㉒

左海聪据此分别主编出版了《国际经济法》和《国际商法》两部教材,㉓并在《国际商法》一书中对于国际经济法和国际商法的关系也有进一步论述:

> 国际经济法是调整国家间经济交往的公法,国际商法是调整私人间国际商事活动的私法,两者在实体规范、救济方法和救济程序上有很大不同;前者以非歧视待遇,资本、货物和技术流动的自由化为目标取向,后者以意思自治、诚实信用等为基础;前者以要求承担国家责任为救济方法,以国家间的争端解决机制(如世界贸易组织争端解决机制)为救济程序,后者以要求承担民事责任为救济方法,以国际民事诉讼国际商事仲裁为救济程序。㉔

㉒ 左海聪:《论国际法部门的划分》,载韩德培等主编:《中国国际私法与比较法年刊》,法律出版社1998年版。

㉓ 参见左海聪主编:《国际经济法》,武汉大学出版社2014年版;左海聪主编:《国际商法》,法律出版社2013年版。

㉔ 左海聪主编:《国际商法》,法律出版社2013年版,第2~3页。

考察东亚地区其他法域的国际经济法著作，大多也不包含私法内容，即使涉及也限于国际货物买卖法。例如，日本学者中川淳司等著的《国际经济法》一书，除涉及世界贸易组织的法律制度外，主要包括国际投资法、国际竞争法、国际货币金融法、国际税法和国际经济刑法[25]；我国台湾地区学者陈丽娟的《国际经济法精义》一书，涉及私法的内容仅有国际货物买卖法。[26]

考虑到海商法与国际贸易法的密切关联，仅开设一门课程无法在兼顾国际经济公法的同时深入讲解国际货物买卖和国际贸易支付法律制度，加之国际经济公法和私法的区分在理论上已有一定依据，建议将国际经济法拆分为以下两门课程。

国际经济法。本课程主要讲解国际经济公法的内容，例如国际贸易管制法、国际金融法、国际投资法、国际税法等，特别是我国国际贸易法教材通常也会涉及的政府管理贸易的法律制度，[27]包括世界贸易组织法。

国际贸易法。本课程主要讲解国际经济私法的内容，主要包括以《联合国国际货物销售合同公约》和《国际贸易术语解释通则》为中心的国际货物买卖法，以及以信用证法律制度为中心的国际贸易支付法。特别值得注意的是，国际货物运输保险法本应是国际贸易法的重要组成部分，但海上保险法本是海商法的主要内容之一，且国际货物运输保险是以海上货物运输保险为重点，因而国际货物运输保险法的内容可以简略甚至不作讲解。考虑到“国际经济法”和“国际贸易法”的名称可能导致两门课程的关系产生争议或误解，亦可径直采用“国际商法”的名称，毕竟国际商法在我国法学语境下已有较为稳定的含义。

㉕ 中川淳司＝清水章雄＝平覚＝間宮勇『国際経済法』（有斐閣，2019年）参照。

㉖ 参见陈丽娟：《国际经济法精义》，台北，五南图书出版股份有限公司2014年版。

㉗ 例如，王传丽主编《国际贸易法》一书下编为“政府管理贸易的法律与制度”，包括对外贸易管理法律制度、反倾销法和反补贴法以及保障措施制度、区域性贸易协定、世界贸易组织多边贸易体制和争端解决机制等。参见王传丽主编：《国际贸易法》，法律出版社2012年版。

（七）英美法

英美法系是海商法教学和研究无法回避的对象。特别是英国法，虽然作为国内法，但也由于历史、法律和语言等方面的原因在航运领域得到了最为普遍的适用，[28]不仅租船合同、船舶建造合同、船舶买卖合同等各类海商合同大量约定适用英国法，而且英国《1906年海上保险法》也已成为各国海上保险立法的重要范本。但是，除租船合同等英国法占据绝对主导地位的领域外，在我国航运法律专业教育毕竟须以讲解中国法和国际法为主，而不可能全面且深入地介绍英国法的主要制度。目前仅有上海海事大学开设了"英美法概论"选修课程。考虑到航运法律的学习需对英美法系具备基本了解，建议围绕英美法开设以下两门选修课程：

1. 英美法导论。概略介绍英国、美国的法律发展史、司法制度、法院，以及宪法、合同法、侵权法、诉讼法等主要法律领域。由于单独设有"英国合同法"选修课，其中对于合同法律制度应当仅作简略介绍。此外，上海海事大学开设了4学分的"法律英语"课程，[29]但在多年的教学实践中，学生大多反映课时偏多，教学效果不甚理想。考虑到目前法律英语的教学方法大多是法律相关文本的阅读分析，而不是语言学角度的系统教学，因而可以考虑将法律英语的教学内容并入"英美法导论"课程，即依托英美法律制度的知识讲授，同时介绍法律领域的英语术语、表述习惯和翻译方法。此种教学方法其实已有一定的实践基础。例如，何家弘编写的《法律英语》一书作为我国法律英语的经典教材，副标题即为"美国法律制度"；[30]法律英语证书（Legal English Certificate，LEC）全国统一考试的考试内容也是以美国法律基本知识为主。[31] 但是，考虑到英国法在航运领域的特殊地位，本课程的教学内容也应适当向英国法律

---

[28] 参见林源民：《船舶建造》，上海浦江教育出版社2013年版，第11～12页。

[29] 广州航海学院开设的"法律英语"课程为2学分。

[30] 参见何家弘编：《法律英语：美国法律制度》，法律出版社2008年版。

[31] 法律英语证书（LEC）全国统一考试指导委员会：《考试大纲》，载法律英语证书（LEC）全国统一考试官方网，https://www.lectest.com/ksdg，最后访问日期：2021年9月3日。

制度倾斜。

2.英国合同法。为适应实践中海商合同大量约定以英国法为准据法的实际情况,详细讲解英国的合同法律制度,以为后续学习租船合同、船舶建造合同、船舶买卖合同、海上保险合同等提供基础。

(八)航运法律课程群

航运法律课程群是航运法律本科专业课程体系的主体或谓重点部分。航运法律课程在我国传统上是以海商法为中心,分为海上货物运输法、海事法、海上保险法三个部分,其中海上货物运输法通常又分为班轮运输和租船运输两个部分。近年来,航运法律课程群的体系逐渐丰富,目前四所高校开设的航运法律理论课程(见表1):

表1 上海海事大学、大连海事大学、集美大学和广州航海学院的航运法律课程群

培养单位	必修课程	选修课程
大连海事大学	(1)船舶物权法 (2)班轮运输实务与法律 (3)租船运输实务与法律 (4)海事法Ⅰ (5)海事法Ⅱ (6)海上保险法 (7)海事诉讼与仲裁法	(1)船员法 (2)国际航运代理实务与法律 (3)航运行政管理法 (4)航运金融业务与法律 (5)海事国际私法 (6)海商法专业英语
上海海事大学	(1)海商法导论 (2)船舶建造与买卖法 (3)班轮运输法律与实务 (4)租船运输法律与实务 (5)海事法 (6)海上保险法	(1)船舶物权法 (2)航运行政法 (3)航运法 (4)航运金融法律与实务 (5)海事诉讼与仲裁法 (6)海事国际私法
集美大学	(1)海商法总论 (2)班轮实务与法律 (3)租船实务与法律 (4)海事法 (5)海上保险法 (6)海事行政法	(1)海事证据法 (2)海事诉讼法 (3)船员法 (4)航运法 (5)海事仲裁

续表

培养单位	必修课程	选修课程
广州航海学院	(1)海商法总论 (2)海上货物运输法 (3)海事法 (4)海上保险法律与实务 (5)海事诉讼与仲裁	海事国际公约

上述体系较为明显的问题之一是存在制度盲区。仅以我国《海商法》的体系为比较对象,至少缺失了海上旅客运输合同、海上拖航合同和海事诉讼时效三项法律制度。具体而言,建议航运法律课程群由以下课程组成。

海商法导论。上海海事大学自 2017 级开始增设“海商法导论”课程,作为航运法律课程群的先导课程,目的在于帮助学生构建海商法的理论框架,确立后续学习的基础。课程主要讲解符合本科阶段知识层次的海商法基础理论,即海商法的主要基本问题,包括海商法的概念、海商法的地位、海商法的特性、海商法的体系、海商法的法源、海商法律关系、海商法的沿革,涉及法理学原理在海商法领域的具化与运用。虽然工匠精神近年来在我国已成时兴的概念和话题,但高等教育不是职业教育,不能满足于培养解决海事法律问题的工匠,而应要求学生对于海商法的理念和精神亦有一定程度的理解。况且缺乏对于海商法基础理论的了解,恐怕也无法自如应对实践中纷繁复杂的疑难问题,特别是仅依法条难以得出明确答案的问题。此外,集美大学和广州航海学院均开了“海商法总论”课程。

考虑到目前尚无完全合适的课程可以安排海事诉讼时效法律制度的内容,而海事诉讼时效贯穿海商法除船舶物权制度外之始终,加之学生此时已经较为系统地在“民法总论”课程中学习了一般民事诉讼时效制度,因而可以考虑在本课程中对于海事诉讼时效进行适当讲解。但是,目前教学实践反映的问题在于,学生学习本课程时是首次接触海商法,尚未学习具体的海事法律制度,因而对于各类海事诉讼时效,特别是起算点的理解存在一定困难。例如,《海商法》第 263 条规定:“有关共同海损分摊的请求权,时效期间为一年,自理算结束之日起计算。”学生理解“理算结束之日”作为起算点,需要首先明了何谓共同海损理算,以及理算结束的具体含义。

另一较为可行的方案是将海事诉讼时效安排在“海事诉讼法”课程,该课程通常安排在第六或第七学期,学生此时对于海商法已有较为全面的了解,因而可以在很大程度上克服上述问题。但是,诉讼时效乃实体法制度,“海事诉讼法”课程属于典型的程序法课程,以讲解《海事诉讼特别程序法》为主线,将其纳入实体法的内容至少在体系上确有违和。

船舶物权法。“船舶物权法”课程主要讲解以船舶为客体的四种物权,即船舶所有权,以及船舶抵押权、船舶优先权、船舶留置权三种船舶担保物权。目前,除大连海事大学开设了“船舶物权法”必修课外,上海海事大学为选修课,而集美大学、广州航海学院未开设相关课程。考虑到船舶物权对于理解涉及船舶的法律问题具有基础性意义,特别是船舶建造、船舶买卖、船舶抵押乃至船舶融资租赁等合同关系均涉及船舶物权的原理,“船舶物权法”课程的定位应以必修课为宜。

船舶建造、买卖与融资法。除租船合同外,其他涉及船舶的各类合同关系历来在海商法的课程体系中受到关注较少,且具体范围和体系构建也存在较多争议。杨良宜、林源民对此曾有颇为精辟的论述:“海商法向以其古老悠久、门类齐全而著称,专著巨作目不暇接。唯独船舶买卖法,虽为海商法一分支,备受冷落,案例虽时而有之,而著作则寥若星辰。且不说国内尚无一册,在向以执海商法之牛耳的英伦三岛,也只偶尔为之,其量和质比之他类,不可同日而语。”㉜

船舶建造、买卖与融资在航运实践中引发的法律问题确实不在少数,其中涉及的合同主要包括船舶建造合同、船舶买卖合同、船舶融资租赁合同。围绕此类合同开设法律专业课程,主要内容应是讲解标准格式合同的条款,例如船舶建造合同的日本造船人协会 SAJ 格式,船舶买卖合同的挪威航运经纪人协会 NSF 格式。具体而言,此类课程应当拆分

㉜ 杨良宜、林源民:《船舶买卖法律与实务》,人民交通出版社 1995 年版,第 1 页。

为以下两个部分。

第一部分为船舶建造与买卖法。本课程主要讲解船舶建造合同和船舶买卖合同,课程性质为必修课程。上海海事大学自 2017 级开始增设“船舶建造与买卖法”课程,经过数年的教学实践效果良好。而且,对于船舶建造合同和船舶买卖合同合并进行介绍,在我国海商法教学的历史沿革上也有一定渊源可寻。司玉琢主编的《新编海商法学》一书,早在 1991 年首次出版即设有“船舶建造与买卖合同”一章,㉝时间甚至早于我国《海商法》的颁布施行。

第二部分为船舶融资法。本课程主要讲解船舶融资租赁合同和船舶抵押贷款合同。考虑到此类合同在航运实践中的重要性相对居后,加之培养方案整体的学分限制,本课程性质宜设定为选修课程。

与船舶融资关联最为密切的时兴概念应是航运金融。上海海事大学和大连海事大学目前分别开设了“航运金融法律与实务”和“航运金融业务与法律”课程,但航运金融的内涵和范围目前在我国仍然不甚清晰。例如,林江编著的《航运金融法律概论》一书认为航运金融主要包括船舶融资、航运保险再保险、航运金融衍生品三大领域。㉞ 暂且不论航运保险的诸多内容与海上保险存在重合,航运金融衍生品以及船舶融资涉及的私募、新建船出口信贷乃至证券化,㉟固然存在部分法律问题,但总体而言法律色彩并不彰显,或者至少超出了航运法律本科专业应当了解的法学知识层次,也难以形成系统、深入的课程内容,更应作为以航运金融为方向的金融学专业的课程。航运法律专业教育在本科阶段针对航运金融或谓船舶融资,应当重点讲解作为典型合同的船舶融资租赁合同,以及实践中同样居于重要地位,且难以完全纳入“船舶物权法”课程的船舶抵押贷款。

以日本和英国为例考察比较法上的观点,其名称主要采用“船舶金融”的表述,即明确强调以船舶为中心。例如,早稻田大学海法研究所开

㉝ 参见司玉琢主编:《新编海商法学》,人民交通出版社 1991 年版。

㉞ 参见林江编著:《航运金融法律概论》,复旦大学出版社 2012 年版,第 3 页。

㉟ 参见林源民:《船舶融资》,上海浦江教育出版社 2017 年版,第 139 ~ 141 页。

设的硕士课程项目"国际海事问题实务与法律"(国際海事問題の実務と法),其中即有"船舶金融法研究"课程,课程介绍明确指出是从民法的角度分析和研究与船舶相关的金融问题,特别是合同方面的问题。[36]成文堂2014年出版的《船舶金融法的诸相》一书,则是着重关注船舶金融涉及的船舶建造合同、船舶买卖合同、租船合同、船舶抵押权、船舶优先权、船舶留置权、船舶保险合同等法律问题。[37] 英国南安普顿大学法学院海商法研究中心开设的硕士课程"Ship Finance"强调:本课程将重点关注购买现有船舶和建造新船的贷款融资问题。课程的主要教学内容包括:为购买或建造船舶融资的贷款协议的常见问题;保证和抵押担保形式在船舶建造和船舶买卖融资结构中的作用等。[38] 可见关于以船舶为中心的金融或融资活动,比较法上主要是围绕合同展开法律上的探讨。

海上运输法。海上运输法是海商法的中心。虽然具体课程名称存在些许差异,但目前除广州航海学院外的三所高校均以班轮和租船作为拆分海上运输法课程的基本标准。除上文已经提及的缺失海上旅客运输合同和海上拖航合同法律制度外,此种课程安排主要存在以下两个方面的问题:

一方面,三所高校的课程名称均采"法律与实务"或类似表述,而且除上海海事大学外,均是实务在前、法律在后。[39] 作为法学专业的课程,而且是航运法律课程群的核心课程,法律内容应当具有更为重要的地位。而且,"实务"一词的内涵在此并不清晰。如果是指航运业务,法学

---

[36] 早稲田大学総合研究機構　海法研究所「海法コース「国際海事問題の実務と法」について」http://wiml.jp/educational_activity/society_masters_course/index.html。

[37] 箱井崇史＝木原知己『船舶金融法の諸相　堀龍兒先生古稀祝賀論文集』(成文堂,2014年)参照。

[38] 参见南安普顿大学法学院网2021年9月3日,https://www.southampton.ac.uk/courses/modules/laws6156#syllabus。

[39] 早先上海海事大学采用的课程名称是"班轮运输实务与法规"和"租船运输实务与法规","法规"一词更显不妥。原因在于租船合同高度贯彻意思自治原则,后者主要讲解租船合同标准格式的条款,除我国《海商法》的部分规定外,并无专门调整租船合同的法律规范可供讲解。

背景的任课教师多数恐怕无法准确而全面地介绍最为前沿的航运业务做法,相关内容可以也应当在“国际航运概论”等专门介绍航运业务的课程中讲授;如果是指法律实务,适当讲解法律的实际应用情况本是法学课程的题中之义,不必在课程名称中特意强调。而且,传统上“海事法”和“海上保险法”两门课程的名称并无“实务”二字,但海事法律制度和海上保险法律制度自然也有其实务应用,因而导致课程名称不尽协调。

另一方面,以班轮和租船两种运输方式作为划分标准,或许对于讲解租船合同的课程尚且合理,但以班轮运输概括海上货物运输合同和提单法律制度则有较为明显的缺陷。首先,根据我国《海商法》第四章“海上货物运输合同”的体例设计,航次租船合同是海上货物运输合同的特殊类型,因而海上货物运输合同适用的运输方式并不限于班轮运输,至少还包括航次租船。特别是在我国国内水路运输实践中,典型的班轮运输已经明显减少,目前很难继续明确区分班轮运输和航次租船运输。[40]其次,提单法律制度并非仅适用于班轮运输的情形。租船合同下基于货物运输的安排,托运人或货方也会要求签发提单,而且此时提单涉及的关系方更为复杂。[41]

基于上述理由,建议统一采用“海上运输法”作为课程名称,同时进一步拆分为以下三门课程。

一是海上运输法Ⅰ。本课程主要与此前“班轮运输法律与实务”的课程内容对应,性质应当设定为必修课程。除海上货物运输合同和提单法律制度外,还应适当讲解我国的国内水路货物运输合同和港口货物作业合同法律制度,前者以《国内水路货物运输规则》为主线,后者以《港口货物作业规则》为主线,二者虽已被废止但此前具有较大影响,原有内容甚至在一定程度上构成航运习惯。

二是海上运输法Ⅱ。本课程主要与此前“租船运输法律与实务”的

---

[40] 参见侯伟:《关于将内河货物运输纳入〈海商法〉调整范围的立法建议》,载《中国海商法研究》2017年第3期。

[41] 参见郭萍编著:《租船实务与法律》,大连海事大学出版社2014年版,第339页。

课程内容对应，性质应当同样设定为必修课程。课程内容主要讲解航次租船合同、定期租船合同、光船租赁合同的主要标准格式合同的条款，例如 GENCON 格式、NYPE 格式和 BARECON 格式。特别值得注意的是，船舶融资租赁合同不应纳入本课程的范围，不仅因为已有“船舶融资法”课程，更因为光船租赁等经营租赁是以租赁物为目标，即通常所称“融物”，而船舶融资租赁是以资金为目标，即俗称“融资”。因此，融资租赁本质上并非租赁的一种形式，[42]船舶融资租赁合同严格而言也不属于租船合同。

三是海上运输法Ⅲ。本课程主要讲解海上旅客运输合同和海上拖航合同法律制度，其中海上旅客运输合同部分还应适当讲解邮轮旅游中符合本科阶段知识层次的理论问题。例如，邮轮旅游的基础法律关系、旅游服务合同的基本法律制度，以及邮轮航程变更和旅客人身损害等典型纠纷。考虑到上述两种合同在航运实践中的出现频率相对较低，课程性质宜设定为选修课程。

此处较具争议的应是海上拖航合同的性质。海上拖航合同在我国学理上更多被认为是一种独立的合同类型，而不同于海上货物运输合同。[43] 但是，考虑到海上拖航合同法律制度的内容体量较小，目前尚不具备开设海上拖航合同法专门课程的客观条件，为求航运法律课程群的全面性和覆盖性，将其纳入海上运输法课程应是可以接受的权宜之计。加拿大学者威廉·台特雷（William Tetley）曾经明确提出拖航是理解海商法各种运输合同的一把钥匙。[44] 从我国海商法的教材情况来看，郭瑜《海商法教程》一书的第二编即为“海上运输与拖航”[45]。

海事法。“海事法”的课程内容相对稳定，主要讲解船舶碰撞、海难救助、共同海损、船舶污染、船舶残骸打捞清除、海事赔偿责任限制等法

---

[42] 参见林源民：《船舶融资租赁辨析》，载上海海事大学海商法研究中心编：《海大法律评论 2016—2017》，上海浦江教育出版社 2018 年版。

[43] 参见司玉琢主编：《海商法》，法律出版社 2018 年版，第 223 页。

[44] 参见［加］威廉·台特雷：《国际海商法》，张永坚等译，法律出版社 2005 年版，第 148 页。

[45] 郭瑜：《海商法教程》，北京大学出版社 2012 年版。

律制度。

海上保险法。“海上保险法”的课程内容同样较为稳定,主要围绕船舶保险、海上货物运输保险、保赔保险等海上保险类型展开,讲解海上保险法的基本原则、海上保险合同的订立和内容以及海上保险索赔等具体问题。

海事诉讼法。“海事诉讼法”课程主要围绕我国《海事诉讼特别程序法》,讲解管辖、海事请求保全、海事强制令、海事证据保全、海事担保、送达、审判程序、设立海事赔偿责任限制基金程序、债权登记与受偿程序、船舶优先权、催告程序等海事诉讼涉及的程序法问题。

值得注意的是,海事仲裁是否应当纳入课程内容。目前,上海海事大学和大连海事大学开设的课程均为“海事诉讼与仲裁法”,广州航海学院称为“海事诉讼与仲裁”,集美大学则是在“海事诉讼法”外另设“海事仲裁”课程。首先可以肯定的是,仲裁确是海商海事纠纷最为主要的解决方式之一。但是,海事仲裁只是国际商事仲裁在海商海事领域的应用。[46] 仲裁本是解决争议的程序,仲裁法乃是程序法。既然作为程序,实际上不应存在诸如海事、金融、专利等分类,也无所谓海事仲裁规则、金融仲裁规则的划分。[47] 质言之,海事仲裁较之一般商事仲裁在法律制度层面并无特殊性,也即事实上不存在“海事仲裁法”的概念。我国之所以设有中国海事仲裁委员会,主要仍是考虑到仲裁员的聘任需以了解海商海事活动的专家为主,以此提高仲裁的专业性。因此,更为合理的课程设置应是单独开设“仲裁法”必修课程,系统讲解商事仲裁法律制度的同时,简要介绍劳动仲裁、土地承包经营纠纷仲裁和体育仲裁,而不必另设专门的海事仲裁法课程。

航运经济法。航运经济法即通常所称航运法,是指调整国家管理航运经济活动产生的特定社会关系的法律,[48]属于经济法法律部门。

---

[46] 参见韩立新、袁绍春、尹伟民编著:《海事诉讼与仲裁》,大连海事大学出版社2016年版,第188页。

[47] 参见林源民:《中英海事仲裁制度比较》,载上海海事大学海商法研究中心编:《海大法律评论2016—2017》,上海浦江教育出版社2018年版。

[48] 参见胡正良主编:《航运法专题研究》,上海浦江教育出版社2013年版,第3页。

“航运经济法”课程主要以我国《国际海运条例》和《国内水路运输管理条例》为主线，讲解航运主管机关及其职能、航运市场准入、航运市场经营秩序、航运市场宏观调控、航运违法行为的调查与处罚等内容。㊾目前上海海事大学和集美大学均开设了“航运法”课程。

航运行政法。航运行政法是指调整国家航运行政管理机关在管理航运产业的过程中与从事航运活动的相对人形成的航运行政组织与管理关系的法律。㊿

目前除广州航海学院外的三所高校均开设了航运行政法课程，只是课程名称稍有不同，上海海事大学、大连海事大学、集美大学分别称为“航运行政法”“航运行政管理法”“海事行政法”。“航运行政法”课程主要讲解船舶管理法、船员管理法、海上交通安全法、航道法、港口法等内容。

可能引发争议的应是船员管理法的内容。我国船员立法长期以来呈现管理重于保护的局面，相对完备的船员劳动和社会保障制度尚未形成。[51] 但是，随着《2006 年海事劳工公约》的生效，船员权益保障问题已经日益受到重视。船员劳动和社会保障制度作为劳动和社会保障法的特别规则，严格而言属于社会法的组成部分，而社会法基于中国特色社会主义法律体系已是与行政法并列的法律部门。[52] 因此，将船员劳动和社会保障的内容纳入航运行政法及其下位的船员管理法在体系上并不合适。但是，考虑到目前我国关于船员劳动和社会保障的特别规范体量仍然较小，国际上也仅是围绕《2006 年海事劳工公约》一部国际公约展开，因而将此项制度置于“航运行政法”课程一并讲解，应是当前较为符合课程安排且具有实际可行性的做法。

国际货物多式联运法。随着集装箱运输的普遍开展，多式联运的运

㊾ 参见胡正良：《中国航运法之研究》，大连海事大学 2003 年博士学位论文，第 44 页。

㊿ 参见王秀芬：《海运行政法》，北京师范大学出版社 2014 年版，第 7 页。

[51] 参见孙思琪：《海洋强国战略背景下我国船员劳动和社会保障制度构建刍议》，载《社会保障研究》2017 年第 3 期。

[52] 参见张文显主编：《法理学》，高等教育出版社 2018 年版，第 104～107 页。

输方式越来越多地成为运输物流业的发展趋势。[53] 而且,就中国自身的实践而言,陆海联动的中欧班列已经成为我国对外开放的重要贸易通道,[54]运输大宗电商产品、轻工和高科技电子产品等大批量货物不再只有海运一种选择。因此,仅了解海商法的专业知识可能无法较为全面地应对运输实践的客观需要。本课程主要讲解除海商法外,货物多式联运、航空运输、铁路运输、公路运输涉及的国际立法和国内立法。

(九)海事国际私法

除上述课程外,此前我国航运法律专业教育较常涉及的课程还有海事国际私法。上海海事大学和大连海事大学目前均开设了"海事国际私法"选修课程。"海事国际私法"作为专业术语,应是导源于日本,较早见于日本学者山户嘉一1943年出版的《海事国际私法论》一书。[55] 至于海事国际私法在我国的研究乃至教学,主要是由原上海海运学院张既义教授以其个人的日语优势引入,较早出版的著作为1980年侯军主编的《当代海事国际私法》一书,张既义任该书顾问。[56] 我国台湾地区受此影响亦有类似著作问世,如赖来焜的《海事国际私法学》一书。[57]

我国学者较少论及海事国际私法的特殊性,即使有限的讨论也大多难以成立。此时可供佐证的应是比较法上的立法例,目前德国、日本、韩国的商法典海商编均未涉及涉外海事关系的法律适用,即使是一般国际私法立法,即德国《民事施行法》、日本《关于法律适用的通则法》和韩国《国际私法》也少有海事冲突规范,仅有的例外是德国《民事施行法》第

---

[53] 参见郭萍:《货物多式联运法律制度比较研究》,大连海事大学出版社2012年版,第1页。

[54] 参见国家发展和改革委员会《西部陆海新通道总体规划》(发改基础〔2019〕1333号)。

[55] 参见山戸嘉一『海事国際私法論』(有斐閣,1943年)。

[56] 侯军主编:《当代海事国际私法》,上海科学技术文献出版社1980年版。

[57] 参见赖来焜:《海事国际私法学:以海商法与国际私法交会为中心》,神州图书出版有限公司2002年版。

45 条规定了运输工具的法律适用。[58] 因此，海事国际私法在比较法上也较少转化为立法规定，我国《海商法》第十四章“涉外关系的法律适用”应是颇为罕见的个例。

即使在较早提出海事国际私法概念的日本，学者神前祯曾撰《海事国际私法的“特殊性”》一文，其中较为明确地指出海事国际私法实质上只是众多个别问题的集合，分析海事国际私法时应当逐一考虑和审查各个法律问题。同时文中提出的海事国际私法的特殊性，包括单位法律关系，即共同海损、海难救助等范围的特殊性，连结点位于公海的可能性，以及应当避免通过机械适用法律规定得出结论，其实意在说明涉外海事关系准据法的确定，适用日本当时的国际私法立法，即《法例》可能产生的问题，[59]而无意塑造海事国际私法之于国际私法的独立性。至于英国，普通法下海商合同和海事侵权的法律冲突问题之解决并无特别之处，均适用合同和侵权法律冲突的一般规则；在《罗马条例Ⅰ》和《罗马条例Ⅱ》生效后，两部条例的相应条文在海商事案件中均有适用。[60]

海事冲突规范对于确定涉外海事关系的准据法固然重要，但是海事国际私法事实上主要关注解决涉外海事关系引发的法律冲突的冲突规范，虽有船旗国法作为相对特殊的系属公式，但本质上与其他众多的冲突规范并无二致，仍然需要适用识别、反致、先决问题、法律规避、公共秩序保留、外国法查明等国际私法上的一般制度。将其作为一个专门领域开展理论研究自无不可，但已有“国际私法”课程的前提下在专业教育层面单列课程讲解若干海事冲突规范，实际效果可能反而不如纳入“国际私法”课程与其他冲突规范一并进行讲解。

冲突规范的分析与评价一定程度上不同于其他法律规范，更多仅有

---

[58] 德国《民事施行法》第 45 条第 1 款规定，对空中、水上和轨道交通运输工具的权利适用来源国法律，即(1)对于飞行器为国籍国；(2)对于水上交通工具为注册登记国，否则为船籍港或船籍所在地国；(3)对于轨道交通工具为入境许可国。

[59] 神前禎『海事国際私法の「独自性」』国際私法年報第 2 号(2000 年)152 頁以下。

[60] See David McClean & Kisch Beevers, *Morris on the Conflict of Laws*, Sweet & Maxwell, 2009, Charters 13 and 14.

优劣之分而无是非之别。本科阶段的国际私法课程本应侧重于对立法确立的冲突规范就事论事的释义,而不是纠缠于法则区别说、法律关系本座说等五花八门的学理观点,因而从课时的角度完全允许纳入海事国际私法的内容。再者,我国著名法学家韩德培教授主编的普通高等学校"十一五"国家级规划教材《国际私法》,其中第二编"冲突法"即设有第十五章"海事的法律冲突",[61]也在一定程度上印证了海事国际私法的内容完全可以融入国际私法课程进行教学。因此,航运法律本科专业不必专设海事国际私法课程,关于海事冲突规范的讲解应当作为"国际私法"课程必要的组成部分。

三、航运法律本科教育课程体系的具体方案

基于上述对于课程体系主要争点的分析,本科阶段航运法律专业教育的课程体系设计另有以下两个技术性问题需要着重关注:

第一,《国家标准》规定法学专业培养方案总学分一般不超过160分。考虑到航运法律是特别法领域,课程内容必然多于一般不设特色方向的法学专业,因而以下设计的课程体系学分适当提高至170分,以期能够基本满足航运法律本科专业教育应为学生提供的知识结构。按照法学本科专业的通常做法来看,以下设计的课程体系将专业理论课程的学分设定为90分,其中专业必修课75分、专业选修课15分。

第二,关于不同学期的学分分布情况,以下方案在第一学年和第三学年设置的学分较少,保持在每学期10学分至12.5学分之间;第二学年设置的学分相对较多,分别为16.5学分和15学分;第四学年则不设置理论课程。此种设计主要是考虑到学生在第二学年的学习状态往往最好,且已具备一定的法学基础,可以适当安排更多的课程;同时,第三

---

[61] 参见韩德培主编:《国际私法》,高等教育出版社、北京大学出版社2014年版。

学年开始,学生的学习重心逐渐转向备考国家统一法律职业资格考试、全国硕士研究生统一招生考试等课堂学习以外的事务,第四学期则以校外实习和撰写毕业论文为主。

基于上述理由,本文设计的本科阶段航运法律专业教育课程体系(见表2):

表2　航运法律本科教育课程体系的建议方案

<table>
<tr><th rowspan="2">学期</th><th colspan="3">专业必修课</th><th colspan="3">专业选修课</th></tr>
<tr><th>课程</th><th>学分</th><th>学分合计</th><th>课程</th><th>学分</th><th>学分合计</th></tr>
<tr><td>第一学期</td><td>船舶概论
国际航运概论
习近平法治思想概论
法理学Ⅰ
宪法
中国法律史</td><td>1.5
1.5
2.0
1.5
2.0
2.0</td><td>10.5</td><td>海运地理</td><td>1.5</td><td>1.5</td></tr>
<tr><td>第二学期</td><td>航海概论
民法总论
刑法
法律职业伦理
国际公法</td><td>2.0
3.0
3.0
1.5
3.0</td><td>12.5</td><td>法律逻辑学
货物学</td><td>2.0
2.0</td><td>4.0</td></tr>
<tr><td>第三学期</td><td>民事诉讼法
经济法
商法Ⅰ
国际经济法
物权法
合同法
海商法导论</td><td>2.0
2.0
3.0
2.0
3.0
3.0
1.5</td><td>16.5</td><td>劳动与社会保障法
海关与自贸区法
婚姻家庭与继承法
英美法导论</td><td>2.0
2.0
2.0
2.0</td><td>8.0</td></tr>
</table>

续表

<table>
<tr><th rowspan="2">学期</th><th colspan="3">专业必修课</th><th colspan="3">专业选修课</th></tr>
<tr><th>课程</th><th>学分</th><th>学分合计</th><th>课程</th><th>学分</th><th>学分合计</th></tr>
<tr><td>第四学期</td><td>法理学Ⅱ
刑事诉讼法
行政法与行政诉讼法
环境资源法
国际商法
侵权责任法
船舶物权法
航运法</td><td>1.5
2.0
2.0
2.0
2.0
2.0
2.0
1.5</td><td>15.0</td><td>知识产权法
商法Ⅱ
英国合同法</td><td>2.0
3.0
2.0</td><td>7.0</td></tr>
<tr><td>第五学期</td><td>仲裁法
国际私法
船舶建造与买卖法
海上运输法Ⅰ
航运行政法</td><td>1.5
2.0
2.0
3.0
2.0</td><td>10.5</td><td>证据法
船舶融资法</td><td>1.5
2.0</td><td>3.5</td></tr>
<tr><td>第六学期</td><td>海上运输法Ⅱ
海事法
海上保险法
海事诉讼法</td><td>3.0
3.0
3.0
1.0</td><td>10</td><td>海上运输法Ⅲ
国际货物多式联运法</td><td>2.0
2.0</td><td>4.0</td></tr>
<tr><td>全部学期</td><td>—</td><td>—</td><td>75.0</td><td>—</td><td>—</td><td>28.0(选修15.0分)</td></tr>
</table>

Reflections on the Cultivation Mode of the Undergraduate Education of Shipping Law in China in the New Era

Sun Siqi   Zheng Rui

Abstract: Shipping law is a legal field focusing on maritime law, and is also a typical specialty of law. However, at the undergraduate level, it is still essential to set up comprehensive basic law courses, taking into account both general knowledge and special features; at the same time, it is not appropriate to arrange a large number of practical courses and the focus should still be on the theoretical teaching. The experts from the practical departments can be invited to give special lectures periodically as being planned, with the aim of providing students with a descriptive understanding of the practice of shipping law; at the same time, courses such as "Case Study and Mock Trial" and "Legal Writing" should be offered in the practical teaching sessions to properly train the students' analytical and expressive skills in the legal field. The main moot points in the curriculum of shipping law education at the undergraduate level are how to arrange the followings in the course structures: the core courses stipulated in the *National Standard for Quality of Teaching in Law*, the courses of peripheral disciplines involved in shipping law, jurisprudence, the civil law course cluster, commercial law, international economic law, common law, the shipping law course cluster and international conflict of maritime laws.

Key Words: shipping law, course structure, core courses in law, the course cluster of shipping law, international law

社会科学融入法学教育的应当性与可行性分析

——从社科法学的兴起说开去*

沈明敏**

摘　要：随着法学研究与法律实践的逐步深化、多样，法学作为一门社会科学的属性越来越浓，与其他社会科学也越来越呈现一种水乳交融、互相支撑的关系。为此，掌握并运用其他社会科学对今天的法科生也就是明天的法律人具有重要意义，法学教育在这个过程中理应发挥一个前置性与范导性作用。文章从社会科学融入法学教育的应当性与可行性出发，分析并证成了此一命题。具体而言，在应当性层面，社会科学对当前法学教育中促进法科生理论水平提升以及经由其观照下的实践能力提升具有不可替代的作用；在可行性层面，法学院老师有能力与意愿教授和法学密切关联的社会科学，法科生也有能力与意愿学。强调社会科学融入法学教育不是对“法学”自身的反动，而是为了更好地维护法学及其教育。

* 基金项目：司法部2019年度国家法治与法学理论研究项目重点立项课题“基于裁判逻辑的司法评鉴制度构建研究”（项目编号：19SFB1001）的阶段性成果。

** 沈明敏，厦门大学法学院博士研究生。研究方向：法学理论。

关键词:社会科学　法学教育　应当性　可行性　社科法学

一、问题的提出

尽管还是一个处于发展中的学术流派,也还没有得到大多主流学界同仁的认可,但社科法学于近些年在中国的兴起是一个显见不争的事实。① 当然,"近些年"本身就说明了社科法学证明自身的时间还略显短暂,它还需要不断地提供高质量的学术成果以及实践样本来增强自己的解释力与竞争力。可相对中国来说,欧美特别是美国的"社科法学"(他们一般称为"法律与社会科学交叉研究")却已然走向了成熟乃至蔚为大观。以美国为例,当前主流的法学院校教授基本都在做法律与社会科学的交叉研究,倘若再进一步以其中的法经济学为例,那么则一如劳伦斯·莱西格(Lawrence Lessig)所言:"法律经济学已转变了整个法律领域。如今,我们全都是法律经济学家了!……法律经济学的洞见如今已是常规科学。"②更应当承认,不仅是学术研究领域,在法律实践领域,社会科学也已经登堂入室。无论是在"穆勒诉俄勒冈州"③案中,布兰代斯律师(后担任最高院大法官)以运用详尽的社会科学知识而闻名天下的辩护词,还是在"布朗诉教育委员会案"④中,那个著名的由社会科学支撑的"玩偶实验",无不都是社会科学知识进入法律实践领域的尝试,尽管它们后来都遭遇了一系列批评与挑战。但考虑到作为社会科学的法学⑤和仅仅作为规范/教义的法学的一个核心区

---

① 关于对社科法学兴起之事实的一些描述与判断依据,可参见周赟、沈明敏:《社科法学二题》,载《河北法学》2021 年第 5 期。

② [美]劳伦斯·莱西格:《多产的偶像破坏者》,苏力译,载苏力:《走不出的风景:大学里的致辞,以及修辞》,北京大学出版社 2011 年版,第 309 页。

③ Muller, Plaintiff in Error v. the State Oregon. 208 US 412 (1908).

④ Brown et al. v. Board of Education of Topeka et al. 347 US 483 (1954).

⑤ 值得强调的是,作为社会科学的法学并不否定法学本身的规范/教义性。此外,由于本文主要谈论法学教育问题,而法学进入法学教育是理所当然之事,故而将主要指以社会学、统计学、经济学、人类学等为代表的社会科学融入法学教育。

别就在于，它并不拒绝科学（波普尔意义上的，即能否被证否）的态度，因为它本身就是在不断地自我革命以推陈出新——也就是发展出符合时代要求的新的规范/教义。如此，那些由于社会科学认知的发展而被证明的“错误”，在某种程度上说，反而就是它的“优势”。

换言之，无论是在中国，还是在欧美，社科法学事实上已经并且将越来越扮演一个重要的角色。可略显吊诡的是，虽然当前中国的社科法学者一直在呼吁具备运用社会科学知识的能力对于法律人的意义，却很少有人给出该如何获得这种能力。似乎将希望寄托于法律人的自我教育。必须指出，对于社会科学知识的学习，自我教育将永远是不可或缺、不可替代的一环。可这并不意味着作为法学知识传播的建制——法学院——于这一过程中可处于可有可无的状态。事实上，由于中国法学教育具有本科学位（区别于美国法学教育模式），由于法学院所具有的知识传播的规模性与经济性，完全可以说，如果在当前相关条件不变的情况下，法学院教育（也就是本文所要讨论的狭义上的法学教育）对于培养法科生（也就是明天的法律人）的社会科学知识理应承担一个前置性与范导性作用。正是基于这一判断，本文将从社会科学融入法学教育的应当性与可行性入手，讨论一下这个很少有人涉足的领域，希冀能有助于我们更好地理解法学教育以及与之伴随的法学教育实践。

二、社会科学融入法学教育的应当性分析

从一般意义上讲，讨论社会科学融入法学教育的能度首先就是讨论其应当性。因为法学教育作为一种批量化的法学人才生产机制，如果其本身不具有应当性或者说可欲性，那么实质上就否定了其存在的价值。让我们从当前对法学院培养的法科生的一个近乎共识的流行性诊断说起：即法学院培养的法科生越来越呈现出理论“强”而实践“弱”的格局。先说实践“弱”，应当讲，当前中国的法学教育不能够提供恰切的法律实践/务人才被诟病久已。至于实务界则普遍反映，法学院培养的法科生

“不能用”或至少是“用得不顺手”。[6] 2021 年 3 月，当笔者在写作本文初稿时，一则招聘启事在法律圈中“炸窝”——一名刑事辩护律师以 30 万元学费，0 元待遇招聘律师助理。虽经后来当事律师解释系“开玩笑”，[7]但这个招聘启事本身就像一根刺，深深地扎进了法学院与法科老师的“心”。因为它实际上又一次将上述诊断中法科生实践“弱”的问题以一种类似“悲喜剧”的形式暴露了出来，并且往严重了说，它也或多或少地暗示了实务界对自己培养实务法律人的某种自信、展示了不再完全相信以及依靠法学院教育的细微苗头。

正是因为接受了这种前提预设，也出于对提升法科生职业竞争力的关心，导致了很多论者在讨论法学教育改革的论文中，将重心放在了如何提升法科生的实践能力。[8] 通俗地说，也就是如何增强他们面对与处理现实法律问题的能力，以期改变这些论者由于接受上述前提而推演出的法学院培养的法科生一面对理论问题则“滔滔不绝”而面对现实问题则“束手无策”之判断。必须说明，这种讨论是有一定意义的，毕竟法学最终还是要处理现实的问题，如果它不能为现实的法律问题提供某种对策与方案，那么所有的理论教育虽不能说毫无意义，但至少会带有“自娱自乐”的味道，并最终还会因为“用不上”而逐渐从他们的职业生涯中淡化甚至褪去。况且，法学院培养的法科生在初入实务市场时，就整体来

---

⑥ 必须提前说明的是，这个判断固然有经验事实支撑，但本身却也具有一定的迷思。因为广义上的法学教育是一个链条式的接力过程，法学院教育只是其中之一环，尽管它非常重要，但它不可能包办一切，作为法学院教育的接力，即实践性的实务教育也非常重要。事实上，常常被用来与法科生对比的医科生，从医学院毕业，其实也并不“好用”甚至“不敢用”，也需要接受一定期限的“再教育”。譬如，《执业医师法》第 9 条第 1 款就规定，“具有高等学校医学专业本科以上学历，在执业医师指导下，在医疗、预防、保健机构中试用期满一年的”方能参加执业医师资格考试。可作为用工市场的医院以及大众似乎并不对此有什么太大的意见。我不知道为什么法律实务界的人会对法学院培养的法科生抱有如此之高的职业能力期待？其实，想想《律师法》第 5 条所规定的申请律师执业条件，它不也是强调了需要“在律师事务所实习满一年”吗？

⑦ 参见《律师发文招助理 0 待遇 2 年学费 30 万元？当事人回应称系开玩笑》，载腾讯网，https://view.inews.qq.com/a/20210304A05TCO00。

⑧ 关于这方面的典型文献可参见汪世荣：《中国法学实践教育乏力的现状与改革》，载王瀚主编：《法学教育研究》第 7 卷，法律出版社 2012 年版；陈治：《我国法学实践性教学模式的反思与创新》，载王瀚主编：《法学教育研究》第 6 卷，法律出版社 2012 年版。

说,的确表现得很一般甚至还有些“蹩脚”。与此相关联着的则是,实务界的法律人和部分学院派法律人认为法科生在理论上相比较之前,已经越来越有自信,似乎对什么都能插上一嘴。毋庸置疑,这委实反映了我国法学教育水平的整体进步,以及与之伴随的法科生整体能力的提高。需要多说一点的是,该判断似乎与前面关于法科生实践“弱”的诊断有所矛盾,但其实并不如此,因为这里的比较对象是之前毕业的法科生。至于当前毕业的法科生不能立即匹配实务界的职业能力期待,那是另一回事儿。如此,在讨论当前的法学教育改革中,得出虽不至于“损有余(理论)而补不足(实践)”,但至少应当对如何提升法科生的实践能力有所偏重之判断。

尽管笔者丝毫不怀疑这些论者对法科生和法学教育的拳拳之心,可还是必须要说明,这种近乎共识的判断,却存在着根本性的问题。首先,虽然法科生理论水平在整体上有所进步,但其实并未达到“强”的程度,即便部分法科生的确有些许“出类”,但也多少存在着一个“虚胖”的问题,因而离“拔萃”仍还有距离。其次,法学院教育(西方也是如此)能够提供的主要是甚至只能是“理论”。⑨ 申言之,如果我们仅仅通过法科生实践“弱”这一指标来评价法学院教育的成功与否,实际上就是典型的“打错板子”了,因为它背后预置了一个错误逻辑,即将法学院本不具备的功能说成是其“欠缺”与“不足”。如果顺着这个逻辑,就好比问一个理论物理老师为什么不能培养应用物理的学生,甚或问一个基督教牧师为什么不能传播“佛法”那样荒缪了。最后,这么说,当然不是意图否定理论与实践的关联,而只是意在强调,当前的法学院建制与设定决定了其不可能在法律实践层面给法科生带来什么实质性的改变,法学院能够

⑨ 也正是基于这一点,当前国内关于法学教育研究的讨论以及论文虽然很多,但真正切中要害的其实并不多。其中,具有代表性的有如下三篇(尽管对于后两文所开出的解决思路我并不全都赞成),周赟:《当下中国学院式法律教育之惑——并及当下中国高等法学教育向何处去之问题》,载周赟主编:《厦门大学法律评论》2011年卷,厦门大学出版社2011年版;葛云松:《法学教育的理想》,载《中外法学》2014年第2期。

做的并且有可能进一步做好的其实只能是履行其教授理论的职责。[10]换言之，当前关于法学院培养的法科生的流行性诊断，即理论“强”而实践“弱”，实际上都不准确。法科生理论其实在整体上并不“强”，至于实践“弱”则显然不完全是法学院应该背的“锅”。也因此最后，如果我们认可理论对实践总是具有一定的向导作用并且考虑到如上所说法学院在这一领域又具有相对的比较优势，那么，法学教育的改革重心其实就不是在引进一些所谓的“实践性”教学手段，譬如案例教学法[11]、模拟法庭教学法[12]等（当然，这些并非不重要），而是回归到其理论教育并且试图把它做得更好。

指出了法学院培养的法科生存在的真正问题以及法学院所能做的改进与努力，也就为法学教育的改革提供了方向。而这在另一种意义上，也构成了本文所要讨论社会科学融入法学教育的一个前提性知识准备。因为一旦我们明晰了法学院培养的法科生理论水平其实并不如想象中的那么强，并且法学院在这方面仍有作为的空间，那么法学院首先应该做的就是“扬长”（理论），其次才是不能“避短”（实践）。至此，问题则转换为社会科学对当前法学教育中促进法科生理论水平提升以及经由其观照下的实践能力提升有何作用。

关联着本文开篇的论述，应当讲，随着法学研究与法律实践的逐步精细化，法律作为一门社会科学的属性将越来越明显。可我们仍需要进一步追问的是，为什么法学及其教育需要社会科学？这首先是因为法学等社会科学的理论研究越来越呈现出一种水乳交融之趋势，它们你中有我，我中有你。事实上，现如今任何一门学科基本上都不可能做到也不

---

⑩ 关于对这点的一个详细且有说服力的论证可参见周赟：《当下中国学院式法律教育之惑——并及当下中国高等法学教育向何处去之问题》，载周赟主编：《厦门大学法律评论》2011年卷，厦门大学出版社2011年版。

⑪ 正是在这个意义上，有学者认为：“法教义学的教育，它配合的就不应该是苏格拉底式的教学法，那是案例取向的教学，在大陆法系的国家如果要学习这种方法，反而会变得高成本、低效益。”参见苏永钦：《法学的想象》，载《现代法治研究》2020年第1期。

⑫ 因为法律实践知识以及解决事实争议的能力，模拟法庭也教授不了——毕竟模拟法庭在本质上仍是一种“课堂”教学。参见苏力：《送法下乡：中国基层司法制度研究》，中国政法大学出版社2011年版，第272页。

应该做到"躲进小楼成一统"了,各个学科都必须在开放的心态中,积极汲取其他学科的资源,以提升自己理论的周延性与穿透力,从而更有效、更从容地面对日益复杂的实践难题与要求。法学自当不能例外。也因此,现如今的法学和传统法学已然有了巨大的差别,用苏力教授的话来说,法学"是一个独立的学科,但是法学确实已经不是一个自给自足的学科"了。⑬ 可现行的主要以传授法律规范/教义的法学院教育,它让法科生以为法学只是规范/教义体系内的逻辑运作,而这在一定程度上只会加强法学的封闭趋向,尽管为了维护法治的权威性与最低限度的自治性,它也是必要的,但显然不能过度。

因为说到底,法律是存在于社会之中,它并不是仅仅在规范/教义的演绎之中就可以成就自身。况且,正如德沃金所说:"……把法律描绘成一幅规则体系的图画,也许由于它太简单,对我们的想象力起着一种坚韧的限制作用。如果我们从这一规则模式中解脱出来,我们也许能够去建立一种对我们错综复杂的实践更为真实的模式。"⑭而社会科学正可以其经验属性有效地平衡单纯法律规范/教义教育所可能导致的只见法律甚或法条而不见社会之问题。法科生固然需要以规范/教义作为自己的出发点和落脚点,但在出发和落脚之间,在这段法律征程中,需要有穿透规范/教义看到社会现实的能力,否则极易将法律实务变成一种纸上谈兵——看到的仅仅是一个个概念与规则,一个个格式化的当事人符号。

这里不妨以侵权事件中的"过错"概念进一步为例。我们知道,判定责任的承担,肯定要考察责任承担者的主观心理状态,即有没有"过错",可也正是因为它是一种心理状态,决定了往往只能通过其客观行为以及社会的整体认知水平予以倒推。换言之,即便是完全作为主观状态的"过错"概念,在真正的运作过程中,也一定会事实上也必须会考察概念背后的个殊行为与社会流行认知理念,而这往往就是以社会科学知识

---

⑬ 参见苏力:《也许正在发生——中国当代法学发展的一个概览》,载《比较法研究》2001年第3期。

⑭ [美]罗纳德·德沃金:《认真对待权利》,信春鹰、吴玉章译,中国大百科全书出版社1998年版,第68页。

作为支撑的。实际上,当我们考察“过错”的流变史时,就会发现它其实有一个从“完全主观过错”向“主客观过错”发展的历程。先前,由于缺乏相关社会科学知识,我们对“过错”的理解只能选择人为的主观认定,而这往往会陷入“主观归错”的巨大风险之中,正是由于社会科学的发展,使过错的认定具有了从客观行为出发的可能。甚至,在经济学知识的武装下,汉德公式[15]将“过错”置于一个更大的社会整体背景下,不再从当事人的主观心理出发,“过错”概念在某种程度上被重构了,它的含义已然超越了其字面意思。

如果我们的法学教育不提供这些基本的社会科学知识,法科生就难以理解法律规则与概念背后的深层次知识/社会逻辑与规律,他们也许知道了法律规则,但也仅仅是如此,并且对其的理解也容易停留在纸面上,进而丢掉了那个法律运作的真实场域。从这个意义上讲,“社会科学承担着把现实性融入教育中去的任务,并通过考虑到人的实际情况、社会结构和法律的实际作用(法律适用中的结果导向)来提供帮助”[16]。也就是说,社会科学可以为法学院擅长的理论教学增加一层经验现实的维度,让理论更接地气并增加温度与质感。霍姆斯的名言——“法律的生命不是逻辑,而是经验”[17]——在法学圈中广为人知,但霍姆斯从来没有轻视理论逻辑的力量,更不认为法学院教育就应该一股脑儿地扎进实践教学的怀抱:

> 我有时会听到一些不耐烦的人所表达的希望,说这里的教学应当更实际一点。……他们(指哈佛法学院教授们,引者注)认为最实际的教学就是把他们的学生带到他们想要懂得的东西的最深处。因此他们试图使他们精通作为运作系统的普通法与衡平法,并认为做到了这一点时他们就将很容易理解过去半个世纪里的那些进步。

---

⑮ See United States v. Carroll Towing Co. 159F. 2d 169 (2d Cir. 1947).

⑯ [德]阿图尔·考夫曼、[德]温弗里德·哈斯默尔主编:《当代法哲学和法律理论导论》,郑永流译,法律出版社 2013 年版,第 465 页。

⑰ [美]小奥利弗·温德尔·霍姆斯:《普通法》,冉昊、姚中秋译,中国政法大学出版社 2006 年版,第 1 页。

> 我相信他们完全正确,不只是他们所致力于的目标,而且也是他们为了达到这一目标所使用的方法。⑱

我们当然不必完全认可霍姆斯的判断,其实,笔者以为对其语境中的“经验”固然并首先要理解为社会生活本身,但也可以甚至也应当理解为具有社会科学支撑的“经验知识”,特别是考虑到霍姆斯本人对社会科学的拥抱态度。如再考虑到这些经验知识在一定程度上的确是可以经由课堂而传授,那么它就可以弥补课堂纯粹法律规范/教义教育的某种不足,尽管其依旧属于理论教育的范畴。

与此相关联着的则是,社会科学不仅可以增加法学院理论教育的有效性,而且可以作为法学理论创造与更新的动力。记得欧根·埃利希曾说道:“在当代以及任何其他的时代,法的发展的重心既不在于立法,也不在于法学或司法判决,而在于社会本身。”⑲事实上,法律规范/教义本身就是经由社会科学对社会规律的总结与提炼。特别是随着现代实证社会科学的兴起,无论是培根还是休谟抑或孔德等都是强调社会科学对经验性规律的总结与提炼。以至于孔德甚至说:“我们的实证研究基本上应该归结为在一切方面对存在物作系统评价,并放弃探求其最早来源和终极目的,不仅如此,而且还应该领会到,这种对现象的研究,不能成为任何绝对的东西,而应该始终与我们的身体结构、我们的状况息息相关。”⑳正是社会科学所具有的这种取向或者说功能,经由它就可以在一定程度上稀释纯粹法律思辨教育容易导致的空洞性,㉑防止法科生陷入

---

⑱ [美]小奥利弗·温德尔·霍姆斯:《霍姆斯读本:论文与公共演讲选集》,刘思达译,三联书店2009年版,第135~136页。

⑲ [奥]欧根·埃利希:《法社会学原理》,舒国滢译,中国大百科全书出版社2009年版,“作者序”。

⑳ [法]奥古斯特·孔德:《论实证精神》,黄建华译,商务印书馆2009年版,第11页。

㉑ 值得说明的是,有读者可能会感到奇怪,你一方面强调法学理论教育的重要,另一方面却又对纯粹法律思辨教育有所警惕,而理论或多或少都是思辨的,岂非自相矛盾?其实并不矛盾。因为理论固然有思辨的成分,但还存在一个经验的成分。我赞成法学理论教育的重要性,但对“理论”本身却有要求,即不再仅仅是那种纯粹思辨的,而是也要有社会科学予以支撑的经验现实成分。

法条编织的迷宫中而无法自拔。

笔者当然不是要否定法律思辨教育的重要性,但我们也必须考虑到"思辨终止的地方,即在现实生活面前,正是描述人们的实践活动和实际发展过程的真正实证的科学开始的地方。"㉒如此,则很难想象法学及其教育一方面在不断强调与重申自己的科学性,另一方面却置社会科学于不顾。倘若再进一步考虑,法学理论教育不仅需要传授既有的作为共识性的知识,也还需要适当地与时俱进。特别是鉴于当前中国处在一个巨大且空前的转型之中,法学教育如果不能未雨绸缪,可能会导致我们所培养的法科生无法全面有效地应对社会转型带来的挑战。也正是从这里出发,苏力教授判断道:"中国的法学院教育也正处在一种知识转型时期,正从一种'大词法学'转向更为实证的法学,从意识形态主导的法学转向更为技术化、社会科学化的法学。"㉓尽管我们也不能否认,随着法教义学在中国逐步站稳脚跟,其对于破除"大词法学"也具有积极的作用,但仅仅依靠法教义学式的理论教育显然并不足以帮助法科生一劳永逸、包打天下。

不难想见,上文的论述,肯定会让某些读者误以为笔者忽视了理论与实践之间的区别(尽管二者在实践中不能区"分"),进而认为笔者在强调理论的过程中,把法律作为一种实践理性活动的基本共识抛诸脑后。但如果读者能够回想到笔者对当前中国法学院教育的基本诊断以及法学院所能提供的"产品"限制,并且考虑到社会科学知识理论的性质(具有经验现实属性),那么也许就会发现,其实笔者一直在强调不能对二者等同视之。况且,即便法学院教授的理论对实践不完全管用甚至不那么管用也因而不可能代替实践教育,在谋划解决之路时,固然要考虑到实践本身的视角,但也不能忘记康德所提示的如下这种可能:

> 如果理论在实践上还不大行得通的话,那就并不在于理论本

㉒ 参见《马克思恩格斯全集》(第3卷),中共中央马克思恩格斯列宁斯大林著作编译局译,人民出版社1960年版,第30~31页。

㉓ 苏力:《法官素质与法学院的教育》,载《法商研究》2004年第3期。

> 身，而在于还没有足够的理论；它是一个人应该从经验中学得的并且它还会是真正的理论，哪怕他自己并没有给出它来，并且又不是作为学者而处于一个能以普遍的命题进行有系统的陈述的地位，因之也就不能要求享有医生理论家、农学理论家等的名称。因此，没有一个人可以冒充在实践上精通某一门科学，却又蔑视理论，而能不赤裸裸地暴露自己在这门学科里是个愚昧无知者。[24]

换言之，无论我们如何强调法律活动的实践属性，都不能否认法学院理论教育的重要性，以及其对实践的能动作用。[25] 更诚如康德所说的，理论对实践没有发挥应有的作用，也许是理论本身不够充分或者不够好。而社会科学对于完善法学理论（教育）显然是一个“富矿”，并且就当前中国法学（理论）教育来看，其还是一个没有大规模开发的“富矿”。事实上，即便那些声称（而不一定就“是”）更为实践的法学教育方式，在本质上反映的其实也是一种无奈与妥协，还是波斯纳看得透彻，“这些大量案例材料并不是深入这些材料描述的社会现象之中的可靠指南。融会贯通地透彻了解案例是法律教育和法律实务的特点，但是这种了解也许不是因为它是力量的源泉，而只是冷酷的必要，它表明的只是软弱，是在没有更好的（更科学的、经验的、交叉学科的）法律理论时的权宜之计，而并非一种更好的法律理论替代品”[26]。

事实上，即便我们一开始就从更为实践与务实的角度出发，甚至直接从法科生的未来就业出发，社会科学融入法学院教育也是大势所趋并且迫在眉睫。因为随着我国依法治国的逐步推进与深入以及法科生用工市场的整体变化，即法科生的就业面向已经越来越广了，现如今，即便是法学院毕业的博士研究生，也并不如过去那样集中地去往高校等科研

---

[24] ［德］康德：《历史理性批判文集》，何兆武译，商务印书馆1990年版，第165页。

[25] 请想想马克思的如下论断：“但是理论一经掌握群众，也会变成物质力量。……而理论只要彻底，就能说服人。所谓彻底，就是抓住事物的根本。”参见《马克思恩格斯全集》（第1卷），中共中央马克思恩格斯列宁斯大林著作编译局译，人民出版社1956年版，第460页。

[26] ［美］理查德·A.波斯纳：《法理学问题》，苏力译，中国政法大学出版社2002年版，第126页。

单位,也就是一般认为的法学博士最应该去往的法律行业,而是有相当大的比例去往各种政府机构、企事业单位等,并且完全可以想象,这个比例还会进一步扩大。换言之,当下以及未来法科生的就业并不局限于传统意义上的法律行业,当然也不应该如此,因为在这个法律成为为数不多的共识的多元社会,没有任何一个行业可以与法律绝缘。

总言之,社会科学融入法学教育不仅是法学院教育应当的组成部分,而且法学院的建制也决定了这里会是其有所作为的地方,当然,法律实践甚至就业也向法学院教育提出了这方面的要求。因为从根本上来讲,无论我们怎么强调法律的自足性、体系性甚至教义性等,都不能否定它需要在社会中运作的基本逻辑,而在将法律与社会相联结的过程中,社会科学具有不可替代的作用。正如有论者说到的,"社会科学通向法学是通过社会生活在规范系统中的联结点来实现的。这对法学和法律实践有同等的意义"㉗。论述至此,我们大体可以知道,在当下中国的法学教育中融入社会科学不仅应当,而且正当其时。

三、社会科学融入法学教育的可行性分析

在证成了社会科学融入法学教育的应当性之后,紧接着需要讨论的则是可行性的问题。因为目标的应当可欲一定要建立在可行的基础上,一如康德所言,"应当"做某事应以"能够"做某事为前提,㉘否则其大概率是一种道德诉求甚至悬设。鉴于法学教育主要可以分为老师有没有能力与意愿教和学生有没有能力与意愿学这两个维度,下面将从这两个维度出发予以论述社会科学融入法学教育的可行性。

(一)老师有没有能力与意愿教?

在中国的教育改革中,一直有这么个判断,所谓"教改的问题,主要

㉗ [德]阿图尔·考夫曼、[德]温弗里德·哈斯默尔主编:《当代法哲学和法律理论导论》,郑永流译,法律出版社2013年版,第465~466页。

㉘ 参见[德]康德:《实践理性批判》,韩水法译,商务印书馆1999年版,第31页。

就是老师的问题”。必须承认,这个判断是适切的并且深入的(尽管不全面,下文详述),特别是在中国整体由老师主导的教学环境中,老师事实上把控着课堂的方向与节奏,也因此,社会在很早之前就大体接受了老师在教育中的“主体性责任”,是而有“教不严,师之惰”之说。关联着本文的题域,那就是说,法科老师具不具备相应的社会科学知识储备以及相应的教学能力。在21世纪之前,讨论这个问题显然还不具有太大的现实性,因为那时整个中国的社会科学处于重建阶段,彼时的法学研究及其教育也大都充斥着政策宣传、政治话语,并且受到现如今一般归之为人文学科并且在中国具有深厚传统的“文史哲”之影响,㉙整体的社会科学属性并不浓。

如今,特别是近15年以来,一方面关联着社科法学的兴起,也就是说法学本身对社会科学有了自觉意识;另一方面其他社会科学也获得了长足的发展,典型的如经济学、社会学等,已然具备了提供相关较为成熟的知识滋养法学之条件。并且在这两方面的前提条件下,随着中国法学院师资的整体受教育水平的上升以及接受教育背景的多样化,应当讲,部分老师至少是主流法学院(大体以法学专业教育部第四轮高校学科评估B-类及以上高校法学院为标准㉚)的部分老师已经具备了教授和法

㉙ 一个很简单的例证就是,20世纪80年代前后那批入学的法科生,在回忆自己的读书时光时,大都反映没什么太多的“法学书”可读,并且不少还反映自己入法学院纯属“偶然”与“意外”,自己更偏爱的仍是“文史哲”,在大学读的书也是由着自己这方面的兴趣来。关于这方面的文献可参见梁治平等:《我的大学》,法律出版社2004年版;陈兴良:《法律图书的历史演变——以个人感受为线索》,载《北大法律评论》编辑委员会编:《北大法律评论》第16卷第1辑,北京大学出版社2015年版。

㉚ 此处或有必要对此标准作一些解释:一方面,从整体上看,B-类及以上高校法学院都是传统意义上的强势法学院,既包括综合性大学的法学院,也包括专门政法类大学的法学院,还包括新兴的法学院;另一方面,正是因为其中多为综合性院校的法学院,这也就同时意味着其他社会科学学院的师资力量可以为法学院所用(下文详述)。当然,即便是部分读者不赞成本文将B-类及以上高校法学院认定为主流法学院的判断,而认为应当以其他指标(譬如A-类或B类以上等),也并不会在根本上消解本文论述的合理性,因为本文实际上并不是要讨论主流与非主流法学院的划分标准,而只是指陈主流与非主流法学院存在的事实(这当属不争的事实),进而强调对二者区分对待的现实基础与可能意义。换言之,这里的B-类及以上只是充当一个技术性、便于理解的区分界限而已,尽管我也对为何选择它而不是其他作出了个人式的缘由交代。

学密切相关的社会科学知识的能力了,尽管还存在水平参差不齐的状况。这从近些年很多法学院校开设了法经济学、法社会学等课程可以清晰地看出。更进一步讲,考虑到中国法学院校师资水平的整体"博士化"与快速"留洋化",那么则完全可以预测,中国法学院具备社会科学知识的师资在整体上将越来越充足且水平越来越高。

当然,也正如开篇所说,当前法学院的老师并不都具备直接创造法学与社会科学交叉研究知识的能力,具体表现就是社科法学的成果还有待进一步提升,无论是在质量上,还是在数量上。可即便出于这方面的考虑,一如何美欢所说:"中国现时的法学教员和学生的教育背景意味着我们不能预期在最近的将来进行具规模的跨学科的研究。但是,如果我们不能产生跨学科的研究,我们至少应该能够运用美国已生产的大量跨学科研究的成果。"㉛需要注意的是,该论断做出于21世纪之初,而最近十多年正是中国法学院师资"大换血"的阶段,如今我们完全可以说,法学院师资相对于之前,已经有了一个整体的"更新与换代",一大批接受相对完整的社会科学教育的法学院中青年老师已经成长起来,并且获得了相当的学术自信与学术能力。事实上,当前我们的法学研究不仅在运用着他国的社会科学成果,也同时在运用着本国的社会科学成果。再退一步说,即使法学院老师不能完全胜任将社会科学融入法学教育的任务,现在很多学校推行的通识教育甚或直接引进其他学院老师或者要求法学院学生选修其他学院的课都可以达到给予法科生社会科学知识的目的,尽管这可能滋生法学和社会科学"两张皮"的风险。但倘若考虑到法学本身的社会科学属性,我们也许就会对这种可能的"风险"更从容一些。

与此相关联的是,在老师是否有能力和愿不愿意教维度,还需要注意到老师本人的职业"约束"及"激励"——这是一种更为内部的观察角度。我们知道,在当前的学术科研体制下,法学院老师必须持续不断地产出以论文为主要形式的学术产品,否则就会面临职业压力以及与之相

㉛ 何美欢:《论当代中国的普通法教育》,中国政法大学出版社2005年版,第58页。

随的收益减损,对部分老师,也还会带来某种精神上的压力。但当下中国学术界具有十分明显的竞争激烈化倾向,发表论文特别是各高校和科研机构所认可的核心期刊论文的难度与日俱增,这一点在法学学术界表现得尤为突出。㉜

而在科研发表难度越来越大的基本制约下,各个高校与科研院所对科研论文的计算权重却并未在很大程度上降低,如此,则有理由推断(实际情况也是如此)展开法学与社会科学交叉研究,进而在法学发表"围城"中突围,会成为相当一部分学者的自觉选择,因为这更容易使自己的论文得以发表。㉝ 事实上,不止在法学界,几乎在所有的人文社会科学界,交叉研究都是热点——而热点无疑更容易进入期刊编辑的采稿视野。在事实层面,它无疑会带来法学教员的社会科学化,总得先了解并学习才有可能写出法学与社会科学交叉研究的论文吧!

从法学院老师的个人发展与研究突破上讲,汲取社会科学的知识来予以研究至少对部分老师而言也是某种必然,因为正如波斯纳所说:"尽管阅读某些传统法律的经典文献仍然会令人有所收获和令人敬仰,但就那些希望被视为处于法律思想最前沿的学术法律人来说,就不再容易想象他们会用同样的笔调写作了。"㉞也正是在这个意义上,苏力教授甚至大胆预测,"就我个人对当代世界及其对法律、法学需求的理解而言……若按照目前的法学发展趋势看,我的过于乐观的估计是,大约30年后,法教义学的研究——有别于教学,很可能不再能进入中国顶尖高校法学院顶尖学者的视野,相关的研究会转移到二流或三流法学院中去"㉟。

㉜ 参见侯猛:《法学圈到底有多"卷"》,载微信公众号"中国法律评论"2021年4月18日,https://mp.weixin.qq.com/s/ROAJFhU_xcR5r851qlUHpQ。

㉝ 事实上,根据相关论者对当代主流法学青年学者的引证分析,已经可以看出多学科研究(尽管多学科研究和交叉研究有区别,但背后的逻辑应该还是具有一定的相通之处)甚至会带来引证优势,而引证优势——如我们所知——往往会带来发表优势。详可参见侯猛:《中国法学的实力格局——以青年学者的引证情况为分析文本》,载《中国法律评论》2017年第5期。

㉞ [美]理查德·A.波斯纳:《法理学问题》,苏力译,中国政法大学出版社2002年版,第539页。

㉟ 苏力:《中国法学研究格局的流变》,载《法商研究》2014年第5期。

申言之,即便从法学老师的职业生存与发展角度而言,也至少会有相当一部分主动亲近其他社会科学。他们可以不是为了完成数字管理的科研量化指标,而仅仅是为了一种知识的愉悦,智识的挑战,认知的突破,尽管这个“相信”是基于笔者对可接触的法学老师的经验观察,如果从全国范围来说,样本量当然也很小。

此外,我国的法学教育主管部门实际上也是对社会科学融入法学教育秉持着一个积极开放的态度,譬如在 2018 年由教育部、中央政法委发布《关于坚持德法兼修实施卓越法治人才教育培养计划 2.0 的意见》“强专业”版块中,就特别指出:

> 鼓励高校开发开设跨学科、跨专业新兴交叉课程、实践教学课程,形成课程模块(课程组)供学生选择性修读。鼓励高校深入实施主辅修制度,丰富学生跨专业知识,培养学生跨领域知识融通能力和实践能力。推进法学学科体系、学术体系、话语体系创新,鼓励高校组建跨专业、跨学科、跨学院教学团队,整合教学资源,积极探索新型教学模式,编写出版一批具有创新性、交叉性的教材,实现跨专业的师资交叉、资源共享、协同创新。

这些论述本身就是具有创见的,并且实际上也为法学院开展法学与社会科学交叉教育扫清了制度上的障碍,毕竟各个高校内部院系的隔阂还是存在的。但更值得注意的是,这些论述是被放在“强专业”版块之中,这意味着或至少在事实上表明,法学教育主管部门已然认识到其他专业(主要是指其他社会科学)本身就是法学专业的有机组成部分。也因此,如果我们留意到近些年一些主流法学院的师资招聘启事,就会发现其对相关“专业”的要求已经突破法学二级学科各专业的门类,而往往要求新入职的教师具备法经济学、法社会学等研究、教育背景,这显然是为能够开设相关课程做师资条件上的准备。当然,即便一些非主流法学院短期内不具备开设这些课程的条件,仍还有一种折中的解决思路:那就是适当改革当前部门法特别是法理学的既有教学方式,即不仅仅停留在对法学与部门法规范/教义知识的宣示(年级稍微高点的法科生对此基本都有自学能力[36]),而是有选择性地将这些法学与部门法规范/教义背后所预设的社会科学知识、方法予以开示,于这个过程中,法理学更应当发挥带头与示范的作用,因为在法理学教学中,具有相当的空间来贯彻这一主张。综上所述,笔者对当前法学院老师是否有能力与意愿将社会科学融入法学教育总体上持一个积极乐观的态度,并且从长远来看,这种积极乐观将会在更大范围与更深程度上被验证。

(二)学生有没有能力与意愿学?

之所以在上文中说"教改的问题,主要就是老师的问题"之判断尽管深入但却不全面,是因为讨论教改的问题,无论何时都不应遗忘作为受众的学生视角。如考虑到在高等教育中,学生的能动性相较于之前的教育更大,那么则完全可以说,他们不仅是受众,有时甚至本身就是也应当是教学的直接参与者。如此,关联着文本的题域,那就是在讨论社会科学融入法学教育的过程中,不得不关注学生有没有能力与意愿学。

一如上文所引侯猛之文(《法学圈到底有多"卷"》)所陈述的法学院至少是主流法学院的博士生竞争激烈,其实,法学院至少是主流法学院的法科生也被认为出现了竞争激烈化的倾向,譬如说他们在某种程度上已经为"GPA"所绑架、为保研考研而忙碌。关联着本文要讨论的对象,那就是法科生现在仅仅是学习各个二级部门法的知识就已经很吃力,一门通过率低但对法科生来说又是必需的法律职业资格考试也已经给高校法学院正常教学秩序与课程设计带来冲击,[37]如若再要求他们学习相

---

[36] 顺着这个逻辑,有读者可能会反问,既如此,法科生自学其他社会科学不就好,何必多此一举强调将其融入法学教育中。这种反问不能说毫无道理,因为对处于变动与发展中的社会科学知识而言,自学不可或缺。但其显然忽视了如下几点:第一,笔者强调的是"年级稍微高点"的法科生,换言之,他们对法学知识已有基本了解并因此具备基本的自学能力,毕竟法学是他们的本专业,可他们对其他社会科学却并不如此。第二,关联着本文开篇的判断,即法学教育要为培养法科生社会科学知识承担起前置性与范导性作用,而所谓前置性与范导性就意味着老师的教育也不可或缺。第三,自学固然有集中教育所不具有的优势,但对于法科生特别是初入门的法科生来说,集中地进行有社会科学融入的法学教育也有独特作用。

[37] 参见周赟:《司法考试与法学教育》,载《法制日报》2014 年 1 月 8 日,第 10 版。

关的社会科学知识,会不会于很大程度上是“强人所难”?

首先必须说明,法科生的确有一些“压力”。但紧接着也必须说明,大学生活本质上仍是一个学习的过程,不可能也不应该没有学习压力,即便是被部分国人所艳羡的美国大学生活也是如此。事实上,中国的大学生活相对于国外反而更为“轻松”。我国的教育主管部门实际上也意识到了这一点,譬如说在2020年教育部“关于政协十三届全国委员会第三次会议第4299号(教育类395号)提案答复的函”中,就提出了“彻底扭转中国教育‘玩命的中学、快乐的大学’的现象”。舆论界普遍认为,这个答复释放了为大学教育“增压/负”的信号。具体到法学教育上来讲,法科生固然有学习任务重、压力大等现象,但完全在可承受的范围之内,并且这也是在基于他们会认真学习的前提条件之下。法学院的学习压力与负担相对于其他院系特别是理工科院系来说是较为轻松的,也因此其他院系往往会选择来法学院“混”甚至“水”课程以拿学分。葛云松曾以北大为例,判断法学院已经是很多北大学子心目中的“疗养院”之一,[38]其实又何止是北大如此这般!甚或北大都如此这般,其他院校恐怕有过之而无不及。故而我们完全可以认定,法科生不是学习压力与负担最大的学生,法学院也绝不是学习任务最繁重的学院。申言之,以法科生学习压力大、任务重来说明社会科学融入法学教育不具有现实性显然是站不住脚的。法科生实际上具备学习社会科学知识的能力空间。

更进一步讲,有观点认为法科生仅仅是学习各个二级部门法知识就已经入不敷出、左支右绌了,哪里还有额外的精力与时间去学习社会科学知识,尽管他们也不否定社会科学知识的重要性,但总得把有限的精力与时间紧着要紧的地方来吧。不能说这种担忧在实践层面毫无道理,但它显然把问题简单化了,既误解了“自己”,也没有认清“他人”。一方面,法学知识浩瀚复杂、体系精微,这毋庸置疑,但如果我们作一极端假设,即使法科生把在校几年所有的精力与时间都拿来学习法学,恐怕也是于事无补,感叹精力与时间不够用。这一点从目前法科生对法学院课

---

[38] 参见葛云松:《法学教育的理想》,载《中外法学》2014年第2期。

程设置“过多”的抱怨中就完全可以看出。况且,仅仅学习规范/教义的法学,在当今法律规范数量如此庞大的体量下,难免顾此失彼,并且还容易陷入“立法者的三个更正词就可以使所有的文献成为废纸”[39]之泥淖中。此外,每年还有新的法律规范颁布,怎么可能学得完?另一方面,在法学教育中融入社会科学,要害并不在于要求法科生“记忆”某些现成的社会科学“结论”,而是意在帮助他们培养一种借助于社会科学知识、方法、视角、分析与解决法律问题的能力。说得直白一点,要授之以社会科学的“渔”,让他们在面对未来的法律职业生涯中具备更多的“武器”。而如果把培养法科生具备社会科学的“渔”作为重心,那么一般作为法科生学习负担的“记忆”内容就少很多了或者说变得不那么重要了,这反而会在一定程度上给法科生“减负”。

综合两方面而言,那种认为法科生没有额外的精力与时间学习法学以外的社会科学知识的观点,其实也隐含了一个虽具有良苦用心但却并不现实的目标预设,那就是法科生经由法学院的教育可以全部地学习完法学知识进而就可以有效地应对法律职业生涯的挑战。而与此相对应的则是对法科生实际上需要“终身学习”才能应付多变莫测的法律职业生涯的一种下意识的无视。笔者有时在想,法学院之所以受到批评,是不是也和它们的“高调”反复宣传而让社会接受了这种无法企及的目标预设有关?法学院应该清楚地意识到自己的“能”与“不能”,放弃谋求那种让法科生“毕其功于一役”的法学教育,努力培养法科生的思维与能力,从而让法科生“能够在无须课堂教授的情况下也能依靠自身的通过法学教育培养起来的素质和基本知识迅速理解和运用新法律”[40]。

与关注学生的精力和时间是否允许相关联,还有一种可能的质疑就是针对法科生学习其他社会科学的实际效果。譬如,魏德士以德国为例说出的如下之担忧就很具有代表性:

---

[39] [德]J. H. 冯·基尔希曼:《作为科学的法学的无价值性——在柏林法学会的演讲》,赵阳译,载《比较法研究》2004年第1期。

[40] 苏力:《法学本科教育的研究和思考》,载《比较法研究》1996年第2期。

> 自70年代以来,法学教育改革的不同方案引发了一场法学与其他社会科学之间关系的激烈争论,到目前为止,这场争论没有取得任何成果。认为应当将其他社会科学纳入法律教育和法律适用的人拟定了许多计划,但这些计划至今仍然没有兑现。对法律者而言,要求法学专业学生必修社会科学课程并非通向更好的法律教育的可行之路。由于社会科学的材料浩如烟海,其涉及的对象必定是无边无际的。可见,要求法学专业学生学习社会科学的风险在于,学生学到的可能是一知半解的社会科学。㊶

必须承认,这种担忧是可能发生的,特别是考虑到中国的社会科学重建历程并不长。但它一方面显然人为地扩大了法学与其他社会科学之间的隔阂——由于法教义学是德国法学的主流,使他们为了维护法学的自治体系,往往过于警惕社会科学等外部视角对法学的"冲击"。申言之,魏德士的此种担忧具有明显的语境化、地方化色彩。另一方面,法科生学到的固然可能是一知半解的社会科学,但现在很多法科生对法学的学习本也就是一知半解,往往知其然而不知其所以然,引入社会科学的一个重要作用就是意在克服此问题。我们不能因为存在风险,就放弃对更大收益的尝试。事实上,魏德士随后也承认:"法律工作者必须具备判断某个事实是否属于法学专业或者其他学科的对象的能力。可见,在学习阶段就掌握这种辨别能力是非常重要的。"㊷另外,魏德士的判断是以多年之前的情形为基础,而这些年不仅仅是法学发生了重大变化,社会科学也发生了重大变化,可以说法学对社会科学的依赖程度早已今时不同往日,譬如说今天一个法律人如果不懂点经济学的知识,难以想象他会游刃有余地应付反垄断案件/研究。至于说社会科学知识浩瀚无边,这显然不是拒绝学习它的理由,也许说社会科学知识参差不齐更有说服力。但一如有论者所说:"认识到社会科学的进展,法律教育和更为一般性的法律思想近年来变得更具有交叉学科的特点……这一切并不

㊶ [德]伯恩·魏德士:《法理学》,丁晓春、吴越译,法律出版社2003年版,第140页。
㊷ [德]伯恩·魏德士:《法理学》,丁晓春、吴越译,法律出版社2003年版,第140页。

完全是好事,因为大量的法律理论实在是空洞无物。但毕竟不是全都如此。其他学科对于理解和改善法律都大有裨益。”㊸

此外,我们还需要注意到一个大的背景趋势,那就是在当前中国,经由高考以及其他途径选拔的最为优秀的学生(无论是天赋还是努力程度)在选择专业时越来越倾向于法学、经济管理、金融等社会科学门类,尽管这并非毫无问题。㊹ 但在事实上已经改变了法学院的生源质量。因为如上文所说,在改革开放之初,那时受学生特别是文科学生欢迎的无疑是文学、历史、哲学等专业,而如今很多哲学院、文学院、历史学院的学生往往是在报考上述社会科学专业时未被录取而服从调剂的结果。毋庸置疑,造成此种格局当然有兴趣之外的诸如收入、就业等结构性原因,但仅仅就结果来说,法学院已经吸引了一大批最为优秀的生源。实际上,法学院规模扩张速度如此之快也和市场需求有关,因为报考法学院的人越来越多。而法学院生源质量的提升,也就意味着法科生的学习能力更强。虽然我们也能经常听到法学院老师对学生的抱怨,但那是针对学习态度上的,而不是学习能力上的。关联着题域,那就是说当前法科生对社会科学知识的学习具有更强的接受力与领悟力。

最后,一如上文从老师的职业生存角度出发讨论其是否有能力与意愿教,接下来我们也从学生的就业择业角度出发讨论其是否愿意学。众所周知,在法学院数量与规模快速扩张的同时,法学专业的就业率却一直低迷。根据《2019年中国本科生就业报告》一书中的相关数据统计与分析显示,法学专业又亮“红牌”,㊺而此前法学专业也曾多次进入“红牌”。尽管近些年就业呈现出整体困难的状态,但法学专业无疑尤甚。可以说法科生之所以被认为竞争激烈,也与此有直接关系。譬如以律所

㊸ [美]理查德·A.波斯纳:《法律理论的前沿》,武欣、凌斌译,中国政法大学出版社2003年版,第1~2页。

㊹ 譬如,施一公院士就对此表达了某种担忧。参见施一公:《所有精英都想做金融的时候,就出了大问题》,载搜狐网,https://www.sohu.com/a/190977881_166880,最后访问日期:2021年6月10日。

㊺ 参见王伯庆、陈永红主编:《2019年中国本科生就业报告》,社会科学文献出版社2019年版,第73页。

为例，现在部分律所特别是“红圈所”招聘律师助理，除了基本的学历与专业要求外，甚至有的还要求“高分”通过法律职业资格考试，而通过“CPA”等其他专业资格证书才是加分项，并且这些要求也正在下沉。至于法官、检察官则和一般的公务员考试一样竞争激烈。

从这个意义上讲，关联着上引苏永钦的判断，实际上法科生就业范围在被动意义上也必将越来越广，因为至少是传统法律行业的上层已经难以消化这么多法科毕业生了，而传统法律行业的下层又因为待遇、晋升空间等不具有太大的吸引力。其他行业虽然也需要法科生，但对法科生的知识需求却并不一致，譬如说证券公司，除了法律知识外，还要求掌握基本的经济学知识。申言之，为增强自己的就业竞争力、扩展自己的择业范围，法科生也会对学习社会科学具有一定的动力与内驱力。当然，不可能所有的法科生都会如此，但正如法科生不会在事实上都会学好法律一样，这也许是对那些能学好法律的法科生而言，这种内在的激励已经足够有效甚至强大。实际上，近些年很多法科生热衷于选修双学位、报考其他专业的资格证书就是体现。另外，虽然很“小”但也并非不重要的是，与法科生在规范/教义的法学教育过程中比较枯燥的学习感受不同，作为必要与调适的社会科学知识则更为有趣、生动，因为它跳脱了纯粹法条的概念比较与逻辑演绎，走向了法律的背后与未来，法科生对此会更感兴趣。综上所述，和法学院老师具备教授其他社会科学的能力与意愿相适应，我认为法科生也有能力与意愿学习其他社会科学。

四、结语

行文至此，我们已经展示了社会科学融入法学教育的应当性与可行性。但与此同时也必须破除相关联的一个迷思，那就是认为一旦法科生接受了社会科学知识就一定能保证在将来的法律职业生涯中都得到运用并发挥效用。显然，这里对包括但不限于社会科学的所有知识都存在一定的误解，因为知识的学习与知识的运用尽管具有密切的关联，但知识的运用也依赖于知识拥有者的一些情境化的特质与能力,所谓“运用之妙,存乎一心”讲的就是这个道理。也正是在这个意义上,我们才能更好地理解孟子的如下论断:“……能与人规矩,不能使人巧。”(《孟子·尽心下》)但即便承认这一点,也并不能否认社会科学融入法学教育本身的作用与意义,事实上,这也是我们唯一所能控制并有效施加影响力的地方了,因为固然“修行在个人”,可“师傅领进门”依旧不可或缺。

此外,本文强调的是社会科学融入法学(教育)而不是相反,更不是弃绝法学。没有法学的法学教育不仅不现实,甚至难以想象。但因为本文主要讨论的是很少有人关注的社会科学融入法学教育这一维度,从论述的针对性乃至策略性来讲,有所偏重是不得不作出的选择。可本文不想因此而让读者至少是部分读者产生误解——以为本文在论述的过程中,忘记了法学教育本身的“法学”属性,忘记了自己究竟是因为什么而出发。此处不妨征引以赛亚·伯林(Isaiah Berlin)的一段话表明自己的立场并作为本文的结束语:

> 教育应该想方设法地提供便利,让某个专业的学生了解其他专业所使用的方法,已经取得的成就,人们的希望和理想,遇到的挫折以及他们的思想感情。实现这一目标的困难是显而易见的:不同专业的课题和方法各不相同……而且,学生必须有专业特长,这就是说,他们必须有一定的专业知识,否则就不会有任何知识或技能,也不会有任何学科,特殊情况除外。[46]

---

[46] [英]以赛亚·伯林:《观念的力量》,胡自信、魏钊凌译,译林出版社2019年版,第316页。

The Necessity and Feasibility Analysis of the Integration of Social Sciences into Legal Education

—Starting with the Rise of the School of Social Sciences and Law

Shen Mingmin

Abstract: With the gradual deepening and diversification of legal research and legal practice, the social science attributes of law are becoming stronger and stronger, and it is increasingly showing a harmonious and mutually supportive relationship with other social sciences. For this reason, mastering and exploiting other social sciences is of great significance to today's law major students, who are usually considered as tomorrow's legal professionals. In this process, legal education should assume a leading and exemplary role. Starting from the necessity and feasibility of integrating social sciences into legal education, the article first analyzes and proves this proposition. Specifically, with the respect of necessity, social sciences play an irreplaceable role in promoting the theoretical levels of law major undergraduates in current legal education and the improvement of their practical ability under this observation. With the respect of feasibility, the teachers of law should have the ability and willingness to teach the social sciences which are closely related to the law, and law major undergraduates also have the ability and willingness to study correspondingly. The author of this paper contends that emphasizing the integration of social sciences into legal education is not to be a reaction to "laws" itself, but to better maintain law and legal education.

Key Words: social sciences, legal education, necessity, feasibility, school of social sciences and law

人际网络视野下清末法律学子的留日生涯

——围绕沈锡庆的考察*

姜　增**

摘　要：清末留日法律学子通过留日团体与报刊、留日同仁的转述等方式来进行留日信息的获取，并以此来做留日的准备。法校之生活，留日学子展示了人际网络如何被触发的过程，其中地缘、血缘与革命情谊在他们的社交生活中占据了主导地位。他们社交圈因留日具有了一定的开放性，纳入了一些学缘等新的交际因素。新的因素在他们回国之后的法律生活中有所展现，影响了他们自身在法律界的浮沉以及近代中国法律改革的延续性和基调。

关键词：人际网络　法律学子　留日　沈锡庆　籍贯

留洋法律学生，对于近代中国法律变革的开展、政治体制的推进具有重要的作用。在清末法制改革

* 基金项目：本文系2018年度上海市社科规划青年课题《继承与超越：新时代"海派"法学教育模式探究》（2018EFX012）阶段性研究成果。

** 姜增，绍兴文理学院法律系讲师，法学博士，研究方向：法学教育史、近代司法。

时期,留日法科生是留学习法大军中的主流。归国的留日法科生与日本的法律顾问、法律教习一道,成为改革的主力军,“成为设计新型法律制度和开办法律(政)学堂最初的一批动力资源”①。研究留日法科生的留学生涯实况,明晰其知识结构、心理动态以及社交生活等情况,对于我们理解近代中国法律改革的前因后果,将具有独特的意义。

目前研究清末留日法科生的作品,都围绕黄尊三而展开,因为他作为明治大学的法科生,留下了一套日记。② 不过现有作品大都不太关注黄尊三法律学生的身份,即只将他当作一个普通的留日学生看待。最近另辟蹊径的一篇作品,其围绕黄尊三留日的日记,专门设置了公私生活的部分,以此来探讨黄尊三的社交活动。该作品叙述非常充分,但缺乏一条凝练的主线。笔者将围绕沈锡庆③,并在适当拓展其他留日法科生资料的基础之上,考察他们在法律现代化的追求之下,如何去经营日常的交往。具体言之,在异国他乡,留日法科生旧的人际资源如何展开,新的人际资源又如何形成。

一、法政热与沈锡庆的抉择

浙江留日学生是近代中国留日大军中的一支重要力量。据吕顺长的统计,清末浙江留日学生在地域分布上,以杭州府为第一,绍兴府为第

① 王健:《中国近代的法律教育》,中国政法大学出版社 2001 年版,第 363 页。

② 参见王健:《中国近代的法律教育》,中国政法大学出版社 2001 年版,第 107 ~ 112 页;[日]实藤惠秀:《中国人留学日本史》,谭汝谦、林启彦译,三联书店 1983 年版,第 126 ~ 147 页;李在全:《“新人”如何练就:清末一位留日法科学生的阅读结构与日常生活》,载《史林》2016 年第 6 期。

③ 沈锡庆(1884 ~ 1936 年),字庆生,绍兴东浦人,其表叔为徐锡麟(1873 ~ 1907 年)。甲午后,其于光绪 31 年 5 月(1905 年)由浙江自费赴日,先是入经纬学校普通科就读,未毕业,次年 8 月(1906 年)正式入读早稻田大学法科,于宣统二年五月二十八日(1910 年)获结业证(1549 号)。毕业归国后,他执教过法校,担任私立浙江法政专门学校第三班别班课民法总则讲师一职,之后便侧身司法界,辗转多地,历任浙江、江苏、湖南等省高等审判厅推事及永嘉、吴县、上海等处地方法院院长。1936 年 6 月 29 日,因病逝世于绍兴东浦。

二,从具体的县域分布的情况来看,沈锡庆所在的山阴名列第三,前两名分别是仁和和海宁。④

光绪三十一年五月(1905年),沈锡庆由浙江自费赴日。成为浩浩荡荡留日学生中的一员。他先是入经纬学校普通科就读,未毕业,次年八月(1906年)正式入读早稻田大学专门部法律科2年制,于宣统二年五月二十八日(1910年)获结业证(号1549)。⑤ 他在日本待了近5年之久,中间从未回过家。

近代,特别是1905年科举制废除之后,法政之学成为当时"以学干禄"的替代品,时人常视法校是"为官之利器",以致"腥膻趋附,熏获并进"⑥。正因为习业法律是晋身仕途的重要途径之一,中国近代法学教育自清末产生以来,便炙手可热,颇得青年学子青睐。至少在民国中期以前,国内或者留学的对象以法政居多。

何以会出现这样的留日学习法政热潮呢?以往的研究,大都以大而化之的语调或曰群描的手法,从晚清政府的新政改革、日本的拉拢、学生的功名利禄或振兴中华的崇高理想等方面,着手论述。然具体到沈锡庆个人,他的具体想法是否也只是历史风潮的注脚呢?

首先从其事后有关的心灵自白中,即沈氏1931年的日记当中或可探知一二。

> 予思日本社会环境,其清明状态实远胜于吾国。试思前在日本留学时代,见吾国学生,除极少数堕落以外,大多数均以求精深之学术为目的。虽其因经济为难或他种障碍,致中途而废者,然其本心希望无不如是。及回国后,见报载留东学生出身之政客或实业家,重游日本,一入彼境,即有无限之感触觉悟忏悔等意见发表,或流露

④ 参见吕顺长:《清末浙江与日本》,上海古籍出版社2001年版,第81页。

⑤ 参见佚名编:《清末各省官费自费留日学生姓名表》,载沈云龙主编:《近代中国史料丛刊续编》第50辑,台北,文海出版社有限公司1978年版,第125页;高木理久夫、森美由紀「早稲田の清国留学——『早稲田大学中国留学生同窓録』の記録から—」早稲田大学図書館紀要62号(2015年)55頁参照。

⑥ 竟明:《法政学校今昔观》,载《教育周报》1914年第51期。

于情词，若发现天良也者然。及其回国，仍然昏沈不知其所以然者，岂真环境不良之所致耶噫。⑦

这样一段主要是沈氏表达其时对于日本之清明状态“远胜吾国”的感慨，可以概见沈锡庆眼中当时留日的中国学生，大都抱有研求精深学术之目的。因日记的记录于中国文人而言往往有一种道德反省与自我期许的意义在。⑧ 这或许表达了沈氏当时赴日的自我期许与要求。

另一处，在一次东吴大学法律学院师生的聚餐之后，沈锡庆在当日的日记中又发表了相同的见解，表达更为直接与有针对性，其中所透露的是对急于用法政知识求得官职的鄙视：

昔年在东京留学时，觉同学中至将毕业时，群思继续求学，并无有谋事之想。及因家境或环境关系，不能更求高深之学，而出于回国，或就事之一途者，无不自向叹息。吾校如是，各校亦无不如是。日人如是，吾辈留学生无不如是。闻有少数人拟回国做官，皆无不为人卑视。乃吾国学生则大不然，在初进法校之时，已有做官之意。及毕业之期将近，即群思预谋。一经毕业，已无再行读书之意，皆亟亟之于钻营谋事。此殆吾国环境之不良与否？则何全国之一致耶？⑨

沈锡庆虽然没有直接表达自己当时求学日本学习法政的动机，但从他的表述中，可以看出他的观点态度，即他所支持的是研究精深法律知识，而反对急功近利地以此为谋官之术。另外，从当时他与徐锡麟的关系以及清末留日学生往往成为“革命的原动力”⑩来看，沈锡庆的留学习

⑦ 沈锡庆：《沈锡庆日记》，凤凰出版社 2019 年版，第 11 页。

⑧ 参见[英]沈艾娣：《梦醒子：一位华北乡居者的人生(1857—1942)》，赵妍杰译，北京大学出版社 2013 年版，第 10 页。

⑨ 沈锡庆：《沈锡庆日记》，凤凰出版社 2019 年版，第 163 页。

⑩ [日]实藤惠秀：《中国人留学日本史》，谭汝谦、林启彦译，三联书店 1983 年版，第 381 页。

法或与其革命动机有关。当时徐锡麟去日本便想入陆军科,为武力从事革命做好准备工作:“盖烈士(引者注——徐锡麟)出洋游学,其时负笈东瀛者,自费生不准入法政及陆军,系鄂督张南皮所建议,政府利用之以遏制革命思潮。……顾烈士此行,本志在陆军。拟由成城入联队而进士官学校,为将来回国以武力从事地步。”[11]

胡汉民晚年回忆1905年前后留日学生界的状况时曾极言留日学生动机之复杂。[12] 纯为学术也好(沈锡庆或可归为此类),当作猎官之途也好。动机的复杂,精神世界的复杂,并不是简单若干词汇就可以定性的。需要在深入探讨个人精神世界与人际关系的基础上,并谨慎地升华到群体镜像。精神世界的探讨已有相当的作品展现,[13]而通过论述在人际关系中的留日法科生,则是本文的主旨所在。

二、留日信息的获取

留日学生的动机或有种种,无论是何种,若要顺利达到日本并进入相应的学校,涉及何以成行及择取具体法校,则是另外一回事。与上部分论述留日习法的动机相关联,对于该过程的具体描述,将更能从细节处全面了解学生留日的具体操作与心态。

(一)团体与书刊

当时中国在日本的留学生,以地缘为标准组建了许多同乡会群体。浙江同乡会即为其一。这种以“笃厚乡谊”为宗旨的群体,具有对内对外的多种义务,与为国内学生留日提供信息与助力的相关义务,体现在留日浙江同乡会章程第三章的义务当中:

---

[11] 郑逸梅:《艺林旧事》,北方文艺出版社2016年版,第173页。

[12] 参见胡汉民:《胡汉民回忆录》,东方出版社2013年版,第12页。

[13] 参见严灵安:《灵台无计逃神矢:近代中国人留日精神史》,陈言译,三联书店2018年版。

(甲)对待会内之义务

……

一乡人初到海外者除会馆例应招待外本会更尽招待之义务

(乙)对待会外之义务

……

一本会对待会外之同国人有互相联络互相亲爱之义务⑭

章程中所述的对乡人以及国人的帮助,多为介绍日本的情况。以中国全体留学生为基础所创建的清国留学生会馆,本着"联络情谊,交换知识"之宗旨,服务东渡留日之学生,《清国留学生会馆招待规则》则叙述了详尽的扶助项目。国内学生如有留学情形,则可直接通信留学生会馆,会馆随时答复,并可代为照顾。⑮

每个团体往往都会创办自己的期刊,刊登留日的信息。浙江同乡会便创有《浙江潮》,1903 年 2 月创刊,是年结束,总共出了 10 期。但每期都印了 5000 册,有几期还重印过多次。⑯ 从其创办伊始,在国内广设代派所,第一期列举了 30 余处,到第 7 期,代派所增加到了 70 余处,有浙江、北京、天津、河北、江苏等地。然而,《浙江潮》就其 10 期内容来看,与留学界的其他刊物一样,主要以"输入文明"为己任。⑰ 具体留学实用信息,几乎没有。⑱ 清国留学生会馆定期发行的报告,也偶尔会在学界记事栏目下,因报道一些日本留学界的要事,而触及留学的实用消息,诸如保送的规则等,⑲但提供这些实用的信息并非这些报告的用意所在。

⑭ 《浙江同乡会简章》,载《浙江潮》1903 年第 1 期。

⑮ 参见曹汝霖:《一生之回忆》,春秋杂志社 1966 年版,第 18 页。

⑯ 参见丁守和主编:《辛亥革命时期期刊介绍》(第 1 册),人民出版社 1982 年版,第 207 页。

⑰ 参见《浙江潮发刊词》,载《浙江潮》1903 年第 1 期。

⑱ 分别是《东京杂事时》,载《浙江潮》1903 年第 2 期;《记留学日本弘文学院全班生与院长交涉事》,载《浙江潮》1903 年第 3 期;《日本留学女学生共爱会章程》,载《浙江潮》1903 年第 3 期。

⑲ 参见清国留学生会馆干事编辑:《清国留学生会馆第一次报告:自壬寅年一月起八月止》,清国留学生会馆 1902 年发行,第 11 ~ 12 页。

国内刊物,也有对留日情形的介绍,如登载清政府与日本政府关于清国留学生的最新政策,或者日本某些学校的章程、课程之类。但是这些文章显得非常零散、杂乱。在提供留学信息的载体中,指南类书籍可谓最具针对性和实用性。其中著名者有《东瀛学校举概》《日本学校述略》《日本游学指南》《日本游学指掌》等。这些书籍介绍了日本的学校分布、生活习惯、留学经费、路线、饮食起居等。[20]

与国内刊物文章登载一样,留学指南有其局限性所在。二者都止于静态的介绍,对于官方政策制定以后,留学界具体的应因,或曰该政策在异国他乡具体的实施,却并不能从中得知。很多时候,这样具体而微的实时动态,只能通过留学现场的人的亲身经历和亲口讲述,此种方式是非常私人化的。如1906年3月13日,学部颁布了《通行各省选送游学限制办法电》,其具体内容:

> 其赴日本者,一,资格宜限定。学长期者,除习浅近工艺,仅须豫备语言,于学科无庸求备外,凡欲入高等以上学校及各专门学校者,必有中学堂以上毕业之程度,且通习彼国语文,方为及格。有一不足,应先在本国补习。短期者,除游历官绅可少宽限制,其习速成者,或政法或师范,必须中学与中文俱优,年在二十五岁以上,于学界政界实有经验者,方为及格,否则不送。无论官费私费长期短期游历游学,必品行端谨无劣迹,身体强健无宿疾,否则不送。非由咨送,公使概不送学,非经考验,本省概不咨送。……[21]

5个月之后,更进一步,则是直接禁止留学日本学习速成科:

> 嗣后此项速成学生无论官费私费师范政法应即一律停派不

---

[20] 参见[日]实藤惠秀:《中国人留学日本史》,谭汝谦、林启彦译,三联书店1983年版,第147~164页。

[21] 《通行各省选送游学限制办法电》(1906年3月13日),载陈学恂、田正平编:《留学教育》,上海教育出版社1991年版,第72页。

予给咨。并经电知出使日本大臣、游学生无论官费私费非由本部及各省将军督抚给咨，或已经给咨而本人欲改习速成者，概不送学。[22]

当时留日习法之人对此政策也有感知，在上述通电的两个月后，1906年10月，在日本法政大学速成科习业的徐凤标写信给徐兆玮道：

学部限制自费生及速成班，前月电致公使，谓目下已咨照各督抚，饬各州县设立中学堂、师范传习所、政法学堂，嗣后游学无论自费、公费非有中学堂文凭，并不能语日文者，一概不准咨送等因。[23]

但在历史现场的亲历者徐凤标看来，这样的政策并未得到严格的执行，中间产生了一定的缓冲机制，徐凤标接着说道：

然日本各学堂均视招募清国学生为利薮，安肯从学部之请？故公使知不可挽回，有请转限一月之举。渠意阳历九月日学校例开新班，如不转限各学校，必不用介绍书亦可入校，反伤面子，不如做此人情，两全其美。[24]

而且在1906年9月，徐兆玮得知"学务处新得学部专电，谓赴东留学者须习过普通且娴熟东语者方可给咨，否则自费亦一概停止"这一消息，便委托徐凤标到公所馆探听，看是否还可发放介绍书，其探听得到的实际情况是驻日使馆"固亦接有学部电报，彼介绍书依然肯发，故法政第

---

[22] 《通行各省限制游学并推广各项学堂电》(1906年8月17日)，载陈学恂、田正平编：《留学教育》，上海教育出版社1991年版，第72页。

[23] 徐兆玮：《徐兆玮日记》(第1册)，黄山书社2013年版，第713页。

[24] 徐兆玮：《徐兆玮日记》(第1册)，黄山书社2013年版，第713页。

五新班报名已有二百人矣”㉕。因此,这样类似的消息,显然难以在留学界以“输入文明”为导向的刊物、介绍留日生活众相以及国内承载一些具体政策的报刊发见,这有赖于当事人亲历之体验。

(二)口口相授

现有资料表明,在去往日本的路上以及在日本的学习经历,沈锡庆都与其在国内的绍兴同乡、革命战友、志同道合之好友等相交密切。㉖

初到日本,沈锡庆先入经纬学堂普通科学习。按照经纬学堂章程所示,其实际为明治大学开设的一个预科性质的学校,似以清韩两国有志法学者为主:“且以清韩二国诸生有志法学来游于我明治大学者,日见其众,诚恐有误青年,于是特定章程。有鉴于两国之国体风俗,故取舍折中,参诸一致,以教育之”㉗,“本学堂系明治大学所创立名经纬学堂”,“本学堂以东亚先圣大道为经,以西洋学术为纬”,㉘其课程便是依其宗旨而设置。沈锡庆在普通科待了一年,从其这一年的普通科来看,作为学习与社交的工具,日语学习,占了其很大一部分课程,这显示了经纬学堂的预备性质。㉙

沈锡庆为何先入从明治大学附设的预备学校经纬学堂,后又进入早

㉕ 徐兆玮:《徐兆玮日记》(第1册),黄山书社2013年版,第701页。

㉖ 参见绍兴府学堂(1899~1905年)历届毕(肄)业学生名录,载道客巴巴网,http://www.doc88.com/p-695165337028.html;《清末各省官费自费留日学生姓名表》,载沈云龙主编:《近代中国史料丛刊续编》第50辑,文海出版社有限公司1978年版;[日]大里浩秋、吕顺长:《清末浙江留日学生名簿》,载杭州大学日本文化研究所、神奈川大学人文学研究所编:《中日文化论丛1996》,杭州大学出版社1997年版;高木理久夫、森美由紀「早稲田の清国留学——『早稲田大学中国留学生同窓録』の記録から—」早稲田大学図書館紀要62号参照;等等。

㉗ 「經緯學堂主旨」稲葉,昭二『金沢に於ける清国人留学生の記録(資料Ⅲ)』(金沢大学教養部論集人文科学篇,1985)146頁。

㉘ 「經緯學堂主旨」稲葉,昭二『金沢に於ける清国人留学生の記録(資料Ⅲ)』(金沢大学教養部論集人文科学篇,1985)147頁。

㉙ 日本开设的为中国留学生而办的学校,即兼顾大学预科教育及中等程度教育的学校,在当时除了经纬学堂之外,还有成城学校、日华学堂、亦乐书院、高等大同学校、东亚商业学校、东京同文书院、弘文书院、振武学校、东斌学堂、法政速成科及普通科、早稻田大学清国留学生部等。参见[日]实藤惠秀:《中国人留学日本史》,谭汝谦、林启彦译,三联书店1983年版,第43~52页。

稻田大学学习法科呢？其中的信息除了报刊或者团体的扶助外，人际网络在其中又有何种作用呢？因沈锡庆留日资料的缺乏，针对沈氏的问题目前无法作答。但根据当时其他留日学生的资料所反映的情况，或可拼接还原出沈氏的情形。

私人之间的口口相授与绍介是获取留日信息重要途径之一。吴玉章之所以入东京成城学校，与其在该校的同乡毛沛霖与张师孔二人的推介密切相关："他们对我说：'要学理工，必须先打好科学基础，'劝我别进一般的私立学校，因为日本有些私立学校办得很不好，学不到什么东西。并说：'如果能进成城学校就好了'。"㉚黄尊三选择进入明治大学法科，其同乡好友的关心起了很大的作用："（罗）百仓劝余不可入立教。以该校专为传教而设。以进明治为上。又言不必定学文科。以文科之效迟而狭。不如法科之效速而且广。法律乃现世一门大学问。坐而唱学说。起而办国事。皆无不可。其语甚断而有见。积侯亦以罗语为然。谓余性与商业不近不可学。茂卿对余学校无异见。而姚子巽则劝进明治。足见诸友之关心。"㉛

1907年留学日本法政大学速成科的徐兆玮，在其前一年，其族叔徐凤标已经入该校学习。徐兆玮在赴日之前，与其族叔一直保持信函的交流，可知其族叔对其入读法政大学速成科提供了多重助力，报名、购置衣物与书籍等，不一而足。当然对于东京各法校信息的提供，也甚为关键。兹举为徐兆玮所认为"叔所筹画深符鄙怀"之徐凤标给徐兆玮的一通信函为例：

> 巽行介绍书已为取得，法政第五班已准阳历朔日开讲，报名者已有二百五十余人。梅谦添建寄宿舍，专待清国学生。（内设音乐等课）吾侄不如借此入法政之名，即行请备咨文，早日出京。此间可预期报名，彼四百名满额，即来年到京必无挑剔之虑。如不入法政，标意入明治大学专门部，法、商均有，惟须预备日语、日文，直接听

㉚ 吴玉章：《吴玉章回忆录》，中国青年出版社1978年版，第22～23页。

㉛ 黄尊三：《三十年日记》（第1册），湖南印书馆1933年版，第168页。

讲。彼校中有一年半预科,然后入大学部,计算须四年半得明法学士。如入法政速成,年半毕业,入明治大学部二年级可不试验,计算三年半得明法学士,相较多废一年工夫,不知吾侄之意如何?㉜

有这样具体而微的利弊分析,进一步顺畅了徐兆玮学法的路径。徐兆玮留日以后,他又成为了如徐凤标一样的信息源,为国内的亲友传送留日信息。

可以发现的是,近代法律人留日之初既有人笃定要学习法政之学,但也有人却并无特定的专业方向,而是在私人劝说与信息交流之下,临时起意。这更加说明了,当时留日习法之人动机的复杂之处,从精神与关系的角度审视先人对于接近历史实景的重要性所在。

三、法校内外与日常交游

身处留学现场的时人,不仅充当了信息源的角色,还在助益国内人留日成功,发挥了其人脉上的优势:

藹叔十四日函云:……幸钱豫生与法政大学内庶务长相识,为标说项,彼允许插入四班,与豫公同班,并可生省买讲义。前有崇明人欲插政法速成,公使不肯介绍,今使署内译员张渊博(系张人骏之侄)与豫公在李勉林处同事,颇有交情,昨日邀至豫寓相商妥当,今晨将公使介绍书送来,即同豫公至法政大学缴费注册。㉝

钱豫生,作为徐兆玮的常熟同乡㉞,利用自己与法政大学内庶务长

㉜ 徐兆玮:《徐兆玮日记》(第1册),黄山书社2013年版,第713页。

㉝ 徐兆玮:《徐兆玮日记》(第1册),黄山书社2013年版,第660页。

㉞ 参见言群明:《常熟律师业概述》,载政协常熟市文史资料委员会编:《常熟文史》1993年第21辑。

相识以及与张人骏之侄的交情，获得与崇明人不同的待遇，为自己谋得了插入法政速成科四班的机会，也为徐凤标获求了驻日公使的介绍书，顺利进入法校。

清末留日学习法政本就有着国内改革的政治背景，具有法律和政治知识的新人被认为是改革成功的重要因素。在近代中国的革命话语脉络中，法政之学所蕴含的“法律”与“政治”的合称之意，使当时的留日法科生成为清末民初政界的重要来源。“光绪三十年(1904年)以后，多省学校之教职员最大多数均系留日师范生，各地咨议局人员，多留日法政生，大半为此等速成生也。”[35]这些早期留学日本学习法政之人很多在日后走上了革命道路。[36] 与留学欧美的法科生相较，留日法科生的革命氛围更加浓厚。[37] 而以革命者和党人为模式的人事组合，曾一度主导司法中枢，[38]其端倪已见于此。

以此为表征的则是清季革命团体在日本的集结。沈锡庆即为老牌革命团体之一光复会的成员。在本土之时，沈氏便与其革命同仁过从甚密，随着与这帮同志共同东渡日本，其交往应酬之频繁，应是可以想见的。同是光复会成员，并在日后20世纪30年代日记中出现过的沈钧业、屈映光、孙世伟、徐锡骐、徐伟、陈大齐、陈备三、童济时等，[39]当时便在日本留学。这其中既有原在绍兴时就熟识之辈，也有在日本留学期间所新近认识的人。

无论是从事革命事业的宣传，或是日常生活的开展，在法校内外，留日学生频繁的应酬往来以至于影响学习的现象，较为普遍，这不独是活

---

[35] 舒新城编：《近代中国留学史》，中华书局1929年版，第53～54页。

[36] 参见何勤华：《中国近代法律教育与中国近代法学》，载《法学》2003年第12期。

[37] 参见袁哲：《良性互动：法学留学生与近代城市生活(清末－1937年)》，上海人民出版社2016年版，第36～38页。

[38] 参见江照信：《中国法律“看不见中国”：居正司法时期(1932－1948)研究》，清华大学出版社2010年版，第9页。

[39] 参见张玉法：《清季的革命团体》，台北研究院近代史研究所1982年版，第492～508页。

动革命家的专利,就连一般的学子也沾带上这样的风气。[40] 其社交生活展开的重要基础仍是乡党意识,亦可称为乡土观念、省籍观念、地缘意识。但是此处的地缘意识与上部分所提及的地缘意识有着不同之处。因为两处所在的地理与人文环境不同。换言之,前文为地缘意识形成的背景,此处则为地缘意识的具体触发,诚如"乡土观念是在其乡土的自然环境,乡土的社会关系,乡土的文化,和乡土政治地域区划的历史传统之下,培养以成,而触起于异乡的事物。"[41]这里的"异乡"即为日本。

乡土观念在异乡的触发,首要之处,源于中国留学生对日本社会崇拜又排斥的矛盾心态。对日本自近代以来的文明成果的吸收,本就是留日的重要缘由之一,其崇拜之情较易显现。当时在日本的留学生,因与日本人的生活习惯、饮食、居住、语言隔阂、文化差异等因,又与日本社会有着一种格格不入的状态。与日本社会的隔阂,像是在课堂之外为清国留学生与日本人之间隔了一道墙,这道墙阻隔了中日学生之间的交流,让中国留学生的交际圈基本限制在中国人甚至是同乡的狭小圈子内。[42] 严安生曾在考察黄尊三的日记后得出结论说:"它因此成了一部可称为同乡相慰色彩涂满行间的日记。反过来,这里几乎找不到与日本友人交往的记录。"[43]更进一步,这种"相慰"的同乡多为一种小同乡的概念。小同乡的范围或是一个旧府的几县,或是一县。与此相对的大同乡常以省或两省以上为范围。[44] 为此佐证的是,当时在日本的中国学生团体,除了有以国家为单位的"因为人多,非常散漫的"清国留学生会馆外,[45]关

---

[40] 参见李在全:《"新人"如何练就:清末一位留日法科学生的阅读结构和日常生活》,载《史林》2016年第6期;严灵安:《灵台无计逃神矢:近代中国人留日精神史》,陈言译,三联书店2018年版,第310页。

[41] 窦季良编:《同乡组织之研究》,正中书局1948年版,第9页。

[42] 酒井順一郎「もう一つの留学生活一明治期清国人日本留学生と日本社会の関係一」留學生教育11期(2007年)××頁参照。

[43] 严安生:《灵台无计逃神矢:近代中国人留日精神史》,陈言译,三联书店2018年版,第311页。

[44] 参见窦季良编著:《同乡组织之研究》,正中书局1946年版,第27页。

[45] 参见谢健:《谢铸陈回忆录》,载沈云龙主编:《近代中国史料丛刊》第91辑,台北,文海出版有限公司印行1973年版,第27页。

于浙江的不仅有以大同乡为范围的浙江同乡会,《浙江潮》杂志即为其主办。[46] 也有以小同乡为主体的绍兴同乡会、湖州同乡会等。当时的绍兴同乡会,“凡是绍兴府八邑人员在日本留学、考察、游历,均系绍兴同乡会成员”[47]。

四、结语

沈锡庆及其他中国留日学生的经历,向我们展示的是一场从赴日、择校、到日常社交生活的地缘网络的触发,其中的地缘、血缘与革命情谊在他们的社交生活中占据了主导地位。更重要的是,留学日本的经历成为终身伴随他们的一种标志,与人交往或者他人选择与其交往时,这种新兴的学缘因素,将成为替代中国传统因科举而形成的同年同门的关系系统,也往往成为同时代其他人以及后人将其划分所谓派别的一个考虑因素。留日经历不仅仅事关个体的交际圈,其也一定程度影响了近代中国法律的总体基调与延续性。

清末留日法科生作为中国近代第一批新式法律人,他们归国后几乎把持了法学教育、立法、司法等各法学领域。虽然受中日关系恶化的影响,留日学生数量在民国呈现减少趋势,而代之以留学欧美群体逐渐壮大,大有取代留日法科生在法律领域的地位。不过,清末大批量的留日归国法科生,经过清末民初的发展,已牢牢掌握了优势的法律资源。尤其是他们所形成的人际圈,通过人事安排等手段渗透法律领域,更加稳固了他们在法律领域的地位。民国中后期,他们的影响力依旧强大。如何衡量这种法科生的学缘关系之于近代中国法律的全面影响,是另一个值得探讨的话题。

---

[46] 参见蔡鸿源、徐友春主编:《民国会社党派大辞典》,黄山书社2012年版,第379页。

[47] 裘士雄:《陶成章与鲁迅》,载中国人民政治协商会议浙江省绍兴县委员会文史资料工作委员会编:《绍兴文史资料选辑》第6辑,政协浙江省绍兴县委员会文史资料工作委员会1987年版。

A Study on the Law Students Studying in Japan in the Late Qing

—Dynasty from the Perspective of their Social Networks

Jiang Zeng

Abstract: Law students studying in Japan in the late Qing Dynasty obtained information about studying in Japan through the groups staying in Japan and newspapers, and the narrations of their colleagues studying in Japan, all of which is used for the preparation prepare their study in Japan. In their lives at law schools, those Chinese students studying in Japan showed how their social networks were triggered and established, in which a series of primary factors affected including, geography, blood relationship and revolutionary friendship in their social lives. Their social circle had a certain degree of openness because of their oversea study, incorporating some new communication factors, such as their different academic backgrounds. Those new factors have also been revealed in their legal careers after returning to China, which affected their own ups and downs in their legal careers and the continuity and tenor of modern Chinese legal reforms.

Key Words: social network, law student, studying in Japan, Shen Xiqing, native place

教学研究

“学生慕课”教学模式在法学本科教学中的应用*

杨　攀**

摘　要：法学本科教学改革需要回应社会对高素质人才的需求、适应网络环境和大学生的新特点。应运而生的“学生慕课”教学模式是借鉴“慕课”的理念和措施提高学生自主学习教学效能，从而强化对学生专业能力和素质培养的一套理论和操作方案。“学生慕课”教学模式是在法学本科教学改革中完善起来的，在课程目标具体化和教学环节多样化上与法学本科人才培养需求高度契合。在法学本科课程中应用“学生慕课”教学模式要注意更新课程知识观、采用点面结合的知识学习方式，以平时成绩强化教学环节，以“学生慕课”特色资源作为支撑条件，以在线讨论拓展交流空间，以常态化调查实现持续

---

* 基金项目：西南大学2020年校级教育教学改革研究一般项目：“学生慕课”教学中学生能力素质提升及其测评机制研究（项目编号：2020JY016）；西南大学2020年校级教育教学改革研究重点项目：基于“慕课”的翻转课堂教学模式研究——以“婚姻与继承法”课程为例（项目编号：2020JY015）。本文受龙大轩“万人计划”名师工作室资助。

** 杨攀，西南大学法学院副教授，法学博士，教育立法研究基地（教育部政策法规司和西南大学共建）网络教育立法研究所所长，研究方向：混合式教学、网络教育立法、未成年人网络保护法。

改进,以达标自评促进学生对课程目标的认同。

关键词:慕课　学生自主学习　法学本科　教学改革　能力素质

当前法学本科教学面临着本科教育教学的共性问题,主要表现在教育教学落后于人才需求、网络环境和大学生的新特点。为了扭转局面,2018年教育部召开了“新时代全国高等学校本科教育工作会议”,要求高校“以本为本”“四个回归”,要求淘汰“水课”、建设“金课”。2019年教育部印发《关于深化本科教育教学改革全面提高人才培养质量的意见》,进一步明确“着力打造一大批具有高阶性、创新性和挑战度的线下、线上、线上线下混合、虚拟仿真和社会实践‘金课’。积极发展‘互联网+教育’、探索智能教育新形态,推动课堂教学革命”。法学本科教学同样面临着充分利用网络条件帮助学生成长,提高毕业生质量的问题。笔者2012年开始的“学生慕课”教学改革回应了这方面问题,目前已经形成稳定的教学模式,下面进行简要介绍和分析,供专家和老师批评指正。

一、“学生慕课”教学模式的提出

下面从法学本科教学面临的主要问题、解决思路和“学生慕课”的基本界定加以介绍。

(一)本科教学的主要问题及其解决思路

1.主要问题

当前本科教育教学存在人才培养质量落后于社会需求、教学方式落后于网络环境和大学生新特点三个方面问题。从人才需求来看,随着网络信息技术、人工智能的发展和我国国际经济地位的提升,发展和治理新业态、新空间和新技术,开展更高层次的国际竞争,需要更多德才兼备的创新人才,而传统的本科教育教学方式对学生的能力素质培养重视不够,难以满足这种需求。从教学环境来看,互联网已经融入社会方方面面,成为基本需求和基础设施。在高等教育领域,各类“慕课”和数据库资源日益丰富。截至2020年年底,国内“慕课”数量达到3.4万门,学习人次达5.4亿,其中在校生达1.5亿人次;①能够支撑高校课程教学的各类网络专业数据库也不断完善;但是本科教学却没有充分发挥网络的作用。从学生特点来看,多数本科生是网络原住民,日常的校园生活已经与网络高度融合,但多数课程教学活动不仅没有充分发挥网络作用而且还造成网络与教师争夺学生注意力的问题。这三个方面的问题第一个方面可以归结传统教学模式问题,第二个方面和第三个方面可以共同归结为对网络环境的适应问题。下面分别对教学模式问题和网络环境应用问题进行简要分析。

2. 问题分析

分析传统教学中广受欢迎的好课堂,可知其主要因素是教师对课程知识比较熟悉,在一些知识点上有自己的见解,相关知识比较丰富而且连接性比较好,因此在讲课过程中能够自如发挥。如果教师的讲解贴近生活、语言新颖、节奏感强,就更吸引人。② 回首往事,我们常常有这样的感受:那些教师用肯定语气讲解的知识,当时感觉收获满满,不久便如过眼烟云,反而是其他教师用不那么肯定的语气,甚至是疑惑的态度讲解出来的知识,仍然久久难忘。教师课堂提及的一些生活实例深埋脑海,不时想起,而与之关联的知识则不知所终。原因在于那些让人疑惑的知识才是知识的真实情况,让我们感触颇深的生活实例正是自己困惑而求索过的,而那些所谓的权威知识只是自己意欲强记的。传统教学模式传递了大量怀特海所称的惰性思维,即“那些只被大脑接收,而没有被利用、检验或者与其他新鲜事物相互融合的某些观点”③。因此,课程教

① 参见杨飒、晋浩天:《慕课正成为推动高等教育变革的重要引擎》,载《光明日报》2020年12月13日,第1版。

② 参见戴建业:《坦然——〈戴老师魔性诗词课〉后记》,载哔哩哔哩网2020年7月16日,https://www.bilibili.com/read/cv6793415?share_source=qq&share_medium=iphone&bbid=Z84E718AD40710914C4390F04AE713C56455&ts=1595991138。

③ [英]艾尔弗雷德·诺思·怀特海:《教育的目的》,张佳楠译,教育科学出版社2020年版,第2页。

学要能真正对学生发挥作用,就首先需要"搅动"学生的旧知识、人生体验和情感价值观。将新知识强行灌输和记忆,就像装进衣服口袋的物品、戴在身上的装饰,不能因为曾经在身边就改变了身体,只有吃掉并且消化的东西才可能变成身体的组成部分。概言之,学习是新知识对旧知识、人生体验和情感价值观,发生印证、差异、冲突的判断,进而产生认同、疑惑、惊讶等体验和情感的全方位、综合性过程而非简单的记忆。诚如杜威所言,教育即生长,④学校即生活。⑤ 因此,传统课程教学模式教学质量较低的原因实际是教学理念僵化、方式简单,偏离了课程教学的实质——学生是学习的中心,教师应做好学习促进工作。⑥

在教学和科研之间,高校面临资源分配困境,教师面临时间分配困境。言及高校课程教学质量问题,论者往往会不自觉地归咎于高校"重科研、轻教学"。但是,高校"重科研"的现实难以根本扭转,因为科研是高校的立足之本,无科研难为教学,否则只能教人旧东西。学高为师,学高是为师的前提,做科研才能学高。德高望重,德高往往以学高为条件,仅德高只能服人,而难在具体课程上教人。古代名师如孔子、王阳明、苏格拉底、柏拉图等,都同时以学高教人、德高服人。何以了解教师做的是真科研还是假科研,唯看成果。科研成果之评价的确难,但低于课程教学效果评价之难。课程教学效果和人才培养质量评价之难,在于量化考核的对象动态化、影响因素众多,不如科研成果之固定化,便于人人审视、时时端详。因此,高校"重科研、轻教学"有其难改之因。教育部虽然强调"以本为本",但并没有要求高校"重教学、轻科研"或者科研与教学并重。在高校资源总量有限,而科研具有支撑性、显示度和评价方便性优势的情况下,高校不愿意将更多资源特别是教师的时间投入教学之中有相当的现实基础。任何教学改革如果缺少必要的物质资源和教师

④ 参见[美]约翰·杜威:《民主主义与教育》,魏莉译,长江文艺出版社2018年版,第38页。

⑤ 参见[美]约翰·杜威:《我的教育信条》(第2版),彭正梅译,上海人民出版社2017年版,第319页。

⑥ 参见[美]罗杰斯、[美]弗赖伯格:《自由学习》(第3版),王烨晖译,人民邮电出版社2015年版,第175~190页。

的时间投入,很大程度上都是哗众取宠。在这种大背景下,破解高校课程教学质量困境只有借助于科技的力量,改革教师的工作方式。

3.解决思路

推行学生自主学习教学提升人才培养质量。罗杰斯认为,“能对行为起到重要影响的唯一学习是自我发现、自我挖掘的学习”⑦。传统课堂是教师以权威姿态向学生介绍一个既定的知识框架,实质是教师对教材的重述或者解释。反观网络空间之所以具有强烈的吸引力,是因为学生能够根据自己的兴趣选择要看的内容,是因为学生把自己“摆进去了”——在空间上发表了文字、图片、视频,当然忍不住要不断地关注。这是学生作为一个活生生的人的正常生活状态,而传统教学的课堂更多的是将学生设想为一个准备接受知识的容器,一个让学生在理智上认为课堂很重要,但是在认知模式和情感上强加的知识输入过程。传统课堂上教师以“表演”感染学生,当然赶不上学生看电影的感受,后者既新奇又无负担,关键问题是有多少课堂能做到电影的效果。⑧ 而课程学习这个过程又有多大必要把学生理解知识的过程统一到学生无法透过动手、动脑进行理解和探索的过程之中。两相对比可知,提升高校课程学习效果必须“以学生发展为中心、以学生学习为中心、以学习效果为中心”⑨,就是要让学生自主学习教学成为主流。

利用互联网技术优势突破教改困境。邓小平提出,“科学技术是第一生产力”⑩。习近平说,“信息化为中华民族带来了千载难逢的机

⑦ [美]罗杰斯、[美]基尔申鲍姆著,[美]亨德森编:《罗杰斯著作精粹》,刘毅、钟华译,中国人民大学出版社2006年版,第257页。

⑧ 在现有“慕课”建设过程中,大量经费被用于追求类似于电影场景的视频效果,而在线课程真正的价值——主讲教师的准备、参考资料的丰富性、条理化和课程运行中的学习支持——却仅占经费的20%左右。这种极不正常的脑体倒挂,可能的原因是视频拍摄制作由专业公司运作,便于经费支出,而由教师负责的部分被有意无意的低估。这可能是一些教师不愿意真正投入在线课程建设的重要原因之一。

⑨ 赵炬明:《论新三中心:概念与历史——美国SC本科教学改革研究之一》,载《高等工程教育研究》2016年第3期。

⑩ 《邓小平文选》(第3卷),人民出版社1993年版,第274页。

遇”[11]。科技变革是教育教学方式变革的根本力量,造纸术、印刷术和网络信息技术革命均是如此。高校课程教学方式的转变需要以互联网对教学信息的快速、高效传递为条件,[12]尤其需要发挥网络教学平台的教学资源积累、共享功能、学习成果展示功能和教学活动记录功能。因此,每位教师都有必要为自己的每一门课程建设一个SPOC,[13]每一个高校都应该给教师提供完善的网络信息技术支持服务,实现以网络换时间、以网络转方式。具体而言,需要通过互联网变革讲授式课堂教学,使教师从重复性工作中解脱出来、将创新性工作成果积累起来,把更多时间用于教学设计、学习活动组织、知识把关、个性化学业指导、教学调查和研究等促进学生学习的方面。学生也可以通过网络教学平台、网络通信工具等增加学习时间、提高学习效率,使学习的内容、时间、空间更自由,通过顺应学习的规律从而获得更多的学习兴趣。

上面的分析表明,解决本科教学问题需要改革传统教学模式、充分发挥网络条件优势,做到二者有机结合从而提升教学效能。下面对有助于实现这一要求的“学生慕课”教学模式进行简要介绍。

(二)“学生慕课”教学模式的基本界定

1.“学生慕课”的提出过程

2012年“慕课”成为世界教育热点,我国政府随即将“慕课”作为高等教育发展的重要机遇积极鼓励,国内高校也迅速行动,2013年成为“中国慕课元年”。我们反思,虽然国内外“慕课”大量涌现,但是除了方便获取知识信息以外,其对校内课程教学质量的提升,对社会公众学习效果的提升并不明显。基于既发挥“慕课”的资源分享优势、扩大师生的教学交流时空,又通过“慕课”的展示功能对学生的主体性学习活动进行激励,并且在一定程度上发挥教学视频的社会作用,我们将正在进

---

[11] 张晓松、朱基钗:《敏锐抓住信息化发展历史机遇 自主创新推进网络强国建设》,载《人民日报》2018年4月22日,第1版。

[12] 参见杨攀、杜志红:《“互联网+法学本科”教学改革的需求、困境与出路》,载《法学教育研究》2019年第2期。

[13] 参见教育部《关于加强网络学习空间建设与应用的指导意见》(教技〔2018〕16号)。

行的法学本科学生自主学习教学模式定名为"学生慕课"(配套的在线课程简称为SMOOC),以强调学生自主学习的中心地位和对互联网的充分利用。当时法学本科学生自主学习教学改革⑭正面临着如何向学生提供足够的、结构化呈现的自主学习参考资料,并且将学生完成的小组任务、个人任务等学习成果进行适当展示和交流的问题。为了解决这些问题,我们从2013年开始先后使用过360网盘、百度网盘、华为网盘,2014年开始在西南大学校内视频分享网站、"腾讯精品课"和"百度课堂"平台,展示和交流以小组任务为单位的课堂教学视频。后来,网盘账号不能多人同时登录,我们又转而使用QQ群文件共享学生完成的文档性学习成果。但是,这些网络工具都不够方便,也不能实现全部的教学设想。直到2016年年底在西南大学网络教学平台(超星尔雅)上建设SMOOC,才真正解决了课程教学资源结构化积累、学习成果展示和不同学期有序传承的问题。2019年开始增加在SMOOC上展示和交流学生完成的各类文档性成果。至此,师生共建共享的SMOOC加上在线调查工具、即时通讯工具,基本满足了学生自主学习教学改革的需要,"学生慕课"教学模式趋于完善。目前我们已经在西南大学网络教学平台上建设并且应用了"经济法SMOOC""消费者保护法SMOOC""竞争法SMOOC""合同法SMOOC""网络与电子商务法SMOOC";建设了"法学新生学习指导"和"法学论文写作"两门SPOC。(见图1)

图1 "学生慕课"的提出过程及应用思路

2."学生慕课"教学模式的概念

"学生慕课"教学模式是借鉴"慕课"的理念和措施提高学生自主学习教学效能,从而强化对学生专业能力和素质培养的一套理论和操作方

⑭ 笔者主持了2013年重庆市高等教育教学改革研究项目:"法学本科学生自主学习教学模式与实践研究"(编号:133186),已经按期结题。

案。理解这个概念要注意三个方面,第一,“学生慕课”教学模式对学生的知识、能力和素质三个方面都加以重视,但是特别强调对学生能力素质的培养。这一点主要落实在对学生自主学习的促进上。实质上,学生的知识、能力和素质三者是有机统一的整体,没有专业能力、素质的同步提升,学生只能记忆或者表面化理解课程知识,而无法更新自己的知识体系或者加以实际应用。雅斯贝尔斯指出:“重要的不是记住学过的东西,而是判断力的训练。强记并无助益,我们需要的能力是在任何时候可以自己动脑筋去找到必要的知识,可以从不同的角度去思考事物,而这种能力不可能从学习固定的知识当中获得……。”⑮第二,互联网信息技术发展必将带来课程教学形态的深刻变革,发挥互联网优势可以大幅度提升学生自主学习教学的效能。第三,“学生慕课”教学模式是包含基础理论、设计和操作理念、具体实施方案的有机体系,其内容和形式框架具有广泛的教学应用价值,但在设计具体的教学方案时应当根据专业和课程的特点进行适当调整。

3.“学生慕课”教学模式的内容框架

“学生慕课”教学模式的内容框架体现在:强调课程目标具体化、教学环节多样化,强调提高平时成绩比重并且实施过程化评分,要求以周密的教学实施方案将这些内容事先明确。具体而言,将课程知识模块化设计为学生课前自主学习的小组任务体系,并且以此作为整个课程教学展开的线索。强调以多样化的教学环节培养学生的能力和素质,包括课前引导学生个人和学习小组完成小组任务的自主学习;课堂上,先由学生汇报小组学习成果,随后老师点评和师生讨论;课前课后,学生将自己的疑问编写为在线讨论帖子,展开师生互动交流。设置学生阶段性学习任务,例如阶段性知识总结树状图、自选主题案例统计分析、指定材料阅读报告等。设计匿名交流与实名监督相结合在线互评“亮提帮”,对预习任务成果、案例统计分析成果等没有时间在课堂上交流的学习成果进行互评互学,拓展学生之间教学交流的深度和广度。组织学生将个人或

⑮ [德]雅斯贝尔斯:《什么是教育》,邹进译,三联书店出版社1991年版,第153页。

者小组在各个教学环节的学习成果上传到相应的 SMOOC 章节;将课堂视频按每个小组任务分割、编辑为学生汇报、教师点评及师生讨论两个视频,然后上传到 SMOOC 对应章节上。对于课程的新学生而言,SMOOC 上既有老师提供的参考资料、学习指导,有往届学生的课堂教学视频和各种学习成果,也有本学期自己和同学的课堂教学视频和各类学习成果。对于学完本课程的学生而言,不仅有课程成绩、教材和笔记,在 SMOOC 上还有自己完整的学习成果和学习记录。SMOOC 上的学习成果展示激励学生课前认真自学,SMOOC 对教学资源的积累使得课程在一届一届学生之间进行传承和优化,推动了课程形态的变革。在开学、期中和期末分别设置了课程目标达成情况自评及学习方法总结,提高学生的课程学习达标意识,通过总结提升课程学习元认知。综合来看,这种教学模式以促进学生自主学习为中心,学生是 SMOOC 上视频的主角、文档性资料的完成者,同时 SMOOC 具备开放学习条件,故而称之为“学生慕课”名实相符。

4.“学生慕课”教学模式的形式要素

与前述“学生慕课”教学模式内容框架相配套,我们构建了以课程知识模块化自主学习任务体系为基础的 SMOOC 章节,完善了学生拓展学习任务要求及指导材料、学生课前预习、课堂讨论要求及方法、课程目标落实方法、历届学生的学习心得视频,形成了经常性课程调查问卷等。形式上,“学生慕课”教学模式由教学实施方案、教学资源(SMOOC)、教学环节和课程调查四个部分共同构成。从学生角度看,“学生慕课”教学模式下的学习环节包括课前小组任务、个人预习任务、课堂汇报任务、课堂讨论发言、在线讨论、阶段性拓展学习任务、“亮提帮”互评、课程目标达成情况自评、寒暑假提前学习共计九项。

由上述介绍可知,“学生慕课”教学模式具有应用上的较强专业包容性。由于“学生慕课”教学模式形成于法学本科自主学习教学改革实践过程之中,天然具有与法学本科教学人才培养需求的契合性。

二、“学生慕课”教学模式可以应用于法学本科教学

在“学生慕课”教学模式的应用过程中,课程目标和教学环节这两个构成要素更容易受到具体的专业和课程特点制约。“学生慕课”教学模式强调课程目标具体化、教学环节多样化,落实到法学本科学生的能力和素质培养上就是九项具体课程目标和九个教学环节。我们九年的教学实践证明这些具体设计是有效的。下面以最新一学期,即2021年春季学期的“合同法”课程为例,对这两方面进行简要介绍。

(一)课程目标方面

《法学类教学质量国家标准(2021年版)》(教高厅函〔2021〕17号)从培养目标、培养规格等方面提出了本科法学类专业教学质量的总要求,明确了学生的知识、能力和素质培养目标。本标准还要求各高校在此基础上进一步细化,而细化的方向必然是落实到各门课程的目标上。目前大多数法学本科课程目标过于宏观,有的甚至处于照抄国家标准的层次上,在实践中将其具体化具有迫切性。

1. 课程目标的内容

我们在实践中逐步提炼出法学本科“学生慕课”教学的九项具体目标:

(1)掌握查找法学资料的方法——基本学习能力。学会根据知识点,通过专业数据库等自主查找、筛选相关的法学原理、案例,并且进行初步的梳理分析。特点:较易,需要经过反复实践才能掌握具体技巧。

(2)能够自主学懂一个知识点——自主学习能力。能够就一个给定的知识点和提示,自己梳理出要点、相关观点,找出配套案例或者事例,并且根据需要制作小组任务PPT。特点:初步掌握比较容易,达到较高水平需要持续努力、不断深化和拓展。

(3)能够清楚讲解一个知识点——法律表达能力。能够在课堂或者在线讨论中,结合生活实际和原有知识,比较完整、准确、顺畅地讲解

一个知识点。特点:只要认真准备达到基本要求比较容易,但要达到较高水平需要持续努力,不断总结。

(4)能够快速形成和表达观点——法律论辩能力。能够根据课堂进展或者正在讨论的问题,快速、有条理地说出自己的观点,并且能够参与进一步的互动。特点:较难,需要通过课前树状图构建体系,通过学习心得有所钻研,需要在课堂上集中精力、快速反应、敢于展示。

(5)能够积极地参与小组任务——团队协作能力。能够在小组中主动承担任务、相互支持、积极参与小组讨论,全面消除小组任务可能存在的缺陷和瑕疵。特点:易在自己真诚而为即可,难在有人搭便车,难在长期坚持、从大局着眼、换位思考。

(6)能够掌握课程的知识体系——知识内化能力。能够通过画每周的或者阶段性的知识树状图等形式,将所学知识与原有知识和人生体验结合起来,标出自己的重点、难点、有心得点和疑问点等。特点:初阶易、进阶难,对照教材和在线课程画出结构比较容易,但是主动与自己的原有知识、人生体验和情感价值观相结合,写出自己的想法较难坚持。

(7)能够独立地完成案例分析——法律应用能力。能够根据自己的兴趣,选择一个较小的知识点(法律条文的一个具体表述),查找相关案例和法学原理,完成一份条理清晰、论证充分的案例分析报告或者阅读报告。特点:较难,难点主要不在于方法,而在于以敏锐的眼光选择自己的兴趣点,然后迅速进入法律条文实际应用情况的探寻和总结状态,还难在需要对4~5周的准备时间进行合理规划和利用。

(8)能够公正地评价学习成果——综合评价能力。能够客观公正地评价他人完成的各项学习任务,同时谦虚理性地看待老师和其他同学对自己的评价或者评分,以适应今后全面、发展地评价法律矛盾的工作需求。特点:易中有难,易在以真诚的态度直接而为,难在跳出自我,广泛吸收他人的优点。

(9)能够发现和体验课程美感——知识美感能力。能够发现课程知识与自己的生活体验和原有知识的和谐一致性,在内心深处体验到学习的价值和兴趣。特点:较易,通过关注自己的观点、经验、情感而对课程知识点进行思考，需要在更大的世界中看到自己和所学习的知识，而不是忙于记忆或者记录几个关键点备考。应注意结合第3点、第6点。

上述九项课程目标可以进一步划分为三类：（1）知识与技能目标：①能够自主学懂课程知识点，掌握合同法的规范体系；②能够通过画树状图将合同法课程知识自我体系化。（2）过程与方法目标：①能够掌握查找法学资料的方法，具备自主学习的能力；②能够自主完成案例统计分析，具备分析解决法律问题的能力；③能够清晰地讲解课程知识点，在讨论中准确表达法律观点，具备逻辑思辨和沟通表达的能力；④能够小组合作完成学习任务，具备组织协调和交流合作的能力；⑤能够掌握法律说理及文书的基本写作方法，具备创新能力。（3）情感态度价值观目标：能够通过公正评价学习成果、体验合同法的平衡美感，树立正确的世界观、人生观和价值观，坚信法治、尊崇职业。

2. 课程目标的现实回应性

由于高校课时总量和课程安排与本科毕业生现实工作的知识需求之间存在巨大落差，只有让学生“掌握自学之法，自己去学习，主动去学习，才是最科学的做法”[16]，正所谓“授人以鱼，不如授人以渔”。法学本科“学生慕课”教学需要以法律工作的专业方法、能力和素质作为重点。以合同法课程为例，合同法作为基础性法律制度，解决的是平等主体之间订立、履行、变更和终止财产性民事关系而产生的问题。这需要法律人具备体系化法律知识、自主学习能力、法律问题分析能力和完成相关法律事务的综合素质，前述九项具体课程目标正好契合了这种现实需求。首先，法律工作者或者法学学生需要学会运用一般搜索工具、法律专业数据库等查找相关法律规定、法学原理，筛选相关案例——这就是基本学习能力。在找到相关法律资料之后，还需要根据案件证据或者研究对象进行相互对应的逻辑整理，有理有据地写出法律文书或者研究材料——这就是自主学习能力。有时候还需要法律人在合同审查、法庭诉讼、其他商业活动风险评估中直接进行法律说明、说理——这就是法律

---

⑯ 丁芝华：《美国法学教育中的两种案例教学法的比较研究》，载《法律方法》2015年第1期。

表达能力。在诉讼、仲裁的庭审中、法律谈判中往往还特别需要法律“急智”，即能够快速形成和表达观点——这就是法律论辩能力。在现实的法律实务工作中，复杂案件往往需要组成合议庭审理，法官需要法官助理协助，律师需要组成团队办理案件，因此法律人的团队合作必不可少——这就是团队协作能力。在各项法律工作中获得长远的发展、达到较高的层次，需要体系化的专业化知识作为支撑，通过画知识树状图等形式可以促进新知识与原有知识融会贯通形成体系——这就是知识内化能力。为了培养解决复杂案件的能力，需要能够通过案例收集、整理，独立开展案例分析完成一篇条理清晰的类案分析报告——这就是法律应用能力。法律人还要能够客观公正地对案件事实进行评价，对利益相关方的关系进行正确的把握——这就是综合评价能力。其次，还需要能够在学习中发现和体验到课程知识所蕴含的与社会规律一致的和谐美感，从而达到对课程知识的认同、对职业道德的培养——这就是知识美感能力。

（二）教学环节方面

1. 教学环节的内容

与九项具体教学目标相对应，“学生慕课”教学模式的教学环节包括九个项目，归结为个人课前自学、小组合作学习、个人拓展学习和师生互动学习四大类。下面继续以合同法课程为例进行介绍。

（1）个人课前自学

个人课前自主学习是每个学生从第 1 周到第 16 周每周都要循环进行的学习活动。具体包括：①学习每周 4 个小组任务的法律规定、教师讲解视频和教材对应章节等；②在自学 4 个小组任务的基础上，画出本周课程知识树状图；③从 4 个小组任务中选择一个感兴趣的小点，查找资料深入学习，撰写 200 字以上的学习心得；④完成每周 4 个小组任务点的测验题，对自主学习进行查漏补缺。

（2）小组合作学习

开学前将每个教学班的学生，分为 4 个小组，每组选出一个组长。要求：①每个小组每周完成一个小组任务，准备汇报 PPT；②每个小组每周派出一个成员在课堂上汇报小组任务(疫情期间录制小组任务汇报视频上传到SMOOC),汇报人轮流担任;③学习小组负责上传小组任务、个人课前自学任务成果到SMOOC上。

(3)个人拓展学习

个人阶段性拓展学习包括五个方面:①阶段性知识自我体系化。要求根据自己的理解画出合同法总论和分论知识树状图,明确结构、标出重点和有疑问、有心得之处。②阶段性案例统计分析。要求选择自己感兴趣的、较小的知识点,例如法律条文中的某个词语,广泛阅读相关案例,筛选出20个左右案例进行统计分析,了解法官是如何理解和适用的。前后半学期各1次。③材料阅读报告(一般不与案例统计分析同时布置)。要求阅读指定或者自选的论文或者其他材料写出阅读报告。④第1周、第8周和期末时对九项课程目标达成情况进行自评。⑤个人提前学习。在开学前的寒假或者暑假学生可以利用SMOOC提前学习,提出自己的疑问。

(4)师生互动学习

师生互动学习包括以下四个方面:①课堂交流。课堂上学生代表小组汇报小组任务成果、教师点评、师生讨论。在疫情防控期间,教师对每个教学班的4个小组任务汇报视频进行评分,给出文字性点评意见或者录制视频回复共同性问题;运用"腾讯文档—在线收集表"收集学生的点评意见,并且通过课程"通知"进行反馈。[17] ②在"合同法SMOOC"建立讨论专区,学生对学习中产生的疑问发帖,发帖时要求在主题上编总序号和个人发帖序号,以方便后帖引用和教师回复和抽查评分。③每个学生对其他同学完成的案例统计分析成果进行"亮提帮"互评。互评依托"腾讯文档—在线收集表"工具进行,该工具能够实现学生之间匿名互评但对老师实名。④教师在①至③类教学环节中通过组织、指导、答疑和评分与学生进行交流。

---

[17] 疫情防控期间的这种学生视频汇报、教师文字或者视频点评、学生利用在线文档点评,再加上在线讨论的形式,能够在较大程度上替代课堂教学环节,可以使"学生慕课"教学模式具备常态化的远程教学功能。

2. 教学环节的实践性生成

教学环节与课程目标之间是一种表里关系,教师设计的教学环节一定为了达到某种课程目标。由于课程目标是一种抽象的存在,而教学环节是课程运行过程的各种实际表现形式,课程目标只有通过教学环节才能实现。目前各个高校在修订课程大纲时都纷纷将对学生的专业能力和素质培养目标加入其中,但由于缺乏多样化的教学环节,这些目标依然停留于口号状态。课程目标具体化的过程是课程教学贴近现实需求的过程,应该主要从课程知识对应的现实问题而非已有的课程知识出发,来探讨问题解决者应当具备的知识以及运用知识、创新知识的能力和素质。回顾我们的教改过程,为了清楚地阐明教学设计理念和具体方法,我们逐渐将教学环节及其具体要求归结为具体的课程目标,也就是先有教学环节,后提炼具体课程目标。其基本路径是:现实问题需求—教学环节—具体的课程目标—教学活动—现实需求。首先教学环节是对现实问题解决的形式化模拟,其次通过对学生在此过程中的知识、能力和素质要求进行提炼形成课程教学目标,然后以此目标对教学实施过程进行指导,最后通过对现实需求的满足情况,即学生的能力素质提升情况作进一步反思,以检讨教学环节、课程目标的设置是否需要完善。这样就使教学改革过程形成一个逻辑闭环(见图2)。

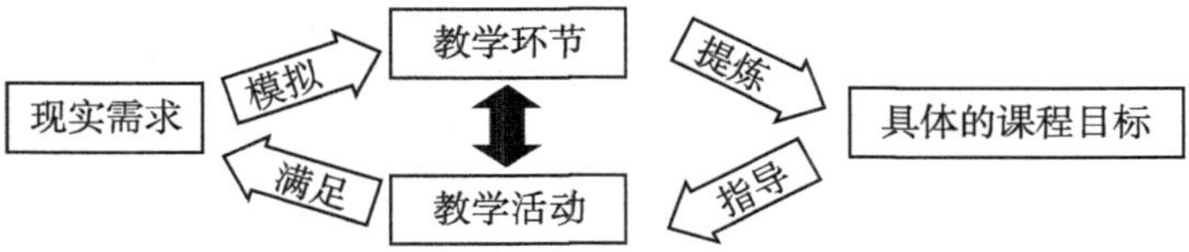

图2 “学生慕课”教学环节的实践性生成

上面对法学本科“学生慕课”教学的目标和教学环节作了简要介绍,但仅仅这两个方面还不够。“学生慕课”教学模式及其实际运行是一个由课程目标、知识、环节、资源、成绩和调查等共同构成的有机的整体,除课程目标与教学环节之外的部分具有对教学模式正常运行的支撑作用。

三、"学生慕课"教学模式应用中的配套措施

在法学本科课程中应用"学生慕课"教学模式,还需要注意课程知识、平时成绩、教学资源、在线讨论、调查和达标评估等方面的配套措施,下面进行简要分析。

(一)以新知识观促进知识学习

每一种教学模式都有着对应的课程知识观和学习观,教学改革不仅需要进行形式上的改变,还需要更新相应的知识观和学习观,并且伴随改革实践一步一步地加深认识。在"学生慕课"教学改革过程中,我逐渐认识到,知识是受到人的认知生理、心理运行机制限制的,以人类社会符号系统为形式建立的,解决人类面临的重复性现实问题的方案。知识是在有限次数和有限条件下被验证过的相对真理。法学专业所属的人文社会科学,其知识的逻辑严密性远不如自然科学知识,并且经济社会快速发展也对解决问题的方案,即知识提出了更新的需求。学习者只有站在与知识创造者、完善者基本相同的角度才能看清知识背后的现实问题,从而真正理解知识。现实问题都有其自身特殊的而不被课程知识所囊括的方面,因而课程知识在解决现实问题时必定会面临新问题。那些与问题精确对应的知识只能在一个非常有限的范围内,以局部解决方案的形式存在,例如,有些知识只能到工厂的生产加工过程中去寻找。而这类有标准答案的问题又很快不再需要人工解决,而是应用人工智能和机器手臂来解决。这就要求课程学习者不仅要理解现有知识背后的问题,而且要透过知识学习过程训练解决相关现实问题的能力素质,今后能够根据已经变化了的现实问题提出自己的解决方案。因此,"学生慕课"教学模式致力于改变传统教学把课程知识作为权威来传递的作法,将课程知识学习作为学生的探究任务,引导学生在个人学习和小组学习中探讨知识作为一种方案在解决现实问题时对不对,有什么问题,或者为什么对,如何找到一种更好的解决方案。通过课程知识疑问促进学生

查找资料、整理、分析,尝试回答自己的疑问,以这个探究过程培养课程知识相关的能力和素质。

由于学生可以花在一门专业课程上的总时间是有限的,不能要求学生在每一个知识点上都进行深入的探究,只能因势利导地鼓励学生对兴趣点和任务点进行较深入的探究,因此"学生慕课"教学模式设计了学生点面结合掌握课程知识的教学环节。以"合同法"课程为例,"面"就是课程知识的体系,通过每周的预习知识树状图共计16张、阶段性知识总结树状图共计2张来强化,要解决的问题是让学生知道某个具体知识的大致内容,知道从哪里找到相关知识,即知道现实问题的解决应该落在知识地图的哪个位置。"点"就是学生深入探究的课程知识点,具体有四种形式,每周预习心得是在每周4个小组任务知识范围内的一个小点,共计16个;个人负责汇报的小组任务是印象最深刻、知识范围也更大的3个点;案例统计分析是在整个课程范围内自由选择的、更加深入的2个点;在线讨论的发帖或者回帖是可能与其他"点"相交叉、与其他同学的兴趣点相交叉的若干小点。

(二)以平时成绩强化教学环节

"最重要的评价应该在教学过程中而非教学结束之后进行。"⑱传统教学模式以教师课堂讲授为主要教学环节,以期末考试为主要评价方式,导致学生的平时学习处于浅层次跟随状态,而"一锤定音"的期末考试提高了短期记忆在学业评价中的地位,埋下了高分低能的种子。近几年来一些教师对期末考试的形式和内容进行了改革,例如,采用开卷考试模式或者增加知识应用性质的试题比重,这无疑是非常好的。⑲ 但这仍然难于转变学生的平时学习习惯,其根本原因是没有采用多样化教学环节和平时成绩这个指挥棒来保障落实。"学生慕课"教学模式以多样化的教学环节来培养学生的能力素质,将80%以上的课程成绩分配到

---

⑱ [英]哈利·弗莱彻·伍德:《基于问题导向的互动式、启发式与探究式课堂教学法》,刘卓、耿长昊译,中国青年出版社2019年版,第8页。

⑲ 参见车浩:《车浩的刑法题》(第2版)序言节选,载中国法学创新网2021年8月10日,http://www.fxcxw.org.cn/dyna/content.php?id=23457。

各个教学环节之上,保证学生真正重视平时学习(见表1)。

表1　2021年合同法课程“学生慕课”教学的评分项目、目标、评分方式和项目性质

序号	评分项目	具体目标	评分方式	项目性质
1	每周画知识树状图	知识体系化	抽查,10分/次	基础性学习
	每周自选主题写心得	兴趣点学习	抽查,10分/次	
2	看视频、资料,做测验题	自学和知识查漏补缺	系统评分,视频2%,测验题18%	
3	每周课前小组任务	合作学习	组员同等,9分/次	高阶性学习
4	每周课堂小组任务汇报	促进知识内化、表达能力	每人2—3次,20分/次	
5	课堂讨论发言	论辩能力	每次0—3分,每周限加分2次	
6	在线专区讨论	共同体学习	系统评分,数量5%+老师抽查75%	
7	案例统计分析	兴趣点深度学习	2次,每次20分	
8	阶段性知识树状图	课程知识自我体系化	2次,每次15分	
9	对案例统计分析等的“亮提帮”互评	公正评价学习成果	2次,每次8分	
10	课程目标达成情况自评及学习方法总结	促进课程目标认同,提升元认知	开学、期中和期末各1次,只对总结评分,每次5分	
11	假期提前学习	适应性学习	根据提问,10分	学习准备
12	上课缺席、迟到,发现玩手机等	课堂纪律	每次至少扣1分	课堂纪律

“系统评分”是指由在线教学系统按教师设定的规则自动统计的分数,包括观看视频情况、测验题完成情况、发回帖数量。教师对在线讨论的抽查评分也记录于在线教育系统中。由在线教学系统记录的百分制成绩在记入平时成绩册时按分值50进行折算。平时成绩册上的各教学环节分数汇总之后再折算成百分制平时成绩,然后录入教务系统占最终成绩的80%。

多样化教学环节及配套的平时成绩为学生提供了多种得分机会,解决了期末考试“一锤定音”对短时记忆能力较弱学生不公平的问题。在“学生慕课”教学中,学生可以在自己感兴趣的内容或者擅长的教学环节,例如案例统计分析、每周课前预习树状图和心得任务、课堂汇报、在线讨论等方面通过认真准备获得高分。此外,平时成绩评定结果必须及时公示以便为学生提供学习反馈。这样做将帮助学生及时调整学习态度和方法,同时化解期末集中核对成绩的难题。

(三)以特色教学资源作为支撑

特色教学资源可以降低学生适应自主学习教学模式的难度。在网络专业数据库功能越来越强大、网络教学平台越来越流行的情况下,学生获得课程学习的一般性教学资源的障碍已经基本消失。但这并不意味学生有足够的动力去获取网络学习资源,即使获取也不一定就能够正好满足课程教学的需要。采用学生以前未曾接触过的多样化教学环节,不仅意味着需要数量巨大而且内容开放的课程参考资料,而且意味着需要很多方法性材料或者指导。在“学生慕课”教学过程中,学生完成的小组任务PPT、小组课堂汇报、教师点评和师生讨论的视频、课前预习知识树状图、阶段性知识树状图、案例统计分析、结课后录制的学习心得等会被上传到SMOOC的相应章节之下,使新进入课程的每个学生都可以直接参考往届的教学资料进行自主学习,不会存在“巧妇难为无米之炊”的问题。更为重要的方面是,学生可以通过模仿获得自主学习的方法,了解学习成果应当达到的标准以及对需要投入的时间和精力进行合适的安排。

特色教学资源同样也可以帮助到教师,一方面可以减少教师的重复性劳动,减轻备课的材料准备工作量。例如,由于SMOOC上已经有了教师精讲的视频、往届的课堂教学视频和教师提供的重要参考资料,学生可以课前自主学习,老师可以不用花费宝贵的课堂时间来重复讲授。由于各个知识点的测验题已经设置在SMOOC上,每一年教师只需要进行更新即可。教师放置在平台上的教学方案、学习指导、重要参考资料都能直接保存和积累,每一年只需要加以修订完善即可。这些方面节省的时间和精力,教师可以用于师生在线讨论交流,可以用于指导和督促学生自主学习,可以仔细评阅学生完成的各类自主学习任务成果。另一方面,特色教学资源是师生围绕课程知识问题共同学习、讨论并且结构化呈现的结果,学生提出的问题、课堂汇总和案例统计分析报告都能给教师带来科研启发。除此之外,丰富的课程特色教学资源还可以供其他学生学习,例如笔者2018年在建设开放课程"合同法基础"时就直接以"合同法SMOOC"的总论部分为基础。

(四)以在线讨论拓展交流空间

相较于纯粹的自学,课程教学的实质是师生、学生之间围绕课程知识问题的交流。课程讨论在师生交流中发挥着不可替代的重要作用。法学课程的内容思辨性使苏格拉底式课程讨论更具有职业现实意义。[20]课程讨论的教学优势来源于师生个体的多样性,以及交流互动使得这个多样性围绕具体知识发生的相互激发作用。每个学生的家庭不同、人生经历不同、学习经历不同,看待相同的知识问题时自然会产生不同的疑问和观点。尽管学生提出的只是个人疑问,但是在多人参与讨论之后,有关这个问题的观察角度将更加丰富、相关资料引用更多、认识程度大大加深,就能够不仅在提问者身上,而且在所有参与者身上发生相互激发、教学相长的作用。[21] 学生在课程讨论交流所营造的知识共同体中可以更好地认识自己,可以发现自己所没有意识到的问题,也可以因为同

---

⑳ 参见李立丰:《美国法学教育中苏格拉底教学法的变迁与反思》,载《汉江学术》2018年第5期。

㉑ 参见高江勇:《高质量本科教学的发生——为何需要及何以实现互动式教学》,载《高等教育研究》2020年第1期。

学的参与而解决自己的疑问，从而在争论和认同中产生学习的功力和兴趣。传统教学也存在虽然师生个体具有多样性，但由于缺少必要的互动交流而没有发生相互激发的问题。深入的课程讨论可以将学生个人的认识水平提升到包括教师在内的教学共同体的最高水平。

在“学生慕课”教学模式下，学生每周都需要在SMOOC上阅读学习材料、观看教师的讲解视频、参考往届课堂视频、画知识树状图、写学习心得、做测验题、合作准备小组任务，在前后半学期还需要完成案例统计分析任务，这个过程必然会产生疑问。在课堂汇报小组任务及随后教师的点评和师生讨论中，经常会出现课堂时间不够用以及有一些学生觉得没有想好怎么提问的情况。这些问题都需要通过在线讨论来解决。

在线讨论除了不能训练课堂讨论中的“急智”之外，拥有课堂讨论所不具备的诸多优势，例如时间、空间自由，能够随时随地发帖或者回复；所有讨论活动都被如实记录下来，可以反复回看；后续讨论可以引用已经讨论过的话题；平台可以统计个人发回帖的数量，可以汇总个人的发回贴等。在在线讨论过程中，学生回复讨论帖子、相互学习，也减轻了教师的答疑工作量。“学生慕课”教学模式设定了较高的在线讨论成绩比重以吸引学生将个人学习中的疑问通过在线讨论提出来，吸引学生积极回复他人的帖子。㉒

（五）以常态调查实现持续改进

常态化课程调查对于发扬教学民主、凝聚教改共识、化解教改风险、促进教学科学化、增加教研学术性具有重要意义。传统教学模式实质是一种惯性化教学运作体系，因为沿袭而取得合法性，㉓由于学校和教师不愿意投入更多资源于课程，教学管理只能对基本的教学框架，如教学大纲、教师课堂讲授、期末考试进行强化，这些都使教学模式越来越僵化。但是传统教学模式抵挡不住社会人才需求、教学环境变化和学生的

㉒ 因为所有教学过程都一样，所以在教学平台上我们将两个教学班合并为平台上的一个班处理，这样在在线讨论这个教学环节交流的范围就是两个班的所有同学。小组合作、小组任务汇报视频等仍然是两个教学班并行。

㉓ 参见[美]伊恩·朱克斯、[美]瑞恩·L.沙夫：《教育未来简史：颠覆性时代的学习之道》，钟希声译，教育科学出版社2020年版，第17~26页。

新特点带来的毕业生能力和素质培养需求变化。尽管改革势在必行,但在传统教学模式包围之中探索符合当前和今后社会发展的教学模式仍然必须高度重视并且处理好改革与稳定的关系,回归课程教学的实质。这就必须通过了解学生的学习基础、对教学改革措施的意见建议,了解教学改革的实施效果,即学生的学习投入、承受力和知识、能力和素质提升的情况。否则,教学改革容易滑入教师一厢情愿、盲人摸象的状态。

为了实现课程目标和稳妥推进各个教学环节,我们在改革过程中充分尊重学生的主体地位、采取多种途径听取学生对教学方案的意见和建议。现在已经形成了经常化课程调查机制,包括提前一学期发布课程教学方案征求学生的意见;在课程进行中对教学方案进行微调时以学生学习效果和学习状态调研为基础,充分考虑学生的意见;设置教学意见匿名反馈机制,使学生可以毫无顾虑地随时反馈意见。在对新的教学措施征求意见之前,还要特别听取课代表和其他一些同学的意见加以完善。在长期的"学生慕课"教学改进过程中,尊重学生、依靠学生、师生共同实践,使教学改进成为师生共同努力的结果。以2020年春季学期合同法"学生慕课"教学为例,在接到学校进行线上教学的通知后,我们立即与课代表一起制定了《学生慕课式纯线上教学设计学生意见调查》在线匿名问卷。问卷以原来的混合式教学方案为基础,针对"学生慕课"纯线上教学实际设计了38个问题。内容涉及了个人课前自学、小组合作学习、个人拓展学习和师生合作学习的各项教学措施。特别关注了学生对将线下研讨课堂转变为线上教学模式的态度,涉及小组成员通过在线讨论准备小组任务PPT、小组成员轮流录制小组汇报视频、个人课前知识树状图、学习心得及其参考资料上传到教学平台、学生家中开展线上学习的条件等方面。问卷回收情况较好,两个教学班共计38人,发放38份、回收37份,学生普遍认同教学方案内容。开课之后,我们又对学生点评其他小组的汇报视频的措施等进行了专门的调查,最后找到了一项比较评分较为合理、学生和教师操作比较便捷的方式。

下面是2020年春季学期合同法课程"学生慕课"线上教学第6周调查的部分数据(见图3、图4、图5)。

(1)下列教学目标中,哪些你做得比较好?

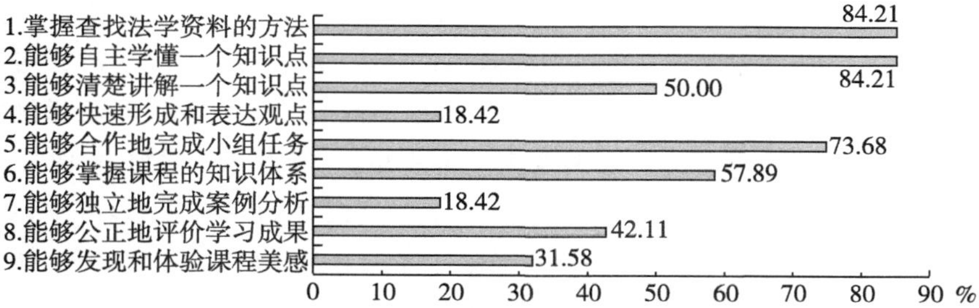

图3 “学生慕课”教学目标落实情况自评

(2)你觉得在促进知识掌握、培养能力、素质方面,是现在的“学生慕课”教学模式好,还是其他课程的直播形式好?

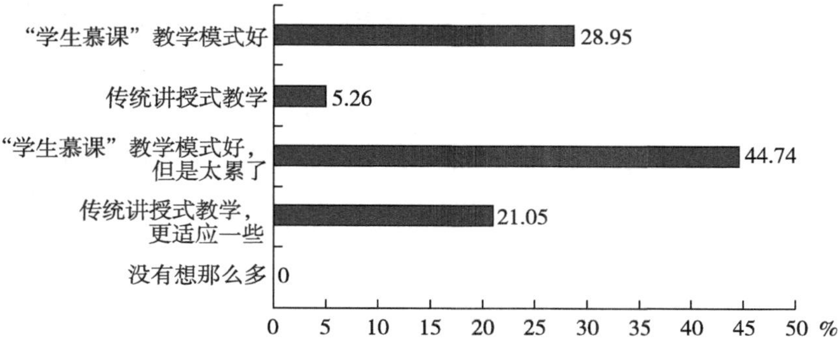

图4 “学生慕课”教学模式与直播教学模式的效果比较

(3)平时的学习中,你感觉压力和任务量如何?

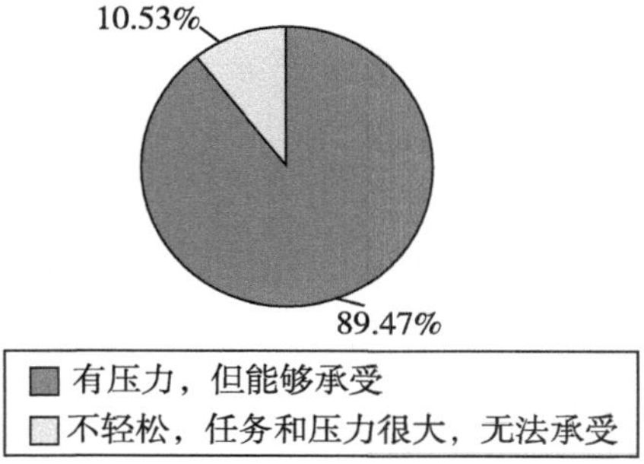

图5 “学生慕课”教学模式下的学习压力

(六)以达标自评促进情感认同

“为使课与学生高度适切,可让学习者对所要学习的主题设置自己的目标。”[24]由于学生原来的学习模式惯性强大,并且其他课程还没有同步开展教学改革,在“学生慕课”教学过程中说服学生积极认同改革就非常必要。为了将课程目标转变为学生的知识、能力和素质增量,需要使课程目标尽可能成为学生的目标,并且最终转化为学生的学习行动。为此,我们首先在大学一年级“法学新生学习指导”课程上讲解教改理念,使学生对“学生慕课”有基本印象,对九项具体课程目标有初步认识。其次,将九项具体课程目标写在教学方案的最前面,在开课前一学期期末发放给教学班学生征求意见,以作进一步宣传动员。最后,课程开始时、期中和期末进行三次课程目标达成情况调查,并且同时安排学生反思自己的学习,写出自己在本课程上的学习期待、期中学习方法小结、期末学习方法总结。这样的自评调查一方面帮助教师掌握学生的学习情况,另一方面不断地提醒学生注意课程的能力、素质目标,并且反思自己的学习方法,从而提升课程学习元认知。调查数据表明,学生的专业能力和素质总体上得到了提升。

The Application of “Students MOOC” Teaching Mode in the Teaching of Law Major Undergraduates

Yang Pan

Abstract: The reform of college curriculum teaching needs to respond to the society’s demand for high-quality talent, adapting to the network

---

[24] [美]加涅等:《教学设计原理》(第5版修订本),王小明等译,华东师范大学出版社2018年版,第112页。

environment and the new characteristics of college students. The “Students MOOC” teaching model that emerged at the historical moment draws on the concepts and measures of MOOC, which concentrates on the students' self-learning teaching model, and emphasizes the theories and applicable resolutions on the cultivation of students' professional ability and quality. The teaching mode of “Students MOOC” is perfected in the reform of the teaching of law major undergraduates, which is highly compatible with the needs of cultivating law major undergraduates in terms of the specific curriculum objectives and the diversification of teaching links. When applying the “Students MOOC” teaching mode in the teaching of law major undergraduate courses, we must pay attention to updating the view of curriculum knowledge, adopting knowledge learning methods combining points and aspects, strengthening the teaching link with usual results. With the employment of characteristic resources in “Students MOOC” as the supporting condition, the use of online discussion to extend the communication space and the use of normalized surveys for progressive improvement in order to achieve students' recognition of course goals through self-evaluation of standards.

Key Words: MOOC, students autonomous learning, law major undergraduates, teaching reform, ability and quality

论法律大数据实证研究课程的构建*

黄 磊**

摘 要:海量的法律大数据生产促使法律行业从信息化向智能化转型,令我国对法律大数据实证研究人才的需求与日俱增。我国法学教育应正视这一趋势变化,积极回应这一人才需求。法学院校应积极开设法律大数据实证研究课程,为我国法律大数据实证研究人才的培养发挥建设性作用。在课程内容设置上,应以法律大数据的挖掘方法、实证分析方法和研究方案设计为主要内容,帮助学生全面领会和掌握法律大数据实证研究方法。在具体教学方法上,应突破以讲授为主的传统教学模式,通过研讨、练习及实践教学等方式,帮助学生熟练掌握关键技能。

关键词:法律大数据实证研究课程 法律大数据挖掘 法律大数据分析 法律智能化

---

* 本文系2020年度重庆市社科规划博士项目"司法裁判模型人工智能化研究"(项目编号:2020BS84)、2021年度重庆市教委人文社科重点研究基地项目"司法大数据挖掘、分析与应用研究"(项目编号:21SKJD032)、西南政法大学2018年度校级重点资助项目(项目编号:2018XZZD-05)的研究成果。

** 黄磊,西南政法大学人工智能法学院讲师,法学博士,研究方向:人工智能法学、民事诉讼法学、法学教育。

一、问题的提出

近年来,随着司法系统信息化建设的全面推进和法律服务业信息化水平的不断提高,大数据挖掘技术在司法领域应用广泛,法律大数据的生产数量呈井喷之势。以司法裁判文书网为例,截至2020年12月,公开的文书总量已超过了1.07亿篇,访问总量超过524亿人次,日均新增裁判文书8万多篇。[①] 海量的法律大数据推动了法律行业工作方式的转变,从信息化向智能化升级。[②] 相应地,司法系统、法律服务业、法律科技行业以及法学研究机构等均表达了对法律大数据实证研究人才的迫切需求。[③] 教育部敏锐地捕捉到这一趋势,要求法学院校积极开展法律大数据学术研究,并构建相应的人才培养模式。[④] 培养法律大数据实证研究人才已成为当前法学教育亟须解决的重要议题之一。

虽然该议题备受重视,但在具体操作层面却困难重重。首先,开设法律大数据实证研究课程的法学院校寥寥无几。其次,即便有些学校开设了此类课程,课程设置方面也只是差强人意。譬如,课程内容偏重计算机学科,法学学科关照不足,尤其欠缺法学实证研究的内容,课程中的研究方案设计与数据挖掘分析难以满足法学研究的需要。最后,课程内容多以专题讲授为主,缺少动手环节,无法培

---

① 参见高凯:《最高法:中国裁判文书网公开文书超亿篇,访问总量超524亿人次》,载中国新闻网,https://www.chinanews.com/gn/2020/12-04/9354537.shtml。

② 参见[英]理查德·萨斯坎德:《法律人的明天会怎样?——法律职业的未来》(第2版),何广越译,北京大学出版社2019年版,第214~215页。

③ 参见张吉豫:《大数据时代中国司法面临的主要挑战与机遇——兼论大数据时代司法对法学研究及人才培养的需求》,载《法制与社会发展》2016年第6期。

④ 参见教育部《关于印发〈高等学校人工智能创新行动计划〉的通知》(教技〔2018〕3号),2018年4月2日印发。

养学生的实践能力。[⑤] 概言之,我国当前的法律大数据实证研究人才的培养方式与国家、社会的现实需求之间仍存在较大的差距。

鉴于此,本文拟从课程构建入手,探讨如何开展法律大数据实证研究人才的培养,以期与法学教育界同仁商榷。本文结构如下:首先,探讨我国法学院校为何需要开设法律大数据实证研究课程;其次,讨论课程内容的设计;最后,提出课程的教学理念与具体方法。

二、开设法律大数据实证研究课程的意义与可行性

在法律信息化向智能化转型的时期,国家和社会对于法律大数据实证研究人才的需求十分旺盛。在国外,已有一批顶尖法学院校开设了相应课程。例如,在过去30年,美国Top14法学院大多开设了法律大数据实证研究课程。[⑥] 然而,虽然我国也处于法律信息化向智能化转型的关键时期,但开设法律大数据实证研究课程的法学院校却寥寥无几。究其原因,一方面或因法学院校对于该类人才的需求了解不足;另一方面或因法学院校对于法律大数据实证研究课程的开设条件认识不够。因此,本文认为有必要先针对开课的重要性与可行性展开论述,以期引起法学界教育同仁对此类课程的重视与关注。

(一)开设法律大数据实证研究课程的意义

当前,法学院课程设置高度同质化,毕业生就业竞争压力巨大。一些法学院尝试拥抱新技术,推出了"法律+大数据/人工智能"的教学内

⑤ 据笔者不完全统计,国内法学院校开设的法律大数据实证研究课程主要有:中国人民大学法学院的法律数据分析基础和法律数据分析实践,清华大学法学院的计算法学导论和计算法学方法,西南政法大学人工智能法学院的大数据与法律实证研究、法律大数据挖掘、分析与应用和计算法学,四川大学法学院的法律大数据分析,东南大学法学院的法律大数据与人工智能导论等。

⑥ 参见[美]凯文·艾希礼:《数字时代的法律实践:一份人工智能法学课程大纲》,杨安卓、陈晓莉译,载《法治现代化研究》2019年第1期。

容，成为人才培养模式转型的一大亮点。⑦ 一些学者就此展开了较为深入的理论研究，希望借此推动人才培养模式的改革。⑧ 总结起来，开设该课程具有如下重要意义。

1. 满足司法系统的智能化司法统计人才需求

开设法律大数据课程有利于为司法系统输入新型人才。司法统计是指通过统计学和计量学的方法，对在司法活动中收集到的大数据展开挖掘、分类整理、汇总描述以及量化分析，从而更准确地认识和总结司法活动的性质与规律。⑨ 司法统计是司法系统长期以来的重要工作之一。司法统计分析可以为重大决策提供重要基础——司法机关既可以通过统计分析的手段来总结司法活动的规律，为司法治理提供决策依据，⑩ 还能据此发现深层次的法律与社会问题。⑪ 以法院系统为例，早在 1985 年，最高人民法院就颁布了《关于加强人民法院司法统计工作的若干规定》，强调司法统计在国家统计中的重要地位。一方面通过司法数据来观察“社会风气变化”；另一方面通过定期总结汇报对各级法院进行考核。

早期，司法统计主要通过手工方式完成。2000 年，最高人民法院在全国法院系统部署了“人民法院案件信息管理与司法统计”系统，实现了案件从立案、审理到结案的电子化录入以及案件流转和管理的电子化记录，实现了司法统计的自动化。此外，各级法院通过数据交换与共享，将诸如结案率、收案率、改判率等数据作为绩效考核指标，用于法院和法

---

⑦ 参见范水兰：《法学院校开设人工智能相关法学课程的思考》，载《法学教育研究》2020 年第 1 期；[美]米歇尔·皮斯托：《法学院与技术——我们现在何处并将驶向何方》，周亚玲译，载《法学教育研究》2016 年第 2 期。

⑧ 参见阮晨欣、刘艳红：《大数据司法领域对法学教育的渗透与影响——以区块链技术的法律行业运用为视角》，载《法学教育研究》2020 年第 1 期；古丽米拉·艾尼：《人工智能时代法学人才培养模式变革的缘由、困境及对策》，载《法学教育研究》2020 年第 1 期；毛高杰：《人工智能驱动下的法律教学改革》，载《法学教育研究》2019 年第 4 期。

⑨ 参见顾韩君：《司法统计学》，上海社会科学院出版社 1991 年版，第 1 页。

⑩ 例如，对我国司法裁判文书上网情况的分析，参见马超、于晓虹、何海波：《大数据分析：中国司法裁判文书上网公开报告》，载《中国法律评论》2016 年第 4 期。

⑪ 参见翟全军、李明睿：《大数据与法院司法统计方式和口径改革》，载《统计与信息论坛》2017 年第 3 期。

官的绩效考核。⑫ 近年来,中央层面发起了“智慧法院”建设,希望通过司法大数据平台,借助专业的司法大数据挖掘与分析技术,将司法统计工作进一步智能化。根据中央和最高人民法院的文件精神,当前司法统计工作的主要任务,已不局限于掌握情况和计算绩效考核,还包括监控司法运行质量。⑬ 因此,司法机关急需智能化司法统计人才。

2. 满足法律服务行业的司法预测人才需求

司法预测对法律服务行业意义重大。以律师业为例,律师期望能够通过对司法裁判数据库的分析来预测可能的结果,或者通过对海量商业合同的分析来预测潜在的法律风险,以便为客户提供更准确、细致的法律意见。牛津大学萨斯坎德教授指出,法律大数据在法律实务和法律风险管理中的核心功能就是司法预测。⑭ 具体而言,律师可以根据司法预测的情况来判断胜诉率以及案件处理的工作强度与工作量,作为其是否接受客户委托以及收费多少的判断依据。律师还可以帮助当事人研判案件,预测对方可能采取的诉讼策略。此外,律师还可以通过司法预测来决定是否接受对方的调解请求。最后,准确的司法预测还可以帮助律师指导客户进行风险预防与风险管理,减少纠纷数量,降低纠纷激烈程度。

3. 满足法律科技公司的算法工程师需求

人工智能的基础是大数据和算法,算法基于数据分析而成。在司法系统和法律服务行业,对于智能裁判辅助以及智能法律风险管控的需求,往往需要外包给专业的法律科技公司,通过法律大数据对算法进行研发加以实现。目前,国内市场的智能法律产品几乎全部由知名的法律科技公司参与研发。⑮ 有研究机构预测,在“智慧法院”建设的带动下,

---

⑫ 参见芦露:《中国的法院信息化:数据、技术与管理》,载《法律和社会科学》2016年第2期。

⑬ 参见钱大军:《司法人工智能的中国进程:功能替代与结构强化》,载《法学评论》2018年第5期。

⑭ 参见[英]理查德·萨斯坎德:《法律人的明天会怎样?——法律职业的未来》(第2版),何广越译,北京大学出版社2019年版,第67页。

⑮ 华宇软件、国双科技、科大讯飞、百度、腾讯等科技上市公司均成立了司法事业部或子公司,专门从事智能法律服务行业。

法律科技市场规模将从2018年的15亿元增长到2023年的近30亿元。[⑯] 其中,法律科技公司对于算法工程师的需求将会随着市场规模的不断扩大而急剧上升。然而,他们大多只懂大数据挖掘与分析技术,不懂法律,知识背景单一,尤其缺乏法律文本解析技术。因此,法律科技公司亟需精通法律大数据的算法工程师。

4. 满足法学研究机构的法律大数据实证研究人才需求

法学研究方法具有三类:价值判断、规范研究和实证研究。[⑰] 其中价值判断与规范研究主要针对法的应然状态进行研究,实证研究主要针对法的实然状态进行研究。实证研究又分为定性研究和定量研究。随着我国法律体系的不断完善,价值判断与规范研究日趋成熟,因此逐渐有不少学者开始转向实证研究。近年来,随着法律大数据的兴起,通过计算机编程能实现对数以万计的法律文本的挖掘与分析,使法学实证研究中的定量研究方式实现了从传统的抽样研究向全样本研究的转变。这一转变必然掀起法律大数据实证研究的热潮。但是,由于缺乏专门的法律大数据研究方法训练,我国当前学术产出数量和学术研究水平并不高,存在诸多问题[⑱],这反映了当前我国法学研究机构对于法律大数据实证研究人才需求的迫切程度。

鉴于社会需求是人才培养模式变革的价值导向[⑲],法学院校应积极开设法律大数据实证研究课程,大幅增加该类人才的培养供给,改变人才紧缺现状。

(二)开设法律大数据实证研究课程的可行性

目前,有个别法学院校通过与人工智能院校合作的方式引进了大数据挖掘与分析课程的师资,开设了大数据挖掘与分析的课程,但缺乏对“法律”的针对性。法律大数据实证研究本身具有独特性。首先,在数

⑯ 参见头豹研究院:《2019年中国智慧法庭行业概览》,载东方财富网2021年6月8日,https://pdf.dfcfw.com/pdf/H3_AP202007301395266756_1.pdf?1596117137000.pdf。

⑰ 参见陈柏峰:《法律实证研究的兴起与分化》,载《中国法学》2018年第3期。

⑱ 参见左卫民:《迈向大数据法律研究》,载《法学研究》2018年第4期。

⑲ 参见柳长安、白逸仙、杨凯:《构建“需求导向、校企合作”行业特色型大学人才培养模式》,载《中国大学教学》2016年第1期。

据来源方面,法律大数据的采集主要是针对法律文本的挖掘,而大数据的采集渠道丰富多样,文本挖掘只是其中之一。其次,在数据源的存储形式方面,法律大数据的数据源大多为非结构性数据,需依赖于专门的法律语料库、法律本体建模等经过法律文本解析技术转化为结构性数据;而大数据多为结构性数据,数据采集通常较为简单。最后,在数据分析方面,法律大数据分析采用的是社科法学的定量研究方法,重点关注的是变量之间的相关性与因果性,以发现数据现象背后的理论。而大数据分析采用的主要是分类分析与聚类分析,强调对数据特征的描述,不甚关注数据现象背后的理论。因此,与大数据的挖掘与分析相比,法律大数据实证研究具有独特的方法论。目前,我国已初步建立了海量的法律大数据,国内外的大数据挖掘和大数据分析技术日臻成熟,相关的学术研究蓬勃发展,为法学院校开设法律大数据课程打下了较为坚实的基础。

1. 丰富多样的法律大数据库

如前所述,法律大数据研究是对法律大数据的挖掘与分析。如果没有海量的法律数据库,再先进的挖掘与分析技术亦无用武之地。我国的法律数据库建设卓有成效,近年来,法院系统逐步建设完善了司法裁判大数据库、司法执行大数据库、诉讼服务大数据库等各种法律数据库,并已初步实现了数据的终端汇聚以及信息的实时抓取。[20] 这些数据库是法学院校开设法律大数据实证研究课程的物质基础。以司法裁判大数据库为例,白建军教授早在2015年便指出,最高人民法院在中国裁判文书网上几乎公开了全部司法裁判文书,这样的大数据(几乎是“全样本”数据)为法学研究提供了丰富的样本。[21]

2. 不断发展的法律大数据挖掘技术

法律大数据实证研究的第一步是法律文本挖掘。法律大数据库中动辄百万计的数据需要先通过文本挖掘的方法,将信息转换成结构化数

---

⑳ 参见芦露:《中国的法院信息化:数据、技术与管理》,载《法律和社会科学》2016年第2期。

㉑ 参见白建军:《大数据对法学研究的些许影响》,载《中外法学》2015年第1期。

据,之后才能开展数据分析工作。

过去受人力所限,传统法学实证研究的数据主要来自抽样样本。近年来,随着计算社会科学方法在法学实证研究中的应用不断深入,计算法学这一新型研究方法日益受到重视,普及程度不断提高㉒,使法律大数据实证研究的数据来源有望从“抽样样本”转向“全样本”。事实上,不断发展的法律文本挖掘技术,结合法律本体知识工程、机器学习等技术,为法律文本的挖掘创造了良好的条件。㉓ 随着法律文本解析技术水平的不断提高,面向“全样本”的数据采集质量也在不断提升。这些都为开展以“全样本”为基础的法律大数据实证研究提供了坚实的基础。

3. 日臻成熟的法律实证分析方法

大数据分析方法其实是大数据的处理方法,主要包括大数据采集、大数据存储、大数据分布式计算、大数据分析模型构建等内容。㉔ 它主要满足工程应用的需要。而法律实证研究方法是一种社科法学研究方法,是社会学的量化研究(quantiative analysis)在法学领域的运用。这种分析方法的目的在于满足理论研究的需要,揭示现象以及对现象展开理论解释,从而帮助人类更深入地认知司法规律,发展法学理论。法律实证研究与法律大数据实证研究的主要差异在于样本采集方式不同,分析方法并无本质区别。

虽然我国的法律实证研究起步较晚,但在社会学、经济学、政治学等领域,量化研究方法已日臻成熟,完全可供法律大数据实证研究借鉴、学习。关于该研究方法的经典著作也是比比皆是。比如:艾尔·巴比(Babbie)撰写的《社会学研究方法》就有对量化研究的详细介绍。㉕ 此外,社会学的经典教材——由唐启明(Donald Treiman)撰写的《量化数

㉒ 参见邓矜婷、张建悦:《计算法学:作为一种新的法学研究方法》,载《法学》2019 年第 4 期。

㉓ 参见[美]凯文·D. 阿什利:《人工智能与法律解析:数字时代法律实践的新工具》,邱昭继译,商务印书馆 2020 年版,第 285 页。

㉔ 参见陆红:《大数据分析方法》,中国财富出版社 2017 年版,“前言”第 1 页。

㉕ 参见[美]艾尔·巴比:《社会研究方法》,邱泽奇译,华夏出版社 2009 年版,第400~426 页。

据分析:通过社会研究检验想法》——也已翻译介绍到中国,可以成为我们教学的重要参考。[26] 其他很经典的读本还包括科恩(Cohen)等人撰写的《行为科学领域的应用多元回归分析》[27]以及海耶斯(Hayes)撰写的《传播学领域的统计分析方法》。[28] 再者,国内外一些学者陆续出版了法律大数据实证研究的专著,提供了不少宝贵的教学资源。[29]

4. 日益丰富的法律大数据实证研究成果

法律大数据实证研究课程的最终落脚点是在"研究"二字,即如何依托于大数据库,将量化研究方法运用于法学研究中,以此展开理论研究。因此,课程的开设需要基于现有的研究成果。这些成果为教学提供了实例,能帮助学生更好地理解研究设计及具体应用。在法学领域,量化研究成果虽然不如社会学、经济学、政治学等其他学科丰硕,但越来越多的学者开始在权威法学期刊上发文。比如,贺欣教授与苏阳教授基于上海的裁判文书开展了实证研究,揭示了民事诉讼制度中的结构性失衡。[30] 白建军教授基于中国裁判文书网公开的全部 14 万余件罪名为交通肇事罪的判决书,研究了法官在交通肇事罪案件中的集体量刑经验。[31] 这些研究成果可作为法律大数据实证研究课程的重要案例。

㉖ 参见[美]唐启明:《量化数据分析:通过社会研究检验想法》,任强译,社会科学文献出版社 2018 年版。

㉗ See Jacob Cohen et al., *Applied Multiple Regression/Correlation Analysis for the Behavioral Sciences*, London, Lawrence Erlbaum Associates, 2003.

㉘ See Andrew Hayes, *Statistical Methods for Communication Science*, London, Lawrence Erlbaum Associates, 2005.

㉙ 参见白建军:《法律实证研究方法》,北京大学 2014 年版;詹小平、洪凌啸:《法律数据:统计方法与实证研究》,四川大学出版社 2019 年版;[美]汉斯·采泽尔、[美]戴维·凯:《用数字证明——法律和诉讼中的实证方法》,黄向阳译,中国人民大学出版社 2008 年版。

㉚ 参见贺欣、苏阳、叶艳:《法院能否在强弱当事人之间中立——以上海法院 2724 份裁判文书为样本》,载《法律和社会科学》2016 年第 2 辑。

㉛ 参见白建军:《基于法官集体经验的量刑预测研究》,载《法学研究》2016 年第 6 期。

三、法律大数据实证研究课程的教学内容

法律大数据实证研究课程在性质上是一门方法论课程,注重技能培养,显著区别于知识性课程。长期以来,我国的法学教育以讲授为主,涉及方法论的训练较少,学生的动手实践能力不强。因此,法律大数据课程的教学应当坚持知识性与技能性并重,其内容应包含法律大数据挖掘方法、法律大数据分析方法以及法律大数据研究方案设计三个方面。

(一)法律大数据挖掘方法的内容构建

法律大数据实证研究的第一步是从法律文本中挖掘数据。授课目的在于帮助学生理解以下三个问题:为什么要进行数据的挖掘?数据挖掘的最终目的是什么?数据挖掘的基本方法有哪些?在这一部分,宜融入具体的案例,通过向学生展示既有的法律大数据实证研究成果,帮助其更好地理解以上三个问题。为了帮助有意开设此课程的法学院校和教师更好地设置法律大数据挖掘方法的课程内容,我们会重点讲授大数据挖掘的具体技术和方法,主要有法律检索、网络爬虫及法律文本挖掘。

1.法律检索

法律检索是法律大数据实证研究课程中的入门内容。除了培养学生掌握布尔代数等涉及检索的逻辑规则外,还需要训练学生设计合理的检索方案,以提高法律检索的合目的性。不同的法律数据库具有不同的检索要素,因此要对数据库有一定的了解,善用数据库的分类,以提高检索的精确程度。以中国裁判文书网数据库为例,该数据库在审判时间、审理法院、审级、审判员姓名、案由等方面已完成了精确化分类,并实现了该分类数据的结构化,因此通过选取必要的分类组合即可实现所需案例的检索。此外,法律大数据的挖掘往往围绕某一具体任务进行,需要将法律数据库中与该任务相关的信息单元挑选出来,并将无关的信息单元剔除出去。再者,为了提高挑选与剔除的精确性,防止遗漏相关信息,同时避免冗余信息,往往需要二次检索以及数据清洗,对数据查重去重。

2. 网络爬虫

网络爬虫是一种利用电脑程序自动高效获取信息的数据采集技术，其核心是爬虫程序。首先，编写该程序应将法律检索结果全部囊括，要求程序设置的网址，提交的各项 URL 参数等必须与法律检索完全一致。法律检索确定了数据挖掘的对象，网络爬虫则对该对象进行自动化的下载，甚至自动化提取其具体内容。有些云爬虫技术可实现成百上千个线程的同时爬取，一两天内即可完成上百万份判决书的下载。此外，亦可通过 Python 等计算机编程工具进行爬取，优点是可充分满足个性化的设置要求，缺点是编程技术要求较高，编程花费时间较长。[32] 通常采用定制的网络爬虫软件即可满足需求。其次，在进行网络爬虫的技能训练时，应注意让学生养成人工验证习惯，避免编程疏漏导致爬取结果偏差。人工验证可采取随机抽样的方式，也可以通过正态分布来检验抽样数据与网络爬虫数据是否一致。

3. 法律文本挖掘

法律文本挖掘（legal text mining），又称法律文本解析（legal text analytics），是法律大数据挖掘方法中最为核心的技术。它集语言学、统计学与机器学习于一体，被用来在法律文本中寻找特定信息，模拟和建构法律推理过程，进行法律数据分析或法律研究。不同于用于查询所需法律文本的传统法律检索技术，其本质上是一种语义信息检索技术，在法律文本中进一步提取所需语义信息。它依赖于由法律术语以及这些术语之间的关系组成的法律本体（legal ontonogy）所形成的类型系统（type system），对法律文本的内容进行自动标记或注解，再通过法律信息检索和语义信息识别计算实现所需语义信息的发现与提取。法律本体在法律文本挖掘中主要提供用于知识表示的法律术语的词汇表，传统上由人工进行建构，但通过自然语言处理和机器学习技术，可实现法律

---

[32] 中国人民大学刑事法律科学研究中心邓矜婷、张建悦提供了一个他们编写的爬虫程序，他们曾经使用该爬虫程序在一周内爬取了 3000 多万份裁判文书和 200 多万份法律文件。该爬虫程序下载网址：https://github.com/tsfnzjy120/paper_crawler。参见邓矜婷、张建悦：《计算法学：作为一种新的法学研究方法》，载《法学》2019 年第 4 期。

本体建构的半自动化。法律本体的建构主要来自对法律法规等规范性法律文件的挖掘,其基础词汇为法律术语。在法律本体建构的基础上,可建构法律的类型系统,具体方法是:首先在词汇层面利用分词技术进行半人工半自动化的词汇提取,然后应用统计测量来识别这些词汇与法律术语的词频,接着在本体层面将这些词汇与法律术语之间的关系通过词频进行连接。完成这些工作后,即可通过词汇与对应的法律术语之间的概率来预测这些词汇在法律本体层面的语义,也就是该词汇表达了什么样的法律术语。[33] 这些语义或法律术语构成了法律大数据挖掘的最有价值的信息。

准确理解法律术语以及这些术语之间的相互关系,进而准确标注法律术语以及准确构建法律本体,是法律文本挖掘的重点和难点。因此,法律文本挖掘技术水平的高低主要取决于法律水平而非技术水平,掌握法律文本挖掘技术不能只停留在自然语言处理和机器学习这些技术层面,更应在法律术语以及相互关系层面深化理解。

(二)法律大数据实证分析方法的内容构建

完成法律大数据挖掘工作后,便可以开展法律大数据实证分析工作。法律大数据的分析主要采用社科法学中的量化研究方法,主要包括社会科学研究方法和统计分析方法。

1. 社会科学研究方法

社会科学研究方法的授课主要是帮助学生掌握一些最基础的社会科学概念,比如,何为变量,何为抽样,何为效度(validity)以及信度(reliability)等,以建立起社会科学的思维方式。其中,抽样方法和文本分析方法是授课重点。

(1)抽样方法(sampling)

法律大数据本是全样本,克服了抽样的缺点。但是,由于法律本体构建与法律语料库的建设尚不完善,当前的法律文本挖掘技术并不成熟,准确性有待进一步验证。因此,通过量化实证研究中相对成熟的抽

---

[33] 参见[美]凯文·D.阿什利:《人工智能与法律解析:数字时代法律实践的新工具》,邱昭继译,商务印书馆2020年版,第6、14、209、217~220页。

样技术,可以用小样本数据来比对法律大数据挖掘的数据结果,从而验证后者的准确性。

(2)文本分析方法(content analysis)

文本分析技术是数据挖掘的基础。文本分析的第一步是进行本文的编码(coding)。比如,一篇判决书会涉及方方面面的内容,很多内容与研究主旨并不相关。研究者需要根据自己的研究问题,来提取判决书中最相关的信息。

2.统计分析方法

法律大数据的统计分析方法能揭示司法运行的规律,按功能可划分为三类:描述性分析、相关性分析与因果性分析。

(1)描述性分析

描述性分析的目的是对数据的基本特征进行分析,以描述数据资料中所包含信息的特征、趋势和数量关系。[34] 这种分析方式主要通过统计指标和统计图表来描述数据资料。具体而言,描述性分析包括:频次(frequency)分析和均值(Mean)分析。频次分析主要是报告某变量每一个值出现的次数,可以表达为具体次数,也可以用它相对于总体的百分比来表示(比例)。

除了频次分析外,均值也是一个重要的描述性分析工具。它是指某一个变量所有数值的平均数。在描述变量数值的分布状况时,均值分析必不可少,它是用来度量分布的中心。除了直接报告数值外,图表的使用能帮助我们直观地了解数据的基本特征。常用的图表类型有饼状图、柱状图以及折线图等。

(2)相关性分析

相关性分析用于揭示两个变量间的关联程度,可以借助于相关系数、列联表、交互分析以及回归的方法。

最常用的为简单相关系数,又称为皮尔逊相关系数(Pearson Correlation),测量两个连续变量的线性联系的紧密程度。在计算的时

[34] 参见[美]艾尔·巴比:《社会研究方法》(第11版),邱泽奇译,华夏出版社2009年版,第448~449页。

候,一般是将一个变量定义为 X,另一个变量定义为 Y。计算公式如下:

$$r = \frac{\sum_{xy}}{\sqrt{\sum_{x^2}}\sqrt{\sum_{y^2}}}$$

其中,$x = X - \overline{X}$,$y = Y - \overline{Y}$。

除了用皮尔逊相关系数外,交互分析也用于分析两个变量之间的关系。特别是变量为种类变量时,交互分析会比皮尔逊相关分析更加适合和准确。交互分析也称为独立性检测,数据处理采用列联表,所以也称为列联表分析,常用的统计分析工具为卡方(Chi-square)。当一个变量为连续变量,另一个变量为种类变量时,则采用 T-test 的统计工具。

当变量为三个或者三个以上时,要分析它们之间的关联,则需要采用回归分析法。不同于简单的相关分析,回归分析需要预设自变量与因变量,二者不能互换。一个简单的线性回归的数理基础是一元一次方程。计算公式如下:

$$\widehat{Y} = a + bX$$

该方程在平面坐标中表现为一条直线,在回归分析中被称为回归直线。其中 X 是自变量,$\widehat{Y}$ 是因变量 Y 的估计值,也称为理论值,它是根据回归模型和给定的自变量 X 的值计算得到的结果。

(3)因果性分析

相关分析只关注两个变量之间的关联程度。当需要分析是何种因素导致了(cause)何种结果时,就需要借助于因果分析,这在社会学被称为"起因"和"结果"的关系(casue-and-effect relationships)——"所谓因果关系指的是某个或某些'起因'X 影响或引起了某个或某些'效应'Y"。[35] 因果分析具有三个前提:X 先于 Y 发生(时间顺序具有先后性);X 与 Y 之间具有共变关系;排除了其他可能的起因。

推断因果关系最佳的方法是实验法,但这种方法无法运用于大数据研究,这时就需要借助一些多元分析技术,如多元回归分析、路径分析法

㉟ 参见柯惠新等编著:《传播统计学》,北京广播学院出版社 2003 年版,第 323 页。

和结构方程模型等,尽可能排除影响甚微或不相关的"起因",从而近似地推导出主要"起因"和"效果"的关系。鉴于路径分析法和结构方程的基础都是多元回归分析,这里只展示多元线性回归分析的计算公式:

$$Y = \beta_0 + \beta_1 X_1 + \beta_2 X_3 + \cdots + \beta_k X_k + \varepsilon$$

(三)法律大数据实证研究方案设计的内容构建

法律大数据实证研究方案的设计,一开始就应该是围绕假设性理论展开的。研究方案的设计主要包括如下几个关键内容:一是提出假设性的理论;二是提出数据采集方案;三是对数据进行相关性分析;四是在相关性分析基础上对数据进行因果性分析。法律大数据实证研究是一个"大胆地假设,小心地求证"的过程。假设的过程是提出研究问题的过程,求证则是解决问题的过程。一个假设要得到求证需要经过两道关卡,第一道是相关性检验,第二道是因果性检验。因此,法律大数据研究方案的设计应当保持浑然一体的科学态度和严谨求实的科学方法,以满足假设和求证的相应要求。

法律大数据实证研究方案的设计与法律大数据挖掘、法律大数据之间的关系是一体化的。具体而言,法律大数据挖掘是一种法律文本信息的获取方式,最终为法律大数据分析服务。法律大数据分析方法本质上是一种量化数据分析方法,它最大的价值在于通过社会研究检验假设性理论的真伪。这种假设性理论实质上是一种社会模型,一开始是通过数据之间的相关性作出假设,然后通过数据分析验证这种假设,于是数据之间的相关性上升为因果性,由此这一假设性的理论得到了数据上的验证。㊱

四、法律大数据实证研究课程的教学方式

法律大数据实证研究课程的授课对象主要为法学研究生。课程设置为一个学期,定位为专业必修课。若师资不足,可先设定为专业选修

㊱ 参见[美]唐启明:《量化数据分析:通过社会研究检验想法》,任强译,社会科学文献出版社2018年版,第2页。

课,待条件成熟再发展为专业必修课。部分法学院校亦可面向本科生开设选修课,适当降低难度,提高讲授比例。以下讨论主要就面向法学研究生的专业必修课展开。

(一)教学理念:方法讲授与技能培育并重

法律大数据实证研究课程兼具实践性和理论性,既要学生掌握抽象的理论,也训练其动手能力。因此,课程设计要结合“授课”与“动手”两部分量身打造。

首先,法律大数据课程涉及纷繁复杂的理论和概念。应在课程开始的初期,让学生通过听课和大量阅读,有针对性的掌握法律大数据挖掘、分析与研究方案设计所必需的基础知识。

其次,传统的讲授式教学方式难以激发学生的学习热情。法律大数据实证研究课程是文理结合的课程,涉及大量晦涩的法律术语与复杂的数学计算。鼓励学生发问、讨论,更有助于他们真正掌握课程的主要内容。事实上,教育学表明,有学生参与的讨论式的讲授要比教师一言堂的讲授效果好得多。㊲

最后,法律大数据实证研究课程还必须重视技能的训练。“教学的共识是讲课不能培养技能,技能培育的唯一方法是让学生在教师的指导下不断地练习。”㊳法律大数据实证课程的最终目的是让学生能够运用这些研究方法和技能,开展数据的分析和运用。因此,“听懂”并不意味着能够“运用”。要保证学生最后能够熟练使用这些方法和技术,教师就必须设计配套练习,向学生提供练习的机会,还必须实时指出错误并及时纠正,直到学生熟练掌握该技能为止。

(二)授课方式:注重讲授、研讨与练习

1. 优化传统的多师同堂授课方式

近年来,双师同堂甚至多师同堂的授课方式已得到诸多法学院校的

㊲ 参见邢丽丽、费祥历:《混合式教学环境下讨论式教学模式中师生角色转换研究》,载《现代教育科学》2019 年第 3 期。

㊳ 何美欢等:《理想的法学教育》,清华大学出版社 2016 年版,第 18 页。

欢迎。[39] 研究表明,双师或多师比一师效果更好,在学生群体中更受欢迎。[40] 法律大数据实证研究课程集法学、社会学、统计学于一身,涉及多个学科交叉知识点。一位老师实难全面掌握所有的知识。多师同堂的教学方式可以让教师之间形成合力,达到更好的教学效果。

但是,传统的多师同堂模式也存在问题,需要进一步优化。传统方式是将法律大数据挖掘、法律大数据分析与法律大数据研究方案设计"分而治之",以专题的形式由计算机科学、社会学和法学的教师分别、独立授课。这使学生在面对一个真正的法律大数据实证研究时,无法将相关知识和技能融会贯通。笔者认为,这种传统的方式需要进一步优化。法律大数据实证研究方法课的多师同堂不是"分而治之"的模式,而应该是"协同互助"。这种模式要求加强教师之间的人际沟通、脑力激荡以及师生之间的深入对话。这既需要教师之间长期的交往与了解,多次的磨合与合作,同时也需要学生加强小组学习,使知识水平与能力达到可以与教师沟通交流的程度。

具体操作上,有条件的法学院可以打造教学团队,组织教师集中备课,以实现法律大数据课程设计的统一性。另外,还可以选取经典案例,以一以贯之的方式来开展教学。教师围绕这些案例,根据每堂课的不同主题展开不同方面的解读(例如,研究如何挖掘数据,如何设定变量,如何统计分析等)。总之,教学方法的创新是为了令教师之间在知识结构上互补,在备课上各有侧重,合力上好一门课。

2. 开展课堂研讨教学

课堂教学采取研讨的方式,能够促进师生的互动交流从而提升授课质量。研讨课已在我国研究型大学中遍地开花,成为研究型大学教育改革的标志性举措之一。研讨课应当是启发式、互动式、探究式、参与式的。研讨课应当倡导学生大胆质疑、主动学习,鼓励学生课堂提问、发表

---

[39] 参见王杏飞:《"多师同堂"协同教学模式的路径透析》,载《黑龙江高教研究》2014年第8期。

[40] 参见张红艳、王斌林、汪波:《法学"双师多态式"教学法实践启示》,载《高教论坛》2017年第8期;韩博文:《双师协同教学模式的设计与应用》,天津师范大学2017年硕士学位论文,第37页。

评论、写报告、做演讲等，从而激发其内生动力，使之成为积极的学习者、探究者、实践者。[41] 新技术的应用也有助于研讨教学，使教师的角色定位发生极大的转变，传道式、说教式的角色成分会大幅减少，而启发者、经验交流者、体验分享者的角色成分会显著增加。[42]

具体到法律大数据实证研究课程的研讨教学设计，课前就前沿问题、疑难问题，结合案例设置思考题，提前一周布置给学生分组讨论，然后在研讨课上进行小组汇报、教师点评、师生讨论、课堂答疑等。几次研讨课之后，可安排 1 次练习课，提前 1 周将练习内容发给学生，并在课前收取练习作业，课堂上由教师对学生练习情况进行点评，并组织学生对案例练习的经验与得失进行交流和讨论，以强化学生对方法的深入理解与准确应用。

3. 大班授课，小组练习

课堂教学要注重课堂的知识讲授与课堂的研讨教学以及课堂练习。笔者经过几轮法律大数据实证研究课程的教学后，认为讲课可以大班教学，练习却必须小组进行。教师在练习中不能兼顾太多小组，否则会影响练习的质量和效率。但为了保障练习效果就需要更多师资，或者限制班级人数。可聘请上一届已熟练掌握了课程技能的学生，作为教师助理指导小组练习。练习可分阶段集中进行，训练学生分别掌握主要的技能项目。在阶段练习完成后，应安排综合性练习，使学生通过完整的项目，活学活用，举一反三，融会贯通所有必备技能。练习完成后，可指导学生开展相关研究。

(三)考核方式

考核对于教学的重要性不言自喻。但过于多元的考核指标会冲淡对学生学习表现的考察，因此应避免考核指标过于分散，并重点考核实践作品的质量等结果指标。考核成绩可分为平时成绩和期末成绩。平时成绩主要根据课堂表现评定。可以把学生分为数个小组，通过课堂汇

---

[41] 参见刘伟：《研讨式教学模式建构》，载《高等教育研究》2008 年第 10 期。

[42] 参见滕万庆、任正义、肖刚：《新技术时代背景下高校教学改革与探索》，载《黑龙江教育(高教研究与评估)》2019 年第 1 期。

报等方式以小组为单位考评其课程参与情况。至于期末成绩,授课教师可以根据所在学校的具体条件灵活安排。有条件开展课外实践教学的院校可以根据课外实践作品来进行评分;没有条件的,可以给同学布置一项法律大数据实证研究任务,根据研究作品打分。如果完成独立研究比较困难,可以降低要求,要求提交一份详尽的研究计划。

五、结语

综上所述,我国当前海量的法律大数据生产正在促使法律行业从信息化向智能化转型。这一转型催生了对法律大数据实证研究人才的迫切需求。面对人才需求与人才供给之间的失衡现状,法学院校应积极开设法律大数据实证研究课程,为司法系统、法律服务行业、法律科技公司以及法学研究机构提供人才,助力国家智能司法建设这一大政方针。

On the Construction of the Course of Empirical Study with Legal Big-Data

Huang Lei

Abstract: The production of enormous legal big-data promoted the transformation of law industry from informationization to intelligentization, causing an urgent need for talented persons in the field of legal big-data study. The domestic legal education should pay attention to this tendency and respond to such a need. Thus, law schools should take initiative to set up the course of empirical study of legal big-data, fostering the talented persons in this field. In regard to the content of the course, it should include the data mining of legal big-data, the empirical analysis method of legal big-data, and the research design, helping students understand and master the research methods of legal big-data. In addition, regarding the teaching methods, the traditionally taught course should be supplemented by skill training. Through incorporating discussions, exercises, and practical examinations into the course, which could provide abundant opportunities with students to master the key skills.

Key Words: the course of empirically research of legal big-data, data mining of legal big-data, the analysis of legal big-data, legal intelligentization

一期一书一会：法史学经典著作研读的教与研*

陈新宇**　翟家骏***　杨同宇****

摘　要：在理论法学教学模式亟须改革的背景下，清华大学法学院的“中国法律史”研究生课程采用“一期一书一会”的经典著作研读模式。由教师引导学生沿着“照着说”“接着说”“借着说”的方法，深入研读法史学经典著作。教师在课程中引导学生拓宽研读角度，创新思维方式，由点及面铺陈展开；学生分别担任主讲人、评议人和讨论者等角色，对该经典著作进行发散性思考和理论性阐释，形成了一套有体系、有构想、有方法的法史学研究生教学模式。

关键词：法史学　经典　研读　教学改革

当前我国高校的理论法学尤其是法史学的传统

---

* 本文系2017～2018年清华大学研究生教育教学改革项目“法史学经典著作研读”（项目编号：201703J018）和2019～2020年清华大学研究生教育教学改革项目“中国古典法学经典文献批判性研读”（项目编号：201905J013）的成果。

** 陈新宇，清华大学长聘副教授，博士生导师，研究方向：法律史学。

*** 翟家骏，大连海事大学法学院讲师，研究方向：法律史学。

**** 杨同宇，中国人民大学法学院博士生，研究方向：经济法学、法律史学。

教学模式亟须创新改革,而在众多教学改革方案中,研读课程的教学新模式越来越受到高校师生的重视与关注。我们在清华大学法学院的“中国法律史”研究生课程中尝试进行“一期一书一会”的教学改革,所谓的“一期一书一会”,即师生在一学期内共同研读一本经典著作并适时召开一次学术研讨会。该教学模式通过精读中国古典法学经典文献,鼓励学生主动思考、独立思考、辩证思考,激发学生的学术志趣,促进学生熟稔法史学研究的基本理论、基本方法,提高学生的学术探究能力、学术表达能力、学术写作能力,为研究生开展相关领域的深入研究提供帮助。

一、研读课程的必要性与可行性

(一)理论法学课程的现状及存在问题

理论法学是以探讨法学的基础理论、一般理论为主要任务的法学学科,与之相对应的是应用法学或部门法学。理论法学一般包括法理学、法律史学、法社会学、法经济学等学科。相较于部门法学逐渐推广案例研讨式教学而言,我国高校理论法学课程普遍采用的主要教学方式仍是传统的灌输式教学,总体有“激发学习动机、复习旧课、讲授新课、巩固运用、最后检查”五个阶段,即由教师直接控制教学课程,按部就班向学生教授知识的教学方式。但这种方法缺乏学生与教师的交流与互动,不利于培养学生学习的自主性与积极性。①

在我国的法学教育实践中,往往不重视经典阅读,对经典的忽视很大程度上影响了法学研究的品质。② 而法学经典本身具有强大的解释力和穿透力,对现实世界保持着反思和警觉,阅读古往今来的经典是更好认识法律的路径之一。③ 与经典作品展开深度的对话有助于学生了

① 参见周静怡:《“中国法制史”课程的改革与思考》,载《法学教育研究》2017 年第 1 期。

② 参见王凌皞:《法学的实践品格与经典阅读》,载《法学教育研究》2017 年第 4 期。

③ 参见于浩:《经典阅读在法学教育和法学研究中的意义》,载《法学教育研究》2017 年第 4 期。

解“到底何种因素让其成为经典”,并促使学生们考虑“是否可以从经典解决当时的法律问题的方法中学到什么”。④ 故在我国法学教育的改革中,法学经典的研读教育模式应占据关键的一席之地。

(二)国内高校法学研读课程的实施情况

近年来,研读式教学方法开始受到高校师生的关注与青睐,国内各大学进行了各种关于研讨式教学的研究生教育改革,成效不一。研讨课作为一种教学方式或教学手段,主要强调对学生自主学习能力的培养。根据不同的教学内容,国内各大学的研究生研讨课主要可以分为三种模式:文献阅读型、课题设计型和专题探究型,这三种模式各有特点。文献阅读型研讨课,其主要特点是提供前沿性知识,有助于学生产生创造性的思想火花。课题设计型是指从教学大纲中分解出适合教学的子问题作为报告和研讨主题,其主要特点是培养学生的综合学习能力。专题探究型的主要特征是将专业基础学习和研究性学习相结合,要求学生针对研讨选题以自主探究方式解决问题。

以国内高校的具体教育实践为例。吉林大学法学院自 2012 年以来,就以实验班的形式在大三本科生中开设“原典精读”课程,阅读的文本是哈特《法律的概念》英文原版,采用分组讨论(约 40 名学生分六组)和团队教学(配备三名到四名教师)的研读模式,培养学生的分析、论证与批判能力。⑤ 不仅是理论法学课程,其他方向的法学课程也开始采取研读教学的方法。又如,西北政法大学自 2014 年以来,为本科生开设“公法名著导读”课程,由教师带领学生进行公法经典著作的阅读训练,培养学生对于经典著作阅读的兴趣,激发学生的问题意识。⑥ 此外,中国人民大学法学院开设有“西方法学名著选读”和“公法文献选读”等相关课程;中国政法大学和北京大学法学院也开设了“法学经典选读”课程。总之,探究型研讨课作为一种崭新的教学模式还在不断探索中,

---

④ 参见朱明哲:《在变迁的时代读经典》,载《法学教育研究》2017 年第 4 期。

⑤ 参见刘小平:《法本科生为什么要精读原典?——基于对当下中国法学本科课程体系的反思》,载《法学教育研究》2019 年第 4 期。

⑥ 参见常安、李德旺:《公法经典阅读训练与卓越法律人才培养》,载《法学教育研究》2017 年第 4 期。

如何进一步提高探究型研讨课的教学质量,还需要更深入的实践和摸索。

(三)国外高校法学研读课程的实施情况

研讨式教学法源于早期的德国大学,现已成为西方发达国家高校的一种主要教学方法。该教学法着重培养和提升选课学生的研究能力、写作能力、口头表达能力、团队协作能力、独立思考与独立判断能力等,促进向"以学生自主学习为中心"的教学模式转变。同时,也对选课学生提出了更高的要求:要有扎实的文献资料研读基础、积极的课外实践研究和充分的课堂发言准备。它不仅能使学生增长知识、开阔视野,有助于学生综合能力的提高,还有助于师生共同探索、发现和研究,进而密切师生关系,促进教学相长。

以德国大学的研讨课为例,其人数规模往往控制在30人以下。参加研讨课的学生一学期上台发言至少一次,主要向大家介绍本阶段查阅的文献,或对有关案例的思考,或实验的进展情况,以及接下来的计划安排,发言时间控制在20分钟。台下的学生都需要发表个人意见,进行积极提问和讨论,甚至是质疑,发言人需要作出解答。在这个过程中,教授主要的任务是把全场节奏控制到位,引导学生发言,对于讨论中出现的不同观点以及讨论的内容,教授都会对其进行梳理和总结。⑦

再以加拿大大学的研讨课为例,加拿大的大学课堂多数将学生分成5~7人一组,实行小班教学。教授先花一半时间讲课,提出一些与课程紧密相关的重难点问题,再预留时间给学生讨论研究。在研讨课上,学生要想参与到课程讨论中去,就必须主动学习,提前搜集以及预习相关材料。课程考核方式主要侧重于促进学生阅读相关课程读物以及多角度思考问题,与传统的最终控制成绩相比,这种方式能有效保障教学质量,保持学生的学习劲头。⑧

---

⑦ 参见郑军、张冉:《研讨式教学模式改革的国际经验与启示》,载《重庆文理学院学报(社会科学版)》2017年第4期。

⑧ 参见郑军、张冉:《研讨式教学模式改革的国际经验与启示》,载《重庆文理学院学报(社会科学版)》2017年第4期。

(四)清华法学研读课程的探索与实践

在2016~2017学年秋季学期的"中国法律史"研究生课程中,我们首次尝试采取精读一书的研讨式教学,从学生覆盖面、研究价值与特色、学术影响力等角度,选择了美国学者布迪与莫里斯合著的《中华帝国的法律》作为读本,积累了一些研讨教学的经验,这种教学模式获得2019年清华大学教学成果二等奖。在2018~2019学年春季学期的"中国法律史"研究生课程中,我们继续开展研讨式教学,选择沈家本的法学文集《寄簃文存》作为读本,该教学模式日臻成熟。前后两次研讨课程均获得清华大学研究生院的支持,以课程为依托获得清华大学研究生教育教学改革项目的两次立项并顺利结项。

二、研读课程的流程设计

(一)精心选择研读文本

选择合适的读本是一门精读与研讨课程取得良好效果的关键。选修研讨课程的主要是法学硕士、法律硕士和历史学专业的同学,一方面他们对法史学有浓厚的兴趣;另一方面除了个别法史学专业的同学外,大部分人对于中国法史仍然缺乏通览的视野,对其核心问题还没有全面的认识。在这种情况下,如何因势引导、因材施教,就需要选择一本经典的、具有通史视域和充分讨论空间的著作,使学生们可以"照着说"、"接着说"和"借着说",同时也能够促进不同学科之间(如法学与人文、社会科学)、同一学科内部不同专业之间(如法理学与法史学、基础法学与部门法学)的交流互动。

课程研读文本应当是法学经典著作。所谓的"经典"具有较高知名度、反复阅读的价值和穿越时空的延展性,但往往意味着与研究者当下的生活并不是直接相关。法理学和法律史中的经典著作数量较多,而教师的教学时间与精力有限,这就要求我们根据师生的学业规划、学术偏好、个人兴趣和时机等因素对经典进行取舍与抉择。⑨ 基于上述考虑，我们两次研读课程分别选择了美国学者布迪、莫里斯的《中华帝国的法律》和沈家本的《寄簃文存》这两本法学经典著作为研读文本。

布迪、莫里斯所著的《中华帝国的法律》一书在西方的中国法史研究中具有开风气之先的典范意义。作为汉学家与法学家通力合作的产物，《中华帝国的法律》综合法内与法外，兼具比较之视野，结合思想和制度，具有充分的研讨空间。因此，第一次研读课程就选择该书的中译本作为研读文本。

沈家本先生是中国古典法学的巨擘，其所著的文集《寄簃文存》汇集了沈先生的奏议、论说、序跋等著述，追述了沈先生的学术生涯和政治成就，彰显了其会通中西、融贯古今的学术理论，对于法史学研究具有重要的参考价值和指导意义。2020 年是沈家本先生诞辰 180 周年，为了纪念沈家本，回顾与反思中国法的近代转型，因此，第二次研读课程将《寄簃文存》定为研读文本。

总体而言，《中华帝国的法律》主要围绕古代法律史展开，涵盖古典中国法的诸多经典命题；《寄簃文存》则主要涉及近代法律史，立足于传统中国法的近代转型。两本书各有侧重，互为补充，相辅相成，有利于共同搭建法史学课程的知识框架。

（二）仿照学术会议模式

在选定课程研读文本后，需要设计一整套系统的研读课程的教学模式。我们的研读课程主要面向硕士与博士研究生，研究生们有较多参与学术会议的机会，故而研读课程的模式仿照学术会议模式，学生仿照会议报告人进行主题报告，教师仿照会议主持人进行引导与总结。具体而言，研讨课程分为主讲、评议和自由讨论三部分。在主讲环节，担任报告人的学生通过“观点梳理”和“专题讨论”两个方面进行报告；“观点梳理”强调对著作内容的提炼、概括、整合，而“专题讨论”则指学生基于对文本的精读与思考，提出若干学术问题，主持课堂参与者进行讨论。在

⑨ 参见杨建：《法理学教学中的经典阅读：问题、意义与改革》，载《法学教育研究》2017 年第 4 期。

评议环节,担任评议人的同学从形式和内容两个方面对报告人进行评议,亦可引导其提出对文本研讨内容的新思考。在自由讨论环节,先由主讲人对评议人的评议进行回应,评议人如有需要可以针对主讲人的回应进行再回应,然后旁听学生向主讲人或评议人提出问题,进行交流与讨论。

(三)注重研讨的广度与深度

研读课程注重研讨角度的多元化与跨学科视角。中国古典法学经典文献既涉及法史学也涉及法理学,其中关于具体制度的内容则涉及刑法、民法等部门法学科。参与课程的学生包括法史学、法理学、民法学、经济法学、诉讼法学等不同专业方向。因此,学生在精读研讨时会综合运用多学科的知识,综合理论法学与应用法学的当下发展,这有利于拓宽学生的研究思维,使研讨内容更为丰富。

(四)深化课堂的交流互动

教师既是课堂教学的指导者,也是课堂讨论的参与者。教师引导学生发散思维、主动思考,并与学生共同参与课堂讨论。同时,在每次专题讨论后,教师对讨论情况进行总结、点评,给予学生专业上的指导与点拨,启发学生进行深入思考并关注学生的学习效果,将研讨过程变为促进研究生学习和达到教学目的的途径。研读课程能够营造良好的教学氛围,调动学生课堂参与的积极性、主动性,着力于师生之间的深度互动,促进教学相长,提高课堂教学的效果与质量,构建和谐友爱的师生关系。

三、研读课程的实施效果

(一)学生的收获

通过一学期的时间,师生共读一书,集思广益,充分研讨,有助于学生熟稔法史学研究的内在理路,对学术研究能力的提高有所裨益,故而受到学生的欢迎,实施效果很好。研读课程以自主学习为中心,以提高学术素养为重点，实际上对学生提出了更高的要求；学生要做好扎实的文献资料研读、积极的课外实践调研和充分的课堂发言准备，在参与过程中主动思考、独立思考、辩证思考。在研读课程中，学生分别担任报告人、评议人、讨论者三重角色，在担任报告人角色时，应能够把自己的精读成果清楚、准确地呈现给听众，及时回应听众的批评意见；在担任评议人角色时，需具有学术批判精神，对主讲报告提出合理的质疑；在担任讨论者角色时，可尝试提出新的灵感与思路，从而将课堂研读推向深入。虽然研读文本是确定的，但研读角度并不唯一，学生可根据自己的兴趣点，重点研读文本中某一方面的法学问题，为开展相关领域的深入研究提供帮助。同时，研读课程亦注重课堂研读的成果转化，鼓励学生以课堂报告为基础形成学术论文，并积极参加学术会议、向学术期刊投稿，进一步在实践中提升自身的学术能力。学生普遍反映，通过参与研读课程，更快地适应了学术活动的研讨模式，发现问题、口头表达和学术写作等能力得到了提高。

（二）教师的体验

在研读课程中，教师不是单纯的说教者，而是课堂教学的引导者、课堂研读的参与者，给予学生全流程的指导。首先，选择合适的读本是研读课程取得良好效果的前提与关键。教师在研读文本的选择上发挥主导作用，根据每期选课学生的知识背景、构成来源，因势引导、因材施教，我们在两期研读课程中分别选择了美国学者布迪与莫里斯合著的《中华帝国的法律》、清末法学大家沈家本所撰的《寄簃文存》作为研读文本。其次，为了帮助学生逐步适应研读课程的基本模式，每期前两次的研读课程主要由教师就文本整体作导论，介绍“照着说”“接着说”“借着说”的研读方法，同时教师也会选择某一篇章进行报告的领读示范，为学生提供方法论上的指导。最后，教师在课上既担任主持人的角色，引导持有不同观点的学生集中展开论辩、争鸣，鼓励学生发散思维、主动思考；又扮演讨论者的角色，与学生共同参与每一次课堂讨论，教师也会在每次课程的结尾对本次研读情况进行总结，就重点研读的问题作出回应，同时利用微信群、网络学堂等与学生交流课后的研究进展，持续关注学生的收获与反馈。

(三)成果的出版

一学期课程结束后,教师和学生一起汇总和整理研读资料,包括每次研读的讲稿、PPT、图片、参考文献等;然后,教师指导学生按照主讲报告、评议报告、精彩讨论等部分撰写书稿,最终结集出版。2019年1月出版了《法史学经典著作研读:〈中华帝国的法律〉》一书,2020年11月出版了《法史学经典著作研读:〈寄簃文存〉》一书,两书合计50万字。两部系列著作是反复讨论、多次思考而形成的批判性研读成果,全面详实地呈现了研读课程的实施情况,作为法史学经典著作研读心得、研读方法、研读模式的集中反映,凸显了精读文本的价值与教学改革的效果。(见图1)

图1　出版成果展示

(四)学界的反响

研读课程的教学模式在学界引起反响。2020年12月19日,为总结法史学经典著作研读的价值意义,梳理精读文本与教学改革的经验规律,在清华大学法律图书馆楼举办了"纪念沈家本诞辰180周年:《寄簃文存》的教与研"学术研讨会,北京大学法学院李贵连教授,沈家本曾孙、中国政法大学沈厚铎教授等校内外九位老师担任与会嘉宾,研读课程有关师生参加了研讨会。与会人员围绕精读经典著作文献的价值与意义、沈家本等近代法政人物的研究方法与路径等内容展开了精彩的研讨。学术研讨会的举行一方面纪念沈家本的丰碑式贡献,回顾与反思中国法的近代转型；另一方面总结法史学经典著作研读的价值意义，梳理精读文本与教学改革的经验规律。此外，法学学术前沿、法治论衡、法律史研究通讯、法史漫谈等微信公众号相继推送法史学经典著作研读系列著作的出版讯息，引发学界关注。

四、研读课程的经验启示

法史学经典著作研读是一套有体系、有构想、有方法的教研模式。在“教”的层面，该模式突破传统的教师单向授课定式，通过仿照学术会议展开研讨，着力于师生之间的深度互动，促进教学相长；在“研”的层面，该模式秉持“照着说”“接着说”“借着说”的研读方法，在精读文本的过程中培养学生的阅读习惯和问题意识，逐步深化学生对知识的理解，以提升其学术研究能力。经验启示的总结是为了更好地面向未来，今后将继续坚持并不断完善精读一书的研讨式教学模式。

（一）传统教学模式的改革

我国现有教学方法承袭自大陆法系的学理为主的教学方法，以“满堂灌”为主要方式，缺少学生的主动参与和课堂互动，从而失去了学生体验和实践的机会。这种教义式或法条阐释型的教学方法主要以传授系统、抽象的理论知识为目的，因其非以培养学生能力和素质为目的，因而一直备受批评。[⑩] 研读式教学是对传统教学模式的改革，如果说传统课程讲授方式将知识看作确定的和静态的，需要向学生进行“灌输”，那么研读式教学则将知识看作不确定的和可以质疑的，引导学生自主形成知识结构。研读课程仿照学术会议模式，学生在报告、评议和讨论“三部曲”中完成对经典文献的批判性研读，在不同观点的交流与碰撞中加深对经典文献的理性思考，强化自我探索精神与独立思考能力。研读式教学尤为强调课堂反转，以学生参与研读为主，主讲人可以围绕文本自由

---

⑩ 参见王晨光：《法学教育改革现状与宏观制度设计——日韩经验教训反思与中国改革刍议》，载《法学》2016年第8期。

选择感兴趣或与研究方向密切相关的内容进行报告,这样研读文献和查阅资料的主动性将大大提高。教师在课程中发挥引导者的角色,引导学生拓宽研读角度,创新思维方式,鼓励学生对前人成见提出批判性意见,以避免课堂研读流于形式。此外,研读教学亦注重理论与实践相结合,走出课堂,触摸历史,在实践调研中体会学术情怀,提升人文素养。

(二)精读经典文本的方法

研读课程秉持“照着说”“接着说”“借着说”的研读方法,学生在研读过程中既是读者,亦为研究者,不断深化对法史学知识体系和研究方法的理解。具体而言,“照着说”即提炼、概括、整合经典文本所述内容;“接着说”即归纳经典文本所涉知识点(学术命题),补充经典文本中未涉及的内容;“借着说”即借此物言彼物,强调独立思考与知识延展能力,不断拓宽研读角度。在这种研读方法的指引下,学生展开发散性思考,积极补充经典文本中没有涉及的关联性知识点。基于此,课程提倡研读角度的多元化与跨学科视角,学生可以结合法律思想史与法律制度史、理论法学与应用法学、传统法文化与当今法规范等内容,在自觉研究的过程中逐步提升学术研究能力,将经典文本、知识结构、研究能力三者有机结合。学生也应保持一种客观批判的态度,不囿于前人成见,在有充分论据的基础上勇于质疑经典文本,这样使课程研读内容既立足于著作,又不拘泥于著作;既有对观点的引申,亦有对观点的商榷,以培养学生的批判意识与辩证思维。

(三)课程未来计划与展望

研读课程具有推广的价值与意义,今后将继续采用精读一书的研讨式教学模式,将《历代刑法志》、《刑案汇览》、《读例存疑》和梅耶的《中国近代刑法导论》(*The Introduction of Modern Criminal Law in China*)等法史学经典著作文献陆续纳入研读范围。同时,着力于完善既有教研模式,加强对历史情境、背景知识的诠解,注重教师引导作用与学生发散性思维的协调,也要增进同其他高校研究同行的联系,尝试跨校开展阅读经典的教研活动,进一步总结研读课程的经验启示。

五、结语

经过在“中国法律史”研究生课程中两次推行“一期一书一会”的教学模式,我们逐渐探索出法史学经典著作研读模式的新路径。该教学模式的要点是以经典研读为主,以实践调研为辅,以学术研讨会为收束,形成一套有体系、有构想、有方法的法史学研究生教学模式。第一,关于经典研读。教师在课程中引导学生拓宽研读角度,由点及面铺陈展开。学生分别担任主讲人、评议人和讨论者等角色,对著作进行发散性思考。课程研读内容既立足于著作,又不拘泥于著作;既有对著作观点的引申,也有对部分观点的商榷。师生共读一书,集思广益,充分研讨,能够更好地调动学生的主观能动性,磨炼和提升其发现问题能力、口头表达能力和学术写作能力。第二,关于实践调研。在《寄簃文存》的研读课程期间,教师组织学生到位于北京西城区的沈家本故居开展实地考察和调研活动,在沈家本故居与沈家本后人和故居管理者进行座谈。沈家本故居的修复与对外开放为沈家本研究营造了良好的学术氛围,为研究者提供了可以观瞻追思的纪念性设施。走出课堂,触摸历史,有利于塑造学生的学术情怀与人文素养。第三,关于总结研讨。在研读课程结课后,师生适时开展一次学术研讨会,邀请校内外的专家学者参与研讨,总结法史学经典著作研读的价值意义,梳理精读文本与教学改革的经验规律。

“一期一书一会”,研读法史经典。我们珍惜这种师生学术缘分,希望可以总结经验,精益求精,为培养优秀的法学研究生和完善法史学的教育教学模式作出力所能及的贡献。未来我们会将这一模式继续坚持下去,做得更好。

One Semester, One Book, One Seminar: Teaching and Research on Classic Works of Legal History

Chen Xinyu　Zhai Jiajun　Yang Tongyu

Abstract: Under the circumstance of the urgent need to reform the teaching mode of the theoretical law, the "Chinese Legal History" graduate course of Tsinghua University Law School adopts the "One Semester, One Book, One Seminar" innovative teaching mode. The teacher guides students to study the classics of legal history in depth with the method of "according to... speak", "continue to speak" and "reference...to speak". In the course, teachers guide students to broaden their study perspectives, innovate ways of thinking, and expand from points and areas; students act as lecturers, reviewers, and discussants, etc., to conduct divergent thinking and theoretical interpretation of the classic works in order to form a systematic, conceptual, and methodical teaching model for postgraduate course of legal history.

Key Words: legal history, classic works, intensive reading, teaching reform

联合国体系下国际法教育方案之实践考察*

刘　畅**　张昕宇***

摘　要：自1965年正式设立以来，“联合国国际法的讲授、研习、传播和广泛了解协助方案”已通过国际法研究金方案、国际法区域课程、国际法视听图书馆、国际法研讨会及资料出版等工作项目的开展渐成规模并各有成效。除有限的资金供给与部分场地支持外，发展中国家一直是方案的主要受益者。而欧美发达国家通过在资金、师资及咨询规划等多个方面的较高投入与优势占比，在这一方案中保持了其知识输出、前沿引领及人才培养的主导地位。中国自一开始即以发展中国家身份参与其中并持续获益，但从中国当前的国际法教育发展水平、国际秩序构建目标、国际话语权诉求及国际组织人才培养需要来看，中国在联合国该方案中的参与定位及实践仍有可调整并深化的空间。

---

* 本文系重庆市高等教育学会2019～2020年度高等教育科学研究课题“国际组织框架下的国际法教育实践考察——基于学科视野的高等教育国际化研究”（CQGJ19B12）的阶段性研究成果。

** 刘畅，西南政法大学国际法学院副教授，法学博士，研究方向：国际公法、涉外法律人才培养。

*** 张昕宇，四川外国语大学社会与法学院副教授，研究方向：国际私法、涉外法律人才培养。

关键词:联合国　国际法协助方案　会员国的实践　中国的定位

实践表明,多个国际组织在创新高等教育理念、传播教育政策范式方面成效斐然。作为具有模板意义的普遍性国际组织,联合国在人才培养方面也绝非消极"终端"。无论是各国籍人才任职比例可能带来的组织实践趋向,或是组织框架下教育教学项目的规划、推进与成效,立足于联合国的相关挖掘与观察都应极具价值。自1946年第一届联大会议第94(Ⅰ)号决议决定建立国际法委员会开始,作为与全球性问题及全球治理关系紧密的关联学科,国际法的发展、教育与传播即一直处于联合国的议程筹划与机构推进的关注之中。在联合国组织框架下有关国际法的教育教学项目设计与实践,正是可探证国际组织参与全球高等教育治理的重要侧面,也有益于我国国际组织人才培养及国际法学教育的路径拓展与思路完善。

立足于联大1946年第94(Ⅰ)号决议有关国际法发展与编纂工作目标,联大1947年第176(Ⅱ)号决议可谓为整个联合国国际法教育教学的后续发展进程奠定了基调。在这一有关"国际法之教学"的决议中,联合国提出:发展国际法的办法之一,即在于激励公众兴趣,借由教育与宣传"使人民认识国际关系之原理及章则"。[①] 自联大1965年第2099(XX)号决议起,"联合国国际法的讲授、研习、传播和广泛了解协助方案"(Programme of Assistance in Teaching, Study, Dissemination and Wider Appreciation of International Law)(以下简称国际法协助方案)成为在这一基本目标趋向之下最为核心系统的专门教育规划。

① 参见《联合国大会1947年第A/RES/176(Ⅱ)号决议—国际法之教学》,载联合国正式文件系统2021年4月20日,https://www.un.org/zh/documents/view_doc.asp?symbol=A/RES/176(Ⅱ)。

一、“国际法协助方案”的执行实践

随着1965年后历次相关决议的不断推动，有关该方案的实施逐渐形成了由25个成员国组成咨询委员会、由联合国秘书长报告和建议、由联合国法律事务厅编纂司（Codification Division of the United Nations Office of Legal Affairs）（以下简称编纂司）具体施行的基本组织架构。由彼时迄今，该方案主要在国际法研究金方案、国际法区域课程、国际法视听图书馆等数项专门工作的建设中渐行展开并取得持续且可观的实践成就。

（一）国际法研究金方案

国际法研究金方案（International Law Fellowship Programme）旨在帮助发展中国家及新兴经济体国家的政府法律官员与国际法教师，以深化其国际法相关学识。② 从1967年始，该研究金方案的资助名额从最初的10名逐步扩展为15名，自2010年至2019年再次扩大至20～22名，至2021年更以线上讲习班方式扩展至48名③。受资助的参与者们主要为政府部门官员及法律专家、高校教师、国际司法机构及其他国际组织相关职员，如司法部法律顾问、外交部律师、外交部科长、外交官、国际条约和法律事务部主任及秘书、国家难民和无国籍人士保护办公室助理协调员、劳工法庭庭长、大学国际法教师、国家关系研究所研究人员等。④

入选的受资助者们将在荷兰海牙和平宫进行六周的夏季课程。相关课程及讲座以英语或法语为主讲语言，逐年轮流进行，围绕国际法的

② See UN Office of Legal Affairs, *Introduction*, (Mar. 20, 2021), http://legal.un.org/poa/ilfp/.

③ 原定在海牙国际法学院举办的2020年研究金方案课程因疫情原因取消，仅提供了远程自定进度学习课程。

④ See UN Office of Legal Affairs, *Participants*, (Mar. 20, 2021), https://legal.un.org/poa/ilfp/pdf/ilfp_2019_participants.pdf.

核心议题广泛展开,所涉主题包括:国际法基础理论、条约法、国家责任、国际和平与安全、和平解决国际争端、外交与领事法、国际组织、联合国机构与造法、国际法委员会的工作、国际人权法、国际人道主义法、国际刑法、国际环境法、海洋法、国际贸易法、国际投资法、法学研究、立法起草等。⑤

方案执行者致力于使其课程及讲座都由来自各地区及法系的国际法权威专家学者及专业人士主讲或主持。从该方案自2011年至2021年的授课实践来看,课程的讲授者主要包括:第一,国际重要司法机构的现任及前任法官,如国际法院、国际海洋法法庭、欧洲人权法院、美洲人权法院、伊朗—美国求偿法庭法官。第二,国际组织的实务部门官员,如,联合国法律事务厅编纂司法律干事及条约科科长、联合国国际法委员会主席及成员、国际红十字会法律顾问等。第三,知名高校及专门研究中心的国际法专业教授,如剑桥大学劳特派特国际法中心、莱顿大学格老秀斯中心、日内瓦大学、布鲁塞尔自由大学、日内瓦国际与发展学院、巴黎第八及第十大学、爱尔兰国立大学、渥太华大学、法国里尔天主教大学、伦敦大学学院、圭亚那公共政策研究所等的权威师资。第四,少量的政府部门官员,如英国外交部前副法律顾问、新西兰国防军国防法律事务前总干事、希腊外交部法律部主任等。⑥

除要求在培训课程中积极互动、鼓励参与者在研究会中充分交流外,参与者还将有机会在这一期间前往位于海牙的各国际机构进行访学。从2011年至2021年来已成行的访学来看,国际法院、国际常设仲裁法院、国际刑事法院三大国际司法机构基本为历年必访对象,偶有其他国际组织可能某一年增列其中,如对禁止化学武器组织的访问。⑦

---

⑤ 例如,近十年来,该方案下2011年、2013年、2015年、2017年、2019年课程为英语讲授,而其2010年、2012年、2014年、2016年、2018年课程为法语讲授。See UN Office of Legal Affairs, *Past Fellowship Programmes*, (Mar. 22, 2021), http://legal. un. org/poa/ilfp/past-programmes. html.

⑥ See UN Office of Legal Affairs, *Past Fellowship Programmes*, (Mar. 22, 2021), http://legal. un. org/poa/ilfp/past-programmes. html.

⑦ See UN Office of Legal Affairs, *Course structure*, (Mar. 22, 2021), http://legal. un. org/poa/ilfp/course-structure. html.

(二)国际法区域课程

作为"国际法协助方案"下的另一重要内容,国际法区域课程(Regional Courses in International Law)在主要执行机构、活动目标、适用对象、师资选备、课程范畴等各方面都与前述的国际法研究金方案基本一致。其特色集中于"区域"二字,并在参与人的国别范围、课程开设侧重等方面得以体现,如各区域课程的申请仅向本区域国家的相关人士开放;课程既包括较宽广范围内国际法的核心议题,也包括在某一地区有特定相关利益的专门性主题。

截至2021年年初,联合国已经在多个国家举办了42次的国际法区域课程。其中,自1967年起在非洲国家举办18次,自1969年起在亚太国家举办13次,自1969年起在拉丁美洲及加勒比国家举办11次。[⑧]

1. 非洲区域课程

非洲区域课程是国际法区域课程项目中运行最早、参与度最高的地区方案。在2011年前,国际法非洲区域课程曾于1967年在坦桑尼亚、1971年在加纳、1975年在扎伊尔、1975年在利比里亚、1981年在埃及、1984年和2002年在喀麦隆、1991年在纳米比亚分别举办了8次;而自2011年起,该课程开始逐年在埃塞俄比亚首都亚的斯亚贝巴,由联合国编纂司与埃塞俄比亚政府及联合国非洲经济委员会(UNECA)合作举办。

尽管申请名额仅限于非洲国家,非洲区域课程的参与人数仍基于地利、资金等因素明显多于国际法研究金方案的参与规模;在2010～2019年,每年均有30人左右在该课程中获益。

作为服务于非洲地区国际法传播的指向性课程,非洲区域课程除安排有与国际法研究金方案的相类课程外,更有体现区域特色与实践需求的专门性课程,如2011年课程开设的"难民法""使用武力""国际水域

⑧ 2020年及2021年的亚太区域课程、拉美及加勒比区域课程均因疫情原因未按计划举办。其中,2021年的拉美及加勒比区域课程为参与者安排了国家责任法的在线区域讲习班。See UN Office of Legal Affairs, *Regional Courses in International Law*, (Mar. 22, 2021), http://legal.un.org/poa/rcil/past_regional_courses.pdf.

的非航行使用";2012年课程开设的"国际法上的自决""国家官员在外国刑事管辖中的豁免";2013年课程开设的"间接国家责任—外交保护";2015年课程开设的"国际法中的共同体利益";2017年开设的"非洲的民主与善治""国际法院与非洲""自然资源管理法",以及2011年至2020年的历年课程中均有开设的"国际法在21世纪非洲的重要性""非洲联盟的法律与机制""非盟委员会有关国际法的工作"等。而历年课程中如有访学安排也均为访问非洲联盟(AU)。⑨

2. 亚太区域课程与拉美及加勒比区域课程

由于直接依赖于地区国家的支持力度,相较于非洲区域课程,亚太地区课程、拉美及加勒比区域课程起步较晚,地区参与度相对偏低。亚太区域课程,分别于1969年、1976年、1982年、1986年、1999年、2005年、2016年至2019年的菲律宾、卡塔尔、孟加拉国、韩国、伊朗及泰国数国鼎力举办;而拉美及加勒比区域课程,则于1969年、1973年、1977年、1979年、1983年、1988年、2004年、2016年至2019年获厄瓜多尔、委内瑞拉、巴哈马、墨西哥、阿根廷、巴西、乌拉圭、智利数国支持而成行。⑩

从2010年至2019年的开课实践来看:第一,就参与人规模而言,亚太区域课程的参与人数为25人左右,从2017年起上升为近30人;拉美及加勒比区域课程人数历年来的最大参与人数为25人。第二,就课程地区特色而言,亚太区域从2016年起方开始每年设有一门如"21世纪国际法在亚太的重要性""国际法与亚太"的专门课程;拉美及加勒比区域的倾向性安排相对丰富,开设有"拉美学派对国际法发展的贡献""美洲国家组织法律与机制引介""拉美与加勒比经济委员会地区法律与机制"等课程。第三,就访学安排而言,该两项区域课程均未安排任何有关地区国际组织或争端解决机构的访学计划。⑪

---

⑨ See UN Office of Legal Affairs, *Regional Course in International Law: Africa*, (Mar. 25, 2021), http://legal.un.org/poa/rcil/africa/past-courses.html.

⑩ See UN Office of Legal Affairs, *Asia-Pacific*, (Mar. 25, 2021), http://legal.un.org/poa/rcil/asia/past-courses.html.

⑪ See UN Office of Legal Affairs, *Latin America and the Caribbean*, (Mar. 25, 2021), http://legal.un.org/poa/rcil/laac/past-courses.html.

(三)联合国国际法视听图书馆及相关法律出版物

1997 年第 52 届联合国大会根据联合国秘书长的报告及建议,决定设立联合国国际法视听图书馆(United Nations Audiovisual Library of International Law)。经过编纂司主导下十年的筹备建设,该视听图书馆于 2008 年 10 月正式上线,并经由互联网对全球所有机构与个人免费开放。截至 2021 年 1 月,已经有来自 192 个会员国的用户对该图书馆进行了访问。⑫

为提供权威的国际法培训及研究资源,也促进对国际法的多元观察,该图书馆当前的功能单元主要包括:

其一,"历史档案"(Historic Archives),以保存联合国发展和编纂国际法相关视听遗产为主要目的的资料单元,意在涵盖联合国及其相关机构主导下自 1945 年起所有重要法律文件的谈判及通过的相关的视听资料;⑬

其二,"专题讲座"(Lecture Series),由来自不同地区、法律制度、文化传统及法律实务部门的国际法学者及实践者们,就尽可能广泛的国际法主题提供极具价值的专题讲座,并由此形成国际法特色系列的永久馆藏;⑭

其三,"研究图书馆"(Research Library),旨在提供一个在线国际法图书馆,使研究者及实务从业者都能在馆内链接到相关条约、法学理论、出版物与文件、学者著述及研究指导。⑮ 由联合国法律事务厅推动编纂《国际法委员会年刊》(1949 年至 2022 年)、《联合国司法年鉴》(1963 年至 2021 年)、《国际仲裁裁决报告》(1948 年至 2016 年)、《联合国立法汇编》(1951 年至 2012 年)、《国际法院判决、咨询意见及命令摘要》

---

⑫ See UN Office of Legal Affairs, *United Nations Audiovisual Library of International Law*, (Mar. 27, 2021), http://legal.un.org/poa/avl.html.

⑬ 该板块当前已整理提供 18 项国际法专题。See UN Office of Legal Affairs, *List of Instruments*, (Mar. 27, 2021), http://legal.un.org/avl/ha/instruments.html.

⑭ 当前已经汇集上线的国际法讲座专题共涉 30 大类。See UN Office of Legal Affairs, *List of Lectures*, (Mar. 27, 2021), http://legal.un.org/avl/ls/lectures.html.

⑮ See UN Office of Legal Affairs, *Research Library*, (Mar. 27, 2021), http://legal.un.org/avl/rl_introduction.html.

（1948年至2022年）等法律出版物也都并在该图书馆平台电子化并予以发布。⑯

二、联合国会员国于相关项目的参与实践

（一）对相关项目的资金投入

在“国际法协助方案”正式确立后的1966年，联合国秘书长曾建议将该方案纳入联合国预算，但未获得该方案咨询委员会的通过。咨询委员会认为，应依靠会员国自愿捐款来提供所需要的主要资金，仅在自愿捐款不足的情形下才考虑将其纳入联合国预算。

但在1966年至1970年的五年间，平均每年仅四个国家自愿捐款且年均捐款金额仅约1万美元，单个国家的最高捐款额不超过5千美元，这与该项目在这一期间的6万美元左右的预算需求相距甚远。联合国秘书长也在其报告中承认，自愿捐款因金额太少而几乎没有价值。⑰ 这使联合国除在早期尝试调动联合国教科文组织（UNESCO）、联合国开发计划署（UNDP）、联合国训练研究所的相关资源外，自1967年起便不得不以联合国正式预算拨款支持“国际法协助方案”活动的持续开展。

从20世纪70年代的年均约6万美元，到20世纪80年代的年均约10万美元，再到20世纪90年代的年均约16万美元，一直到21世纪10年代的年均约20万美元，联合国用于“国际法协助方案”的预算拨款不断攀升，至2015年后更是爆发性地增长为每年约100万美元的金额拨付。

与此相比，最初被寄予厚望的会员国捐款却在较长时期都处于较为尴尬的低迷状态。以5年为一个计算周期，从1971年至2005年，几乎

---

⑯ See UN Office of Legal Affairs, *Legal Publications*, (Mar. 27, 2021), http://legal.un.org/poa/publications.html.

⑰ See UN Secretary-General, *Report of the Secretary-General: Technical Assistance to Promote The Teaching, Study, Dissemination and Wider Appreciation of International Law* (A/6492), 1 *November* 1966, (Apr. 11, 2021), http://legal.un.org/poa/documents/A-6492.pdf.

每5年的捐款总额都未能超过10万美元,在20世纪的最后5年总额甚至仅约1万美元。尽管这一低迷在2000年后出现复苏迹象,尤其在2011年至2015年猛然大幅提升,但这一强劲状态却在2015年后的最近数年迅速回落。可以认为,自这一渠道的资金支持较之联合国预算的支付额度相去甚远,在“国际法协助方案”中资金贡献度比例极低且不稳定。

从地区支持力度来看,自1966年方案实施至2018年,以各大洲为基本地理区划,共有非洲10国、亚洲17国、美洲11国、欧洲及大洋洲24国一次或多次向“国际法协助方案”下的一项或所有项目捐资。从参与阶段来看,在方案实施最初20年,亚洲区国家曾是自愿捐资的中坚力量;但自20世纪90年代开始,欧洲参与国数量一跃赶超,并几乎在后续所有阶段均遥遥领先于其他各洲的捐款国数量。从参与国比例来看,各捐款国在本区域国家中所占比例分别为非洲17%、亚洲35%、美洲31%、欧洲及大洋洲38%,而在排除大洋洲唯二参与国(澳大利亚和新西兰)后,欧洲国家的参与比例更是高达50%。因此,尽管会员国的捐款总额在“国际法协助方案”的资金总需求中占比极低、远未达预期,但仅就会员国捐款投入本身而言,欧洲国家在这一国际法教学推广项目中再次扮演了领军角色,展现出最为积极的支持姿态。

总体而言,联合国该国际法教育推广项目的开发和拓展始终面临资金风险。从该方案的资金执行来看,其实际来源及支出与初始设想相去甚远。从方案运行的第一年开始,联合国就陷入了“自愿捐款不足”而必须“考虑联合国预算”的境地。另外可以看到,即使是在自愿捐款收获最多的年度,会员国捐款在整个方案资金支出中的占比也无法与联合国预算比肩。正是自愿捐款与预期存在较大落差且明显波动,使“国际法协助方案”难以维系其下所有项目的持续开展。直至2015年前后,亚太、拉丁美洲和加勒比区域课程仍因资金问题无法举办或临时取消。正如秘书长在报告中多次提及,“尽管对国际法培训的需求越来越大”“但由于缺乏财政资源”,编纂司需要考虑方案中某些项目的“振兴”。[18]

---

⑱ 参见2003年秘书长报告(A/58/446)、2007年秘书长报告(A/62/503)、2011年秘书长报告(A/66/505)、2013年秘书长报告(A/68/521)、2014年秘书长报告(A/69/516)。

(二)咨询委员会的成员构成

1965 年,联大第 2099(XX)号决议决定设立"促进国际法讲授、研习、传播及广泛了解技术协助咨询委员会"(Advisory Committee on Technical Assistance to Promote the Teaching, Study, Dissemination and Wider Appreciation of International Law)(以下简称咨询委员会),其主要职责在于就方案的实体事项及实施方法等向联合国秘书长提供意见,以便斟酌情形向大会具报。

按上述 1965 年决议,咨询委员会由大会每三年选举 10 个会员国组成。但自 1972 年起,咨询委员会任期延至四年,其成员规模也扩展至 13 国,并自 1992 年起进一步扩充为 25 国。[19] 自 1965 年至 2019 年,共有 53 个国家被任命为该委员会成员。其中,法国、俄罗斯、加纳在历届咨询委员会中均获任命,成为该委员会迄今十五届的"全勤"成员国。而除这三国之外,其余当选次数最多的国家为塞浦路斯、美国、坦桑尼亚、英国、德国、意大利、埃塞俄比亚、肯尼亚、尼日利亚、苏丹、马来西亚、特立尼达和多巴哥。[20]

从第一届(1965 ~ 1968 年)至第七届(1988 ~ 1991 年)咨询委员会的成员构成来看,共有 7 个非洲地区国家、6 个亚太地区国家、2 个东欧地区国家、4 个拉美及加勒比地区国家、7 个西欧和其他地区国家曾获得过 1 次或多次任命。而从 1992 年起,联大决议就咨询委员会成员的地区名额作出固定分配,扩容后的 25 个名额中由此以 6 个非洲国家、5 个亚太地区国家、3 个东欧地区国家、5 个拉美和加勒比地区国家、6 个西欧和其他国家的比例固定至今。

由此看来,一方面,咨询委员会中的成员国任命实践与其自愿捐款的参与实践有所同调,在自愿捐款中较为积极的国家也普遍在咨询委员会中获得了一次或多次任命,如非洲的加纳、坦桑尼亚、尼日利亚、肯尼

---

[19] 当前咨询委员会产生于 2019 年第 74 届联合国大会。参见《联合国大会 2019 年第 A/RES/74/185 号决议》,载联合国正式文件系统 2021 年 9 月 10 日,https://documents-dds-ny.un.org/doc/UNDOC/GEN/N19/432/24/pdf/N1943224.pdf?OpenElement。

[20] 参见联合国大会 1971 年第 A/RES/2838(XXVI)号决议、联合国大会 1991 年第 A/RES/46/50 号决议、有关该方案的 1966 年至 2020 年秘书长报告。

亚、利比亚;亚洲的塞浦路斯、伊朗、伊拉克、印度;拉美及加勒比地区的阿根廷、特立尼达和多巴哥、牙买加、委内瑞拉、墨西哥;欧洲的德国、英国、荷兰、意大利。但另一方面,一些从未在资金上支持过“国际法协助方案”的国家却也在咨询委员会成员中长期占有一席之地;这些国家尤以欧美地区国家为代表,如从未缺席委员会的法国、俄罗斯及多次获选的美国。两相对照之下,自愿捐款的参与热情与贡献额度似乎更多反映着发展中国家在国际法教学及人才培养方面的迫切与渴求,面向发展中国家传播国际法本也是“国际法协助方案”的初衷;而咨询委员会则在吸纳项目受众国的需求呼声之外,较多体现着在国际法研究、教学及其他实践领域更具权威、成就及影响力的发达国家的优势引导与思想输出。

(三)项目课程的师资来源

如前所述,“国际法协助方案”的课程项目主要集中于国际法研究金方案与国际法区域课程计划。围绕该两大项目课程中的授课实践,各成员国在师资层面的投入与贡献可略见一斑。

就海牙国际法研究所主要承担的国际法研究金方案课程而言,除联合国及其他国际组织下属机关、国际司法机构外,在2010年至2019年,有本国高校及政府部门参与师资构成的国家主要包括:法国(巴黎第二大学等8所机构)、英国(剑桥大学等8所机构)、瑞士(日内瓦大学等4所机构)、美国(哥伦比亚大学等3所机构)、德国(波茨坦大学等3所机构)、希腊(雅典大学等2所机构)、奥地利(维也纳大学1所机构)、菲律宾(菲律宾大学1所机构)、阿根廷(布宜诺斯艾利斯大学1所机构)、中国(香港城市大学1所机构)、新加坡(新加坡国立大学1所机构)、日本(东京早稻田大学1所机构)、埃及(开罗大学1所机构)、加拿大(渥太华大学1所机构)、比利时(布鲁塞尔自由大学1所机构)、爱尔兰(爱尔兰国立大学1所机构)、圭亚那(圭亚那公共政策研究所1所机构)、新西兰(惠灵顿维多利亚大学1所机构)、意大利(罗马大学1所机构)、荷兰(莱顿大学格老秀斯中心1所机构)。由此来看,法国与英国成为该方案课程与师资来源机构数最多的国家,约占所有师资来源机构的38%;

其次为瑞士、美国、德国及希腊,约占所有与师资来源机构的28%;而其他14个师资机构来源国共占33%。

就国际法区域课程而言,除相关国际组织及其下属机关、国际司法机构外,在最近十年间㉑,有本国高校及政府部门参与师资构成的实践情形分别为:

第一,非洲区域课程。师资来源国包括美国(乔治城大学等5所机构)、瑞士(日内瓦大学等3所机构)、意大利(米兰大学1所机构)、法国(巴黎第一大学等3所机构)、伊朗(德黑兰大学1所机构)、德国(柏林洪堡大学等2所机构)、新西兰(惠灵顿维多利亚大学等2所机构)、南非(比勒陀利亚大学1所机构)、坦桑尼亚(圣奥古斯丁大学等2所机构)、冰岛(冰岛外交部1所机构)、加拿大(多伦多约克大学奥斯古德堂法学院1所机构)、土耳其(伊斯坦布尔比尔基大学1所机构)、英国(剑桥大学1所机构)、荷兰(莱顿大学等2所机构)、葡萄牙(里斯本自治大学1所机构)。

第二,亚太区域课程。师资来源国包括韩国(首尔国立大学1所机构)、中国(香港城市大学1所机构)、意大利(卡塔尼亚大学1所机构)、瑞士(日内瓦大学等2所机构)、日本(京都大学等2所机构)、法国(巴黎第八大学等3所机构)、阿根廷(布宜诺斯艾利斯大学1所机构)、新西兰(新西兰惠灵顿维多利亚大学等2所机构)、美国(乔治·华盛顿大学等2所机构)、泰国(曼谷朱拉隆功大学1所机构)、英国(剑桥大学1所机构)、南非(比勒陀利亚大学1所机构)、新加坡(新加坡国立大学1所机构)、印度(贾瓦哈拉尔·尼赫鲁大学1所机构)、土耳其(伊斯坦布尔比尔基大学1所)。

第三,拉美及加勒比区域课程。师资来源国包括英国(剑桥大学等2所机构)、南非(比勒陀利亚大学1所机构)、意大利(米兰大学1所机构)、厄瓜多尔(厄瓜多尔常驻美洲国家组织副代表1所机构)、新西兰(惠灵顿维多利亚大学1所机构)、巴西(阿雷格里港南里约格朗德州联

㉑ 由于2005年至2009年未能举办任何国际法区域课程,相关数据实际始于2010年。

邦大学1所机构)、阿根廷(布宜诺斯艾利斯大学1所机构)、美国(里士满大学等4所机构)、瑞士(日内瓦高级国际关系和发展学院等2所机构)、葡萄牙(里斯本自治大学1所机构)、秘鲁(秘鲁天主教大学1所机构)。

由上可见,国际法研究金方案课程中师资来源机构最多的国家分别为法国、英国、瑞士、美国和德国,占该类课程师资来源机构整体数的62%。非洲区域课程中师资来源机构最多的国家分别为美国、瑞士、法国、德国、新西兰、荷兰和坦桑尼亚,其中欧美师资来源国占该区域课程师资来源机构整体数的63%;亚太区域课程中师资来源机构最多的国家分别为法国、瑞士、美国、日本、新西兰,约占该区域课程师资来源机构整体数的52%;拉美及加勒比区域课程中师资来源机构最多的国家分别为美国、英国、瑞士,而仅这三个国家师资来源机构在本区域课程的占比就达到50%。毫无疑问,发达国家,尤其是欧美发达国家的国际法研究者是联合国这一国际法推广项目的主要承担方,这令它们除了获得在咨询委员会中的导向性地位外,也成为"国际法协助方案"中最具影响力和权威的学术输出力量。

至此可见,一如其在近现代国际法理论研究与体系构建中的优势地位,无论是资金支持、师资遴选或是咨询委员会组成,欧美国家继续在联合国的国际法教学教育方案扮演主导性的角色,以学术权威与实践前沿者的姿态,监控方案实施、传播相关理论并输出学术及实践倾向。

三、中国参与联合国相关项目的实践状况

作为世界最大的发展中国家,亦即联合国国际法教育推广方案的首要目标群体,中国在该方案中一直保持着相当的参与度,并陆续有中国籍官员及教学科研人员从中获益。从20世纪70年代至2019年,共有12位中国籍申请人获得参与国际法研究金方案课程的机会;

而在至2019年仅举行过8次的国际法亚太区域课程中,有7次出现过中国籍参与者的身影。[22] 与此同时,中国是最早签署《国家间交换官方出版物和政府文件公约》(*Convention concerning the Exchange of Official Publications and Government Documents between States*)与《出版物国际交换公约》(*Convention concerning the International Exchange of Publications*)的国家之一,较早获得了联合国出版物的赠予;而作为22个捐款国之一,联合国视听图书馆也多次到中国国内开展该项目的介绍与推广。

不过,在受益方的角色之外,中国对"国际法协助方案"的资金支持与主导性影响仍有明显欠缺。直至2010年以前,中国除作为"受众"外,对"国际法协助方案"的关注与直接参与基本为零。在资金支持方面,中国于2013年才开始向该方案捐款:2013年分别向视听图书馆及区域课程捐款2万美元及4万美元,2014年与2015年均分别向视听图书馆、非洲区域课程及亚太区域课程捐款各1万美元,2017年分别向视听图书馆、非洲区域课程及亚太区域课程捐款2万美元及各1万美元,2018年分别向非洲区域课程及亚太区域课程捐款各1万美元,2019年和2020年各向该方案整体捐款3万美元及2万7千美元。在咨询委员会的成员任命方面,从1965年至今所选出的共15届咨询委员会中,中国尚未获得一次成员任命。尽管因名额所限,大部分国家都无法被涵盖其中,但仅就安理会常任理事国而言,中国已经成为五国中唯一从未进入该委员会的国家。在项目课程的师资来源方面,仅香港城市大学1所中国高校在国际法研究金课程及亚太区域课程中承担有部分讲座,同时史久镛大法官(国际法院前院长)、薛悍勤大法官(时任国际法委员会委员)、王贵国教授(当时供职香港城市大学)、贾兵兵教授(清华大学)在国际法视听图书馆参与了有关"国际法院及和平解决争端"、"跨境损害责任"、"主权"及"国际航行海峡"的专题录制;无论是在国际法研究金方案课程中40多所高校还是在视听图书馆超过500项专题课程的整体

---

[22] 这7次分别为1969年、2005年、2010年、2013年、2017年、2018年、2019年。

规模中，上述中国籍师资所占比例都明显偏低。

虽然中国在“国际法协助方案”中的实践状态与发展中国家整体的国际法学科发展阶段及学术地位有所重合，但从中国当前国际法教育教学的状况来看：首先，即使毫无遗漏地抓住“国际法协助方案”下所有项目的每一个交流学习机会，相较于中国庞大的受教育群体，数十人的覆盖面仍十分有限。其次，国际法课程在中国法学专业教育中早已被确立为必修课程，中国是世界上为数不多的要求法科学生100%学习国际法尤其是国际公法课程、并在司法执业资格考试中将国际法作为必考范围的国家之一，[23]中国历来对国际法教育的对外交流持积极开放的姿态，国际法教育教学在中国已具有相当地位并取得学科建设的相当成就。[24] 最后，在中国努力参与国际话语权构建、积极为全球治理提供中国方案，并在向“人类命运共同体”的宏大命题不懈迈进的阶段，已远远超出联合国通过该方案帮助发展中国家尤其是新独立国家了解国际法体系、融入当代国际秩序的初始目标。因此，就“国际法协助方案”的参与实践而言，单纯的受益者身份与中国当前的国家发展阶段、国际政治期待、国际法教育建设水平以及在联合国中应发挥的作用已不相匹配。

四、中国于联合国相关项目的应有定位与推进方向

应该认为，在“受众”群体之外更多地朝该方案的组织、导向、输出等层面的转向，是中国在该方案后续推进中的适当定位与策略倾向。

第一，正视并积极争取咨询委员会成员资格，推动相关资金贡献与国家话语地位相匹配。就资金投入而言，中国在2010年前后的明显差

---

[23] See Ryan Scoville, *Who Studies International Law? A Global Survey*, (Apr. 26, 2021), http://pilmap.org/.

[24] See Andrea Leiter, *Is International Law International*, Melbourne Journal of International Law Review 1, 2018, p. 413.

别已经体现出国家对这一方案关注的持续上升。但就咨询委员会而言，中国当选成员的零纪录无疑令人遗憾。诚如前述，除中国外，安理会其他常任理事国在“国际法协助方案”咨询委员会中极高的持续参与率已说明该机构在方案实践中的价值。即使是从未向该方案有过捐款的美国，也仅缺席了 3 届咨询委员会成员，在其他各届工作中均有活跃表现。直至 2019 年最新一届任命的咨询委员会，亚太国家成员配置中仍未见中国。由此可见，配合资金投入的增长趋势，积极争取在 2024 年换届的咨询委员会中有一席之地，应是中国通过参与后续机制的规划与导向发出中国声音、贡献中国智慧的必要途径，也有助于在联合国这一平台下合理反映并配合相关国家在教育开放及合作等方面的阶段性需要。

第二，提升在该方案下相关系列项目中的师资投入，促进在联合国项目框架下国际法教育教学的交流互鉴。诚然，相关项目的师资选择并不取决于国家的单方意图，但就中国当前国际法教学科研的成长境况及国别影响力而言，仍有在相关实体课程或在线讲座等中传递中国相关学术成果的进一步空间。至少可包括：（1）在亚太区域课程的规划实施中提升中国优秀师资的投入。尽管总体而言，该方案下所有课程的师资来源都高度集中于欧美国家，但值得注意的是，有部分亚洲国家至少在亚太区域课程中表现出相对较高的师资参与度。如在 2010 年至 2019 年的亚太区域课程中，中国、新加坡、印度、土耳其四国均仅有 1 位国际法专家受邀参与了专题讲授，而日本及韩国则各有 3 人次获邀。充分利用在联合国的相关系统渠道，向编纂司推介中国国际法学者或相关国际法律实务专家，参与设计并讲授该课程相关专题，将更有益于课程贴近亚太区域关注、体现亚太区域国际法发展水平。（2）在视听图书馆的线上资源建设中寻求对中国国际法学者及其成果的进一步展示与共享。一方面，联合国视听图书馆当前的线上专题一半以上都录制于 2010 年前后，所覆盖的 30 个专题都有更新需求或正在陆续更新，鼓励相应领域知名中国国际法学者的参与应正当其时。另一方面，在已有的 500 余个专题讲座中，仅以亚洲国家讲授者观察，日本远超中国共有 8 位学者参与，新加坡超过中国共有 5 位学者参与、韩国则与中国持平共 4 位学者参与。通过推介中国国际法专家及特色成果以支持联合国视听图书馆项目的建设,应有可为空间。

第三,充分利用该方案下的动态成果与系统平台,使联合国国际法教育教学努力与我国国际法教研实践相融相生,并牵引我国国际组织人才的培养和输送。首先,国家层面对该方案的深入参与,应可带动国内对国际法教育及涉及法律人才培养的关注与策略思考;既当然地服务于联合国通过“国际法协助方案”“讲授、研习、传播”国际法的核心意图,也在更为宏大的背景中为中国国际法教育建设与国际法人才培养设定了更为广阔的前景。其次,充分利用联合国该方案下的教学资源,将有助于国内国际法教学视野的开阔、教学资料与手段的丰富以及人才培养成效的提高。如联合国视听图书馆中的“历史档案”是了解多项国际法律文件、国际法律制度诞生之国际情势、谈判进程、立场博弈的重要史料,也是理解和阐释某些关键条款及术语的支撑资料;其“专题讲座”既提供相关国际法分支的系统理论与鲜活实践,也是国际法研习者直接聆听大师级讲授的便捷途径;而其众多的编纂出版读物,则已成为国际法研习者独立学习、深入研究相应问题的必备权威工具。最后,作为世界最具影响力的、有“模板”意义的政府间国际组织,国际法治之下的国际秩序是贯穿其工作运转的基石。在联合国“国际法协助方案”中的积极参与协作,将是国家实践人才培养成果、国际组织开放人才参与机会、共同激励并引导人才投向国际组织治理的有效切入点。正如秘书长在其报告中多次肯定的由“实习生”协助编纂司相关项目执行(如视听图书馆资料整理)的“双赢”方式,国家与联合国在该方案的密切合作,将在一定程度上提高国家及相关教育者对国际组织人才需求的认知、开发国际组织人才培养的更多路径,从而鼓励本国优秀人才向国际组织的输出。

A Survey Review on UN Program on the Education of International Law

Liu Chang　Zhang Xinyu

Abstract: Based on the construction of sub-programs of International Law Fellowship Program, Regional Courses in International Law, Audiovisual Library of International Law, and Legal Publications, the "Program of Assistance in Teaching, Study, Dissemination and Wider Appreciation of International Law" which started in 1965 has been proved productive and fruitful. Apart from the limited contributions and occasional site support, developing countries remain to be the major beneficiaries of the Program. On the other hand, Western developed countries hold the dominant status on knowledge exportation, frontier guide and talents cultivation, who have kept relatively higher investment and more advantageous proportion in several aspects, such as funds, teaching staff and consultative organs. China has participated in the Program as a developing country at the very beginning. In the view of its current development level of international law education, the anticipation of international order construction, the appeal about international discourse right and the demand for talent's cultivation on international organizations, there is much room for China to adjust its position and deepen its participation dimensions in the Program.

Key Words: United Nations, Program of Assistance for International Law, practices of member states, position for China

高等院校跨学科协同教学模式研究

——以《法律语言学》课程为例*

何静秋**

摘　要：跨学科协同教学已成为国内外高等教育的一大热点和必然趋势。作为法学与语言学结合而成的新兴交叉学科，法律语言学具有开展跨学科协同教学的必要性和适切性。跨学科协同教学的具体模式包括隐性模式、接力模式、同堂模式和嘉宾模式，同时还必须发挥教学方法和配套保障的协同效应。跨学科协同教学模式的核心是"整合"和"互动"，一方面，突破学科界域，优化资源配置，使教师的学科知能、认知视域和研究兴趣实现异质化互动、碎片化整合和创新性运用；另一方面，强调教师之间、师生之间、生生之间的合作共建，让学生教学中完成目标知识和学习方法的体验、探究、习得与反思。

* 本文为2019年国家社会科学基金项目"基于语料库的法庭话语权力互动机制研究"（19XYY009）阶段性成果；2018年陕西省教育科学"十三五"规划课题"高等院校跨学科协同教学模式构建"（SGH18H20）阶段性成果；2018年西北政法大学教改项目"《法律语言学》的协同教学模式构建：理论与实践（XJY201832）"阶段性成果；同时感谢中国留学基金委员会的资助。

** 何静秋，西北政法大学外国语学院副教授、博士，研究方向：法律语言学、法律英语。

关键词:跨学科协同教学　法律语言学　教学模式　教学方法　配套保障

引言

高等教育的内涵式发展强调培养拔尖的创新人才,而拔尖的创新人才不仅需要具备扎实的学科知识,更需要具备跨学科的视野以及解决问题的实践能力。2015年国务院发布的《统筹推进世界一流大学和一流学科建设总体方案》(国发〔2015〕64号)明确提出了要培育跨学科、跨领域的创新团队和培养富有创新精神和实践能力的各类创新型、应用型、复合型优秀人才。可见,跨学科教育已成为推进高等教育深化改革和发展的重要举措。在此背景下,各大高校纷纷以创新为目标、以学科交叉为基础,加快跨学科课程的开发建设,有的高校在研究生招生目录中已明确提出了跨学科的研究方向。

法律语言学是一门法学与语言学结合而成的新兴交叉学科,在学科定位上既属于应用语言学的范畴又属于边缘法学的分支。当前,以习近平同志为核心的党中央一直重视涉外法律服务工作与涉外法治人才的培养,法律语言学研究正在得到前所未有的关注。法学界、语言学界以及法律实务界从各自的兴趣点出发开展研究,学术成果斐然,学科发展呈现出旺盛的生命力,这也使法律语言学教育的重要性也愈加凸显。法律语言学教育是以法律语言或者法律与语言的关系为内容,要求学习者掌握基本的与语言学有关的理论和法律知识,培养其对法律语言规范而精确的表述和运用能力的一种跨学科教育形式。随着国内外法律语言研究的日益繁盛,法律语言学教育也呈现出良好的发展态势。但遗憾的是,我国的法律语言教育在教学效果上与国外存在较大差距,且学界关于法律语言学教育的研究也凤毛麟角,严重滞后于学科研究的发展。为此,本文拟对《法律语言学》课程跨学科协同教学模式的相关问题进行探讨,并以此抛砖引玉,引发学界对高校跨学科协同教学的深入思考。

一、现行教学模式的缺陷

作为我国高等教育课程体系中的一门年轻的、前沿的课程,《法律语言学》在本科、硕士和博士几个学历层次的教育中均有开设。课程形式通常为全日制课程,开设时间为一学期或者一学年,课程性质为必修或选修。授课对象可以是具有法学、语言学(汉语、英语或其他语种的)、社会学、新闻学、心理学等专业背景的本科生和研究生。通过对当前教育现状的调研,我们发现《法律语言学》的教学效果尚不理想,其现行教学模式存在以下缺陷:

1. 知识来源的封闭性明显。法律语言学教育对教师的知识结构提出了较高的要求,其必须具备语言哲学、普通语言学以及与法律语言有关的语言学知识、法律专业知识和较为丰富的法律实践。然而在教学实践中,这种具有多元学科背景的教师极其缺乏,因此授课任务一般是由一位具有单一专业背景的教师完成。该教师可能是法学专业教师,具备较丰富的法学知识和法律实践经验,但对于语言学知识仅仅是感性的认识或浅显的了解,缺乏系统化的学习。也可能是英语专业或者中文专业的教师,他们由于兴趣或某种契机选择了法律语言学,有的在法律领域有一定的知识或工作经验,但大部分教师缺乏较深厚的法学基础,因此对法律语言的教育容易停留在语言分析的表层,这导致学生对法律语言的学习停留在表层,缺乏对法律语言的理论含义和实用价值的深刻了解。因此,教师学科背景的单一性导致课程知识来源的封闭性,很难实现培养学生综合性专业素养的教学目标。

2. 教学内容的实践性缺乏。不同于理论语言学或普通语言学,法律语言学本身更关注法律语境下语言的操作与应用,强调将融汇到自己理论体系中的理论放置到法律语言实践中进行检验和运用。但在实际教学中,教师的讲授多从现成的概念和理论出发进行演绎和推理,不太重视对复杂现象的归纳和分析,从而导致讲授限于理论的空谈,课堂教学的实践性不足。此现象存在的原因一方面是教师对教学内容的实践性重视不够;另一方面是绝大部分授课教师既缺乏司法实务经验,又缺乏与司法实务界交流的平台和机会,因此对实践性内容的讲授是“有心无力”。

3. 教学过程的互动性不足。根据我们的调研,当前各大高校大都采取“教师讲、学生听”的单向讲授方式,这种单一输入式教学的互动性不足,表现在:师生互动不足,缺乏辩论讨论、分析点评、情景模拟等灵活多样的教学方法,偶尔的提问和讨论无法形成长久且有效的互动氛围,导致学生的课堂主体地位缺失,助长了学习的被动性;生生互动不足,学生参与课堂的积极性不高,每个学生各自为营,被动地接受和消化内容,没有发挥不同专业背景或者不同认知兴趣的学生之间进行协商和互助的优势。造成这种现象的原因是多方面的,除了授课教师自身教学理念的问题外,还有可能是教师在教学设计上没有兼顾课时安排与教学内容的平衡、授课对象的接受能力与教学内容的难易程度的平衡等。

二、践行跨学科协同教学的依据

(一)理论依据

“协同”一词意为互相配合、协调合作,即多人相互配合共同完成一项任务。德国物理学家赫尔曼·哈肯(Hermann Haken)于 1977 年创立了协同学,而协同学重要的理论就是“协同效应”。简言之,就是“1 + 1 >2”的效应。协同教学(team teaching 或 co-teaching)正是基于这种协同效应的假设而构建的一种教学模式,该模式指的是两个或两个以上的教师共同负责担任一群学生的全部教学或其主要部分的一种教学组织形式。

普遍认为,群体动力理论和建构主义理论为跨学科协同教学提供了理论依据。群体动力理论由美国社会心理学家库尔特·勒温(Kurt Lewin)于 1939 年首次提出。该理论指出:群体是由具有共同目标的个体组成,但群体不是个体的简单相加,而是超越了个体单独活动的总和;群体的本质就是成员之间的相互依存关系;群体不是静止的,而是处于不断地相互作用、相互适应的过程中,群体的目标、规范、舆论、凝聚力、心理气氛等社会心理现象不仅影响群体成员的个性发展,还影响群体发展的水平与群体绩效。[①] 建构主义则兴起于20世纪80年代末的教育学领域,该理论认为:知识仅仅是关于各种现象的较为可靠的假设,而不是解释世界的"模板",它必定会随着人们认识程度的深入而不断地变革、升华和改写,从而出现新的解释和假设;知识必须由学习者利用必要的学习资源,通过个体与他人(包括教师和学习伙伴)的互动和磋商建构而成;物理环境与社会文化环境对个体的知识建构起着重要的作用。[②]

上述理论对跨学科协同教学产生了如下启示:首先,每一个学科都有其独特的资源,各类学科资源必须得到有效而充分地整合,方能发挥出学科的创新价值。多学科及其成员之间的多层次协同关系的建立与发展,更容易在跨学科模式中形成资源整合的协同效应,这样,大学内部总体的学科资源利用效率便可得到显著提高,展现出在知识创造方面的竞争优势。[③] 其次,具备不同学科背景、兴趣和经验的教师组成的教学团队是一个群体,群体内的教师相互合作,形成一定的目标、规范、凝聚力等社会心理现象,有助于促进教师个体的专业成长;与此同时,教师与学生之间、学生与学生之间也是一个群体,在教学互动中通过师生之间、学生之间相互影响,也可形成一定的社会心理现象,促进学生的专业成长,实现知识共建;教学实践中,教师可通过启发式、合作式教学设计促使学生完成知识体系的架构。

(二)现实依据

协同教学模式的研究最早兴起于20世纪50年代的美国。该教学

---

① 参见廖宏建、庄琪:《群体动力学在网上协作学习中的应用初探》,载《现代远距离教育》2005年第4期。

② 参见陈琦、张建伟:《建构主义学习观要义评析》,载《华东师范大学学报(教育科学版)》1998年第1期。

③ 参见黄超、杨英杰:《大学跨学科合作的学科整合机制及其模式选择》,载《高教探索》2016年第12期。

模式具有系统性、连续性、涵容性和发展性的特征,因而在美国研究型大学跨学科课程的教学实施中备受青睐。在我国,该教学模式直到20世纪90年代末才开始在高等教育领域践行,但由于这种新兴教学形态对课程特点、师资和授课规模都有特殊要求,因此在之后的10余年间尚未得到广泛普及。我们对CNKI的检索表明学界对协同教学的研究在2013年至2021年有了较大幅度的增长,这说明我国高校开展协同教学的条件逐渐成熟,其教学效果也逐渐得到更多教育者的认同。

相比于国外,尤其是欧美国家,中国法学高等教育起步较晚。国内法学专业学生学习了比较系统的法学专业知识,但其作为法律职业人所需要的独立思考能力和语言运用能力却存在明显不足。正如乌迪纳(Natalia Udina)所说,法律语言运用能力的教育是法学教育的最大挑战。④因此,法律语言学是高等法学教育中必不可少的教育内容;同时,作为应用语言学的分支,法律语言学也在语言学教育中占据重要的一席,理应给予高度的关注。从20世纪90年代开始,我国高校开始重视法律语言的教育,随着法律语言学学科的迅速发展以及法学研究者对该学科认识的深入,法律语言学研究获得了更多法律人的认同,在法学领域也有了稳固的一席之地,法学教师与语言学教师的合作与交流的意愿就更加强烈。⑤

法律语言学本身就是一个开放的体系,它与很多学科交叉融合,随着社会的发展,其研究对象正在超越以往的任何时期,那么,其教学内容也会不断向立法和司法领域之外扩展,比如执法语言、刑侦语言、守法主体的适法语言、准法律语言、语言证据的鉴定和规范化、语言规划和政策以及语言权、沉默权、诽谤罪;等等。教学内容的开放性特征对单师授课的教学模式提出了严峻的挑战,学科背景不同的教师因不同的知识结构和教学方法而产生的学术割据大大降低了课程的教学效果。在复合型师资匮乏且培养期较长的情况下,开展跨学科协同教学就显得尤为必

---

④ See Natalia Udina, *Law Education: Language and Legal Translation Perspectives*, Procedia-Social and Behavioral Sciences 214, 2015, p. 1134.

⑤ 参见李振宇:《论法律语言学的学科归属》,载《江西社会科学》2006年第10期。

要。而且，在高等教育中，法学和语言专业均属于文科中的主流专业，学科发展相对成熟，具备协作的师资条件。上述现实情形表明，跨学科协同教学不失为《法律语言学》课程教学模式的不二选择。

三、跨学科协同教学模式的框架构建

在对现行教学模式中存在的问题以及跨学科协同教学的理论与现实依据有了比较清晰的认识之后，我们可以把影响课堂教学效果的几个主要因素归纳起来构建出跨学科协同教学模式的基本框架。该框架以教学目标为导向，以教师协同和学生协同为基础，以教学模式为核心，以教学方法为纽带，以配套保障为支撑构建而成。教学模式的框架是一个“生态系统”，其中，教学模式、教学方法和配套保障三个子框架既各成系统，又彼此融合、协同发展；只有保证各个子系统的平衡，才能有效发挥各个系统的协同效应。（见图 1）

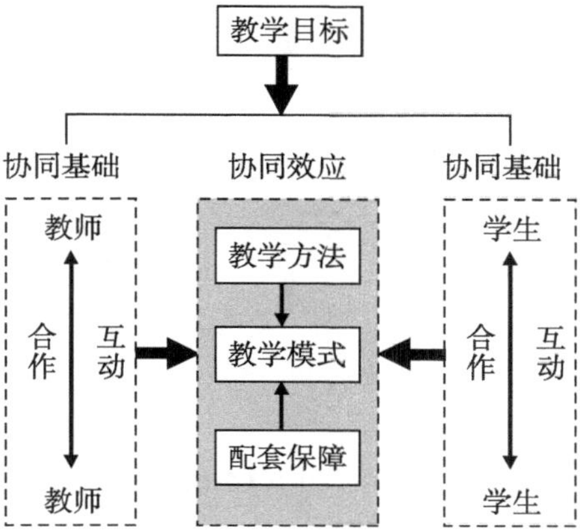

图 1　跨学科协同教学模式的基本框架

(一)教学模式

我们借鉴王少非[⑥]的研究成果,并结合我国法律语言学教育的实际,提出了以下跨学科协同教学的可行性模式。

1.隐形模式。隐性模式是指多名法学、语言学以及其他学科背景的教师和实务工作者自主组建一支教师团队,通过优化整合多院系的教学与学科资源,共同设计教学内容、教学过程、教学方法和教学评估,对该课程实施总体负责;作为团队的教师成员积极参与课程建设、分担责任,教师之间的协作贯穿于这门课程的始终,但通常仅由一名教师实施教学过程,该教师必须有跨学科意识,做好教学顶层设计,与其他协作教师之间存在主次关系。

此模式强调的是教师的课下互动与合作,践行巴伦(Colin Barron)提出的"了解——咨询——合作——同事"的跨学科合作路径[⑦],这与目前践行的集体备课制度具有一定的相似性。(见图2)

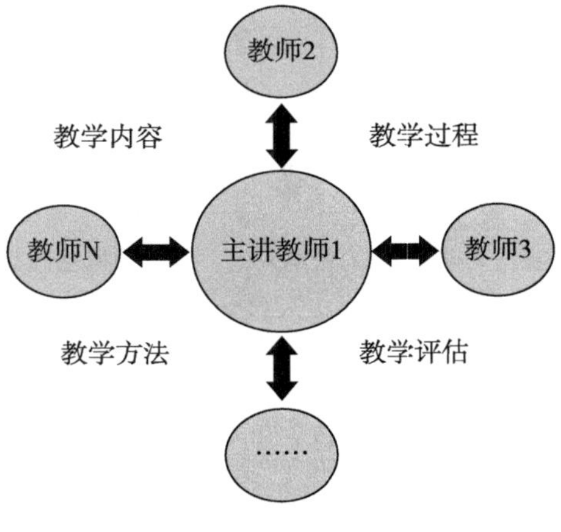

图2 跨学科协同教学的隐形模式

隐性模式对教学最突出的效果是教学内容的商定。换句话说,就是

---

⑥ 参见王少非:《协同教学:模式与策略》,载《外国中小学教育》2005年第3期。

⑦ See Colin Barron, *Problem-solving and EAP: Themes and issues in a collaborative teaching venture*, English for specific purposes, 22, 2002, p. 297 – 314.

教材的编写。由于《法律语言学》课程没有统一的规划教材,虽然国内外出版的以"法律语言(学)"为主题的著作不少,但其学术性较强,且大部分都是基于不同主题的论文集,作者的专业局限导致研究内容各有侧重,缺乏作为教材的可读性、涵盖性和系统性。当前授课教师在课堂上使用的一般都是运用 PPT 自行编写的电子教案。那么,协作教师可以在选定主题、筛选案例、分享资源方面发挥自身所长,运用 PPT 或者 AUTHORWAR 等软件合作编制出一种可参考可选择的演示教材,类似于一个指导性的授课方案。该教材以提纲挈领的形式展现法律语言学课程的宏观结构和内容,突出重难点,授课教师可以根据不同的班级层次及特点对微观内容进行个性化的修改。条件成熟的话,还可以编制《法律语言学》电子教材。电子教材被视为最完整的教材,不仅包括电子教案,还包括其他所有与其匹配的多模态学习材料,在整体性、模态协作化、超文本化等方面更胜一筹。⑧

2. 接力模式。接力模式是指教学团队中至少两名教师成为课程的主讲人,他们根据自己的专长或者学术研究偏好以专题的形式轮流进行课堂讲授;参与该教学模式的教师之间是平等协作的关系。该模式一方面充分展现了教师的学术研究特色,部分弥补单师授课的缺陷;另一方面,学生可以了解到对该领域有深入研究的数位教师的理论观点,有利于学生的知识储备超越已有的知识范畴,获得纵深发展。同时,在同一课程中接受不同教学内容和教学风格有利于学生知识和兴趣的多元化。(见图 3)

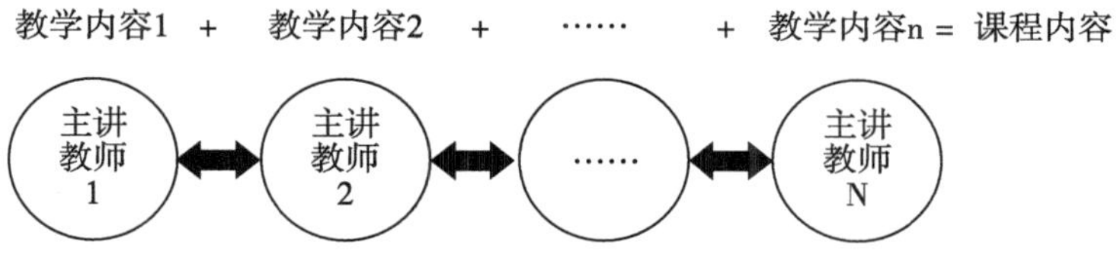

图 3 跨学科协同教学的接力模式

---

⑧ 参见张德禄、张淑杰:《多模态性外语教材编写原则探索》,载《外语界》2010 年第 5 期。

本文认为,该模式的授课教师人数以2~3名为宜,倘若教师较多就很难阐述各自完整的理论体系。以语言学和法学教师各一位的协作为例,语言学教师可负责法律语言哲学、普通语言学尤其是语义学和语用学的经典理论、语篇分析理论、语音、词汇和句法的基本知识,法律与语言关系、基本的法律术语的内涵和外延、法律语体与修辞、语音学、法庭口译等内容的讲授;而法学教师则负责立法、司法文书等静态文本,侦查和执法言语分析以及法律的实践与适用方法,比如作者识别、商标与域名争议等内容的讲授。两位教师在专题和课时的分配上沟通协调,在设置内容时应该充分考虑学科的逻辑系统、学生的认知发展顺序和专业背景,凝练教学主题,突出相应的教学重点,保证前后章节内容的有效衔接。

3. 同堂模式。同堂模式是指教学团队中至少两名教师根据自己的专业知识背景在同一课堂上对某些问题展开多维视角的分析,同时要求学生在课堂中积极参与讨论。参与该教学模式的教师之间是平等协作的关系。该模式适合如庭审言语分析、语言证据等交叉性和实践性较强的知识板块,具体操作上可以举办讲座和组织小型的学术讨论会。在课堂上,理论教师和实践教师向学生展示几经考验的思辨与表达范例,更为直观地呈现思辨的过程和语言表达的交互性。⑨ 尤其是实践教师的参与可以检验学生的基本法律语言知识,训练学生的法律语言技能,在整体上遵循了法律语言学“立足于法律实践→上升至理论认识→重回到法律实践”⑩的以实践为导向的研究路径。(见图4)

---

⑨ 参见赵红梅:《多师同堂面对硕士研究生授课研究——基于我校多师同堂授课教改实践》,载《中国法学教育研究》2019年第2期。

⑩ 杜金榜:《从目前的研究看法律语言学学科体系的构建》,载《现代外语》2000年第1期。

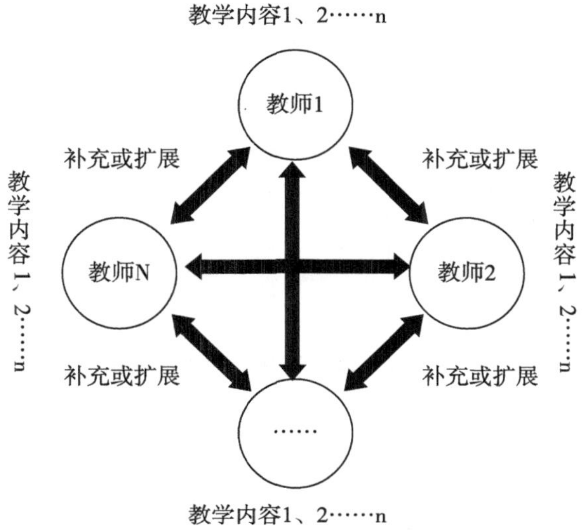

图4　跨学科协同教学的同堂模式

此模式有利于培养学生的学科互动意识,让学生深刻感受跨学科视角带来的学习体验。研究方法是揭示法律语言内在规律的思维性工具,往往比知识的积累更为重要。通过同堂教学,学生不仅拓宽了知识广度,更重要的是接触和习得了跨学科研究的方法,比如语言学分析方法(包括语篇分析方法、语料库语言学方法、定性分析法与定量分析法等)、法学分析方法(包括实证分析、规范分析以及法律的实践与适用的方法等)以及其他与法律语言研究密切相关的学科(如社会学和心理学)的研究方法。另外,需要注意的是,同堂教师必须在彼此尊重的基础上把握发言顺序、时间的控制和观点的交锋,展现教师之间较高程度的默契。

4.嘉宾模式。嘉宾模式是指一位教师全权负责整门课程的教学内容设计、呈现及考核,其他讲授者以嘉宾或客座的身份不定期开设系列讲座或者强化课程,针对难度较大、重要性凸显或者实务性较强的知识板块进行补充和扩展;开设时间少则一周,多则一个月,教学时间安排相对密集;主讲教师与讲授嘉宾之间存在主次关系。讲授嘉宾通常是具有丰富实务经验的人,比如国内外法律语言学领域的知名学者,相关专业的资深实务人员,比如律师、法官以及有出庭经历的专家证人。此模式既有助于学生了解国际上法律语言学领域研究的最新动态,培养学生法律语言研究的国际化视野,也有助于进行实践扩展,实现对课程主体内容的有益补充。(见图5)

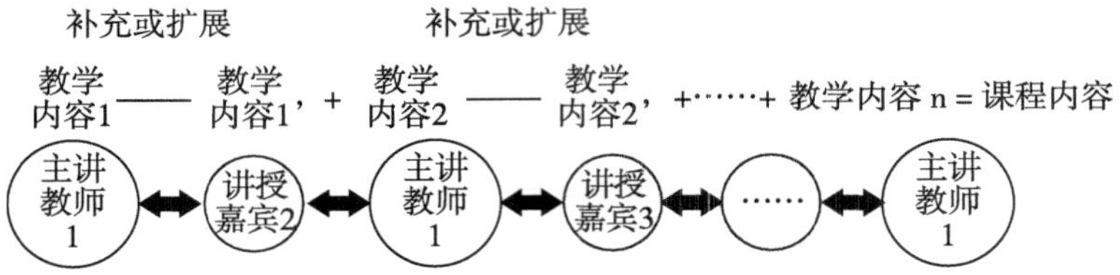

图5　跨学科协同教学的嘉宾模式

华中师范大学外国语学院多年来一直践行这一教学模式,主讲嘉宾主要是国际上法律语言学领域的专家学者,他们不仅具有法学和语言学的学术背景,还具有丰富的法庭专家证人的经历。这部分教学内容以强化课堂的形式开展,授课时间持续2~4周,学生的考勤和作业作为课程学分的计算依据。美国康奈尔大学语言学系开设的《法律语言学》课程也青睐这种协作模式,但不集中授课,而是以系列讲座的形式开展。主讲嘉宾除了学者、实务工作人员以外,还有著名法律案例中的证人和当事人;其中普通证人和无罪被告人关于自己亲历案件的讲述往往会对案件的分析提供一些独特的视角,对于学生而言是非常难得的一手资料。

上述几种模式中教师之间的合作程度和表现方式各有不同,在不同程度上促进了教师之间的知识共享和转移,实现知识结构的互补,形成了一种合力。这就有效克服了传统教学中知识来源的封闭性明显、教学内容的实践性缺乏以及教学过程的互动性不足的弊端。各模式中的协同是多维度的,有行为上的,有认知上的,还有情感上的。具体来看,隐性模式的宏观性强,应用成本较低,易于操作,属于协作教学的基础模式;接力模式和同堂模式的协作程度较高,操作难度较大;嘉宾模式的运行难度小于接力模式和同堂模式,相对易于开展。当然,这些模式只是基本的类型限定,在实际教学中,切不可盲目模式化。教师可以根据具体的校情和学情进行本土化设计,在教学模式应用中可以选择其一也可以灵活组合,甚至开拓创新。

(二)教学方法

科学的教学模式还需依赖合理的教学方法来实现跨学科协同教学的有效实施。《法律语言学》课程既有一般学科教育的共性,又有跨学科教育的个性。我们倡导以下四种主要的教学方法:

1.课堂讲授法。《法律语言学》的知识体系复杂,部分内容的理论性较强,具有探索性深度。此种教学方法下,教师通过课堂讲解直接向学生传授法律语言学的核心知识,比如基本理论表述、语句的逻辑结构、法律术语的内涵与区别等,有利于学生在较短的时间内系统地掌握法律语言的基本知识,提高教学效率。

2.案例分析法。案例分析法在法学教育中践行多年,在《法律语言学》课程中的作用自然是不容置疑的。案例源于真实生活,与社会接轨,并非为了讲解某知识而临时拼凑。教师以典型案例为基础,指导学生对法律条文、法庭审理与辩护、司法文书写作或某些书证中的法律适用进行剖析,相关学科的教师从各自学科的角度进行评价和总结。该方法通过对案例的分析让学生体会法律语言的应用,促进学生法律语言技能的提高和对相关理论的理解。

3.模拟法庭教学法。该方法以真实的法庭为原型,营造一个特定的剧场化场景,秉持程序正义的基本理念,遵循审判的基本原则,设定相关机构角色,依照法定的程序展开审判。该方法实施的前提是学生已具备了相关诉讼法知识并熟悉法庭审判程序。具体做法是:教师事先布置具体案例,分配好学生的不同角色,没有角色任务的学生可作为旁听人员做好记录;之后,师生根据录像或旁听记录共同讨论法庭语言的使用情况。该方法在固定的时间里,巩固了学生对诉讼参与人的实体性和程序性话语(尤其是询问和辩论技巧等知识点)的习得。西北政法大学外国语学院多年通过模拟法庭教学法开展法庭口译的讲解和实践,训练学生在模拟实际环境中的法律口语表达技能,该院培养的毕业生在法庭口译方面一直拥有较高的市场认可度。

4.小组合作教学法。小组合作是一种将个人的自学、合作与竞争融合于一体的教学方法,该方法虽然属于学科教育的一般性方法,但对法律语言学课程有着特殊的意义,这种生生合作的模式本质上就是协同教学的内涵体现,属于学生内部的协同。具体表现在:其一,无论是课堂活动还是课下任务,课程的很多环节都需要小组成员协力完成,比如经典案例及其资料的搜集、法庭录音的转写与标注。其二,通过分配任务克服了部分学生不善思考、不善表达的弱点,提高学生的课堂参与度。其三,小组内成员的多元特质包括不同的知识结构、信息意识、操作能力等,可以使其在跨学科的思想"碰撞"中形成优势互补,点燃创造力的"火花",进而产生大量有价值的资源,而这些资源既是学生新的知识输入又是《法律语言学》教学内容的重要来源。当然,成员之间的学科信任、沟通意愿和学习意图是合作教学法顺利实施的前提。

(三)配套保障

除了合适的教学方法外,跨学科协同教学的有效开展还需要以下的资源条件和配套措施予以保障:

1. 行政层面的支持。无论是教师团队的组织、教学硬件的匹配还是教材的开发,都需耗费较多时间和投入一定的经费。课程学分的分配、教师工作量的计算以及经费的配置等相关事项也需要行政层面的协调,尤其是学校的教学管理部门应承认协同教学的合规性,在教学课时的核算上体现出对教师教改热忱和心血的考量。可见,学校或者相关学院的支持和管理可以为《法律语言学》协同教学的实施保驾护航。以康奈尔大学为例,作为世界顶尖高等学府,该校充足的多学科师资、多层次的学术群体和完善的网络系统为跨学科协同教学提供了智力保障;同时,该校教务部门专设跨学科协同教学委员会,建立了专门的网站,定期发布支持信息和建议,每学年在学校范围内组织1~2次交流会,为学校不同学科背景的教师开展协同教学和跨学科研究提供合作的平台,并设立基金项目对具有一定发展前景的协作课程进行立项资助。

2. 现代教育技术的辅助。Blackboard、Moodle、Sakai、Drupal等网络教学平台已成为当前高等学校教学开展的重要工具,这些平台以资源管理系统、学习活动管理系统为基础将各种资源、活动在该系统内进行重组、整合与发展[11]。各个系统虽各有优缺点,但其在资源的整合性、教学的便捷性和互动性方面具有传统教学手段无可比拟的优势。对于《法律语言学》这种教学内容繁杂、教学资源模态类型多样和课程协作要求较高的课程,网络教学平台能够很好地保障课程的有效实施。教师可以在平台上分享个性化的教材,教材除了教学内容的主语篇,还可以包括多个与其匹配的多模态学习材料库,比如文献库、案例库、法律法规库、裁判文书库、练习题库、录音库、图片库、视频库等。对于法律语言语料库、大型网站、搜索引擎提供的资料可以用链接形式表示出来,授课中可以随时调取相关资料,查看相关链接。

3. 教师团队的建设。首先,在教师团队的组建方面,应倡导科研反哺教学,选聘科研工作突出、教学质量过硬的教师承担授课任务,以便将学科前沿知识及时转化为课堂教学内容,实现科教融合;此外,参与协作的教师个体成员应具有"兼容并蓄、学科借鉴"的教学理念和勇于革新的教学态度,同时还要考虑专业和个性方面的匹配性。其次,在师资培养方面,从长远来看,教学的成功依靠教师自身能力的提高和自身潜力的挖掘。张清教授认为,法律语言学教师可以通过以下两种方式发展自身能力:一是充分利用语料库,分析法律话语的特征,熟悉目标语境;二是进行课堂行动研究,对自己的课堂开展调查和反思,探索提高教学效果的方法。[12] 此外,教师还可以通过听讲座、进修、访学等途径接受长期或短期培训,加强与国内外法律语言学学科发展和教育水平突出的高校和机构的交流与合作,提升法律语言学教育的师资水平。

4. 实务部门的协同。法律语言学课程的实践型导向要求教育单位与相关的立法、司法部门、律师事务所以及基层法律服务组织等机构建立长效合作机制。通过邀请专家开展实务讲座或者组织学生前往相关部门进行学习或实习,可以加强学生理论学习与法律实务的融合,深化

---

⑪ 参见邓国民:《Moodle、Sakai、Drupal 与 Blackboard 的比较研究》,载《中国电化教育》2013 年第 6 期。

⑫ 参见张清:《法律语言学科之教师团队建设研究——以 ESP 教学理论与实践为鉴》,载《中国法学教育研究》2016 年第 3 期。

对学科的认识,为实践问题的解决提供理论支撑和对策建议,更好地发挥法律语言学教育的社会服务功能。西北政法大学多年来与所在城市的多个基层和中级人民法院签署了“校内开庭”的合作项目(平均每月进行1~2次开庭审判),学生“足不出校”便能观摩到各种常见罪名的真实审判,并与各类实务人员进行庭后交流,这为法律语言学习者提供了难得的实践学习的机会,延伸了教师的教学功能。

四、结语

跨学科协同教学的核心思想是“整合”与“互动”。其中,“整合”是指知识、资源、行动的彼此衔接和优化配置,“互动”则指各教学参与主体之间以及参与主体与各种资源之间彼此依赖、相互作用的过程。整体而言,这种教学模式不仅突破学科界域,优化资源配置,使教师的学科知能、认知视域、教学经验和研究兴趣实现了异质化互动、碎片化整合和创新性运用,而且强调师师之间、生生之间以及师生之间的合作共建,尊重学习者的个性,让学生在教学中完成目标知识和方法的体验、探究、习得和反思。本文以法律语言学教育为例,对跨学科协同教学模式进行了有益的探索,其研究发现对于其他跨学科型课程的教学设计具有重要的参考价值。跨学科协同教学符合学科横向发展和培养复合型、创新型人才的需求,必将成为高等教育中具有普遍适用性的教学模式。

A Study on the Teaching Modes of Interdisciplinary Collaborative Teaching in Colleges and Universities

—Taking Forensic Linguistics as an Example

He Jingqiu

Abstract: Interdisciplinary collaborative teaching has become a hot topic and inevitable trend in the higher education abroad. Forensic linguistics is a new interdisciplinary subject combining law and linguistics, and it is necessary and appropriate to carry out interdisciplinary collaborative teaching in this course. The specific modes of interdisciplinary collaborative teaching include out-of-class mode, relay mode, co-presentation mode and guest mode. Besides, teaching methods and safeguard measures should be carefully considered to produce the synergistic effect. The core of the interdisciplinary collaborative teaching model is "integration" and "interaction". On the one hand, it breaks down the discipline boundary, optimizes the allocation of resources, and promotes the heterogeneous interaction, integration and innovative application of teachers' different academic knowledge, cognitive perspectives and research interests. On the other hand, it emphasizes the cooperation and joint construction between teachers, between teachers and students, and between students and students, so that students can experience, explore, acquire and reflect on the target knowledge and learning methods.

Key Words: interdisciplinary and collaborative teaching, forensic linguistics, teaching mode, teaching method, safeguard measures

法学教育的“田野”

——法学田野教学的意义、实践及课程预设*

易　军**

摘　要:基于法治建设的需要,加之政策变化和社会变迁的情势,强化法学田野调查教学体系已然迫在眉睫。但我国只有极少数高校的博士阶段有过田野调查课程,在本科和硕士研究生阶段付之阙如。因此,从校园课堂教学到田野调查的实践教学,从知识传播到知识生产,已经具备设置法学田野调查课程的合理基础。本文认为,在本科阶段的三年级第二学期末和四年级实习前开设这门课,硕士研究生阶段在第五学期末和实习前开设这门课,实现理论知识、书本知识和文本知识与社会的衔接与过渡,对增强法学学生的社会认知和实践能力,具有重要意义。

关键词:法学教育　田野教学　教学改革　社会

*　基金项目:2020年度国家民委中青年英才计划项目“乡村社会治理法治化机制构建研究”,2019年度北方民族大学专业核心课建设“国际法”。

**　易军,北方民族大学法学院副教授、法学博士,研究方向:法律人类学、民族法学和国际法学。

一、实践主义转向：法学教育为什么要走向田野？

随着党的十八届四中全会确定“全面推进依法治国，加快建设社会主义法治国家”，坚持走中国特色社会主义法治道路，以及党的十九届四中全会“推进国家治理体系和治理能力现代化”战略决策的提出，我国法学教育（本文主要指法学本科生和硕士研究生教育）如何应对法治新情势变化也随之面临着转型带来的改革难题。2018 年教育部、中央政法委发布的《关于坚持德法兼修实施卓越法治人才教育培养计划 2.0 的意见》（教高〔2018〕6 号）明确指出“重实践，强化法学教育之要”作为改革的任务和重点举措，“要着力强化实践教学，进一步提高法学专业实践教学学分比例，支持学生参与法律援助、自主创业等活动，积极探索实践教学的方式方法，切实提高实践教学的质量和效果”。可以看到，面向社会实践和法治需求，新型教育机制的转变已是时代之需。实践主义成为法学教育和政治层面的共识。随着教学改革推进，法学实践主义也逐渐摆脱单一主义而走向多元化形式。① 但就实践进程来看，其着力点和突破口在于加强与实际工作部门的密切联系，明确专业教育和职业资格、实务方面确切的实践逻辑关联。教育模式改革在本质上并没有改变法学教育的固有缺陷，即走不出校园课堂，嵌入社会的实然性知识欠缺，知识悬浮不接“地气”；法学内部学科类型过于细化和分化，外部又存在单一性的学科专业体系，以致丧失法学知识对社会的系统性阐释、运用及兼合，缺乏对社会的整体性认知。理论体系、文本知识与社会系统的二元分区，依托于校园课堂教育模式与广域社会形成两种空间区隔。然而，作为校园的第一空间仅是教育的中介性、暂时性和过渡性手段，作为超大规模的国家的多元社会及其呈现的课堂外第二空间才是学生最终实践法律的场域，也因此成为法学教育超越课堂本身之终极目的所在。

---

① 参见刘坤轮：《走向实践前置：中国法律实践教学的演进趋势》，载《政法论丛》2019 年第 6 期。

把法科学生的知识教育放在校园课堂,传授书面之法或抽象的理论知识,脱离地方社会复杂多变的万千生活,无法培养符合新时代法治需求的人才,②那么,对党的十八届四中全会确立的法治国家、法治政府和法治社会的目标实现亦会造成极大的阻却性障碍,这就降低了法学教育在全面依法治国中的重要性。

法学教育集中于校园课堂,社会认知和法学知识(主要包括法理、法律、政策和党规等)离不开制度供给,学生面对制度性知识的塑造,所感受到的是形而上的宏观、抽象的"国家",很难体会二元结构中的"社会"要素。由于没有或很少离开学校教育,来自社会的知识教育已然拖着理论知识的后腿,造成法学教育的"瘸腿现象"。知识的单向性输送致学生未了解真正的中国社会形态和运行规律,变成国家培养的"社会陌生人"和脱域社会的"他者",无法构建一套具有社会嵌入性的,具有参与、经验和改造的个人法治实践体系。基于校园课堂的理论性、原理性、概念式教学仍是普遍性做法。学生通过课堂学习获得原理性知识,只有在毕业实习、创新项目研究和开展法律诊所课程时才介入演习式操作,勉强做一些基本的专业实务,但这无法满足知识的实证性和实践性要求,尤其是参与整体性、综合性社会的观察、锤炼和认知等实证原则严重滞后,致使多数法科生毕业时仍停留在知识的应然层面。

反观全球,法学实践主义原则已成为世界各国共识。法学实践教学早已是教育强国的通行模式。③ 我国学界一直呼吁,法律实践教学的比重应当作为重头戏加以强化。④ 现实情况则是法学实践课程偏少,⑤除个别高校博士阶段(如云南大学民族法学,该专业已取消)要求不低于 3 个月的调查必修课之外,罕有学校开设田野调查这种情景化的法律实践教学。部分高校教育思维仍停留在培养法律人才而不是法治人才方面。

② 参见徐立:《中国法学教育的困境与出路》,载《教育研究》2011 年第 1 期。

③ 参见苏一星:《中、德、美三国法学教育比较研究》,载《教育研究》2004 年第 6 期。

④ 参见刘坤轮:《我国法学类专业本科课程体系改革的现状与未来——以五大政法院校类院校为例》,载《中国政法大学学报》2017 年第 2 期。

⑤ 参见胡永平、龚战梅:《法学实践教学改革与创新研究——以法律职业能力培养为目标导向》,载《大学教育》2018 年第 1 期。

现有课堂教学模式不足以应对超大规模国家面临的复杂社会治理，学生了解的书本知识和法条原理对多元社会中实现法治缺乏足够应对之技能，知识的原理性与社会急剧变迁的现实很难契合和作出有效性解释，知识与社会现实链接与过渡出现障碍。如此，建立在社会实践基础上的法学教育第二课堂——“田野”实践教学——为学科分化后的互补、书斋教学与社会脱节后的平衡，为知识的创新与生产，并单设一门田野调查的专业课程就很有必要。

田野调查是马林诺夫斯基创设的一种人类学研究方法，采取参与观察、个案追踪或“深描”的形式寻求对异文化进行经验/实证研究，并通过民族志书写来展现人类学的社会和文化研究。⑥ 法学研究的“田野”是法律存在、运作或产生影响的所到之处，从而使法学研究突破智识上的孤立，使法律理论具有实践立场和指向。⑦ 法学实践教学的“田野”不同于法学学术研究的“田野”，但都有面向社会以确保法律与社会的知识链接，从而田野场域被纳入法学教育的视域，避免了校园课堂坐而论道的冥想与演绎。换言之，把课堂置于社会空间，在专业老师或导师传授、带领与指导下，利用严格的科学调查方法，采取专业手段和方式对特定领域或社会进行深入调查，在此基础上获取第一手资料和文献，由此撰写田野调查报告和相关论文，并通过田野调查报告和论文作更大范围研究和评价，让学生接受“社会教育”、观察社会事实及运作现象、揭示社会运行规律并具有一定社会实践技术，从而具备一个法科学生应有的社会适应、社会参与、经验认知和知识生产能力。质言之，法学知识的生产不仅源自课堂教学或法学本身，更来自广泛的社会科学。基于法学本身的闭环性知识生产不但紧缩法学知识发展的空间，也不断形成教育“内卷”的局限。固然，放眼于开放的人文社会科学（甚至自然科学），从广阔的社会，哪怕是一个极其微观的小社会中寻求知识来解决法学知识

---

⑥ 参见王启梁：《从冥想的书斋中出走》，载《贵州民族学院学报（哲学社会科学版）》2007 年第 2 期。

⑦ 参见王启梁：《法学研究的“田野”——兼对法律理论有效性与实践性的反思》，载《法制与社会发展》2017 年第 2 期。

的“内卷”,通过“田野”洞观小社会大视野思维来实现知识的生产与再生产,将是法学教育“内卷”的重要出路。

法学教育也存在其他“实践”,与“田野”实践教学不同,为学术论文、创新项目研究进行的田野调查,处于狭隘的、个别化和针对特定问题的社会实践,不是系统地学习田野调查理论、技术、过程和知识的综合。学生的学术研究和项目研究的田野调查有极强的目的性和功利性,其不足以支撑作为一门课程的田野调查科学。但学术的“田野”与教育的“田野”并非割裂取舍,而是相互勾连的,前者是高层次的目的性取向,后者是基础和前提。法律实习和法律诊所虽也是实践课程,但它只是让学生完成与专业相关的工作预演,不是对整体社会、基层社会做全面的宏观驾驭与透悟。实习在政府机关单位或业务部门,甚至诊所在学校即能完成一套法律业务操作,故而是针对一个案件事实及其法律问题所做的专门性法律实务工作。概言之,田野教学摆脱了传统单一法律实践教学模式,实现从专业实践到社会认知转变,甚至对于综合性人文科学整体认识,都会全面涉及。这是一门科学,不能简单地认为其像其他专业实践那样是一种实践技术。

二、知识生产:田野教学对法学教育模式的功能转变

田野教学究竟要实现何种功能和教育价值?达成何种与法治社会相衔接之目标?其有何存在意义?这是法学教育者需要直面的问题。有学者指出,田野课程不在于课程技能训练,而在于社会科学研究“实践感”的培养。⑧ 如果仅仅满足于一种教学方法及技能培训,实际上与法律实习和法律诊所无异,一般职业院校就可实现。学生缺乏的不是如何操作的法律技巧,经过几个月实习或毕业后的社会实务操作对他们来说不存在障碍;学生缺乏的是多学科交叉和综合人文素养,从而失去对社

---

⑧ 参见唐晓菁:《“田野”作为教学方法:以法国“大学校”社科人才培养的研究性教学为例》,载《中国高教研究》2020年第11期。

会整体认识,以及由此导致敬业感、伦理关怀和法治实践感缺失,故微观性法律技术并非为田野教学的环节。这也是从内封式教学模式面向社会的多元教学模式转变,从校园课堂到多维课堂转变。简言之,不能仅局限于培养"工匠",还应培养学生宏观的积极认知,即让学生感受到与当地社会"在一起的现象的意义"⑨,从宏观到微观、由上及下地把握中国社会运行的基本规律和多元文化,避免因课堂晦涩的教义及说教而丧失学生对社会应有的伦理感和吸附力。这种认知包括对话模式、知识发现、经验实证和客观性等。

首先,从话语控制模式向双向平行对话模式转变。严肃地说,我国数百高校的法学教育集中在课堂和实习单位,似乎无其他特殊模式。这种教学都要依赖老师的教学指导与安排,服从教师的知识输灌与权力控制,构成"主体—客体"的单向支配的话语教学。虽然知识是客观的,无主体性、无权力性的自在系统,但知识可以决定话语的表达、交流,是传输个人理念与获得、转化个人权力控制的重要条件。从横向切面看,教师的话语表达过程中掺和着主观建构,这种建构大部分是根据主体自身对客观世界的体验,融合了精神内敛之抽象后再转化为表达者的语言,渗透着极其个性化的风格,极大地忽略共识的、共性的和普及性的社会宏观思维。从纵向切面看,话语表达不仅是为了知识传给,且更是获得一种力量,一种影响他人行为方式、生活习性与心理观念的制约力量。这种制约当然会在教学中演变为驾驭、指导、规训他人的权力,从而使传统课堂教学成为垂直式的知识规训手段。田野教学减少主体—客体间的话语支配,要求学生通过自身调查获得经验知识,在经验主义中寻获先验主义的理论假设与归纳。从书斋和教室中走出规训的被动感和守株待兔式的受赠式给予,通过与社会对话以及与教师就社会问题的主体间对话,最终实现从话语的规训权力控制模式向双向平衡的互动模式转变,构成主体间性的互动教学,或者互为主体性的对话、讨论、共同分析的开放性课堂教学范式。传统教学中的对象与主体已经被消灭,师生一

⑨ 参见杨善华:《田野调查:经验与误区——一个现象学社会学的视角》,载《中国社会科学评价》2020 年第 3 期。

起实现知识的再创造和再生产,传播的过程实为知识的再生过程。实际上,教师的课堂教学权力与教学话语受制于观念、职责、信仰和自身知识的限制与约束,学生表达的主导性因此被压缩,更不会有太多的批判性话语,丧失其对知识的重塑能力和反思性/反省性思维,在基本知识的基础上自主地构建知识感和体系的创新能力也因此而削减。田野教学知识更多来自社会现象和社会事实的客观性,知识的话语表达不再受制于课堂教学的主观建构和基于文本的阐释,更多基于主体自身的社会经验与实证形成的认知,其把知识塑造为一种批判性与证伪性的话语体系,反思的过程即为不断对话与证伪的反复过程,从而使知识循环而上直抵问题与理论核心。

其次,从形而上的知识供给到形而下的知识发现。课堂教学传输的知识来自文本体系和法条的既有供应,教师的主要工作放在如何对这套知识结构的备课、理解,制作教学课件、教案、讲义等格式化的科层制教学,以试卷为主的考核确定课程评价结果,通过分数量化之高低评判受学者的学业水准,进以权衡他们的知识能力和知识含量。这从开始到结束都是从文本到文本的知识供应机制;整个学习期间的知识输送基本上都处于悬空感和记诵状态,很少下沉,与社会无法勾连,知识无法发挥出对社会有效的生产力。田野教学本质上是落地教学,它并不一定摆脱原理知识的先定性,而是在先定或先在的文本知识基础上把死板僵硬的知识软化、浸润到实际的社会生活之中,通过观察、感受到的社会知识反思/反身文本知识,对文本知识和既定法理再阐释,从而促进两套知识体系之有机联动,带来法学知识增量和法学思维变革。形而上和形而下的不同教学范式反衬由上及下和由下及上的两种教学路径。由上及下的教学路径以专业教材为基础,通过一套完整的教学制度、课程配置、时间安排与考核评价,体现教学权力控制与知识的话语支配,学生因很难通过话语去打破知识的既定性而无法主动选择,知识的固定性安排变成思维的牢笼,也很难实现设想和配置的知识预期。由下及上的教学路线,即从校园课堂和教室走向“田野”,不以先验知识的假设为前提,在广阔的社会环境中寻求多元的隐喻式知识——秩序、社会规律、规则、意识、文化等无所不包的整体系统，并反思法学的单一中心主义情结来定位自身的知识获得感。也因此，一切社会知识都要基于“发现”而不仅是阅读和考试。概而论之，田野教学的知识是不确定和不可预期的，打破了课堂教学文本的确定性和知识的可期性。想获得知识的客观实在，需要植根于田野去亲身体验、探寻和实践，并从中分析、研究，得出什么理论或决策建议，从而激发学生一窥知识本真的欲望、想象与求知动力。

再次，从知识的先验建构到知识的经验实证。从知识生产机制来说，课堂是一个独立且具有自封性、内缩性的知识加工厂，可见课堂教学在知识秩序和生产机制中占据重要位置。课堂本身成为知识秩序内部运转的内在连接点，课堂参与知识秩序的治理和学科建构，这种建构是主观性的和先验的，具有定势性化、教义性和外部区隔倾向。通过课堂填鸭式的输灌和考试评价只说明知识输送机制本身的过程，并不能揭示知识秩序如何运用及其作用力如何，如同福柯所言，考试证明了一种能力，出师证明知识的传授已经完成。⑩ 然而，法学是社会科学，注重经验主义和实证主义，尤其关注社会事实和社会现象学的经验知识。法律也终究要作用于社会，法学本身是以实践性和社会性为依归的科学，没有社会环境为支撑，法律实践的实效性和治理功能将荡然无存。借用霍姆斯的经典名言，法律的生命在于经验，而不在于逻辑。⑪ 因此，法学教育不能局限于文本知识的供应和输送，听教师讲授之同时还要“用脚衡量大地”，才能反向地审视法学知识本身。尤其是中国社会极其复杂多元，各地区、各民族、各个社会结构都存在极大差别，甚至村与村、镇与镇之间各不相同，过一条山谷、翻一座大山是两个不同的文化空间，所谓“十里不同音、百里不同俗”，只有身心融入这些多元社会，通过比较获得法律的不同社会生活经验才能感受、认知到法学的实践性和社会性，从而形成知识的经验主义逻辑。苏力教授也指出：“只有到了城市以后，你才

---

⑩ 参见［法］米歇尔·福柯：《规训与惩罚：监狱的诞生》，刘北成、杨远婴译，三联书店1999年版，第220页。

⑪ 参见［美］小奥利弗·温德尔·霍姆斯：《普通法》，冉昊、姚中秋译，中国政法大学出版2006年版，第1页。

能理解农村,到了农村以后,然后再回到城市,你才能理解城市。”⑫只固守于作为法学知识的大本营——大城市,可能只了解一小部分中国,更不用说法学实践主要在远离城市的广大基层。

最后,从知识的意义塑造到知识的客观性求证。校园课堂传授的先验知识是一种意义塑造机制,即预设一套法学隐含的价值系统,在学生进入社会之前就对社会预置价值判断和基于浪漫意义的理解,先于社会固化为静态法律理念,恰是这种预设——如同《马背上的法庭》法官阿洛——在面对社会的超前性和变迁性时显得不适应和产生误判,导致实践低效和无经验感。社会科学需要客观性,在此基础上才能获得对社会现实有益的结论。⑬ 田野课堂的经验主义几乎很少嵌入意义系统,田野调查的主位性、整体主义和客观原则也促使调查者基于调查资料、社会现象和事实做经验主义的知识判断,而不是脱离事实本身的先入为主的价值判断。这便是对已知理解和未知理解的两种截然不同的思维。课堂教学通过教科书编排,对已知系统的知识演绎,先在地作出结论和评价,通过这种先在系统很容易直接套入或预先性评判社会,即事前思维。田野教学无与教科书类似的教义或教条,靠学生自己创设学习机会,行走大地就是找寻活的教科书,对社会的未知知识是事后做出的归纳判断,即事后思维。归纳判断得出的抽象理论与文本知识、原理性知识相结合,共同塑造了法学知识同等重要的多元结构。

从上述可以看到,校园课堂与田野教学实际上是两种不同但相互衔接、承前启后的知识生产,两者同样缺一不可,无优劣先后之分。从校园课堂的原理性、文本性知识的传送再到社会经验实证的田野教学,完成课堂教学的功能性转变,实现从输送知识到生产、创造知识的完整链条对接的教育机制转变。一言蔽之,田野教学是法学知识生产机制的核心环节,教学目的是为社会、国家培养合格的法治人才。他们终究要回归

---

⑫ 苏力:《法律的经验研究》,载王启梁、张剑源主编:《法律的经验研究:方法与应用》,北京大学出版社2014年版,第5页。

⑬ 参见[德]马克斯·韦伯:《社会科学方法论》,韩水法、莫茜译,中央编译出版社1999年版,第1~62页。

社会,在学生毕业前通过调查了解中国基层社会及个人参与社会实践的演习经历/经验,作为铺垫,毕业后进入社会参加工作、参与社会实践或法律实践,有助于避免其走弯路或减少工作挫折、损失。这也恰恰反映了田野教学的实践价值:学生不再被动地接受教师输灌的知识(不管你是否喜欢),而是积极地、主动地创新和生产知识体系,通过书本知识与社会知识相结合,实现从学得的知识向习得的知识转变。在这个知识生产过程中,学习表达的机制是研究性的,如何实现研究型学习依赖于田野调查能力和实践强化,也由此评判出学生水平和能力高低。学生通过研究型学习反思、批判理解,不断证伪理论和社会预设,最终在教学过程中实现知识的增长和成长。

三、多点 + 中心点:教学田野的寻求

田野教学的核心是“田野”。田野是法律实践所及之地,法律实践发生在那里,事实和问题就摆在那里,那里就是田野。⑭ 作为教学方法和教学课堂的法学田野应摆脱校园课堂僵化教条的桎梏,但也不能仅当作学生获取学习和研究材料的异域,而更应看作扩展他们知识范围,释放压抑的知识创造力,拓展宏观视野的社会空间,感知某种意义的知识结构。具体地说,针对教学目标和任务,教师设置论题导向时,田野基于论题意识产生,由论题溯及田野,既可能是地域或社区,也可能是小群体、关系圈、生活网络或单位等,又或是身边的人物事。我们不一定先入为主地为学生设定田野场域,而是根据学习和调查需要去充盈、配位之前的社会网络。在田野教学中,田野是建构性的客观实在,其目的不在于田野对教学的知识承载功能如何,在于培养学生的一种思维方式;田野是一种学习或学术态度,是被实践课堂及学生的田野民族志生产、书写出来的社会知识网络,它无处不在。按照这个逻辑,教学的田野应遵

---

⑭ 参见王启梁:《法学研究的“田野”——兼对法律理论有效性与实践性的反思》,载《法制与社会发展》2017 年第 2 期。

循从“田野在哪里你就在哪里”到“你在哪里,田野就在哪里”的转变,这个转变反映学术研究的田野注重的是空间维度和学术研究的功能取向,作为教学课堂的田野注重的是时间维度和知识生产链条的功能取向,即不一定像学术研究的田野那样刻意寻求符合自己研究主题的田野空间,教学的田野应当是随处皆可调查的那种可欲性社会空间,即凡有人的地方,有一定外部社会边界的地方,都可当作一个教学田野。它把建构性原则和客观性原则有机结合起来,是认知观念和学习知识塑造的一个社会场域。所以,教学意义上的田野应宽泛地、开放性地理解它的主观性、客观性与现实性,在更广阔的时空之中定位、培育法学知识体系和学生的人格塑造。那么,广义上的田野是否不用专门寻求,只关注抬眼便是“身边田野”的客观现象,为求方便而缩减其他必要环节,而不是以田野调查的科学为基础,这显然不足以解决教学所要求的规范性、科学性和课程建设问题。田野教学的目的在于培养学生从社会中获得知识,以通过原理性知识适用于社会的能力,因此需要严格的规范教学和作为一门科学的学科构建。

寻找田野是田野教学的首要任务,虽然我们说田野无处不在,但要契合一定共识性、普遍性和典型性的田野点确为教学的前提安排,需要一翻严格考量,通常要由学院、教师和学生合力完成。在后现代民族志反思书写的影响下,“多点+中心点”成为国外高校学生田野调查的通常做法,这也是国内田野调查的转变方向。⑮ 寻求一个中心点作为田野教学点,应该具备长期性、常驻性、典型性和有利于教学等特性,考究其调查的时空局限和能力局限,其空间范围不宜过大,可以选取一个村落、社区、小镇、旅游点、企业、片区等,由所在学校(或学院)与中心点所属单位签订实践性社会调查协议,并确定调查周期的具体安排。中心点应有专门负责指导调查的教师,定期带队指导,以解决田野调查的后顾之忧。“多点”是除“中心点”之外的由多个田野调查点构成的辅助性点阵,学生调研无须教师带队;与“中心点”不同的是,各点应有自身的特

---

⑮ 参见[美]詹姆斯·克里福德、[美]乔治·E.马库斯:《写文化:民族志的诗学与政治学》,高丙中、吴晓黎等译,商务印书馆2006年版,第121页。

色、差异、个殊性，但同样在通过签订协议的基础上保证调查的长期性和常驻性特征。学生应根据自身情况选择哪一点从事田野调查，但应有在中心点统一由带队教师指导下从事田野调查的经历，事后便可自行选择在多点从事自己需要的田野调查。

田野教学点的选择还应与学校所在位置、专业背景和定位关联，中心点同时兼顾调查往返的经济性、方便性和区域特色。我们不是解决世界性难题，而是设身处地为社会、国家解忧，故应以学校所在省（区）和地区各点的布置为要。如笔者所属北方民族大学设置田野教学点，则应考虑民族特色，其中心点设置在宁夏本区为宜，多点可布设于西北各省区。在教师的指导下，学生在教学中心点进行“深描”的同时又参与到其他“多点”的调查，这样对西北地区基层社会有较为宏观的把控，也对个案进行深入观察，实现吉尔茨主张的“深描”。所谓的田野教学点并不是固定的，学生对自身感兴趣的其他地方也可遵其所愿前往调查研究，但没有协议保障的田野点依赖社会关系、生活点等进入调查，存在诸多不便。20 世纪晚近以来，社会科学界实践着家乡学人类学的调查方式，主要利用调查的方便性之利，并实行长期追踪访问，的确有很大优势。如果学生分散调查，没有带队教师参与和指导，学生对自身兴趣点和家乡人类学方式的调查是否合格，值得疑问。脱离专业指导的调查未必能产生严格意义上的田野报告、民族志和对社会的深层次认识。故只有在中心教学点由教师指导的专业调查经历，再从事其他点的田野调查，才是合格的调查路径。

田野教学不仅讲技巧，也有自己的“行动指南”。田野更是一门科学，它也包括理论与实践。实际上，课程配置至少有 1/2 时间（一个月左右）进行田野调查技术指导和社会科学知识的整体讲解等基础理论学习。这些知识应在校园课堂完成，领会社会科学整体主义，加深对法学外其他社会科学的认识，并与法学交流和对话，具备学科多元和跨学科思维的认识论，学习社会科学实证研究、经验主义、定性/质性研究、定量研究的基本方法和学理，并学会利用定量分析软件和数学基础，以及学会民族志书写基本理论、范本与经验，学习如何把调查的社会科学知识融汇至法学的技术。在教师指导和帮带下,掌握田野调查的方法技巧、可能遇到的问题以及解决之道。理论教学只能是原则性要求,而不是死板和僵硬的教条,田野调查的规范性不是刚性控制,面对千变万化、纷繁复杂的田野需要学生有灵活变通的能力,有与基层社会相融的实践技术,这恰恰是学生应掌握的社会基本技能。无论是田野教学点或是前期课堂理论教学,它们都服务于田野调查及其知识生产、增长这一目的,而田野调查却是法学知识与社会实践相结合、学生行动能力与社会相结合的手段,因此,任何田野都应趋向于为学生心智成长、实践能力与社会认知能力提高服务。

四、积极的社会认知:置身田野的法学实践教学

走出简单纯粹的教室与课堂人生,让学生回归崎岖坎坷的田野社会,不但能厚重教学深度,实现知识供给的多元,而且是对第二课堂空间位移的积极探索。这也是布迪厄积极寻求的累积知识的社会资本和强化学生社会实践感的尝试,⑯更是一套授之以渔式的技能性帮带关系。教师在完成课堂培训之后,即带领学生进入田野去发现事实。面对陌生环境和异域社会的文化异质感,学生已脱离舒适和熟悉的校园,作为外来的他者置身于差异空间,由此引起的心理、生活之不适应,打破了校园教学知识的固有认知和预想的反差,学生的怯场和恐惧在所难免,甚至可能导致调查失败。教师需要花一定时间带领学生与调查社会和调查对象熟悉,以便学生在融入当地过程中消除陌生感、隔离感和恐惧心理。在此基础上,学校制定社会调查规范及办法,教师以此指导学生对调查事项、时间、人员、分队任务等做好明确分工和组织安排,交代调查中注意的问题,并为此排除调查中可能预感或出现的各种干扰。即使学生置身于田野场域,教师也是同场共行的其中一分子,需要现场指导和纠正

---

⑯ 参见[法]皮埃尔·布迪厄:《实践感》,蒋梓骅译,译林出版社2003年版,第64页。

调查偏差，积极引导学生不断走向成熟的社会实践，从而在实践中不断证伪知识本身和加深社会认识，强化田野行动能力。

田野教学之目的不仅是把法学知识适用于社会，而且也锻炼学生从社会获得知识以此了解和实践社会的基本能力。这种能力意味着人类学的田野调查注重整体主义思维，反对纠缠于细节的历史特殊主义和地方主义。以针对一个乡村的调查为例，通过整体主义发现村落社会事实，就需要由教师规划安排，以集体行动的方式分配各个自然村、生产小组的调查任务，最终实现调查资料和整合材料的共享，从而在有限的时间内了解全村整体情形。也可对乡村结构细拆分类，针对不同类型和社会结构进行分工调查。整体主义下的个案调查，就应当采取“深描”形式，追踪访问、个案访谈(多次)、参与观察、亲身实践、田野实验、碑刻抄录、文献翻拍、事件流程记录、口述史和社会记忆等方式，因为只有在组织协调和多次反复的“深描”过程中才能实现揭示知识的内在隐秘。采取的调查手段更是多样化，翻拍、复制、记录、录音、手记、录像、计量等都可作为调查手段而被采用。因此之故，须避免脱离原理性知识和操作技巧的“走马观花”和“蜻蜓点水”，尤其须规避在司空见惯的表象和受访者可能掩藏的假象中产生认知错觉；因为我们所做调查现象或个案研究是为了理解世界及其道理，而不是理解世界的格局和态势，探索的是秩序运作的规律及其内在机理，不是现象本身。⑰

调研技术有一定规范性和原则制约，但调研过程更可能是随机和开放的，或通过偶然发现问题改变设定的调查框架。学生必须具备与之相应的随机应变之应对策略。但无论怎么变化，都会回归法律本身的问题，即田野调查应围绕与“法”相关的问题切入、展开，诸如基层社会的法律实践，底层民众法治意识与法律认同，乡村法治建设，基层司法及基层执法过程、效果，以及包括民间社会规范、纠纷解决在内的庞杂内容，

⑰ 参见周尚君、尚海明主编：《法学研究中的定量与定性》，北京大学出版社2017年版，第21页。

也可针对特殊法律实践个案史作全景式事实调查,并对之做定性分析;[18]还可观察基层社会中的法律多元及其运行过程中体现的相互关系。[19] 任何与法相关的问题和事实都可能纳入调查者视野。调查亦可通过调查事实背后隐藏的问题逆向认识社会,比如通过法律在基层实践进行"深描",以确定法律运作逻辑、实施效果和基层社会的反应,由此发现基层对待政策、法律的态度,从而为进一步的法治建设、法治秩序构建提供有益的决策性建议,而不是为调查所取的直奔主题式的操作和功利主义思维。

整体主义的田野方法论带动学生对田野更多的探索欲望,远离日常教学和摆脱课堂控制的某种释解和自由感,激发对田野隐秘和未知领域一窥究竟的热情。但往往过度的激情以及对陌生异域过高期待的心智和向往带来的感性认识,反而会破坏田野调查应有的理性、原则和伦理。因此必须遵循严格的客观性、无价值嵌入(价值无涉)[20]、主位原则等伦理要求,尤其是涉及宗教、禁忌、人际关系礼仪、基层民众的私密人生、语言等敏感问题时,通过相互尊重锤炼学生的社会互动能力和处事能力,是顺利实现田野调查的前提。田野教学不是先入为主预设问题和假设命题调查,调查本身是价值无涉的,调查后然后才能提炼出问题并作出价值判断。所以田野主要是发现事实和观察现象,是通过田野发现问题而不是通过问题发现田野,多数学生把这个逻辑搞反,不断向教师提问以求得去事实化的推理结论,未有调查就有问题导入隐含着价值干涉和主观猜度,反而误导调查的走向。在去权威化的平权教学模式中,教师只能解答调查中遇到的疑难困惑,而不是回答知识和问题的结果。从校园课堂教师作为知识生产主体,到田野课堂学生作为知识生产主体,学生与教师的关系不再是教师怎么教给学生既有的知识,而是学生自主发

---

[18] 参见李傲:《事实调查——被法学教育遗忘的领域》,载《环球法律评论》2005年第3期。

[19] 参见高丙中、章邵增:《以法律多元为基础的民族志研究》,载《中国社会科学》2005年第5期。

[20] 参见[德]马克斯·韦伯:《社会科学方法论》,韩水法、莫茜译,中央编译出版社1998年版,第137页。

现事实、问题并为之解决，从而获得知识生产结果。

田野调查是紧凑的行动，每一阶段或每一个案结束后，需要教师带领整理、讨论与发现问题，并提出有价值的命题和论域。上山下乡劳顿后乃是丰盈的资料收获，尘世间的各种奇特事件，平凡人生的悲欢离合、喜怒哀乐，日常事件的善恶道义，人际关系的恩怨情仇，都需要师生围坐讨论当日调查总结及解决困惑。主体间共同探讨解决面临的障碍，提出进一步的可行计划与安排，实际上消除了课堂教学知识的权威性和高高在上的空间区隔，重塑一种无隔离感的师生关系与教学氛围。教师从知识的神圣殿堂走下来，在面前交流(Face-to-Face)与学习中获得世俗感和自由感，也感受到求知的自主性和知识驾驭。这种多元化的“主导—主体”[21]实施模式发挥教师主导作用和学生主体作用，尊重学生主体地位和主体人格，创设师生互动的知识表达氛围，实际上共同消解传统课堂上教与学、问答与阐释的长期紧绷的张力。同样，田野教学不仅是行动上的指导，也是民族志书写的教学。调查结束之后形成的田野调查报告、论文写作、对基层政府的建议案和法律民族志书写也由教师辅导或指导完成。可采取疑难案例研究、典型案例研究、过程分析、文化阐释、扩展案例研究、村落整体分析、社会网络研究等模式，至于是否采取定量或定性方法，依凭调查者自我定夺。[22] 书写是呈现田野调查的隐秘，是知识生产的结果，故对事实的归纳、理论之抽象提炼及写文化的表达极为重要，打消那些“观光”式地“看”，而不用心“写”的念头。田野调查并不是简单地描述和记录现象的工作，法律的人类学田野调查背负着理论的使命——必须完成对理论的修正、发展和创新。[23] 只有通过书写形成知识，发现规律并建构理论体系，或者通过知识为当地服务，促进社会发展并发挥作用时，田野调查发现事实的现象学才能转变为知识的诗学。

---

[21] 参见蒋梅：《基于现代教学设计理论的法学实践教学设计》，载《教育研究》2012年第2期。

[22] 参见易军：《结构与过程：乡村纠纷解决中的权力研究》，中国政法大学出版社2020年版，第42页。

[23] 参见王启梁：《法学研究的“田野”——兼对法律理论有效性与实践性的反思》，载《法制与社会发展》2017年第2期。

书写的过程又回归到原理知识和文本知识的链接过程，由此也表明，文本知识和原理性知识与田野的关系不是非此即彼，而是相互融汇的教学关系。

学生进入田野之前学得的书本知识，在置身田野时很容易以书本为标准，以至于可能看到或感觉到的现象或事实并不是当地人内在的隐秘——当然并非一定要追根究底式地钻牛角尖，而是探寻社会运行规律。但由于学生与当地人的心与心之间被隔离，无法交融。因此，调查前期，教师应带领学生自主了解当地风土人情、生活习惯、观念信仰、话语共性来化解这种距离，获得调查对象的“真实想法”，即以学生切身体会到的实践方式来体验一种本地文化，实现身与心的同时性和在地性，融入作为文化的地方系统之中，去实践这种法律文化，使他们切身感受到“我”具有当地感的在场。[24] 同时也发挥他们对广袤无边的社会和未知领域无穷无尽的想象力，通过这种实践反观法学知识的不足，在有效加以补漏之同时形成知识生产的自觉。学生调查之后的感悟应当是：当作为第一人称的“我”和我们创立并实践田野时，我们才可能更多地反思民族志书写和法律实践的问题，因而实践更多是审视法学知识多元和法律实践的效用，甚至为法治建设提供决策性建议，为国家作出应有的贡献。学生的田野实践由此深化了获得、研究知识本身的价值，法学知识也因此成为学生从传输到自我创新、自我超越的自律过程。

自我超越的自律塑造成熟的人格。面对底层社会民众日常生活的艰难，在权力的末梢地带观察民众的法律观念和法律实践过程，难免会触及调查者的心灵(不主张文化共情，但对社会的深入体察亦至关重要)。“在场”何尝不是一次再教育。“这是一种德性的培养，培养学生立大德、树公德、修私德。”[25]尤其是乡村田野调查，对一些五谷不分的城市学生来说同样充满了陌生与异域感，充斥着高强度、高密度、高耗能的身体力行，体验生活的艰辛过程也是磨炼自身心智和锤炼抗压能力的成

---

[24] 参见易军：《一种实践的法律民族志》，载《北方民族大学学报》2021年第3期。

[25] 参见黄进：《新时代高素质法治人才培养的路径》，载《中国大学教学》2019年第6期。

熟过程。只有在经历各种挫折和吃苦后方知法学绝不是课堂上书本描述的浪漫主义,还有远方更多的社会期求,重拾失落久已的文化乡愁和归根情怀,并躬身自问追求的意义和心灵世界,我们来自何方、去至哪里、归之何处?从而对法律的终极目标有新的认知,这也是德法兼修的法治人才育成的重要环节。

五、教学载体:《法学田野调查》课程的预设

我国法学教育发展很大程度上受到现有课程设置的影响和制约,法律实践课不足影响到人才的培养,课程反而限制了知识扩展。[26] 突破法学教育的传统思维定势,完善以培养特色为指向的课程体系设计,构建多样化的实践教学创新机制,成为法学教育需要着力解决的三大问题。[27] 三者之核心仍然在于社会实践,如此便不能简单认为田野教学是辅助性的法律实践性教学环节之一。[28] 它独立于诊所法律教育、专业实习、模拟审判等实践方式,与法律实践有关但又更多牵涉社会认知和跨学科知识,为自成一系的实践法学课程,这意味着必须通过其载体——《法学田野调查》课程——来实现这一教学预设,这也是各个高等院校培养特色法治人才的特色课程之一。该课程实现了从单一学科学习到跨领域的整体性认知,因而辐射、涵括、贯穿所有法学课程体系和人文社会科学体系,融通以往各个二级法学学科相互设置边界和法学与其他人文社会科学分离的现实;把整体性法学知识纳入田野检验知识之正确性、真理性和实效性,从而提升学生的宏观驾驭能力和微观分析能力。

法学田野教学也反映了大多数法科学生真实的想法和需求。以笔

---

[26] 参见徐祥民:《建立专门教师队伍 提高法律实践课教学质量》,载《中国大学教学》2017 年第 6 期。

[27] 参见刘同君:《新时代卓越法治人才培养的三个基本问题》,载《法学》2019 年第 10 期。

[28] 参见唐东楚:《法律实践性教学的“刚柔差别机制”研究》,载《现代大学教育》2007 年第 2 期。

者对南北方两个省会城市四所高校的法学院学生调查为例,随机选取本科生400人和研究生200人分别调查,发现大部分学生都有田野调查的愿望,区别是调查的方式和时间安排不同。有65%的本科生希望开设田野调查教学课,理由是了解社会(60%),实践法律(35%),了解生活(20%)等;希望调查的方式是参与观察、深入访谈和问卷;希望调查的时间有大二(10%),大三下学期(40%),与实习合并(45%)和其他时间(10%)。有80%的研究生希望开设田野调查教学课,理由是增加实践能力(70%),认识社会(30%),为了学术和毕业论文(20%)和其他(10%);希望调查的方式有参与观察、深入访谈、驻点调查和追踪访问等;希望调查的时间有研一(5%),研二(30%),与实习合并(45%)和其他时间(20%)。上述数据反映了我国一些高校学生对社会知识和社会实践能力的渴求。对枯闷烦躁的教科书讲解和久坐不动的课堂生活逐渐产生被接受的自适应感,并带来思维惰性和知识依赖,无法体验知识创新的头脑痛觉,对固定时间和空间内程式化的填鸭模式和被动输灌极易产生原本一贯如此的路径依赖和舒适感;而田野的新鲜和风情可激发他们对懵懂无知的外部社会的遥想,释放久藏封固的人生活力,因此《法学田野调查》课程的开设具有现实性与合理性。

由于卓越法治人才对新时代法学本科教育提出更高的要求,原有的法学本科教育机制必然需要通过新设特色课程和转变培养模式,来应对现代社会对卓越法治人才的高质量需求,否则现行教育模式无法有效同步跟进社会快速发展的步伐,也就无法培养出符合社会需要的人才。本科生虽然有四年法学基础教育,对法学基本知识有全面了解,但仍然没有走出校园,对外部社会知之甚少,田野教学反而能够填补这方面的空缺,提升他们的法律实践能力和促进人格塑造。由此,把《法学田野调查基础》作为本科生专业拓展课并作为必选的实训课或选修课中的实践课,课程以2学分为宜,学时设为24(不以周课时计算),开设在大三年级第二学期临近期末,教学时长为两个月。课堂上用一个月学习田野调查理论,在大四实习之前用半个月时间进行田野调查和田野实践学习,半个月的时间完成写作报告指导。开课内容包括前述及的田野调查概述(课堂讲学,6 学时)、田野调查(由教师带队指导教学,具体调查内容由师生自由确定,但应与法相关,12 学时)、田野调查报告(6 学时)三项。报告应更多地包含对田野现象的客观描述和抽象总结,并根据调查发现提出针对性的问题和有价值的建议案。教学方式采取“理论 + 实践 + 写作”模式,考核标准包括课堂理论教学、田野调查教学和研究报告,核心是过程控制,评价的基础是学生实践能力、社会认知能力和人格塑造。

法学研究生经过本科阶段的基础培训和学习,需要进一步进行专业研究及理论提升。几乎所有高校的培养方案都明确指出,硕士研究生应掌握较扎实的法律实务能力,具有相关学科的专业知识背景,能独立地从事法律实务工作。换言之,法律实践能力是研究生培养的重中之重。田野调查更是必不可少,成为研究生实践能力培养的主要课程之一。研究生阶段(包括学术型研究生和专业学位研究生)应设置专业学位课(必修课)《法学田野调查》课程作为研究生社会实践能力的提升工具。课程以 2 学分为宜,学时设为 32,开设时间应与研究生实习时间相衔接。在第四或第五学期期末经过一个月理论学习后,再在实习之前进行一个月田野调查,半个月的法律民族志写作指导。教学时长为两个月。开课内容包括前述及的田野调查理论(课堂讲学,10 学时)、田野调查(由教师带队指导教学,具体调查内容由师生自由确定,但应有专题调查,16 学时)、法律民族志书写(6 学时)三项,学生也可以政策性建议案、论文形式呈现研究结果作为考核依据,但核心仍在法律民族志。论文或法律民族志要对其所属社会进行一般性概括,也可以是提供一种全新的概念洞察力,还可以是对既有理论的改进,以及构建情境性理论。[29] 教学方式采取“理论 + 实践 + 写作”模式。考核标准包括课堂理论教学、田野调查过程性控制和民族志书写。评价基础是研究生的学术思维和研究能力、社会实践能力和人格塑造。两者的具体课程安排如表 1 所示。

㉙ 参见王富伟:《个案研究的意义和限度——基于知识的增长》,载《社会学研究》2012 年第 5 期。

表1　法学田野调查课程设置

培养级别	课程性质	课程名称	学分	总学时(学时分配)	开课学期	课程内容设置(教学方式)	课程考核
本科	专业选修课	《法学田野调查基础》	2	24(田野调查概述6学时,田野调查12学时,田野调查报告写作6学时)	第7学期	田野调查概述(课堂理论教学)	调查情况与研究报告评价
						田野调查:法治意识,基层司法,执法,习惯,日常生活,社会关系以及其他相关法律现象(带队指导)	
						田野调查报告(教师教导)	
硕士	实践教学与训练	《法学田野调查》	2	32(田野调查理论10学时,田野调查16学时,民族志书写6学时)	第5学期	田野调查理论(课堂理论教学)	调查情况与法律民族志书写评价
						田野调查:基层司法,执法,法治运作,民间法,法治等等(带队指导)	
						法律民族志书写(教师指导)	

法学田野课可有效促进学术与教育的有机结合,从而实现向自主学习、研究型学习的转型。前文述及,法学教育的田野与学术研究的田野并非对立,而是互补、互融的关系,皆是为解决法学的知识生产与再生产。从事田野的学生可以在获得田野经验及实践能力的成熟基础上,更进一步从事专业的学术研究,甚至田野调查既为教学之目的而为,又为研究之目的而为,实现双向的知识传播与生产的互动提升。指导教师亦为教学之为引导田野,也为其学术研究之目的完全把教学与学术并合叠加。由此,田野教学还存在副产品的扩张——课程教学的扩展性、衍生

性能力及结果，包括论文发表，毕业论文写作，以“田野”为核心的法学学科创新项目竞赛及“挑战杯”竞赛，教师的学术研究、项目研究等可介入到田野中，把教育与学术融合在一个田野点上。这些拓展涵括一个较为庞大的知识生产体系，尤其是学生通过调查问题做专门性的深入研究，会对其后来的高层次研究有初创性影响，有的田野调查成果被作为切入点不断扩散，最终形成一个研究谱系，影响其一生的学术事业。所以，不能简单地把田野教学看着是一门课程，以它为基石的知识生产完全超出了田野课程本身设定的功能和属性，具有更广泛的学术、社会和人格影响力。

六、结语

法学教育是我国高等教育体系之重要环节，法学教育质量好坏，培养的人才是否符合法治基本要求和社会需求，某种意义上关乎我国全面依法治国和法治国家、法治政府和法治社会三位一体的实现，正如习近平总书记2017年5月3日到中国政法大学考察并就法学教育和法治人才培养所作的重要讲话指出，法治人才培养是法治建设的重中之重；法律的生命力在于实施，法律的实施在于人。可以看出，高度重视法学实践教学，尤其是田野教学对于我国法治建设的重要性。以田野调查课程学习与知识生产为中心，法学的田野教学连通理论、文本与社会的鸿沟，对促进学生自主研究、自主提问及自主解决问题，重塑平权型师生关系，进而实现法学知识的创新和生产自觉，无疑具有重要意义，亦是时代之必需。

田野调查学科的设置障碍在于人才建设，田野教学课程的关键问题也在师资欠缺、能力不足方面，师资人才队伍建设关系课程设置的成败。我国从事人类学教学与研究的高校、学者早已成熟，法学界法律社会学、法律人类学也有相当一部分学者具有这方面的能力；不具备田野教学指导的教师完全可以通过师资培训，或者由本校的社会学、人类学学者担当解决,这需要学校的统筹规划和学院之间的协调。至于学生人数(可设定人数限制,由教师遴选)、经费、后勤安排等方面的限制,在于学校本身是否有意愿,只要予以充足的条件保障、配置和编排必要的教学管理制度,对课程体系和内容精心设计、长远规划和精确安排、严格实施和考核,开设田野教学对各个高校来说并不存在任何障碍,最终必将成为具有特殊地位的法学特色课程。教学过程中只要做到理论与实际相结合、法律与社会相结合、课堂教学与田野调查相结合,并实现从法学知识的应然状态到实然状态的转变,从法学人到法律人再到法治人的转变,那么最终培养出一批一流的具有社会综合认知和实践能力的卓越法治人才指日可待。

The "Field" of Legal Education

—On the Significance, Practice and Course Presupposition of Field Teaching of Law

Yi Jun

Abstract: Based on the demand for the construction of the rule of law, coupled with policy changes and social changes, it is urgent to strengthen the legal field investigation teaching system. However, only a very small number of universities in China have had such fieldwork courses at the doctoral level, and very few at the undergraduate and postgraduate levels. Therefore, from classroom teaching to field investigation practice teaching, from knowledge dissemination to knowledge production, there is a reasonable foundation for setting up the course, like "Field Investigation of Law". The author of the paper believes that this course should be offered at the end of the second semester of the third semester of the undergraduate level and before the internship, and the postgraduate course should be offered at the end of the fifth semester and before the internship to transform and integrate theoretical knowledge, book knowledge and text knowledge and society, which are of great significance for enhancing the social cognition and practical ability of law major students.

Key Words: legal education, field teaching, teaching reform, society

比较研究

法律诊所教育需要理论吗?

休·麦克福尔　著*　宋海彬**　杨　昊***　译

摘　要:法律诊所教育(Legal Clinic Education, CLE)已成为世界各地大学法律教育课程当中一个日益普遍的特征。这一领域的发展带动了专业期刊和会议上相关学术文献的发展,但其中大部分论述都是实用主义和实践导向的,缺乏在更广泛的意义上,开展与这一学术实践领域相关的理论问题的讨论。本研究通过思考市场化和公费法律咨询及代理的缩减这样两个新自由主义政策驱动因素的影响,分析了CLE在英国的发展过程,考察了上述政策如何导致了CLE文献实践导向型研究重点的形成,认为今后应把理论问题放在更加突出的位置上,从而促进诊所法律教育研究文献更加丰富。

关键词:法学教育　法律诊所　教育市场化　法律援助

---

* 休·麦克福尔(Hugh McFaul),英国开放大学教授。本文原载于《Asian Journal of Legal Education》2020年第2期,译文发表已获作者授权。

** 宋海彬,西北政法大学教授,研究方向:民族法学基础理论、少数民族人权保障。

*** 杨昊,广东海洋大学2019级法律硕士(非法学)研究生,研究方向:法理学。

导言

教育理论纲要是一个崇高的理念,假使不能立即实现也没有什么坏处。必须注意的是,不能仅仅因为在执行过程中会遇到障碍,就断然认为这个理念是空想而仅仅视其为一个美好的梦。①

和认识上的肤浅如出一辙,对沉思的畏惧、从理论扑向实践的表面化,这些所带来的实践也只能是肤浅的。通过严谨地研习一门理论学说才能最直接地了解其思想,只有思想才能为实践提供力量源泉与伦理意义。②

近几十年来,英国法学院的 CLE 课程数量大幅增长。③ 虽然这种增长可以看作全球诊所式运动的一部分,但在英国,这种增长的程度和形式受到了新自由主义政策发展两大潮流的影响:高等教育的市场化和政府资助法律服务的缩减。④ 学界对 CLE 日益浓厚的兴趣,催生了在广泛

---

① See Kant I. ,*Anthropology*, *History*, *and Education*,Cambridge Edition of the Works of Immanuel Kant,2007, p. 1 - 6.

② 弗里德里希·谢林(Friedrich Schelling)引用于 J. 哈贝马斯(J. Habermas)《知识与人的利益》(Habermas & Jürgen, *Knowledge and Human Interest*, Boston: Beacon Press, 1971.)。

③ 达米安·卡尼(Damian Carney)等,《2014 年法学院公益服务和诊所报告》[Damian Carney et al. ,*Law Schools Pro Bono and Clinic Report* 2014, (Feb. 2,2021), https://www.lawworks. org. uk/solicitors-and-volunteers/resources/lawworks-law-school-pro-bono-and-clinics-report-2014.]。原作者在此处引用了一份调查报告中的结论,开展该调查研究的组织为活动于英格兰和威尔士地区的慈善机构 LawWorks。报告标题为"The LawWorks Law School Pro Bono and Clinic Report 2014(2014 年法学院公益性及诊所式服务形势报告)",该报告结论部分原文为"The 2014 law school pro bono and clinic picture is the most comprehensive account of such activity since surveys began in 2000. More law schools now commit to this work than ever before.(自 2000 年调查开始以来,2014 年法学院公益性及诊所式服务形势的报告是此项活动中最为详尽。目前,参与公益性及诊所式服务的法学院比以往任何时候都更多。)"截至原作者完成本文时,该机构曾分别于 2000 年、2003 年、2006 年、2010 年和 2013 年开展过相同主题的社会调查。此处的"近几十年"应以该系列调查开始的 2000 年起算,即"自 2000 年以来"。

④ Drummond O. & Mckeever G. *Access to Justice through University Law Clinics*, SSRN Electronic Journal, 2016.

的司法管辖范围内，将诊所原理应用于各领域法律实践的大量文献。⑤然而，相关研究对诊所教学方法在理论维度上的关注相对较少，实证研究往往比纯理论性研究更受欢迎。是什么导致了这样一种倾向？给予理论更多的重视有什么好处？

本研究将分析促进 CLE 在英国发展的因素，并探索其中一些因素如何弱化了与理论的直接对接，同时论证广义上的理论方法研究能够丰富 CLE 的教学和实践。第一部分将界定 CLE，并在高等教育市场化和政府资助法律服务收缩的背景下检视其发展。第二部分将论述 CLE 作为一种反叛的、经验主义的法律教学方法，其带来的强调实践性而非理论性所产生的影响。为了方便理解，本书将从英国高等教育中存在的理论和实践之间的广泛矛盾角度展开讨论。第三部分将探讨理论的定义，并考量在一般法律教育中形成更具建设性的理论构想的可能。第四部分就如何更精准地聚焦理论问题从而丰富 CLE 相关文献提出了一些结论性意见。

一、CLE 的政策与发展

同美国、澳大利亚、新西兰、加拿大的大多数法学院，以及欧洲、南美、非洲和亚洲越来越多的机构一样，大多数英国法学院现已将 CLE 教育学纳入其本科课程之中。⑥ 最近一项对该行业的全面调查显示，73%的英国法学院在不同程度上投入了 CLE 教学法，大致涉及 1 万名法科

⑤ See Frank S. Bloch, *The global clinical movement: Educating lawyers for social justice*, Oxford University Press, 2010; Jeff Giddings, *Promoting Justice Through Clinical Legal Education*, Social Science Electronic Publishing, 2013; Damian Carney et al., *Law Schools Pro Bono and Clinic Report* 2014, (Feb. 2, 2021), https://www.lawworks.org.uk/solicitors-and-volunteers/resources/lawworks-law-school-pro-bono-and-clinics-report-2014.

⑥ See Frank S. Bloch, *The global clinical movement: Educating lawyers for social justice*, Oxford University Press, 2010.

学生。[7] 维茨纳(Stephen Wizner)对CLE的定义如下:

> 从最基本的层面看,法学院的诊所是一个教学性质的律师事务所,在这里,学生可以在教员的指导下进行法律事务实践,学生要在实践中取得卓越的成绩,并反思这种实践的本质,以及实践与从课堂和图书馆习得的法律条文之间的联系。这是一种教导法学学生在法律制度中有效地代表当事人,同时对制度形成批判性看法的教学方法。法学学生在诊所将学到法律原则、规则和程序,法律理论,为当事人策划与执行法律代理,道德考量,法律宣传的社会、经济和政治后果,这些从根本上都是相互关联的。[8]

维茨纳的话表明,以法学院为依托的法律咨询诊所是CLE的典型例子。但是,现在它被用作一个总括性概念,描述学生与导师合作,为真实或模拟当事人承担法律或法律相关事务的体验式学习经历。[9] 诊所活动范围广泛,从为个体性的委托人提供咨询、转介和代理,到公共法律教育项目、慈善咨询机构实习以及法律政策工作。[10]

美国法律现实主义者最初的设想是挑战法学教学中占主导地位的案例教学法,其目的是让学生了解法律知识的实际应用,从而让他们不以抽象的方式理解法律知识,而是将自己置于更广泛的社会现实中。[11] 杰罗姆·弗兰克(Jerome Frank)呼吁建立诊所式法学院的灵感源于医学

---

⑦ See Damian Carney et al., *Law Schools Pro Bono and Clinic Report* 2014, (Feb. 2, 2021), https://www. lawworks. org. uk/solicitors-and-volunteers/resources/lawworks-law-school-pro-bono-and-clinics-report-2014.

⑧ Wizner S., *The Law School Clinic: Legal Education in the Interests of Justice*, Fordham Law Review 70, 1929.

⑨ See Jeff Giddings, *Promoting Justice Through Clinical Legal Education*, Social Science Electronic Publishing, 2013.

⑩ See Kemp V., Munk T. & Gower S., *Clinical legal education and experiential learning: looking to the future*, Report commissioned by the University of Manchester, the School of Law, 2016.

⑪ See Wizner S., *The Law School Clinic: Legal Education in the Interests of Justice*, Fordham Law Review 70, 1929.

院在教育和培训医生时所采取的现实方法。⑫ 学生常被要求通过经历锻炼专业技能,使用某种形式的反思日记,在伦理层面反思法律条文和法律制度。⑬ 它通过鼓励学生在伦理和社会层面反思法律知识的实际应用,从而超越了技能培训,促进了对法律这个开放性学科的批判性研究。⑭ 鉴于 CLE 框架下的活动种类繁多,该术语反对严格的定义式的特征界定,相反,认为从那些针对法律及与法律相关的学习机会所具有的家族相似性上更容易获得了解,这些学习机会范围广泛,而且重视积极参与和反思性学习。

CLE 在英国的增长,源于美国从业者牵头下全球诊所运动的影响。然而,它在英国蓬勃发展的规模和速度则可以从两个国内政策驱动因素的角度来看:国家关于免费法律援助的规定和高等教育的市场化进程。以下将依次展开讨论。

(一)国家资助的法律服务的减少

近几十年来,⑮由国家资助的法律服务在英国显著减少。在一系列立法和政策举措中,法律工作的范围和资金供给水平都缩小了,其中《2012 年法律援助、处罚和判决法案》(Legal Aid, Punishment and Sentencing of Offenders Act 2012)就是最新的一项。法律服务的缩减导致民事司法制度当中法律援助的公平获得变得越来越难以保障,特别是

---

⑫ See Frank J., *Why not a clinical lawyer-school?*, University of Pennsylvania Law Review and American Law Register, 81, 1933, p. 907 – 923.

⑬ See Jeff Giddings, *Promoting Justice Through Clinical Legal Education*, Social Science Electronic Publishing, 2013; Welchman L., *The International Human Rights Clinic at SOAS*, 2018.

⑭ See Drummond O. & Mckeever G., *Access to Justice through University Law Clinics*, SSRN Electronic Journal, 2016.

⑮ 英国的法律援助制度在在 20 世纪 90 年代开始进入衰退,衰退期的具体开始时间并不明确。可能始于《1999 年司法援助法》颁布(该法生效后,英国的律师事务所需要根据法律援助合同开展法律援助),也可能始于 1994 年英国政府出台修改律师自行报价的规定(开创了一种通过市场化缩减法律援助成本的调控方式)。可以肯定的是,英国的法律援助与执政党施政方针和财政计划有密切的关系。

对弱势群体的法律援助。[16] 普莱林斯(Pleasence)和巴尔默(Balmer)认为,目前的民事司法体系无法确保缺乏能力和资源的弱势群体公平和平等地获得法律援助来成功地解决法律制度中的复杂问题。[17]

德拉蒙德(Drummond)和麦基弗(McKeever)发现 CLE 的增长与国家资助的法律服务的缩减之间存在关联。他们认为,英国法律诊所的激增反映了一种关切,既指向教育方面的原因,也同样来自宪法上"为穷人提供法律服务"这一重要事务。[18] 吉丁斯对 CLE 在澳大利亚法学院的发展,也提出了类似的观点。美国最高法院承认了 CLE 在美国提供司法途径上所发挥的作用。[19] 同一时期英国各地的 CLE 实践也都反映出诊所项目的一个坚定主题就是社会正义至上,包括为那些没有能力支付费用的人提供免费法律咨询服务。[20] CLE 应该在多大程度上为弱势群体提供高质量的法律服务或为法学学生提供高质量的教育体验,仍然是学术界的一个热点问题。[21] CLE 在英国各地增长的迹象表明,在肯特大学(University of Kent)、华威大学(Warwick University)1973 年和 1976 年

---

⑯ See Sommerlad H. & Sanderson P. ,*Social justice on the margins: The future of the not for profit sector as providers of legal advice in England and Wales*, Journal of social welfare and family law,35,2013, p.305 –327;House of Commons Justice Committee,*Impact of changes to civil legal aid under Part* 1 *of the Legal Aid, Sentencing and Punishment of Offenders Act* 2012, Eight Report of Session, 15, 2014,p.88 –89.

⑰ See Pleasence P. & Balmer N J. , *How people resolve "legal" problems*, London: Legal Services Board, 2014.

⑱ See Drummond O. & Mckeever G. ,*Access to Justice through University Law Clinics*, SSRN Electronic Journal, 2016.

⑲ See Brisbin R. Argersinger v. , *Hamlin*, The Encyclopedia of Civil Liberties in America, 38,2015.

⑳ See Damian Carney et al. ,*Law Schools Pro Bono and Clinic Report* 2014, (Feb. 2, 2021),https://www.lawworks.org.uk/solicitors-and-volunteers/resources/lawworks-law-school-pro-bono-and-clinics-report-2014.

㉑ See Drummond O. & Mckeever G. ,*Access to Justice through University Law Clinics*, SSRN Electronic Journal, 2016;Kemp V. , Munk T. & Gower S. , *Clinical legal education and experiential learning: looking to the future*, Report commissioned by the University of Manchester, the School of Law, 2016;Nicolson D. , *Legal education, ethics and access to justice: forging warriors for justice in a neo-liberal world*, International Journal of the Legal Profession, 22, 2015,p.51 –69.

的初步尝试之后,20 世纪 80 年代其他少数几所大学也随之跟进;到 20 世纪 90 年代,人们开始感觉到国家资助的法律服务的紧缩,并更加敏锐地察觉到提供服务以满足贫困者法律需求的紧迫性,诊所运动由此进一步得到了推动。㉒

(二)高等教育的市场化

与英国大多数法学院课程所使用的标准化的研讨和授课模式相比,提供高质量的服务并付诸公众使用,在人员和设施上所需的投资要大得多。㉓ 对于英国的大多数法学院来说,这种资助不是由外部机构、慈善机构或其他机构提供的,而是取决于大学管理者是否决定为其提供必要的财政支持。高等教育的市场化提供了一种政策驱动力,它表现出对 CLE 项目投资的自利性动机。㉔

随着新自由主义经济政策影响力日益增强,与其他发达经济体一样,英国高等教育部门也出现了市场化倾向。㉕ 由此造成人力资本理论在制定教育政策方面的影响力越来越大,他们所确定的优先目标为培养一支在日益自由化的全球劳动力市场上具有竞争力的劳动队伍。人力资本理论支持:

> 通过劳动力市场的监管改革提高劳动力的灵活性,通过对教育、培训和就业计划的额外投资提高技能水平,并通过移民吸引高

㉒ See Kemp V, Munk T, Gower S. ,*Clinical legal education and experiential learning: looking to the future*,Report commissioned by the University of Manchester, the School of Law, 2016.

㉓ See Drummond O. & Mckeever G. ,*Access to Justice through University Law Clinics*, SSRN Electronic Journal, 2016;Damian Carney et al. ,*Law Schools Pro Bono and Clinic Report* 2014, (Feb. 2, 2021), https://www. lawworks. org. uk/solicitors-and-volunteers/resources/lawworks-law-school-pro-bono-and-clinics-report-2014.

㉔ See Marson J. , Wilson A. & Van Hoorebeek M. , *The necessity of clinical legal education in university law schools: a UK Perspective*, Int'l J. Clinical Legal Educ. , 7, 2005, p. 29.

㉕ See Olssen. M & Peters M. A. , *Neoliberalism, higher education and the knowledge economy: From the free market to knowledge capitalism*,Journal of education policy, 20, 2005, p. 313 –345.

质量的人力资本。[26]

这种方法体现在大学教育的促进就业议程之中。在他们看来,高等教育是经济需求的附属物,是一个产业,而非一种社会事业机构。[27] 在这些政策的深刻影响下,学生在选择首选院校时越来越倾向于消费主义,那么大学必须寻求市场竞争优势。在"卓越研究计划"和"卓越教学计划"的形式下,各种集中管理指标的引入,带来的是高等教育供货商之间竞争的加剧。这些政策对法学院以及其他高等教育领域的发展产生了重大影响。[28]

在高等教育市场化的背景下,CLE 的一些特征使其成为促进就业议程的一种极具吸引力的教学方式。在现实环境中强调专业技能的发展,使法学院更容易宣扬它们与专业实践的联系。[29] 除了许多法学院的内部诊所外,一些校外模式依赖于法律专业成员的合作与积极参与,这为法律服务市场提供了联系。由法律界及政府赞助的一系列 CLE 奖项,鼓励学生参与这些活动,令法学院有更多机会在学生眼中寻求竞争优势。[30] 这些因素结合在一起,为法学院投资发展 CLE 教学法提供了明显的经济动力,即使不是为了在竞争中保持领先,但至少不是为了落后。[31] 因此,不断增强的市场化,以及上面讨论的社会正义的必要性,可以帮助

---

[26] See Marson J., Wilson A. & Van Hoorebeek M., *The necessity of clinical legal education in university law schools: a UK Perspective*, Int'l J. Clinical Legal Educ., 7, 2005, p. 29.

[27] See Morley L., *Producing new workers: Quality, equality and employability in higher education*, Quality in higher education, 7, 2001, p. 131 – 138.

[28] See Margaret Thornton, Privatising the Public University (Routledge 2011).

[29] See Marson J., Wilson A., Van Hoorebeek M., *The necessity of clinical legal education in university law schools: a UK Perspective*, Int'l J. Clinical Legal Educ., 7, 2005, p. 29.

[30] 例如,2019 年度 LawWorks 和检察总长学生公益奖。LawWorks and Attorney General Student Pro Bono Awards 2019[EB/OL](2019 – 08 – 30), https://www.lawworks.org.uk/solicitors-and-volunteers/get-involved/lawworks-and-attorney-general-student-pro-bono-awards-2019.

[31] See Welchman L., *The International Human Rights Clinic at SOAS*, 2018, p. 257.

我们解释2000年以来CLE教学法在英国的扩散。[32] 接下来的部分将会讨论这段发展历程如何影响了CLE文献的理论研究。

二、与理论对接的障碍

毫不奇怪,已有的学术文献对英国CLE发展的影响反映在以实践为中心的路径上。一般的做法是,优先考虑CLE方案如何发展专业或"律师技能"并向公众提供有效的服务,这反映了第一部分所述的人力资本方法和对社会公正的关注。它经常试图描述和评价教师使用诊所式教学经验,特别是在专题和司法管辖范围方面。这种方法可以在越来越多的有关该主题的编辑汇编和专业学术期刊上看到。[33] CLE会议论文也很大程度上有着明确的实践性重点。[34]

文献中强调实用主义和实践的潜在原因还有很多,其中一些是源于CLE的发展历程,而另一些则更易于在开展法律诊所的英国大学文化背景下理解。正如第一部分所述,CLE的根源是反主流文化的,杰罗姆·

---

[32] See Drummond O. & Mckeever G. ,*Access to Justice through University Law Clinics*, SSRN Electronic Journal, 2016, p. 13 – 14.

[33] 例如,《国际临床法律教育杂志》和《临床法律评论》。代表人物包括大卫·E. 扎米特(David E. Zammit)、艾丽娜·基斯洛娃(Alina Kislova):《马耳他临床法律教育:从经验中学习和识别挑战》,载《国际法律杂志》2019年第26期;迈克尔·厄本(Michal Urban)、托马斯·弗里德尔(Tomáš Friedel):《布拉格街法十年:我们第一个十年的经验教训》,载《国际法律杂志》2019年第26卷。

[34] 欧洲临床法律教育网络2019年会议(2019 European Network of Clinical Legal Education conference)上的两个例子——《可持续性作为诊所式法学教育的影响因素·波兰的经验教训》(Filip Czernicki, *Sustainability as the impact-factor for Clinical Legal Education. Lessons learned from Polish experience*, paper represented at the ENCLE-IJCLE Conferrence 2019, Bratislava, Slovakia, July 2019)和《在无偿咨询的浑水中航行——法律技术如何增进获取法律咨询的机会》(Maria Gerdes, *Navigating the Muddy Waters of Pro Bono Advice—How LegalTech can Improve the Access to Legal Advice*, paper represented at the ENCLE-IJCLE Conferrence 2019, Bratislava, Slovakia, July 2019)能够很好地说明问题。"IJCLE Timetable", https://www. northumbria. ac. uk/about-us/news-events/events/2019/07/ijcle-2019/ijcle-timetable/.

弗兰克(Jerome Frank)呼吁成立法律诊所院就是为了挑战当时美国法学院典型的以课堂为基础的案例教学法的流行的正统观念。[35] 这就需要从业者对这种新的教学方法进行实验,由此产生了以实践为中心的试点项目,而对其进行分析和报告成为了分享先进举措和支持新手的方式。CLE在英国遵循了这样一种不同于传统教学方法的发展模式。英国法律界将培训的学术阶段和职业阶段分开,这意味着CLE采用的以实践为中心的体验式教学法与教授实质或学术内容时所采用的教学法有很大的不同。这就导致了大学教师的招聘以具有实践技能和应用法律知识的经验、兴趣为标准。通常情况下,这样做的结果是聘用了前法律执业者或兼职执业者,其中大多数是根据专业经验,而非正式的学术研究或教学背景选择的。可以说,这对法学教育中理论研究的发展起到了抑制作用。CLE的从业者没有接受过博士阶段所提供的研究培训,因此相比那些拥有更传统学术背景的同事而言,更不太可能具备从事CLE理论方面研究的能力。因此,关键的优先事项在于实务上找出哪些类型的CLE活动最有成效,它们在大部分CLE文献的关注点上都有所反映。

导致CLE中理论和实践存在差距的其他潜在原因可以在更广泛的文化层面中找到,既包括行业领域(通常从哪里招聘法律诊所教师),也包括英国高等教育领域(法律诊所教师被招聘到哪里)。可以说,CLE文献中理论的缺失反映了专业人士中明显的、更广泛的矛盾心理:

> 关于理论的作用、性质以及理论和实践之间的关系的矛盾心理导致了麻烦和紧张,生成了教育者和实践者之间关于专业教育本质的矛盾心理。[36]

哈尔平(Halpin)认为,实践者对理论的怀疑主义基于三个假设:“实

---

[35] See Frank J., *Why not a clinical lawyer-school?*, University of Pennsylvania Law Review and American Law Register, 81,1933, p.907 –923.

[36] Jones P. A., *Theory and practice in professional legal education*, International Journal of the Legal Profession,7,2000, p.239 –259.

践不需要理论；实践对理论的需求是有限的；理论与实践截然相反。”[37]其他学者指出了一种对理论化的怀疑态度，这一态度弥漫在英国的学术生活中，认为理论化比起它所说明的，反而掩盖或过度简化了更多的东西。[38]

这一对专业领域和学术领域普遍存在的理论持怀疑态度的背景，又因为理论参与和法学院校的法律教育之间的差距而变得更加复杂。许多学者指出，法律教育理论化不足的原因是法学界将他们的研究成果留给了实体法而非法律教学。[39] 舍尔（Shrr）和苏格曼（Sugarman）提出了“理论、法律的特定领域（合同和家庭法等）和法律教育之间的鸿沟”。[40]考尼（Cownie）认为，这种鸿沟产生的部分原因是英国大学内部研究活动占主导地位，这种鸿沟的形成受到一种观念的支持，即研究比教学更受重视，“地位和同行认可都与研究成果密切相关”，并且认为对教学并不需要给予与实质性法律问题同等程度的学术关注。[41] 考尼认为，教学的从属地位在法学院的教学过程中促生了反智的方法；这导致法律教育的话语被其他人描述为“大多是道听途说或陈词滥调的”。[42] 这一负面观点在 2014 年以纯学术角度对学校排名的 REF（Research Excellence Framework）报告中得到了印证。为评估法律研究质量而召集的小组评论说，他们“很高兴收到与法律教育有关的材料，但其中一些成果，无论

---

[37] Halpin A. ,*Law, theory and practice: conflicting perspectives?*, International Journal of the Legal Profession, 7,2000, p. 205 – 223.

[38] See Sherr A. & Sugarman D. , *Theory in legal education*, International Journal of the Legal Profession, 7, 2000, p. 165 – 177.

[39] 英国专业标准框架（UKPSF）的引入可能会在一定程度上解决这一研究成果上的逆差。该框架 V3 标准下，大学学者需要在教学中演示如何运用“实证研究法及通过调查、研究与持续性专业发展得到的成果”，鼓励其通过这样的教学获得学术认可。*UK Professional Standards Framework*（*UKPSF*）, *Advance HE*,（Nov. 14, 2019）, https://www. advance-he. ac. uk/knowledge-hub/uk-professionalstandards-framework-ukpsf.

[40] Sherr A. & Sugarman D. ,*Theory in legal education*, International Journal of the Legal Profession,7,2000, p. 167.

[41] See Cownie F. ,*The importance of theory in law teaching*, International Journal of the legal Profession,7,2000,p. 225 – 238.

[42] See Feinman J. & Feldman M. ,*Pedagogy and politics*,Geo. Lj, 73,1984,p. 875.

是在方法的严谨程度上,还是内容的重要性上,都是参差不齐的”[43]。可以说,相比于CLE这一法学教育分支学科和相应地位而言,法学教育学术研究在经费上所经历的困难被放大了,正如韦尔查姆(Welchamn)所指出的,它在法学院中还是一个新来的初级成员:

> 在法学研究机构中的学术地位是CLE面临的挑战之一,近年来CLE已经不得不竭力建立自己的学术圈,但在那些表面上似乎与“实践”有着太过密切联系的发展面前,却又深感棘手。[44]

对法律教育文化的分析,为理解CLE文献中的实用或反智态度提供了一个有用的背景。法律教育中的反智文化体现于CLE从业人员的聘用是出于他们的法律专业经验,而不是在研究方面的具体能力或兴趣。在第三部分,本文将构思如何在一般法律教育中积极引入相关理论因素,随后在第四部分概述CLE实践对理论给予更多关注的潜在好处。

三、理论拓展

前面几节指出了理论与法律教育之间的隔阂。这种隔阂可以从英国大学中研究和教学的不平等地位以及专业人员对理论某种程度上的怀疑中看出。本部分将先探讨“理论”一词的起源,然后再构建一个与法律教育相关的、更积极的理论观念。第四部分将提出一些在CLE教学法中展开理论研究的可能路径建议。

理论的词源显示,该术语是基于古希腊语单词“theoria”,指的是注

---

[43] REF, *Main Panel C Overview Report*: *REF* 2014 (2014) 71, (Aug. 29, 2019), https://www.ref.ac.uk/2014/panels/paneloverviewreports/.

[44] Welchman L., *The International Human Rights Clinic at SOAS*, 2018, p. 252.

意观察，Horoa（注意）和 thea（观察）。[45] 哈贝马斯指出，该词有宗教渊源，并与沉思联系在一起：

> “theoros”是派来参加公众庆祝活动的代表。通过“理论”，也就是通过观察，将自己投身于神圣的事件当中。在哲学语言中，“theoria”被转移到了对宇宙的沉思。[46]

亚诺农（Ianonnone）解释说，希腊人对“theoria”这一沉思方面的理解包括：

> 哲学所追求的生命的最高形式……从好奇开始的好奇心，不是对巨大的、不寻常的或怪异的，而是对熟悉的，我们在日常生活中认为是理所当然的普通事物的好奇：一种远见或专注、仔细的观察。[47]

有趣的是，这个词源强调细致的关注和好奇心，其必然与理论的概念存在整体上难以理顺的抽象性矛盾。

关于该术语的用法，牛津英语词典给出了几个定义，其中一些定义清楚地表明，理论的定义要区别于实践，包括“某一学科或研究领域的概念基础”和“与实践经验或活动相对的抽象的知识或原理；理论化，理论上的推测”。[48] 这种用法似乎与第二部分概述的理论怀疑论者的方法一致。然而，还有另一组不那么两极分化的定义，更接近于希腊原始的细致精神：

---

[45] See A. Pablo Iannone, *Theory*, Dictionary of World Philosophy—Credo Reference (1st ed. Routledge 2001), (Aug. 27, 2019), https://searchcredoreference-com. libezproxy. open. ac. uk/content/entry/routwp/theory/0.

[46] Habermas & Jürgen, *Knowledge and Human Interest*, Boston: Beacon Press, 1971.

[47] A. Pablo Iannone, Theory, Dictionary of World Philosophy—Credo Reference (1st ed. Routledge 2001), (Aug. 27, 2019), https://searchcredoreference-com. libezproxy. open. ac. uk/content/entry/routwp/theory/0.

[48] See Oxford English Dictionary, *theory*, *n.*, https://www. oed. com/view/Entry/200431? redirectedFrom = theory.

对要做某事或做某事方法的概念;对要遵循的规则或原则的系统的陈述。一种研究文学、艺术和文化的方法,它结合了哲学、精神分析和社会科学等学科的概念;这种方法旨在挑战或提供另一种方法和解释,这些方法和解释是既定的、传统的,并被视为源于特定的形而上学或意识形态的假设。㊾

第二组定义不再意味着理论和实践之间是必然的二元关系,而是指出了理论在指导实践和利用其他学科的见解来挑战教条主义和提供替代方法方面的作用。正是基于这种理论观念,并结合其词源所揭示的细致的关注,本文提出了应在CLE中更多地使用理论的论点。

其他学科中也很明显存在理论与实践的矛盾问题,对此,一种理论上可行的实践方法被提了出来。鉴于CLE采用了医学院开发的临床教学法,这对在医学背景下研究如何解决这一问题具有潜在的启发性。为捍卫理论在生命伦理学中的作用,阿拉斯(Arras)提出了以下可借鉴的观点:

由于缺乏“理论”的规范定义,生命伦理学与伦理理论之间关系的确切性质是复杂而难以明确的……因此,当我们探讨生命伦理学与道德或政治理论之间关系的性质时,很明显,对“理论”的定义是否狭隘地局限于一小部分典型范例——如功利主义或康德主义的经典或当代版本,或者更广泛地包含许多不同的道德反思模式——将非常重要。我们对“理论”的定义越宽泛,理论应该在生命伦理学中发挥重要作用的主张就越符合常识。㊿

㊾ Oxford English Dictionary, *theory*, *n.*, https://www.oed.com/view/Entry/200431?redirectedFrom=theory.

㊿ John Arras, *Theory and Bioethics*, *in The Stanford Encyclopedia of Philosophy* (*Edward N. Zalta ed.*, *Winter* 2016 *ed.* 2016), (Aug. 22, 2019), https://plato.stanford.edu/archives/win2016/entriesheory-bioethics/.

阿拉斯接着指出，除了缺乏规范的定义外，生命伦理学实践的某些特点也使得其与理论间关系的二元性观点毫无意义。他认为，这是因为生命伦理学“不是一个单一的领域；它包含了各种不同但相互关联的活动，其中一些活动可能比其他活动更适合哲学理论的运用”。[51] 在临床语境下，在个体治疗存在争议的微观层面上，生命伦理学概念的应用具有直接性；在中观层面上，生命伦理原则的应用体现于指导制定可能对更多患者产生影响的政策；在宏观层面，生命伦理学家从事“真理之理论追求”的学术工作。[52]

阿拉斯的研究视角引发了对理论之于 CLE 作用的思考的共鸣。CLE 也可能在微观、中观和宏观等不同层面与理论产生联系。在微观层面，CLE 要促进学生具备处理客户需求的能力；在中观层面，CLE 从业人员和教育工作者参与制定法律专业人员教育和培训政策；在宏观层面，提供了对教育和专业实践性质的广泛跨学科理论论述作出贡献和参与的机遇。对照阿拉斯对生命伦理学中“理论”缺乏规范定义的论断，舍尔（Sherr）和苏格曼（Sugarman）对法律教育进行了类似的观察。他们认为，法律教育理论可以以不同的方式进行概念化和应用，“运作于不同的层面，理论具有多种形式，法律理论和法律理论化可以从不同的角度来看待”。[53]

那么，理论与法学教育的关系应该如何界定呢？鉴于缺乏规范的定义及其与不同层次的实际活动的关联，避免落入制定一个包罗万象的定义的陷阱似乎是明智的。相反，更务实的回应可能会更有成效，因为它认为理论不是铁板一块的，而是“作为质疑、澄清和理解不可或缺的工具

---

[51] See John Arras, *Theory and Bioethics*, *in The Stanford Encyclopedia of Philosophy* (*Edward N. Zalta ed.*, *Winter* 2016 *ed.* 2016), (Aug. 22, 2019), https://plato.stanford.edu/archives/win2016/entriesheory-bioethics/.

[52] See J John Arras, *Theory and Bioethics*, *in The Stanford Encyclopedia of Philosophy* (*Edward N. Zalta ed.*, *Winter* 2016 *ed.* 2016), (Aug. 22, 2019), https://plato.stanford.edu/archives/win2016/entriesheory-bioethics/.

[53] See Sherr A. & Sugarman D., *Theory in legal education*, International Journal of the Legal Profession, 7, 2000, p. 168.

(或工具箱)”。[54] 从这个意义上说,理论应该适应目的,并对语境敏感。例如,根据阿拉斯的观察,不同的理论工具或方法的适用将取决于调查对象是在微观、中观还是宏观层面上展开,并与此相关。这样,就可以克服对理论与CLE发展相关性的一些疑虑。

对于与专业教育相关的理论,还有两点额外的空间。第一,这一理论的概念与理论和专业实践的二元观念不一致。专业人员的地位取决于专业知识:

专业人员不仅仅是实践者;而且他们是某种特殊类型的实践者,即能够独占地获取有助于其工作的理论知识的实践者。正是由于他们对理论的深刻掌握,才使得他们成为“专业人员”。[55]

第二,作为大学的成员,法律诊所教师正致力于支持大学的核心目标,这涉及知识的产生,“西方相关文献中的主流观点是,大学的核心是对知识的追求和对理论的关注”。[56] 因此,这种观点认为,大学里的学者,包括那些对法律教育感兴趣的学者,以及由此引申出来的CLE,应该更加关注知识的获取,正是“理论”使知识以带来新见解的方式组织起来,因此,理论本身就是大学关注的中心问题。[57] 并不是说所有的法律学者都应该对理论有所了解,并且在他们的研究和教学中理所当然地重视理论;但是,理论应该是他们关于法律的思考和教学中自然且完整的一部分。[58]

这一部分论证了开拓一个积极的理论观念是可能的,而这与法学教育是相关的且具有重要意义。在本文的最后一部分,笔者将考虑如何将

---

[54] See Sherr A. & Sugarman D., *Theory in legal education*, International Journal of the Legal Profession, 7,2000, p. 169.

[55] See Jones P. A., *Theory and practice in professional legal education*, International Journal of the Legal Profession, 7,2000, p. 239.

[56] See Cownie F., *The importance of theory in law teaching*, International Journal of the legal Profession,7,2000, p. 226.

[57] See Cownie F., *The importance of theory in law teaching*, International Journal of the legal Profession,7,2000, p. 226.

[58] See Cownie F., *The importance of theory in law teaching*, International Journal of the legal Profession,7,2000, p. 227.

这一重塑的理论观念应用到 CLE 当中。

四、CLE 的理论探讨

本文第三部分提出法学教育应重新树立对理论的积极观念。最后一部分将论证这些观点与 CLE 的相关性,并概述其作为法律教育分支学科可能采取的加强理论参与性的路径。

考虑到第三部分的讨论,此处可以提出一些论据来支持 CLE 中的学术应更具理论方法性。第一,前面的讨论表明,理论上的思考很重要,它既是生活的组成也是大学的宗旨,两者互不排斥。这就为这样一种论断提供了坚实的基础:通过深入理论知识,CLE 从业者自己将为实现这一目标作出贡献。第二,理论可以帮助 CLE 从微观、中观和宏观层面整合知识。理论上参与准备和促进体验式学习(微观层面)的经验,有助于将特定的良好做法转化为发展这一教育学的健全政策框架(中观层面),并有助于在宏观层面对教育进行更广泛的跨学科研究。第三,提供 CLE 课程的临床医生往往处于跨大学和专业实践的独特地位,“法律诊所教师是法学学者,他们占据了学院内系统地连接理论和实践的空间”。[59] 在专业和学院之间这一潜在肥沃的边缘空间中工作,提供了一个发展与两者直接相关的见解的机会。这一点在霍尔(Hall)和西尔维斯特(Sylvester)的呼吁中得到了回应:

> 重新构想的诊所式教育需要一种反思性的转向,在这种转向中,经验和理论被有意识地带入不和谐的接触中,以便这些实践和实践共同体的本质得以显现。一个高等教育的局外人可能想知道为什么这在任何方面都是有问题的。

---

[59] See Marson J., Wilson A. & Van Hoorebeek M., *The necessity of clinical legal education in university law schools: a UK Perspective*, Int'l J. Clinical Legal Educ., 7, 2005, p. 29.

更具理论参与性的CLE可能采取什么形式?希望这一问题能在未来的几篇研究论文中引起更广泛的讨论,在CLE的各个领域都存在有待谋划的空间,他们将从更多的理论参与当中大受裨益。理论立场至少隐含在CLE的三个领域:社会正义、伦理和反思实践。现存的CLE文献考虑了CLE与社会正义之间的关系,探讨了为学生提供有益的教育经验与为需要法律信息、建议和代表的公众提供有益服务之间的紧张关系。[60] 然而,这方面存在更大的关于社会正义性质的理论讨论的空间。同样,CLE经常被认为是一种适宜让学生参与法律伦理问题的教育方法。这方面的文献涉及更广泛的伦理学理论,但也有可能涉及更宏大或更微妙的内容。[61] 第四,在CLE项目的评估实践中使用反思性方法是司空见惯的。[62] 这种评估方法通常受到唐纳德·舍恩(Donald Schön)的作品启发,但仍然存在更大的空间来对基于这种方法的理论论述进行批判性的参与。琼斯(Jones)很好地阐述了这一点,他认为现在应用于CLE的两个原则:"称职的实践者"和"反思的实践者"的理念都被毫无批判地吸收到了教学实践中,但这两个原则都承载着大量的理论,对它们的应用将受益于强有力的批判性分析。[63]

为这类调查提供有丰富的理论见解的参考信息,需要站在跨学科的角度,并有更广泛的学术话语参与,而不是依靠目前大多数CLE文献中

---

[60] See Nicolson D., *Legal education, ethics and access to justice: forging warriors for justice in a neo-liberal world*, International Journal of the Legal Profession, 22, 2015, p. 51 – 69; *The global clinical movement: Educating lawyers for social justice*, Oxford University Press, 2010; Drummond O. & Mckeever G., *Access to Justice through University Law Clinics*, SSRN Electronic Journal, 2016.

[61] See Webb J., *Being a lawyer/being a human being*, Legal Ethics, 5, 2002, p. 130 – 151; Evans A., *The good lawyer*, Cambridge University Press, 2014; Dickinson G. M., *Moral Development Theory and Clinical Legal Education: The Development of Professional Identity*, UW Ontario L. Rev. 22, 1984, p. 183.

[62] See Cownie F., *The importance of theory in law teaching*, International Journal of the legal Profession, 7, 2000, p. 236.

[63] See Jones P A., *Theory and practice in professional legal education*, International Journal of the Legal Profession, 7, 2000, p. 241.

的证据。正如琼斯在一般法律教育的背景下所说，这种方法需要一定程度的三角脉络，即研究者在这种方法中借鉴了广泛的理论见解，而这些见解可以为实践提供讯息，又有助于展开更广泛的学术讨论。[64] 这种运用理论的方法，作为探索、理解和发展 CLE 实践的一套工具，说明了好的理论应该对实践有所启示和丰富。因此，理论介入的出发点可以是从具体到抽象，从具体实践问题的困惑到借助他人的反思和见解来解决。[65]

这种方法可以通过提高学生学习质量而直接有益于学生的经验，也可以作为一种手段，让法律诊所实习生认真对待他们作为学者、大学成员的角色定位，大学是一个关注“事物理论”的地方，[66]CLE 的起源和发展表明，这种诉诸理论并不是对法律诊所职业者角色的不必要过度复杂化；相反，它相当于与法律现实主义传统的最初目标重新联系，这一传统首先要求建立一所法律诊所院，将法律作为一门学科的教学置于更广泛的现实之中。

结论

本研究表明，新兴的 CLE 领域有可能与理论进行更广泛的对接。本研究明确了迄今为止阻碍这种对接的若干因素，其中包括对理论与专业相关性的怀疑，对英国高等教育理论的怀疑，以及认为法律教学不适合进行理论探究的文化态度。本文认为，经过重新拓展和正确构想的理论，其作用不仅有助于正确处理对教学和法律实务的不必要的分散；相反，尝试说明了与理论的对接是职业教育走向繁盛的必由之路，是使 CLE 回归将法学研究嵌入更广泛社会存在中的一门活着的学科之初衷

---

[64] See Jones P A. , *Theory and practice in professional legal education*, International Journal of the Legal Profession, 7, 2000, p. 258.

[65] See Twining W. , *Rethinking legal education*, The Law Teacher, 52, 2018, p. 241 – 260.

[66] See Cownie F. , *The importance of theory in law teaching*, International Journal of the legal Profession, 7, 2000, p. 225 – 238.

的关键。

本文反对理论与实践截然对立的观点。更确切地说,具有理论参与性、专注于理论且对理论保持求知欲的实践方法是有成效地与理论相对接的基础。如果理论不排除实务界的经验和其他学科的见解,就可以对实践作出贡献。这样一来,理论便可以提供一种挑战传统教条的手段,有助于学生同时作为公民和专业人士去看待社会现实,并为创造一个充满活力、意义深远且内容丰富的CLE文献体系奠定基础。

Does Clinic Legal Education Need Theories?

Hugh Mcfaul (author)　Song Haibin　Yang Hao (translators)

Abstract: Legal Clinic Education (CLE) has become an increasingly common feature in legal education courses in universities around the world. The development of this field has led to the development of related academic documents in professional journals and conferences, but most of the academic discussions are pragmatic and practice-oriented, which lack of theoretical discussions on the issues related to this academic practice field in a broader sense. This study analyzes the development process of CLE in the United Kingdom and investigates the formation of the CLE literature practice-oriented research highlights that are brought about by the aforesaid policy. The study also weight the influence of two neoliberal policy driving factors, such as marketization and the reduction of publicly funded legal consulting and agency. This study puts forward that theoretical issues should be placed in a more prominent position in the future, so as to promote the enrichment of clinical legal education research literature.

Key Words: Legal Education, Legal Clinical, the Marketization of Education, Legal Services

管理经纬

抑制还是激发："预聘—长聘制"对科研产出的影响*

戚业国**　李　丰***

摘　要：基于东部四所"双一流"建设高校W学科教师样本，使用负二项回归法从个人和组织层面检验了"预聘—长聘制"对科研产出的影响。结果显示，在个人层面，长聘系列教师的科研产出数量和质量均高于普通系列和预聘系列教师，而预聘系列和普通系列教师在科研产出数量上不存在显著差异，但在科研产出质量上，预聘系列教师要明显高于普通系列教师。组织层面，预聘系列教师构成比率对机构科研产出不存在显著影响，但长聘系列教师比率会显著正向影响机构科研产出的数量和质量，有助于提升机构科研生产力。为此，高校应细化"预聘—长聘制"的实施细则，在教师聘期考核中突显科研产出价值和学术影响力评价，并完善落聘教师的转出保障工作，从而适度扩大"预聘—长聘制"的实

---

* 基金项目：国家社会科学基金教育学一般课题"我国'双一流'建设绩效的动态监测评价与反馈运用机制研究"（BIA180182）。

** 戚业国，华东师范大学高等教育研究所教授，博士生导师，研究方向：高等教育管理。

*** 李丰，华东师范大学高等教育研究所博士研究生，研究方向：教师教育。

施范围。

关键词:“预聘—长聘制” 科研产出 “双一流”建设高校

近年来,“预聘—长聘制”已成为我国高校人事制度改革的主要方向。虽然该制度在各高校中的具体实施要求不尽相同,但普遍注重教师科研产出的考核,将科研考核达标的预聘教师转入长聘序列①。在此背景下,“预聘—长聘制”与科研产出的关系受到了学术界的广泛关注。而已有研究主要集中在高校层面,分析“预聘—长聘制”对高校组织科研产出的影响。高校是由学科构成的,基于学科形成的学院是高校的基本组织单位。不同学科之间的知识生成逻辑差异较大,进而会遵循不同的评价范式。因而,在学科层面探讨“预聘—长聘制”对科研产出的影响更具合理性。为此,本研究以东部四所“双一流”建设高校 W 学科为例,探究了“预聘—长聘制”之于个人和机构层面科研产出的影响,以期为更好地推动“预聘—长聘制”提供现实依据。

一、文献综述与研究假设

“预聘—长聘制”源于美国终身教职制度(tenure system),是一种高校基于岗位对教师予以聘任的人事制度。该制度要求获聘者在固定的聘期内(多为 6 ~ 7 年)必须达到一定的要求从而晋升为长聘副教授或教授,如果不能晋升则不再续聘或转出教研岗位,而一旦获得长聘岗位,则纳入无固定限期合同管理。“预聘—长聘制”最初是为了保障教师或研究人员的职业安全和学术自由,强调高校应通过建立一套明确的筛选机制选拔优秀教师从事学术职业,在试用期考核通过以后,授予他们长聘

① 蔡连玉、张迅:《我国高校“预聘—长聘制”绩效工具化及其治理研究》,载《高教探索》2021 年第 5 期。

教职,真正让有志于学术研究的人才潜心科研②。后来逐渐发展成为国内外高校内部一项核心的人事聘用制度,并且形成了以“预聘系列”和“长聘系列”为主的聘任模式③。其中,对教师科研产出的考核成为该制度实施的关键所在,“预聘—长聘制”对科研产出的影响也成为重要的研究内容。

(一)“预聘—长聘制”对高校科研产出的影响

高校承担着科学研究的重要职能,科研产出的数量与质量是反映一所高校科研水平的主要标志。许多研究探讨并检验了“预聘—长聘制”与高校科研产出之间的关系。任羽中等对国内 71 所实行“预聘—长聘制”高校的科研产出进行了统计分析,通过对比“预聘—长聘制”实施前后高校科研产出的变化,检验制度对科研产出的影响。结果发现实行“预聘—长聘制”之后,高校的国际期刊论文发表量和影响力指数都得到显著提高④。尹木子基于 148 所高校 2015 ~ 2019 年公开发表论文数量的面板数据,采用双重差分法检验了“预聘—长聘制”对高校科研生产力的影响效应。数据分析结果显示,实行“预聘—长聘制”的高校,其国际期刊论文发表数量增加了 26.55%,而严格实行“非升即走”的高校,科研产出更是提高了 103.02%⑤。

还有研究指出,“预聘—长聘制”促进了高校内部教学科研单位的学术发展。预聘制度有利于选拔优秀人才从事科研工作,而长聘制有利于激发教师的科研动力,授予教师长聘教职在一定程度上降低了优秀教师的流动率和流失率,使高校的经济和人事成本有所减少,学校得以将更多的资金投入科研方面,这有利于提升高校的科研生产力。布兰德(Bland)等通过大样本调研,验证了“预聘—长聘制”与高校科研产出之

② 蒋凯:《终身教职的价值与影响因素——基于美国八所高校的经验研究》,载《教育研究》2016 年第 3 期。

③ 鲁文辉:《高校教师“准聘与长聘”职务聘任改革的制度逻辑反思》,载《中国人民大学教育学刊》2021 年第 3 期。

④ 任羽中、俞蘪、赵颖:《“预聘—长聘制”对高校科研产出的影响机制与成效分析》,载《国家教育行政学院学报》2020 年第 4 期。

⑤ 尹木子:《“预聘—长聘”制度会提升中国大学科研生产力吗?——基于多期双重差分法的政策评估》,载《高教探索》2020 年第 6 期。

间存在的显著正向影响,并且发现二者之间的这种关系主要是受到教师内在学术追求和良好的工作习惯的影响,长聘轨教师相比预聘轨教师会投入更多时间进行科研。数据显示,长聘轨教师在科研上多投入5%的时间,其科研产出要显著增加2.5倍⑥。根据以上文献梳理可知,"预聘—长聘制"在一定程度上会促进高校的科研产出。基于此,提出以下研究假设:

H1:"预聘—长聘制"会促进机构科研产出的显著增加,预聘系列和长聘系列的教师比率越高,机构科研产出增加越明显。

(二)"预聘—长聘制"对教师科研产出的影响

高校教师从事的是学术职业,长聘教职是高校在学术竞争的基础上对教师激励的重要方式,其本质是学校对教师所拥有的学术资本进行评估,而学术资本通常以科研产出的数量和质量来衡量⑦。劳德尔(Laudel)以德国、荷兰和澳大利亚部分高校的青年教师为调查对象,探究了"预聘—长聘制"对其科研产出的影响。通过统计青年教师论文发表数据,发现预聘制度对教师论文发表数量存在正向影响⑧。沃伦(Warren)对美国社会学系长聘教职的科研产出进行了统计分析,发现近几年获得长聘教职的教师发文量是20世纪90年代同行的2倍⑨。卢特(Lutter)等对德国社会学系教师科研产出的数据分析,同样证实了教师获得长聘教职与其科研产出显著相关,但关键取决于论文的质量。结果显示,论文的引用率是决定教师能否获得长聘教职的关键参考指标,每

---

⑥ Carole J. Bland, Bruce A. Center, Deborah A. Finstad, et al. *The Impact of Appointment Type on the Productivity and Commitment of Full-time Faculty in Research and Doctoral Institutions*, The Journal of Higher Education, Vol.1, 2006, p. 89 – 123.

⑦ Matthew J. Hertzog, *Protections of Tenure and Academic Freedom in the United States: Evolution and Interpretation*, Switzerland: Springer Nature, 2017, p. 2.

⑧ Grit Laudel, *How Do National Career Systems Promote or Hinder the Emergence of New Research Line?*, Minerva, Vol. 3, 2017, p. 341 – 369.

⑨ John Robert Warren, *How Much Do You Have to Publish to Get a Job in a Top Sociology Department? Or to Get Tenure? Trends over a Generation*, Sociological Science, Vol. 6, 2019, p. 172 – 196.

一篇被引用的期刊文章和专著都会使研究者晋升的机会增加 10% ~ 15%⑩。杨希等选取实行“预聘—长聘制”的高校科研团队为调查对象,通过统计分析不同团队中青年教师的论文发表情况,发现长聘制度对青年教师科研产出的激励效果并不显著,但续聘考核对青年教师科研产出的质量具有显著的正向影响⑪。

教师获得长聘教职意味着在相关领域积累了丰富的经验、科研成果以及学术声望,这会为其在科研上带来更多的资源,积累学术资本,从而形成一种积累优势⑫。然而,已有研究发现,一旦组织中的相当部分人员被提拔到高级职称的职位,高级职称就很难再对员工产生激励作用,员工也不再有晋升的压力,这就容易引起组织中出现人浮于事和效率低下等问题⑬。尹(Yoon)分析了美国 1000 名 1993 ~2002 年入职的终身法学教授的科研产出,发现这些教授在获得长聘教职后的科研产出减少十分明显,大多长聘教授将研究方向转向竞争相对小的领域,而且论文发表的质量也远不及获得长聘教职之前⑭。博克(Bok)认为,高校利用“预聘—长聘制”提高教师队伍质量本无可厚非,它确实能够选拔出优秀教师,而且还可以对教师产生激励作用。但研究发现,由于高校内部缺乏对于长聘教职的考核,很多获得长聘教职的教师不再专注于科研,其科研产出的质量急剧下滑,导致很多长聘教师发表了大量“不受欢迎和没人读的论文”⑮。可以看出,已有研究关于“预聘—长聘制”对教师

---

⑩ Mark Lutter, Martin Schroder, *Who Becomes a Tenured Professor, and Why? Panel Data Evidence from German Sociology*, 1980 - 2013, Research Policy, Vol. 45, 2016, p. 999 - 1013.

⑪ 杨希、李欢:《聘任制改革下高校科研团队青年教师学术产出研究——对长聘与续聘考核政策效果的分析》,载《科技进步与对策》2019 年第 23 期。

⑫ 鲍威、金红昊、田明周:《我国研究型大学教师队伍年龄结构与科研产出的关系》,载《高等教育研究》2020 年第 5 期。

⑬ Edward P. Lazear, *The Peter Principle: A Theory of Decline*, Journal of Political Economy, Vol. 112, 2004, p. 114 - 163.

⑭ Albert H. Yoon, *Academic Tenure*, Journal of Empirical Legal Studies, Vol. 3, 2016, p. 428 - 453.

⑮ Bok Derek, *Higher Education in America*, Princeton: Princeton University Press, 2013, p. 713 - 714.

科研产出的影响得出了不同的结论。据此提出以下假设:

H2:不同聘任系列教师科研产出的数量和质量均存在显著差异。

H3:长聘系列教师的科研产出的数量和质量均低于预聘系列的教师。

二、数据与方法

(一)数据收集

本研究选取我国东部四所"双一流"建设高校 W 学科的教师进行数据收集。选择东部"双一流"建设高校 W 学科主要出于三个方面考虑:其一,目前"预聘—长聘制"仍局限于部分高水平大学,东部地区集中了较多的高水平大学。其二,四所高校的 W 学科发展水平均位于全国前列,教师的科研产出和机构的科研实力具有可比性。其三,2010 年前后四所高校 W 学科所在学院均已实行"预聘—长聘制"改革,积累了一定的实践经验,对预聘体系和长聘体系岗位的聘用和考核要求基本一致,教师样本总体具有良好的代表性。

研究数据收集主要包含教师信息、机构信息和科研产出信息。教师信息和机构信息均来自高校官方网站。科研产出包括教师科研产出和机构科研产出,相关信息均来自网络数据库。由于 W 学科属于自然科学,教师的科研产出以发表 SCI 论文为主,故而通过 Web of science 进行检索。考虑到教师发表的论文会随时更新,将数据收集时间设定为 2021 年 8 月 31 日。

具体检索过程如下:在学校官网确定 W 学科教师的名单,通过 Web of science 数据库,依据教师的姓名和所在机构检索其科研产出的信息,包括论文发表年份、作者排序、通讯作者、作者单位、论文被引次数、有无基金支持等。其中,个人的科研产出按照教师进入样本学校工作 5 年及以上的标准进行统计。机构的科研产出按照 2012 ~ 2021 年,教师以目前工作单位为第一通讯单位发表的论文进行统计(2012 年起四所高校

W 学科所在学院均开始实行“预聘—长聘制”)。

另外,遵循五个筛选原则:一是对于纳入预聘—长聘系列管理少于5年的教师不予录入。二是对于职称晋升时间节点不清晰的样本不予录入。三是对于未担任第一作者和/或通讯作者的论文不予录入。四是对专任教学型教师和实验技术人员不予录入,只考虑科研型教师和教学科研型教师。五是对于流动未满5年(指由国内外其他学校流动至样本高校不足5年)的样本不予录入。

其中,将纳入预聘—长聘系列管理的教师筛选标准设定在获聘时长为5年及以上,主要出于以下因素的考虑:四所高校 W 学科所在学院均是从教师入职后的第5年起开始考核其科研产出,1年考核一次,最多不超过7年。有必要说明的是,部分预聘系列教师在3年后即转为长聘序列,本文仍然统计其自纳入预聘系列年份起5年内的科研产出,对于不满5年的教师同样不予录入。之所以这样筛选,是因为以5年为基准可以将不同系列教师置于同一区间进行比较。

最终经筛选获得316个有效样本,检索到5578篇论文。其中,预聘系列教师78人,占比24.68%,长聘系列教师55人,占比17.41%,普通系列教师183人,占比57.91%。

(二)变量设定

1. 自变量

自变量为预聘系列教师、长聘系列教师和普通系列教师三组变量。结合对样本的初步分析发现,四所高校 W 学科常见的预聘系列教师包含预聘助理教授、预聘副教授和青年研究员三种类型。长聘系列教师包含长聘副教授和长聘教授两种类型。对于没有纳入“预聘—长聘制”体系管理的教师,如副研究员、副教授、研究员和教授四种类型统一归为普通系列教师。这类教师基本都在“预聘—长聘制”实行之前就已获得高级职称。研究以普通系列教师为参照组,分别设置预聘系列教师和长聘系列教师两个虚拟变量。

2. 因变量

因变量为教师个人科研产出和机构科研产出。个人层面,通过教师论文发表的数量和质量两个变量来衡量教师的科研产出。数量指标通过前5年科研产出和后5年科研产出衡量,即计算教师入职后(不包括博士后经历)前5年发表的SCI论文总数,后5年科研产出只面向获得高级职称和纳入长聘序列管理满5年及以上的教师,同样计算其5年发表的SCI论文总数。质量指标通过计算论文被引用次数予以衡量,即分别计算教师前5年发表论文被引总次数和后5年发表论文被引总次数。

机构层面,通过计算W学科所在学院教师在2012~2021年科研产出数量和质量指标来衡量机构的科研产出。数量指标通过计算机构内所有教师10年间发表论文总篇数之和的平均数来衡量,质量指标通过计算机构内所有教师10年间发表论文被引总次数的平均数衡量。

3. 控制变量

个人层面的控制变量主要包括性别、职称、学术年龄、行政职务、资金资助以及留学经历等。机构层面的控制变量主要包括教师规模、学科评估结果和国家级课题数量等。变量选择及处理(见表1)。

表1 变量选择及处理

<table>
<tr><th>变量类型</th><th colspan="2">变量名称</th><th>变量说明</th></tr>
<tr><td rowspan="7">自变量</td><td>预聘助理教授</td><td rowspan="3">预聘系列</td><td rowspan="7">虚拟变量,以普通系列教师为参照</td></tr>
<tr><td>预聘副教授</td></tr>
<tr><td>青年研究员</td></tr>
<tr><td>长聘副教授</td><td rowspan="2">长聘系列</td></tr>
<tr><td>长聘教授</td></tr>
<tr><td>副研究员、副教授</td><td rowspan="2">普通系列</td></tr>
<tr><td>研究员、教授</td></tr>
</table>

续表

变量类型	变量名称		变量说明
因变量	个人科研产出	前5年人均科研产出	教师自入职后前5年发表论文总数的平均数
		前5年论文篇被引次数	教师自入职后前5年发表论文被引总次数的平均数
		后5年人均科研产出	教师自纳入长聘序列(普通系列按获高级职称算起)后,前5年发表论文总数的平均数
		后5年论文篇被引次数	教师自纳入长聘序列(普通系列按获高级职称算起)后,前5年发表论文被引总次数的平均数
	机构科研产出	机构年均科研产出(2012~2021年)	机构内所有教师10年间发表论文的总篇数之和的平均数
		机构论文篇被引次数(2012~2021年)	机构内所有教师10年间发表论文被引总次数的平均数
控制变量	个人信息	性别	虚拟变量,以女性为参照
		职称	虚拟变量,以中级为参照
		学术年龄	2021年~入职年份
		行政职务	虚拟变量,以有行政职务为参照
		基金支持	虚拟变量,以无基金支持为参照
		留学经历	虚拟变量,以未留学为参照
	机构信息	教师规模	连续变量
		学科评估	教育部年度学科评估得分,连续变量
		国家级课题	国家级课题数量,连续变量

(三)分析方法

本研究主要使用回归分析方法,检验"预聘—长聘制"与科研产出的因果关系。鉴于科研产出的数量和质量均为非负整数,而且不同教师的论文发表数量和质量存在很大差异,导致机构科研产出的数量和质量也不尽相同,可能因存在明显的过度分散情况,而无法满足最小二乘法模型的正态假设要求,此类数据使用泊松回归分析会导致模型参数估计值的标准误偏低,故而采用负二项回归模型进行分析。

数据分析分为两步进行:第一,将全部样本纳入理论模型进行回归分析,检验不同聘任系列对教师科研产出的影响。第二,引入机构教师规模、学科评估结果、国家级课题数量作为控制变量,仅对预聘系列教师和长聘系列教师进行回归分析,检验不同聘任系列比率对机构科研产出的影响。具体模型设计见以下公式:

$$\mathrm{Ln}[\mathrm{E}(Y_{ij} \mid T_{ij}, \beta)] = \beta_0 + \beta_1 T_{ij} + \beta_2 X_{ij} + \varepsilon_{ij} \quad (1)$$

$$\mathrm{Ln}[\mathrm{E}(Y_{wj} \mid TW_{ij}, \beta)] = \beta_0 + \beta_1 TW_{ij} + \beta_2 O_J + \varepsilon_{ij} \quad (2)$$

其中,Y_{ij}表示教师个体的科研产出,包括教师前后 5 年论文发表的数量和质量两个变量;Y_{wj}表示教师所属学科机构在 2012 ~ 2021 年的科研产出,包括以目前工作单位作为署名机构所发表的论文数量和质量两个变量;T_{ij}代表自变量,包含预聘系列和长聘系列两个虚拟变量;TW_{ij}为预聘系列教师和长聘系列教师的人数和比率;X_{ij}为个人层面的控制变量,包括性别、职称、学术年龄、行政职务、基金支持和留学经历等;O_J为组织层面的控制变量,包括教师规模、学科评估和国家课题;ε_{ij}为残差项。

三、数据统计与分析

(一)教师科研产出的基本特征

本研究为了描述教师科研产出轨迹,分别统计了 316 位教师每年科研产出均值,并在此基础上绘制了科研产出随教师入职之后的学术年龄变化曲线图(见图 1)。可以看出,四所高校 W 学科教师的科研产出随着教师学术年龄的增长均呈现波浪式增加的趋势。在入职后的前 3 年,四所高校 W 学科教师每年科研产出的均值保持在 0.5 ~ 1.5,在入职后的第 3 年科研产出会有所增长,不过四所高校教师科研产出的差异不大,基本维持在 1.0 ~ 1.5。随后四所高校教师科研产出有所减少,但均在第 5 年达到第一个峰值,这一时期人均科研产出数量要明显多于第 3 年。与此同时,四所高校 W

学科教师每年科研产出的均值差距也逐渐变大，B 大学和 Q 大学的教师在入职第 5 年的科研产出均值明显要多于 F 大学和 J 大学。第 7 年四所高校 W 学科教师科研产出将达到第二个峰值，而 B 大学、Q 大学与 F 大学、J 大学的差距也进一步被拉大。自第 7 年起，四所高校 W 学科教师科研产出继续呈现出波浪式增长的态势。总体来看，前两个高峰出现的时间基本与四所高校"预聘—长聘制"考核的时间相吻合。

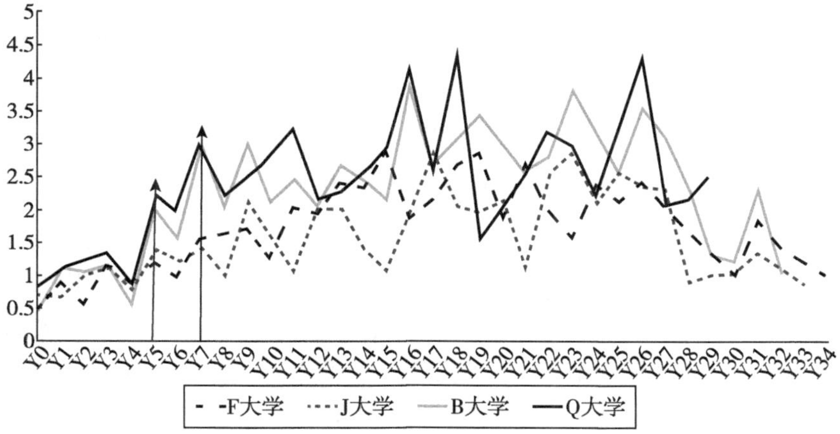

图 1　四个机构教师科研产出均值随学术年龄变化曲线

（二）"预聘—长聘制"对教师科研产出的影响

通过对比 316 个样本中不同系列教师的科研产出数量和质量，如图 2 所示，在前 5 年人均科研产出数量方面，预聘系列教师科研产出均值为 6.01 篇，要低于长聘系列教师的科研产出（8.56），略微高于普通系列教师的科研产出（5.98）。在前 5 年论文篇被引次数方面，长聘系列教师为 53.12，要远远高于预聘系列教师的 21.61 和普通系列教师的 10.16，预聘系列教师也明显高于普通系列教师。

在后 5 年人均科研产出方面，本研究仅对长聘系列教师和普通系列教师进行比较。如图 2 所示，长聘系列教师在获得长聘教职后的 5 年间人均发表 12.21 篇论文，论文篇被引次数为 44.29，两项指标都要远高于普通系列教师。而表 2 关于长聘教职与科研产出数量、质量之间的回归分析，同样说明长聘教职对科研产出的数量和质量均呈显著正相关,具有明显促进作用。

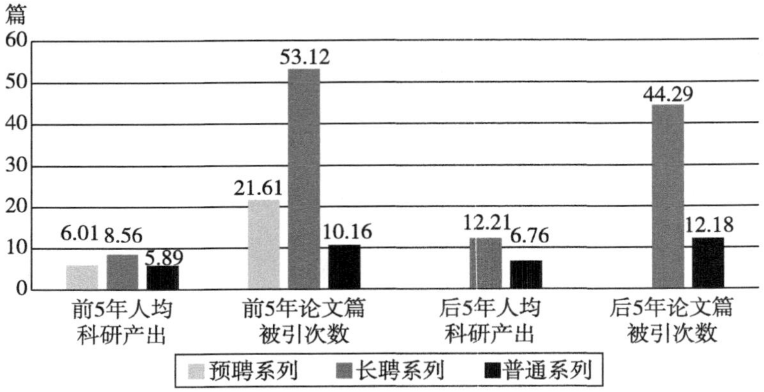

图 2　不同聘任系列教师科研产出对比

当控制性别、职称、学术年龄、行政职务、基金支持之后。性别系数估计结果显示,男性教师的前后 5 年的科研产出在数量和质量方面均显著高于女性教师。自科尔提出“科研产出之谜”以来,已有很多研究证实高校教师在科研产出方面存在性别差异,本研究再一次证实了 W 学科的女教师在科研产出上存在明显劣势。在职称方面,与中级职称相比,获得副高职称和正高职称的教师与其前后 5 年科研产出的数量和质量均存在显著正相关。在学术年龄方面,随着学术年龄的增长,教师的前后 5 年科研产出的数量和质量也会随之显著增加。在行政职务方面,担任行政职务的教师与未担任行政职务的教师相比,其前后 5 年科研产出的数量和质量均未表现出显著优势。在基金方面,有基金支持的教师比没有基金支持的教师在前后 5 年科研产出的数量和质量上都具有显著优势。在留学经历方面,有留学经历的教师在前 5 年科研产出的数量和质量上没有表现出显著的优势,但在后 5 年科研产出的数量和质量上的表现均要显著优于没有留学经历的教师。

表 2 关于聘任类型对教师科研产出的回归分析中,同样证实了该结论。即相较于普通系列教师,在科研产出数量方面,预聘系列教师未表现出显著影响,但长聘系列教师呈显著正向影响。科研质量方面,预聘系列和长聘系列教师都表现出了明显的正向促进作用。

表 2　聘任类型对教师科研产出的回归分析结果

模型	模型 1： 前 5 年人均科研产出	模型 2： 前 5 年论文篇被引次数	模型 3： 后 5 年人均科研产出	模型 4： 后 5 年论文篇被引次数
预聘系列教师	0.143(0.079)	1.203**(0.918)	—	—
长聘系列教师	2.598**(0.121)	2.341**(1.552)	3.197**(0.269)	1.017**(0.152)
男	0.378**(0.115)	0.702**(0.056)	1.241**(0.443)	4.453**(2.031)
副高	0.321***(0.117)	0.816**(0.013)	0.192**(0.448)	3.701**(2.052)
正高	2.312**(0.345)	1.441**(0.265)	3.228***(1.351)	5.212***(3.253)
学术年龄	0.312***(0.081)	0.271**(0.366)	1.395***(1.426)	2.342***(0.312)
担任行政职务	1.367(0.104)	2.682(0.778)	2.237(0.094)	1.378(0.387)
有基金支持	0.983***(0.231)	0.164**(0.750)	0.445**(0.194)	0.672**(0.429)
留学经历	0.078(0.113)	1.275(0.153)	0.098*(0.294)	1.342***(0.319)
常数项	1.026***(0.235)	2.203**(0.877)	2.038**(1.871)	3.675(2.186)
R	0.632	0.785	0.771	0.915

注：表中的结果是加入控制变量后计算而来。括号里的数值为标准误，* 表示 $P<0.1$，** 表示 $P<0.05$，*** 表示 $P<0.001$。

(三)"预聘—长聘制"对机构科研产出的影响

为了探究"预聘—长聘制"对机构科研产出的影响,本研究分别统计了2012~2021年W学科教师所属机构年均科研产出和机构论文篇被引次数,结合机构内部不同系列教师的占比情况进行分析。从表3可知,四个机构预聘系列教师的比例在23.28%~27.16%,预聘系列教师队伍结构比较相似;长聘系列教师队伍结构存在一定差异,所占比例在12.33%~23.46%,其中F学院和J学院的长聘系列教师比例明显低于B学院和Q学院。从机构年均科研产出可以看出,Q学院W学科所在单位人均科研产出和机构人均篇被引次数均高于其他三个单位,而F学院的年均科研产出虽然高于J学院,但机构论文篇被引次数却低于J学院,以上说明机构人均科研产出和人均篇被引次数之间可能并不一定存在正相关关系,二者之间的关系可能受到不同系列教师比率的影响。

表3 四个机构教师聘用系列结构特征与科研产出对比

学院	教师聘用系列结构			预聘比例/%	长聘比例/%	机构年均科研产出(2012~2021年)/篇	机构论文篇被引次数(2012~2021年)/次
	预聘系列	长聘系列	普通系列				
F学院	17	9	47	23.28	12.33	131.46	23.08
J学院	21	12	54	24.13	13.79	108.73	26.56
B学院	18	15	42	24.00	20.00	212.36	51.97
Q学院	22	19	40	27.16	23.46	273.92	63.12

为了验证不同系列教师结构特征与科研产出之间的关系,本研究以预聘系列教师人数、长聘系列教师人数、预聘系列比率、长聘系列比率作为自变量,以机构人均科研产出数量和机构人均篇被引次数作为因变量,同时控制机构规模和学科评估得分,采用负二项回归方法进行分析。

由表4可知,预聘系列教师规模和比率越大,机构年均科研产出和论文篇被引次数都会随之增多,但二者之间均不存在显著关系。长聘系列教师的规模和比率对机构年均科研产出和论文篇被引次数的影响系数为正,且达到显著水平。这说明,长聘教职比率对机构科研产出的数量和质量具有显著正向影响。综上，假设 H1 得到部分验证，即预聘—长聘系列教师的比率对机构科研产出具有一定的影响，长聘系列教师比率越高，机构的科研产出水平会显著增加，而预聘系列教师的比率对机构科研产出的促进作用并不明显。

此外，当控制了机构教师规模、学科评估得分以及国家级课题数量三个变量以后，回归分析结果显示，教师规模与机构科研产出的数量和质量具有显著正相关。学科评估与机构科研产出数量之间不存在显著相关关系，而对于机构论文篇被引次数存在显著正相关关系。国家级课题与机构科研产出数量和论文篇被引次数均存在显著正相关关系。

表 4　机构层面不同聘用系列教师占比对科研产出的回归分析结果

模型	模型 1： 机构年均科研产出	模型 2： 机构论文篇被引次数
预聘系列人数	0.076(0.002)	0.128(0.325)
长聘系列人数	1.045**(0.339)	2.304**(1.083)
预聘系列比率	1.032(0.118)	1.231(0.239)
长聘系列比率	2.037**(0.021)	2.119**(1.203)
In(机构教师总人数)	2.071*(0.327)	1.023**(0.983)
In(学科评估总分)	0.362(1.367)	2.521**(0.035)
国家级课题	3.109**(2.003)	2.341**(1.356)
常数项	5.102(2.019)	7.093(2.451)
R	0.782	0.901

注：表中的结果是加入控制变量后计算而来。括号里的数值为标准误，* 表示 $P<0.1$，** 表示 $P<0.05$。

四、结论与建议

（一）结论

"预聘—长聘制"作为一项高校人事聘用制度，对教师科研产出的数量和质量具有明显的促进作用。第一,在个人层面,就前5年的科研产出而言,虽然预聘系列和普通系列教师在数量上并未表现出显著差异,但在质量方面预聘系列教师要明显高于普通系列教师。并且,长聘系列教师不论是在数量还是质量方面,都要显著高于预聘系列和普通系列教师。针对后5年的科研产出,长聘系列教师在数量和质量方面同样明显高于普通系列教师。以上结论在不同聘用类型对科研产出的回归分析中都得到了切实的验证。这一方面说明"预聘—长聘制"所设定的5~7年的考核周期具有一定的科学性,能够对教师的科研产出产生激励作用。另一方面也证实了在研究型大学内部建立有效的"预聘—长聘制"以及严格实行"非升即走"的合理性,其有助于高校选拔出具有科研潜质和以科研为志业的优秀人才。

第二,在组织层面,本研究发现,预聘系列教师构成比率与机构整体科研产出不存在显著影响,而长聘系列教师构成比率与机构科研产出的数量和质量均存在显著影响,这说明长聘教职能够促进W学科所属机构科研产出数量和质量的显著增长。究其原因,可能在于长聘制度能够为教师提供可供期待的学术职业发展目标,营造了一种相对自由和宽松的工作环境,有助于激发教师的科研动力⑯。毕竟长聘教职本质上是研究型大学用来"敬才用才"的重要手段,高校通过预聘阶段严格的考核评估,选拔出具有科研潜力的优秀人才进入长聘序列,采取无固定期限聘任的形式,使长聘教职能够潜心从事科研工作,进而为促进机构科研成果产出提供保障⑰。

(二)建议

一方面,高水平研究型大学可以逐步扩大"预聘—长聘制"的实施范围,严格按照预聘(准聘)考核实行"非升即走",同时建立和完善关于教师转出的配套制度。本研究证实了"预聘—长聘制"对科研产出具有显著

---

⑯ 张端鸿、樊诗慧:《我国高校长聘教师制度改革的探索性研究——基于A大学的个案研究》,载《高校教育管理》2020年第4期。

⑰ 张维迎:《关于〈北京大学教师聘任和职务晋升制度改革方案〉(征求意见稿)的十四点说明》,载《学术界》2003年第5期。

的正向影响,但目前高校内部普通系列教师占比偏高,预聘系列和长聘系列教师的占比仍然偏低,一些高校只是单纯面向青年引进人才实行“预聘—长聘制”,对普通系列教师的考核普遍不足。为此,我国研究型大学应结合不同学科的特点与差异,大力推进“预聘—长聘制”改革。通过严格设置考核门槛,制定不同聘任系列的具体考核期限、评价标准、晋升要求等细则,将大多数教师纳入准长聘系列进行管理,以选拔优秀人才。

与此同时,为了保障未通过考核教师的个人权益,高校还应建立灵活性的教师转出机制,制定落聘教师的安置制度,完善落聘教师的兜底保障工作⑱。在我国社会环境中,被解聘的教师即便能够很快在其他高校谋职,但转出或落聘带来的不仅是工作环境的改变,还关联到一系列生活、家庭等复杂问题,如配偶工作、子女就学、户籍迁移等都会受到不同程度的影响和牵连。通过建立落聘教师的转出和兜底保障制度,有助于引导教师正确理性看待聘任制的淘汰性质,减少教师与高校之间的矛盾。

另一方面,注重科研产出的价值考核,建立以成果质量和实际贡献为主的评价标准,毕竟教师科研产出的价值与学术影响力才是决定其是否能够获得终身教职的重要指标⑲。这在国外高水平大学中非常普遍,美国很多研究型大学主要采用同行评议的方式对非终身轨教师进行考核,考评标准以候选人发表的论文是否极大地拓展其所在学科领域的发展为主要考虑因素。为此,国内大学也应形成以科研成果价值和学术影响力为参照的长聘教职遴选标准,破除现行考核中以论文数量决定教师晋升或解聘的取向。同时,引入代表作评价和同行评议制度,建立以代表作和同行评议为主的教师评聘与晋升机制。根据不同学科所需岗位的特点确定考核规则和适当的考核周期,避免教师因试用期考核压力带来的“重量轻质”,鼓励教师发表高水平、高质量、具有创新价值的研究成果。

本研究还发现,长聘系列教师构成比率与机构科研产出的数量和质

---

⑱ 朱玉成:《高校“预聘—长聘制”改革的风险研判及破解路径》,载《教师教育研究》2021 年第 1 期。

⑲ Yale University Faculty Handbook, (Sep. 16, 2021), https://provost.yale.edu/sites/default/files/files/Faculty%20Handbook_8-22-19.pdf/2021-9-16.

量均存在显著影响。建议高水平大学建立基于一流师资标准的长聘教职遴选机制,对不同岗位实行分类管理和聘任,通过预聘制度选拔一批具有潜质和学术抱负的学者,结合学校发展实际情况,适当增加长聘教职的聘用比例,给予其充分的职业发展预期和相对稳定的保障,建立具有我国特色的长聘教职体系⑳。

(三)研究不足与展望

本研究仍存在以下两点不足:第一,在数据分析过程中,虽然控制了性别、职称、学术年龄等变量对科研产出的影响,但网络搜索的信息并不全面,故而无法控制可能会引起科研产出变化的其他变量,比如教师个体的努力程度,学术机构的科研氛围等。在未来的研究中可以尝试通过访谈和问卷调查等方式,深入了解"预聘—长聘制"对科研产出的影响机制。第二,本研究只选取了东部四所"双一流"建设高校的W学科教师的科研产出作为研究对象,研究结论对其他高水平大学W学科是否适用尚需检验。随着"预聘—长聘制"改革的持续推进,未来可以采取更加完善的信息搜集方式,进一步探讨"预聘—长聘制"对科研产出的影响。

Inhibition or Stimulation: The Impact of "Chinese Tenure Track System" on Scientific Research Output

Qi Yeguo　Li Feng

Abstract: Based on the samples of W discipline teachers in four "Double Top Universities" in the Eastern China, the negative binomial regression method is used to test the impact of "Chinese Tenure Track System" on

---

⑳ 阎光才:《高校教师聘任制度改革的轨迹、问题与未来去向》,载《中国高教研究》2019年第10期。

scientific research output at the individual and organizational levels. The results show that at the individual level, the quantity and quality of scientific research output of "long-term employed" teachers are higher than those of ordinary teachers and "pre-employed" teachers, while there is no significant difference between "pre-employed" teachers and ordinary teachers in the quantity of scientific research output, but in the quality of scientific research output, "pre-employed" teachers are significantly higher than ordinary teachers. At the organizational level, the composition ratio of "pre-employed" teachers has no significant impact on the scientific research output of institutions, but the ratio of 1 "long-term employed" teachers will significantly and positively affect the quantity and quality of scientific research output of institutions, and help to improve the scientific research productivity of institutions. Therefore, colleges and universities should refine the implementation rules of the Chinese "Tenure Track System", highlight the value of scientific research output and the evaluation of academic influence in the assessment of teachers' employment performance and improve the guarantee system of the unqualified teachers who may be transferred out, so as to appropriately expand the implementation scope of the "Tenure Track System".

Key Words: "Chinese Tenure Track System", Scientific Research Output, "Double Top University"

我国大学管理人员专业化发展：机理、约束及路径*

罗向阳** 姚聪莉***

摘 要：大学外部变动不居的环境以及大学所承载的日益多元的功能和期盼，对大学治理体系和治理能力提出了更高的要求，而大学管理人员专业化发展则是推进大学治理体系和治理能力现代化的重要支撑。经济学和社会学领域含义的专业化，有利于更好理解大学管理人员专业化发展的内在机理。目前大学管理人员专业化发展并没有实现经由大学管理岗位的专业化到大学管理人员专业化水平提升的目标，主要在于促进大学管理人员专业化发展的激励约束机制还不健全，尤其是大学管理人员的晋升机制所产生的激励不平衡、不充分、不相容。与此同时，不分层级地在大学管理人员中安排交流任职，在某种程度上会影响大学管理人员对专业化发展的稳定预期。为了促进我国大学管理人员的专

---

* 基金项目：2019 年陕西省社会科学基金年度项目"西部高校管理人员专业化发展路径研究"（项目编号：2019Q015）。

** 罗向阳，西北工业大学政策与战略研究室副研究员，研究方向：高等教育政策与制度。

*** 姚聪莉，西北大学高等教育研究中心教授、博士生导师，研究方向：高等教育管理。

业化发展,需要从提高职业尊严、优化考核评价体系、拓展晋升空间、支持培训与进修等方面进行探索。

关键词:大学管理人员　分工　专业化　专业化经济　专业化发展

大学管理人员专业化发展是20世纪末我国高等教育扩招以来的热门话题,高等教育学界倾向于将其与大学“去行政化”放在一起讨论。大学管理人员是大学一流管理的主要承载者,其专业化发展不仅是大学开展人才培养、科学研究、社会服务的重要保障和实现大学功能目标的重要前提,也是推进大学治理体系和治理能力现代化的重要基础和实现大学效率目标的重要支撑。

一、专业化及其对大学管理人员的作用机制

在经济学语境中,专业化与分工密切相关。“一个民族的生产力发展的水平,最明显地表现在该民族分工的发展程度上。”①亚当·斯密在其《国民财富的性质和原因的研究》一书中,用这样的话开始了现代经济学的历史:“劳动生产力上最大的演进,以及运用劳动时所表现的更大的熟练,技巧和判断力,似乎都是分工的结果。”②亚当·斯密通过讲述一个“扣针的故事”,唤起了人们对分工和专业化的关注。亚当·斯密观察到,生产一枚扣针需要经过18道工序,也就是说,扣针的制造分为18种操作。有些扣针工厂将这18种操作分由18个专门工人担任;而有些工厂里,有时1人兼职两三种操作。在一家扣针工厂里,由10个工人分别承担1~2道工序,每天共生产48,000枚扣针,平均每人生产4800枚。他认为,如果让工人各自独立完成全部工序,那么他们中的任何一

① 中共中央马克思恩格斯列宁斯大林著作编译局编:《马克思恩格斯选集》(第1卷),人民出版社1972年版,第25页。

② [英]亚当·斯密:《国民财富的性质和原因的研究》(上卷),郭大力、王亚南译,商务印书馆1972年版,第5页。

个人,一天连 20 枚扣针也生产不出来,甚至一天连 1 枚扣针也制造不出来。

这些专门生产扣针的工厂之出现是社会内分工的结果,其导致扣针作业成为了专门职业,而且这种职业也分成了若干部门,这些部门各自只承担扣针生产环节中的一部分操作,以至于这些各部分操作也成为了专门职业。"扣针的故事"告诉我们的是:专业化提高了扣针的生产效率。

如何界定分工与专业化?"专业化就是一个人或组织减少其生产活动中的不同职能的操作的种类;或者说,将生产活动集中于较少的不用职能的操作上。分工就是两个或两个以上的个人或组织将原来一个人或组织生产活动中所包含的不同职能的操作分开进行。"③由此可见,分工指的是生产主体间细分操作种类的活动,专业化则是指生产主体操作种类的减少程度。如果没有操作种类的细分,那么专业化则失去了前提条件,所以,从这种意义上讲,专业化是分工的结果。当然,专业化程度提高也会进一步深化分工,从而形成分工与专业化程度螺旋式的上升机制。"专业化和分工越是发展,一个人或组织的生产活动越集中于更少的不同职能的操作上。"④

专业化的经济性,即专业化带来的利益和好处,是指通过一定程度的专业化生产方式带来的生产效率的提高或者生产资源的节约。那么专业化的经济性主要表现在哪些方面呢?

首先,专业化使劳动生产者越来越将其生产活动集中于较少的操作上,能够较快地提高其生产的熟练程度,减少在工作中所应支付的智力资源和学习培训成本。正如亚当·斯密所说:"各劳动者的业务,既然终身局限于一种单纯操作,当然能够提高自己的熟练程度。"⑤

---

③ 盛洪:《分工与交易——一个一般理论及其对中国非专业化问题的应用分析》,上海人民出版社 2006 年版,第 33 页。

④ 盛洪:《分工与交易——一个一般理论及其对中国非专业化问题的应用分析》,上海人民出版社 2006 年版,第 33 页。

⑤ [英]亚当·斯密:《国民财富的性质和原因的研究》(上卷),郭大力、王亚南译,商务印书馆 1981 年版,第 8 页。

其次，专业化会使生产劳动者节约或减少因经常变换工作或变换生产活动中的不同操作而损失的时间，这方面的节约按照亚当·斯密的看法："比我们骤然看到时所想象的大得多。"⑥专业化减少了工作或操作的变化，也就等于节约了生产的人力资源。⑦

最后，从社会学的视角来看，生产劳动者自主进入或被安排进入一个新的业务岗位，必将持续接受一种规范性同构压力，当个体服从这种制度压力并遵循业务规范时，个体行为就能获得更多合法性。在这个过程中，个体通过遵循由教育与培训方法、专业网络等所确立的专业标准和实践，能够与占据类似专业岗位的其他同行一样，以相同的方式解释信息，共享对即将发生事情形成的期望，以及共享对事件形成的因果解释。这种规范性同构能够帮助专业网络中的个体形成特有的心智模式，表现为关于该种业务的专业认知、专业态度和专业信念，这是一种节约管理成本的意识形态。

从大学的发生学来看，大学本身就是社会分工的产物，从而能够专注于相较其他社会组织具有比较优势的领域，进行专业化生产，提供专业化服务与产品。在大学内部，因为大学规模和功能的拓展，也需要在内部进行分工，形成若干个专业化部门，通过收缩每个部门的业务领域、缩短不同工作内容转换的时间以及加强对业务的规训，从而提高每个专业化部门的专业化水平。进一步地，大学的所有专业化部门中，还需对专业业务进行细化，设立不同岗位，这些岗位与其他专业化部门的岗位有较大差异，与专业化部门内部的其他岗位具有一定程度的差异，同时也具有较强的关联性。占据这些岗位的大学管理人员有着相对固定且适宜的业务范围，面临业务的复杂程度相比操作范围更广的业务而言有所降低，在该种业务范围内，操作过程具有内在的一致性和连续性，不存在从一种操作环节过渡到另一种操作环节，即还需要转化思维、熟悉准

---

⑥ [英]亚当·斯密：《国民财富的性质和原因的研究》(上卷)，郭大力、王亚南译，商务印书馆1981年版，第9页。

⑦ 参见盛洪：《分工与交易——一个一般理论及其对中国非专业化问题的应用分析》，上海人民出版社2006年版，第39页。

备的情况。与此同时,占据这些岗位的大学管理人员都能找到相应的行业性组织或协会,获得相关业务能力的学习和培训机会,通过同行的交流沟通强化相应的专业精神、专业话语、专业思维和专业能力,最终提高大学管理人员的管理水平。当然,个体操作种类减少是专业化的前提,但是专业化和专业化水平是两个概念,专业化仅仅是分工的结果,并不必然导致专业化水平的提高。比如,一个工作人员专门负责打印复印工作,算是“专业化生产”了,但不见得其打印复印水平就令人满意。

大学管理人员的专业化发展为岗位的专业化和个人的专业化水平之间架起了桥梁,即在大学管理岗位专业化的前提下,通过促进大学管理人员的专业化发展来提升其专业化水平。大学管理人员专业化发展是指通过科学细分大学管理岗位,赋予大学管理岗位的专业标准和专业地位,借助专业组织的支撑和持续的专业规训,构建激励约束机制,以增强扩展大学管理方面专业知识、专业技能以及涵养专业伦理、专业信念的内在动力,提升从事大学管理人员的专业素质,成为一位高水平的大学管理专业工作者的专业成长过程。

二、大学管理人员专业化发展是应对大学内外情势复杂化的需要

大学管理人员专业化发展并不是大学一诞生就有的内在需求。被尊为“大学之母”的博洛尼亚大学,是世界上广泛公认的第一所拥有完整大学体系的大学。博洛尼亚大学以法学闻名于世,是欧洲教会法和罗马法最重要的中心,“为了保护自己,这些学习法律的学生建立了行会组织,并逐渐在13世纪获得了管理控制大学事务的权力,这就导致了历史上学生在学校管理中的第一次取得主导地位。”⑧博洛尼亚校务由学生负责,由学生组成的委员会雇佣教师、支付薪俸、对教师进行解雇和罚款

---

⑧ 贺国庆等:《外国高等教育史》,人民教育出版社2003年版,第51页。

等。博洛尼亚大学并没有专门的管理人员，由学生兼职管理和相关服务工作，因此被称为“学生的大学”，这一模式当时为意大利以及西班牙等国大学所效仿。同样堪称欧洲乃至世界上最古老大学之一的巴黎大学，则与博洛尼亚大学相反，被称为“先生的大学”，其校务由教师负责，教授们在履行教学职责的同时也从事着大学的管理工作。这一模式当时被北欧各国大学效仿。由此可见，专门的管理人员并不是大学的必要构成要素。

作为洪堡理念的重要办学载体，1810 年成立的德国柏林大学，将尊重自由的学术研究，“为科学而生活”的理念深深植入了德国大学的基因中，不仅将德国大学带入了一个新纪元，也因为增加了大学的科学研究职能而深深影响了世界高等教育的发展。1862 年美国《莫里尔法案》的颁布和实施，加强了大学与社会的联系。范海斯在担任威斯康星大学校长期间，通过改革将服务的理念变为他们恪守的核心准则，形成了威斯康星思想。“威斯康星思想的诞生使得美国继承于欧洲大学的大学模式彻底摆脱了象牙塔的束缚，得以直面美国现实社会生活，使服务成为继教学、科研之后高等教育所承担的第三项职能。”⑨

如果说从博洛尼亚传统到洪堡理念，刻画的仅仅是精英化教育阶段教师工作方式的一种变化，那么威斯康星思想的诞生则不仅改变了教师的工作方式和工作内容，也改变了大学和社会的关系，迅速将世界带入了高等教育大众化的阶段。19 世纪中后期世界高等教育规模开始扩张，最具代表性的当属英国的大学推广运动和美国的赠地学院运动。第二次世界大战后，随着高等教育对国家竞争力的作用日益凸显以及世界民主化进程的加快，世界高等教育又经历了一次程度远远超过 19 世纪中后期的规模扩张。美国在 20 世纪 40 年代就进入了高等教育大众化阶段，在 20 世纪 70 年代中期完成了由大众化向普及化过渡的任务。到 1975 年，世界上已有超过 1/4 的国家的高等教育毛入学率达到 15%。巴西在 1999 年左右进入高等教育大众化阶段，印度到 2008 年进入高等

---

⑨ 贺国庆等：《外国高等教育史》，人民教育出版社 2003 年版，第 286 页。

教育大众化阶段。[10] 我国自1999年开始扩大高等教育招生规模,到2002年进入高等教育大众化阶段。2020年我高等教育毛入学率达到54.4%[11],已经进入高等教育普及化阶段。

伴随大学功能的丰富和高等教育规模的扩展,大学类型的多样化,以及大学单体规模的扩展,巨型大学越来越多。与此同时,大学成为社会的“轴心机构”后,大学所承担的国家和社会责任越来越重,所获得的国家财政经费和社会资源越来越多,当然也要面对主要经由自身所促成的日新月异的科技所带来的变动不居的社会环境。大学不仅要为学生提供良好的教学环境和教学秩序,为教师提供良好的科研条件和辅助服务,以满足内部师生诉求;还要直接或间接积极响应国家意志和社会需要,以尽可能获取发展资源。大学不仅要面对国内大学间的竞争,还要面对全球大学间的竞争。大学不仅要做好日常事务管理,还要通过研判内外形势变化做好战略管理。这些因素都充分表明面对日益复杂化的内外部环境,大学的管理也越来越复杂化了。那种由学生或教师兼理校务的时代一去不复返了。但即便是有专门的管理人员,也无法仅仅依靠经验来处理相关事务了。尤其是20世纪80年代以来兴起的新公共管理运动,重塑了政府的角色和公共部门的运行模式,企业管理方法和绩效问责被广泛运用到政府、医院、大学等部门。我国《统筹推进世界一流大学和一流学科建设总体方案》中也明确提出“以绩效为杠杆”的基本原则,这对我国大学治理体系和治理能力提出了更高的要求,进一步对我国大学管理人员专业化发展提出了更高的要求。

三、我国大学管理人员专业化发展面临的关键约束

我国大学管理人员的现实处境较为尴尬。一方面,内嵌于整个政治

---

[10] 参见别敦荣、易梦春:《普及化趋势与世界高等教育发展格局——基于联合国教科文组织统计研究所相关数据的分析》,载《教育研究》2018年第4期。

[11] 参见中华人民共和国教育部:《高等教育毛入学率达54.4%》,载《中国教育报》2021年3月2日,第1版。

体制之下的大学,行政化倾向比较严重,浸在其中的管理人员掌握着大学大量的资源分配权,一定程度上带来了教师对管理人员、学术权力对行政权力的依附,从而导致管理人员在管理过程中沉迷于行政权力专断,而不是依赖于专业判断;另一方面,大学管理人员,相对于学科背景鲜明、学科底蕴深厚的教师来讲,其人力资本被视为不需要进行专用投资的通用性资本,转移或被替代的成本很小⑫,这种外界和自身的共同认知造成管理人员缺乏职业认同感和归属感,即便在维护自身合法权益的时候也会因为面临强大的科层制压力而显得底气不足,故常常伴有职业危机感。

管理人员的人力资本之所以被视为缺乏专用性,既与大学管理岗位在招聘要求上的专业泛化有关,与大学管理岗位的职责划分和考核标准模糊相关,也与大学在管理人员专业化发展上提供的支持不足密切关联,后者涉及管理人员考核评价和晋升机制以及持续培训等方面。大学除了少部分管理岗位在招聘时提出了专业背景要求,比如大学财务部门、审计部门等管理岗位需要应聘者具有财务、审计等专业背景,其他大部分管理岗位都没有明确的专业背景要求。因此,大学管理岗位给人的感觉似乎是任何专业背景的人都可以胜任,大学管理人员的人力资本就难免被视为是缺乏资产专用性的通用性资本。大学的各个专业化部门之间在某些具体事务上存在“缺位”“越位”,出了问题互相推诿的情况,表明专业化部门之间的分工不清晰,这进一步影响了专业化部门内部的岗位设置及职责划分;加之管理岗位职责描述不够细化,缺乏明确的考核标准,无法判断一个管理人员是否真正胜任岗位工作,所谓的“晋升”或者“评优”,不是考虑任务完成情况与岗位目标的达成度,而是将不具有可比性的不同岗位的人放在一起,由一群所谓的专家打分或投票,最终得分(票)高者胜。岗位职责描述不具体以及考核标准模糊化,让管理人员捕捉不到真实的岗位目标要求,无法找出自身能力与岗位要求的具体差距,从而弱化了提升专业化水平的外在压力和内在动力。更为重

⑫ See Benjamin Klein et al., *Vertical Integration, Appropriable Rents, and the Competitive Contracting Process*, Journal of Law and Economics 21, 1978, p. 298.

要的是，大学管理人员的专业化能力是个体主动构建的结果，如果个体看不到自身职业发展的空间，对未来的职业晋升缺乏稳定的预期，就容易产生职业懈怠，在专业化能力提升上必定投入不足，这进一步弱化了其人力资本的专用性。尤其是收入、福利高度敏感于职业晋升时，同样高度敏感于收入和福利的个体不得不高度敏感于晋升，但目前大学管理人员晋升机制存在“激励不充分”“激励不平衡”“激励不相容”的问题。

（一）行政职务职数的有限性导致“激励不充分”

长期以来，我国大学管理人员与政府官员在晋升、选拔、任用等方面具有很大程度的同构性。周黎安的官员晋升锦标赛模型同样能解释高校管理人员追求绩效的内在机理。⑬ 用政府官员管理逻辑来管理大学管理人员，其实是把大学管理人员纳入一个更大的锦标赛中，大学管理人员的晋升空间不再仅仅局限于大学内部了，他还可以晋升到高等教育系统外更高的职位。⑭ 从大学内部来看，大学管理人员也处于一种内部的锦标赛格局中，不仅行政职务要梯次晋升，而且晋升还有年龄限制，这意味着大学管理人员要尽可能在每一次锦标赛中都取胜，否则很有可能失去后面晋升的机会。行政职务晋升机制确实为大学管理人员提供了一种激励，但是大学的科长、处长、校长职数相对于大学所有管理人员规模而言毕竟有限，那些在一定年龄段没有竞争到相应职位的管理人员，同时也就失去了晋升更高级职位的机会，那么他们的积极性该如何保护或激发？也就是说，行政职务晋升机制在激励了一部分管理人员的同时，也打击了大部分人的积极性，亦即存在“激励不充分”。

（二）职级对行政级别的依附性导致“激励不平衡”

随着大学行政化愈演愈烈，学界对大学行政化问题的探讨也逐渐加深，大学管理人员行政级别的存废就是其中的探讨主题；在这种背景下，对大学管理人员实行职员制的呼声重现。早在1993年国务院印发的

---

⑬ 参见周黎安：《中国地方官员的晋升锦标赛模式研究》，载《经济研究》2007年第7期。

⑭ 参见罗向阳、支希哲：《论高校行政级别的激励功能——兼与冉亚辉、易连云老师商榷》，载《江苏高教》2009年第6期。

《关于机关和事业单位工作人员工资制度改革问题的通知》中就明确将事业单位管理人员称为职员,并建立了职员职务序列,实行职员职务等级工资制;1995 年《中华人民共和国教育法》和 1998 年《中华人民共和国高等教育法》分别规定“学校及其他教育机构中的管理人员,实行教育职员制度”“高等学校的管理人员,实行教育职员制度”。但至今教育职员制度并未在大学普遍实行开来,很多大学采取的是一种职员制与职务制双轨运行体制。双轨运行体制存在一个明显的问题,那就是,职员制度的设计与实施从一开始就在参考或套用行政职务的相关制度,从而体现了一定的依附性。笔者综合比较了华东、西南、西北 4 所一流大学建设高校的领导干部选拔任用管理办法和职员晋升聘用办法,发现一个基本事实,职级依次晋升的时间要比职务依次晋升的时间长得多,一个博士毕业入职的管理人员走行政职务晋升渠道,最快只需 11 年就能晋升到正处级,而走职级晋升渠道,最快也需 29 年才能晋升到与正处级对应的五级职员,有一所大学则需 36 年。此外,职员在政治地位和经济待遇上与所对应职务的领导干部相比差距也很明显。虽然说职员职级制度为大学管理人员打开了另一扇窗,但行政级别在决定大学管理人员政治经济地位方面仍发挥着实质性的重要作用,且行政级别形式上的淡化和实质上的强化在某种程度上弱化了职级的激励功能⑮,很多占据了一定行政级别岗位的管理人员在晋升锦标赛中失败后被迫转入到了职员制系列。因此,职员职级制普遍被认为是双轨运行体制下大学管理人员一种无奈的选择。这种制度也解决不了进入职员制系列的管理人员的激励问题,因为进入职员制系列的管理人员既没有太多机会重新晋升更高级别的行政职务,也没有太大希望晋升更高一级的职级了。

(三)职称的论文导向导致“激励不相容”

关系大学管理人员切身利益的除了职务、职级外,还有一种身份就是职称。大学管理人员要提高其管理能力,就需要把管理当作学问来研究。因此,对大学管理人员提出研究要求并在职称评定中予以确认具有

---

⑮ 参见丁晶晶:《事业单位取消行政级别的政策演进和实践发展》,载《中国人事科学》2018 年第 8 期。

一定的合理性。但是,现实中有两种情形在一定程度上抵消了职称对大学管理人员的激励作用。一种情形是职称评审对管理研究的理论导向。很多大学尽管对管理人员实行了单列的职称评审制度,但是也要求管理人员在职称晋升时需要有若干篇高水平高等教育管理论文,且一般要求发表在核心期刊或CSSCI期刊。这些期刊论文基本是理论导向性的,要求具有一定的理论创新。虽然说理论可以指导实践,但管理实践能力与理论创新能力毕竟是两种不同能力,理论运用与理论创新也不是一回事。要求大学管理人员加强理论学习、提高运用理论指导实践的能力是必要的,过分强调大学管理人员的理论创新能力则会提高管理人员对学术研究的投入而降低对管理实践能力的激励。另一种情形是职称评审制度具有行政级别的前置条件。很多大学可能正是注意到了高校管理人员职称晋升的特殊性,因此在设计大学管理人员职称评审制度的过程中加入了相应的行政级别要求,比如,大学管理人员晋升高级职称时需要有行政处级职务经历。这样确实能在一定程度上避免大学管理人员陷入学术追求而忽视本职岗位能力的锻炼和提升情形的发生,但是将职务作为职称晋升的前置条件犯了严重的逻辑错误,助长了大学行政化倾向。更重要的是,对于那些不具有相应行政职务的管理人员而言,这种职称制度的激励作用就极大弱化了。

大学管理人员专业化发展,显然不仅涉及大学管理人员的职务、职级以及职称的晋升;而大学管理人员的职务、职级以及职称的晋升,也并不仅仅是晋升本身,其实还涉及晋升背后的考核评价与收入分配等。晋升机制以及考核评价、收入分配体系能为管理人员提供可持续发展的空间,进而为他们能将所从事的工作作为永久的事业来追求创造可能性。如果无法为大学管理人员提供充分且相容的激励,他们就缺乏对专业岗位的投入、认同和追求卓越的内在动力,专业知识、专业能力、专业意识和专业信念就无从累积。从晋升机制的角度来讨论大学管理人员专业化发展面临的关键约束,不是站在大学管理人员的立场进行情感的呼吁和宣泄,而是对大学管理人员专业化水平不高的根本原因进行客观评价和理性分析。

四、大学管理人员交流任职:专业化还是逆专业化

专业化从共时性来看,要求一个人从事的工作所包含的操作种类尽量少;从历时性来看,还要求一个人长期从事某项操作种类少的工作或与之接近的工作。大学人力资源管理实践中,在行政职务上晋升某一个管理人员,要求其具有多岗位经历,也就是说,具有多岗位经历的管理人员更容易获得职务晋升的机会,这种交流任职是中国党管干部体制的常规化制度安排和传统⑯,被认为是干部培养历练的重要方式。⑰

关于政府官员交流任职的文献比较多,在一般性论述的文献中,主要从3个方面对其持肯定观点,分别是防止主要官员长时间主政一方滋生腐败,方便在干部流入地推广干部流出地某些区域性成功经验,以及锻炼干部能力、识别优秀人才。⑱ 在实证研究文献中,张军、高远证实了省级主要官员异地交流任职制度总体上对经济增长有相当正面的推动作用⑲,徐现祥等人也证明了省委书记和省长交流任职有利于提升流入地的经济绩效。⑳

受益于政府官员交流任职的研究,专门讨论大学管理人员交流任职的文献也不少。史顺良㉑、田江、田长生㉒认为,交流任职能够提高大学

---

⑯ 参见刘本义:《党政领导干部交流的实践与探索》,载《组织人事学研究》1998年第3期。

⑰ 参见胡鞍钢、杨竺松:《选贤任能:执政党肌体永葆活力的关键要素》,载《人民论坛》2016年第18期。

⑱ 参见张克:《地方主官异地交流与政策扩散:以"多规合一"改革为例》,载《公共行政评论》2015年第3期。

⑲ 参见张军、高远:《官员任期、异地交流与经济增长——来自省级经验的证据》,载《经济研究》2007年第11期。

⑳ 参见徐现祥、王贤彬、舒元:《地方官员与经济增长——来自中国省长、省委书记交流的证据》,载《经济研究》2007年第9期。

㉑ 参见史顺良:《从文化学视角看高校领导干部交流任职》,载《江苏高教》2016年第4期。

㉒ 参见田江、田长生:《关于加强高校青年干部队伍建设的思考》,载《社科纵横》2013年第7期。

管理人员的工作能力、拓宽其视野,有利于大学管理人员的专业化发展。大学内部专业化部门的负责人进行交流任职,可以降低部门之间的协调成本,更好协调推进大学的整体工作。与省级主要官员交流任职的经济绩效可以用数据来加以证明不同,大学管理人员的交流任职的工作绩效,由于目标的模糊性,无法用数据加以描述,因此交流任职对管理人员工作能力的积极影响仅仅是一般性论述。

即便交流任职的初衷是为了提高大学管理人员的专业化水平,可能在现实中确实开拓了交流任职人员的视野和格局,提高了其管理能力,但从形式上来看,交流任职不太符合大学管理人员专业化的历时性要求。从思辨的角度来看,交流任职的弊端,跟交流任职的正面效应一样明显,被交流的管理人员在到任初期可能因为不熟悉新部门的环境而难以提高工作效率,从而对新部门的整体工作产生不利的影响。人力资本的积累方式,除了接受正式教育培训,还有"边干边学"的方式,被交流的管理人员在以前的工作岗位上通过"边干边学"的方式积累的人力资本在进入新岗位之后,就在某种程度上转化成沉没成本了。大学管理人员交流任职一旦制度化后,管理人员行为的短期化就可能发生。[23] 人的行为是由预期支配的,制度则通过预期影响人的行为。将交流任职经历作为晋升行政职务的要求,给管理人员提供的预期就是要想获得行政职务晋升,就得谋求交流任职的机会,丰富多岗位经历,至于把交流任职作为提高管理水平和能力的途径,在这种强激励之下不再进入管理人员的目标函数了。因此,管理人员会把交流到另一个岗位任职看成是过渡性任期,最好在这个过渡性任期内能够晋升,倘若没有得到晋升,就继续谋求下一个交流岗位,也同样把该交流岗位任职看作过渡性任期,如此反复。在这种行为逻辑下,管理人员很难心无旁骛地履行现有岗位职责。

长期从事某项专业化的工作,其可能给大学管理人员带来的不利影响,也并非一定需要逆专业化的交流任职来克服。国外大学就没有管理

---

[23] 参见张军、高远:《官员任期、异地交流与经济增长——来自省级经验的证据》,载《经济研究》2007年第11期。

人员交流任职的制度安排，但他们大多数人却能在同一个岗位上工作一辈子且兢兢业业，并且表现出了极强的专业化水准。开拓管理人员视野，提升管理人员综合能力，不仅是大学对管理人员的要求，也是管理人员自身的追求。大学通过给管理人员提供交流培训机会、管理人员通过加强自身学习，都可以在提升专业化能力的同时提升综合素质。大学的办学治校目标，需要各个专业化部门之间的有效协同来实现，部门之间的专业化程度越高，横向协调的需求越多，部门之间潜在的协调成本越大。大学专业化部门的负责人，作为大学的中层管理人员，本身负有领导部门内部和协调其他专业化部门的重任。如果在大学专业化部门负责人这一层级进行交流任职，有利于这一层级管理人员站在其他部门的立场来加强当前所在部门的配合主动性，或者在要求其他部门配合时更多考虑其他部门的实际情况，这能够有效降低交易成本。但专业化部门的其他各层级管理人员，更多的是接受部门负责人以岗位职责的形式安排的任务，没有太多的跨部门协调，交流任职的制度安排产生的专业化经济的损失可能会超过协调成本的节约。

因此，尽管交流任职从形式上看与管理人员专业化的要求不太一致，但从合乎目的性的角度来看，在大学决策层和管理层的管理人员中安排交流任职，有利于开拓他们的全局视野和协调能力，进而提升大学治理能力，但对位居执行层的管理人员实行交流任职，则可能既无法促进该管理人员的专业化发展，还有可能给整个群体带来不合理的预期和不好的示范效应。

五、我国大学管理人员专业化发展的路径探索

实践中，大学管理人员专业化发展的口号多于行动，这说明管理人员的专业化发展并未成为大学发展的内在信念，仅仅是为了响应上级部门的政策要求、呼应汲取世界一流大学的先进经验或者是专家学者的理

念诉求而采取的一种维护自身"合法性"的象征性符号行为。[24] 不仅如此,大学的有些人力资源政策与管理人员专业化发展还存在明显冲突。促进大学管理人员的专业化发展,需要从提高大学管理人员职业尊严、优化大学管理人员考核评价体系、拓展大学管理人员晋升空间、支持大学管理人员培训与进修等方面着手。

(一)提高大学管理人员职业尊严

个体的职业尊严不同于个体的普遍尊严,后者是每一个人类个体所平等地具有的一种至高的道德地位;而个体的职业尊严是一种获得性尊严,这种尊严不是每个人平等地具有的,而是通过自身的行为在不同程度上获得的。[25] 这种获得性尊严既与个体自身潜能有关,也与个体所依托的职业有关。职业的专业性和准入门槛影响着职业尊严。我国大学的大部分管理岗位,长期以来被认为是一种经验性岗位,是任何专业背景的人通过经验积累都能胜任的岗位,大部分岗位在专业上没有明确要求,在专业知识要求和实践经验要求上没有硬性规定,面向社会招聘的更多是应届毕业生。很多管理岗位还被用来安置转业军人、引进人才的配偶,"学而优则仕"的学术人员也大量涌向了管理岗位,成为"双肩挑"干部。为了促进大学管理人员专业化发展,首先要提高对大学管理工作专业化的认识,在选聘管理人员时,要提高准入门槛,针对不同的管理岗位明确不同的专业背景和实践经验要求,维护大学管理人员的职业尊严。

(二)优化大学管理人员考核评价体系

考核评价对个体行为具有明确的导向作用,合理的考核评价体系能激发个体的生产性努力,不合理的考核评价体系则抑制个体的生产性努力并且助长分配性努力。一个完善的考核评价体系,首先要有合理的岗位设置及岗位说明书,对岗位职责有明确而具体的要求,唯其如此,考核评价才具有可操作性。美国加州大学长滩分校,为了确保考核的可操作

---

[24] 参见罗向阳:《"双一流"建设:误区、基点与本土化》,载《现代教育管理》2016年第10期。

[25] 参见李亚明、李建会:《人的尊严与人类增强》,载《哲学动态》2019年第6期。

性，对每一个管理岗位都量身制定了考核评估表，评估表中对管理人员的职位职责，比如工作能力、工作成效、工作创新、目标管理、沟通能力、决断能力等几个方面进行了具体清晰的量化。芝加哥大学的每一个全职管理岗位也均有岗位说明书，包括岗位职责、工作时间、工作方式、工资待遇、福利待遇等内容，非常详细、具体。㉖ 我国大学管理岗位在设置上本身具有一定的随意性，重复设置、交叉设置情况比较多，同时对每一个岗位也缺乏明确的岗位说明书，岗位要求相对模糊，考核指标只能笼统地表述为“德、能、勤、绩”几个方面。基于此，现行考核很大程度上是根据被考核者平时表现和印象进行评价，容易出现晕轮效应和思维定势偏差，即对被考核者的某些特点印象深刻，过分依据这些印象和表面特征作为考核重点，对其实际工作能力和工作水平并未进行有效评价和客观公正的考核。㉗ 因此，为了促进大学管理人员的专业化发展，需要根据大学事业发展实际，引入熟悉高校管理工作的人力资源专家智慧或者世界一流大学人力资源管理团队力量，核定管理岗位总额，科学设置管理岗位，对原有不合理的管理岗位或撤或并，明确每一个管理岗位的具体职责、考核内容以及考核等级标准，并将考核结果作为晋升的主要依据，以帮助管理人员找准未来的努力方向、现存的差距以及改进的措施，不断提升其管理能力和专业化水平。

（三）拓展大学管理人员晋升空间

未来的预期影响现在的行为，不是指现在决定未来，而是对未来的想象决定了现在的行为抉择。如果晋升空间比较充分，晋升机会比较均等，晋升规则比较透明，管理人员就能规划好自己的职业行为，并能确定自己的职业行为所带来的相应结果，且这种行为与结果的一致性也能成为所有同事的普遍共识。倘若晋升渠道不够畅通，晋升机会不均等，晋升规则比较模糊，那么在一个呈现“差序格局”的关系社会里，那些缺乏

㉖ 参见李芳、王剑锋：《高校“非教师序列人员”管理比较研究——以芝加哥大学与国内A大学为例》，载《高校教育管理》2013年第6期。

㉗ 参见钟兰芳、曹鑫、方坤：《建立现代大学制度下的高校管理职员考核评价机制》，载《中国行政管理》2013年第4期。

“关系”的管理人员就有可能认为自己未来晋升的机会少于其他人,从而影响当前的工作热情和专业化发展投入。晋升空间之所以被如此重视,是因为晋升所附带的收入和福利的差异。以悉尼大学的薪酬激励方式为例,对于年度考核不合格的,年度工资无涨幅;合格的,可以晋升一档工资(约2.5%涨幅);优秀的,可以晋升两档工资(约5%涨幅),即使已经晋升到其所在岗位的最高档工资,也可以继续晋升到更高一级岗位的工资,即可以跳跃层级晋升薪酬㉘,这样的晋升方式让大学管理人员处于一种持续的激励之中。随着我国公共部门人力资源管理模式的变革,取消大学里面的编制是大势所趋,与政府部门对应的行政职务晋升的制度安排将不复存在。另外,我国大学管理人员的职称晋升制度安排虽然在职务晋升渠道之外为管理人员拓展了晋升渠道,但其本身所固有的学术水平与管理能力间的逻辑矛盾反而影响了管理人员的职业行为。因此,为了促进大学管理人员的专业化发展,需要充分认识到我国大学职务晋升、职称晋升和职级晋升制度对管理人员的激励存在不充分、不平衡、不相容问题。科学制定岗位级别晋升制度和薪酬晋升制度,加强二者之间的相互协调与支撑,不仅可使岗位级别与薪酬具有合理的相关性,也能让薪酬晋升在岗位级别不变的情况下对管理人员有相应的吸引力,使薪酬档位既依赖于岗位级别,也可以超越岗位级别;同时将岗位级别晋升和薪酬晋升公正平等地向所有管理人员开放,为大学管理人员加大专业化发展投入提供强有力的激励。

(四)支持大学管理人员交流、培训与进修

科技革命和产业变革的蓬勃兴起赋予了社会巨大的不确定性,为了应对未来的不确定性,任何人都必须成为终身学习者,而不是凭借有限的学校教育一劳永逸,身处学习社区的大学管理人员更是如此。美国大学管理人员非常重视在职学习,他们所从事的管理岗位一般都要有相应的资格证书,并且这种资格证书具有时效性,他们每经过一段时间就需要重新考试获取资格,这样能激励他们处于长期性的学习之中。大学管

㉘ 参见钟兰芳、曹鑫、方坤:《建立现代大学制度下的高校管理职员考核评价机制》,载《中国行政管理》2013年第4期。

理人员通过培训或进修所形成的人力资本不仅仅是管理人员自身的，也构成了所在大学的总体人力资本存量，因此，对于大学而言，其管理人员的人力资本具有外部性。为了将管理人员人力资本的外部性内部化，大学需要为管理人员的人力资本积累行为提供补偿，以激励后者加大人力资本投资。美国大学为管理人员的培训与进修提供制度化保障。美国有很多基于大学管理岗位种类成立的各种学会或联盟，能为大学相应的管理人员提供培训和交流的平台，美国大学鼓励管理人员参加这样的组织和活动并提供经费和政策支持。美国还有近百所大学设立学校行政管理专业并提供高等教育博士学位，大学管理人员可以通过在职攻读高等教育博士学位，进一步提升高等教育管理理论水平和实践能力。我国很多大学现在也开始重视对管理人员的培训，包括入职培训、轮训以及组团到其他国内外大学接受高等教育理论与实践的培训等，这无疑是促进大学管理人员专业化发展的重要途径，但是这种培训还存在内容泛化、考核缺位等问题，制约了培训效果。一些大学管理类的学会或研究会也在陆续设立，具有教育博士专业学位授予权的大学也在不断增加，但大学管理人员参加类似组织或者攻读博士学位的动力略显不足。因此，为了促进大学管理人员的专业化发展，要将管理人员的培训与进修看作是一项重要的人力资本投资，从培训形式的选择、培训内容的设计、培训效果的考核等方面不断完善管理人员的在职培训体系，鼓励管理人员根据所在岗位在职攻读不同方向的教育博士专业学位，支持管理人员与国内外同行进行互访和交流，并为管理人员的交流、培训与进修提供政策、经费等方面的保障。

On the Professional Development of University Administrative Staff in China: Mechanism, Constraints and Pathways

Luo Xiangyang   Yao Congli

Abstract: The continuous change of universities' external environment, the increasingly diversity functions and expectation it bearings, lead universities to a higher request on the governance system and governance capability. The professional development of university administrative staff is a significant support to propel the modernization of the university's governance system and governance capability. The meaning of specialization in economics and sociology is conducive to a better understanding of the internal mechanism of the professional development of university administrative staff. At present, the goal of upgrading the professional level of university administrative staff has not been achieved for the professional development of university administrative staff through the specialization of university management posts. The main reason is that the incentive and restraint mechanism to promote the professional development of university administrative staff is not perfect, especially the imbalanced, insufficient and incompatible incentive caused by the promotion mechanism of administrative staff. At the same time, nondifferential arrangements of the exchange in a new spot among university administrative staff, to some extent, will affect their stable expectation of professional development. This paper puts forward the pathways to promote the professional development of university administrative staff from the perspective of improving the occupational dignity, optimizing the evaluation system, expanding the promotion space and supporting the training and education of university administrative staff.

Key Words: university administrative staff, division, specialization, specialization economy, professional development

教育法制

学位授予品行标准的实证考察与功能分析

温红超*

摘　要：学位授予品行标准的实践有待于深度阐释。适用品行标准的主体包括高校和法院，它们在如何适用品行标准问题上表现出高度一致性。学位授予细则中，品行标准包括原则性条款和操作性条款，操作性条款可以分为行为型、处分型和兜底型，条款的形式和内容多样化。在品行标准合法性审查中，法院主要持肯定立场。品行标准的功能有助于理解相关主体集体选择的逻辑。人才培养、学生管理和制度创新构成了学位授予的三项隐性功能。这些功能最终能否实现取决于相关主体在司法领域的博弈，品行标准的现状是高校、学生和法院等主体冲突与妥协的结果。

关键词：品行标准　合法性　基层实践　集体选择　功能

---

* 温红超，吉林大学法学院博士生，研究方向：法理学、高等教育政策和法律。

一、问题提出:从品行标准的合法性危机谈起

学位授予实践中存在学术标准和品行标准。当前,品行标准面临合法性危机,即认为学位授予单位将纪律处分或特定行为与学位授予挂钩的做法不具有法律依据。它包括两层次的内容:首先,是否存在学位授予的品行标准,即能否建立纪律处分或特定行为与学位授予的关联性。其次,若是二者能够挂钩,那么应当通过何种方式或在多大程度上建立它们之间的联系。就第一层次的问题,学界普遍认为学位授予具有品行标准。就第二层次的问题,学界依然存在分歧。一种观点是区分不同类型的纪律处分,有限度地承认它们的关联。如基于学术性行为或政治性行为受处分可以与学位授予直接关联,而其他非学术行为没有直接关联。① 与之截然相反的是,也有观点认为只要达到一定级别的纪律处分就可以与学位授予挂钩。② 还有观点认为,无论是纪律处分,还是违背学术诚信的行为,只有达到开除学籍的程度才能与学位授予挂钩。③

由于《学位条例暂行实施办法》第25条已经明确授权学位授予单位制定工作细则,那么上述争论的问题实质上是学位授予单位制定细则的权限范围究竟有多大。有的观点旨在强调高校的自主性,因此主张区分不同类型的处分或行为才能建立与学位授予的联系,或者依据处分的严重程度就能建立联系。有的观点强调"法律保留"原则,严格遵循"无法律不行政"的要求,这一立场的内在逻辑是全国人大及其常委会制定的法律才能规定学位授予条件。造成以上观点分野的直接原因在于上位法的缺失或不明确。"法律没有明确国家授权高校学位授予的目的、范

---

① 参见田鹏慧:《学生处分影响学位授予现象之法律解读》,载《学位与研究生教育》2007年第6期。

② 参见张军:《学生处分影响学位授予现象之再解读》,载《学位与研究生教育》2011年第10期。

③ 参见徐靖:《论高等学校学位授予标准中的否定性条款》,载《学位与研究生教育》2020年第2期。

围和内容,使高校学位授予标准制定的内容和程序成为法律规制的盲区。”④这一问题的产生源于法治环境的巨大变化。学位立法产生之初的20世纪80年代,行政机关、高校适用学位立法的动力和依据不在于“教义”。直到20世纪90年代中后期,司法介入其中,开始了司法审查的历程,“教义”的不完善成为了学位制度中的一根“刺”。

既然问题的关键在于上位法的缺失或不明确,那么《学位条例》的修订就能够实现定分止争。然而,学位立法只能够消除当前品行标准面临的合法性质疑,而无法解释合法性危机产生的内在原因,这恰恰是理解中国学位法治发展进程的关键,其意义不局限于法制史层面,更在于理解高校和法院的行为逻辑。

一方面,要进行实证研究。当前,已经存在若干实证研究,但仍然存在不足。在样本收集方面,存在考察样本数量不足的问题。尽管客观来讲无法穷尽所有的样本,但是无论是高校制定的学位授予细则,还是司法案例,都应当尽可能地收集在一定范围内已经公开的样本。比如,现有实证研究中考察品行标准司法案例的数量大多为三十余件,甚至更少。在研究内容方面,现有研究更加关注司法案例的考察,准确来说是更加注重对品行标准持否定立场的案例;而对于大量存在的学位授予细则的重要性认识不足。高校学位授予细则中,品行标准的规定已经非常普遍,这可以视作高校的集体选择,无论这些实践是否具有合法性,我们都无法对其置若罔闻。因为尽管“大多数人的看法不是真理;真理独立于看法。但是在任何一个社会,如果该社会的绝大多数人均持某种观点,政府就必须认真对待”⑤。我们主张将高校制定品行标准的实践作为研究的文本,而非作为批判、否定的对象,因为恰恰是这些主体的行为构成了学位法治实践的基本内容。

另一方面,要关注实践的功能。现有研究高度重视品行标准的合法性问题,而忽视了品行标准在实践中的功能。一旦认定品行标准不具有

④ 董岩:《大学章程视角下高校学位授予的主体权力边界厘定》,载《中国石油大学学报(社会科学版)》2017年第3期。

⑤ 苏力:《是非与曲直——个案中的法理》,北京大学出版社2019年版,第83页。

合法性,那么就意味着包括高校和法院在内的主体存在大量的违法实践,然而对于这些"违法实践"普遍存在的成因,这一研究路径则无法解释;即便通过立法纠正这一实践,也无法确保立法能够付诸实践。合法性不是学位制度法治化的唯一目标。一种制度能否长久运行,取决于制度是否具有生命力,而其生命力强弱的重要影响因素是制度是否发挥着特定的功能。因此,必须追寻品行标准的合法性和合功能性的统一。

二、《学位条例》第2条的立法原意考察

学位制度建立之初就提出了学位授予的品行要求,即学位授予不但具有学术标准,还具有品行标准。但是,品行标准的内容自《学位条例》制定以来一直处于演化进程中。《学位条例》第2条规定"凡是拥护中国共产党的领导、拥护社会主义制度,具有一定学术水平的公民,都可以按照本条例的规定申请相应的学位"。"拥护中国共产党的领导、拥护社会主义制度"是学位授予品行标准的法律依据。由于这一规定较为抽象,因此要解读品行标准的内容必须结合立法参与者的解释、文本以及历史语境。

"红"与"专"的关系是建立学位制度的重要问题。时任教育部部长的蒋南翔在对《学位条例(草案)》有关问题的说明中指出"社会主义国家的学位条例,对学位获得者应该有政治条件的规定,以鼓励他们坚持又红又专的方向。1964年稿对学位获得者的政治条件,曾规定为'爱国''愿意为社会主义服务'。这次条例草案改为'拥护中国共产党的领导、拥护社会主义制度',以与宪法对公民的要求相一致,也与中央提出的坚持四项基本原则的精神相吻合"⑥。一方面,政治条件的规定是对又红又专问题的回应;另一方面,对政治条件规定的表述与1978年《宪法》第56条规定的表述保持一致。尽管1982年《宪法》放弃了1978年

---

⑥ 吴镇柔等主编:《中华人民共和国研究生教育和学位制度史》,北京理工大学出版社2001年版,第65页。

《宪法》第56条的规定,但是《学位条例》中的规定并未修订。归根结底,"红"与"专"关系的问题是学位制度设计的一个重要考虑因素,它在学位制度建立之前亦是教育领域的核心问题。但是,在理解"红"与"专"的问题上,应当将《学位条例》第2条放在拨乱反正、反思"文化大革命"的大背景之中,它在一定程度上是对过往高等教育中过度强调政治素质的矫正。早在1977年,针对教育部起草的高校招生的政治条件"太繁琐",邓小平就主张"政审,主要看本人的政治表现。政治历史清楚,热爱社会主义,热爱劳动,遵守纪律,决心为革命学习,有这几条,就可以了"。⑦ 相较于工农兵学员招生,政治条件大大简化,这在当时具有明显的积极意义。邓小平的这一立场亦延续到《学位条例》的制定过程中。

吴本厦、张天保曾参与了1980年《学位条例》的起草工作,他们认为学位授予包括了政治条件,而且仅仅限于政治条件。吴本厦认为"必须坚持社会主义方向。要通过学位制度,促进德才兼备的高级专门人才的成长。要求本国的学位申请者拥护中国共产党的领导,拥护社会主义制度。他们不但必须具有相应的学术水平,而且必须具有为社会主义事业服务、为人民服务的思想"⑧。张天保指出,对于学位申请者的政治条件,当时考虑到不仅中国的公民可以申请学位,外国人也可以申请中国的学位,因此对于政治条件的要求,在最早的草案中,不很突出,但在提交人大常委会讨论时,一些委员对此提出了意见,根据这些意见,草案增加了一条,即"凡是拥护中国共产党的领导、拥护社会主义制度,具有一定学术水平的公民,都可以按照本条例的规定申请相应的学位"⑨。国际因素对学位制度设计也产生了重要的影响,一方面表现为学位制度建立之前对国际主流学位制度进行了考察和借鉴,要与世界接轨;另一方面学位授予不但要面向国内,还要面向世界,当时国内整体氛围是改革

---

⑦ 参见《邓小平文选》(第2卷),人民出版社1994年版,第69页。

⑧ 吴本厦:《中国学位与研究生教育的创立及实践》,高等教育出版社2010年版,第132~133页。

⑨ 张天保:《中国学位制度的建立》,载中华人民共和国教育部门户网,http://www.moe.gov.cn/s78/A24/moe_1830/201310/t20131015_158403.html。

开放,因此学位制度的设计必然受到这一大环境的影响。立法者想要建立一种能够统一适用于中国人和外国人的学位授予品行标准,但是,在实践中又呈现出摇摆不定的态势。1981年的《国务院批转国务院学位委员会关于国务院学位委员会第一次(扩大)会议的报告和中华人民共和国学位条例暂行实施办法的通知》中指出:“我国学位获得者,除外国人外,在政治上应拥护党的领导,拥护社会主义制度,愿意为人民服务;在学术上应相当于国外相应的学术水平。”这也就意味着在执行学位授予的品行标准和学术标准上出现了不同的立场。“外国人”作为例外,在学位授予中不需要满足品行要求。这也间接地证明了《学位条例》第2条中最初的品行标准是狭义的政治道德要求。

三、高校见解:75所教育部直属高校品行标准适用的实践

在品行标准分类方面,一种方法是将学位授予标准分为肯定性条款和否定性条款,二者的区分在于条款是为了表达“可以授予学位”或者“不授予学位、暂缓授予学位和撤销学位”。[10] 这一概念区分存在弊端,实践中同一内容既有通过肯定描述,也有通过否定描述来表达的情况,相关条款描述的肯定性和否定性区分并不重要。由于学位授予细则是为了上位法能够切实执行而制定的,可以通过认定其是否具有可操作性将不同条款划分为原则性条款和操作性条款。通过检索,共查询到229份学位授予细则(包括已失效的细则)。其中,19份细则中没有规定学位授予的品行标准;有111份同时包括原则性条款和操作性条款,75份只具有原则性规定而没有操作性条款,24份只具有操作性条款而没有原则性条款,其中具有操作性条款的细则约占了所有细则的59%。

---

[10] 参见徐靖:《论高等学校学位授予标准中的否定性条款》,载《学位与研究生教育》2020年第2期。

(一)原则性条款

共有186份细则中出现了原则性条款,即超过八成的细则中都作出了规定。由于原则性条款的内容主要来自《学位条例》第2条,因此细则也沿用了这一体例,原则性条款往往出现在总则部分,只有少量细则中学士、硕士和博士学位授予的具体条件包括原则性条款,或者在总则规定原则性条款的前提下,学士、硕士和博士学位授予的具体条件中依然出现原则性条款。

原则性条款中一些词汇反复大量出现(同一份细则多次出现亦算作一次),它们可以归为遵守秩序、政治立场、思想品德和学术道德四个方面,构成了品行标准的内容。具体而言:(1)在遵守秩序方面,"遵纪守法"出现86次,与之近似的关键词(包括"遵守宪法和法律""法制""校规校纪"等)出现73次,共计159次。(2)在政治立场方面,"拥护中国共产党领导,拥护社会主义""拥护中国共产党领导""四项基本原则"出现110次;"热爱祖国"和"热爱社会主义祖国"出现65次。"服从国家分配(国家需要)"和"积极为社会主义现代化服务"(包括"愿意为社会主义建设事业服务""为人民服务"等)出现63次。(3)在思想品德方面,"品德良好"和"品行端正"出现114次,与之相近的关键词(包括"品行良好""社会公德")出现7次。(4)在学术道德方面,"学术规范"和"学术道德"出现33次。

在实践中原则性条款的用法有两种:其一,原则性条款是操作性条款的抽象,操作性条款是原则性条款的具体化,这正是本文区分原则性条款和操作性条款的本意。其二,原则性条款和操作性条款独立使用,具体表现为二者在不授予学位条款中并列使用。

(二)操作性条款

操作性条款包括肯定性表述的授予条款,也包括否定性表述的不授予条款,以否定性表述为主,即多数操作性条款都明确规定不授予学位的原因。根据不授予学位原因的类别,操作性条款可以分为三种基本类型:行为型、处分型和兜底型。同一份学位授予细则中,可以同时包括一种或多种类型的操作性条款,并且不同条款的适用范围既可以有交叉,也可以分别适用不同的范围。

1. 行为型条款。首先,在内容方面,与学位授予挂钩的特定行为是指违背学术诚信的行为、有违反四项基本原则的言行以及有违反法律法规的言行。其中,违背学术诚信的行为是这一类型条款的主要内容,它涵盖了考试作弊、论文作假以及代写论文、买卖论文等多种类型的学术不端行为。同时,违背学术诚信的行为也可以做进一步分类,而划分标准就在于高校对违背学术诚信行为严重程度的判断。

其次,行为型条款的基本模式是“曾做出特定行为者,不授予学位”,亦可以表述为“授予学位的条件之一是没有做出特定行为”。它具有三种演化的形式,其一是“特定行为 + 情节严重 + 不利后果”。其二是“特定行为 + 表现良好 + 利好结果”。其三是“特定行为 + 经教育无悔改 + 不利后果”,它们分别适用于不同类型的行为。违反学术诚信的行为采用第一种和第二种演化形式,采用第一种形式的不利后果包括了不受理学位申请、取消学位申请资格、不授予学位;而采用第二种演化形式的后果包括暂缓授予、不授予但满足条件除外。第二种形式中“表现良好”在实践中表现为主观上认识到自身错误,客观上要达到学校规定的条件,这些条件是为了挽救错误的补救措施,它既可以表现为学术上表现良好,也可以表现为品行上表现良好。针对违反四项基本原则和违反法律法规的言行,则采用第一种和第三种形式,这些行为要么是情节严重,要么是经教育不悔改,其最终的结果都是不授予学位。

2. 处分型条款。处分型条款是基于学位申请者曾受一定级别的纪律处分而不授予学位。处分型条款的基本模式是“受特定纪律处分者,不授予学位”;其完整要件为“受纪律处分 + 裁量情节 + 补救措施/自我表现 + 后果”。其中,“补救措施/自我表现”非必备要件,其内容与行为型条款规定基本一致。区别于行为型条款裁量情节的单一,处分型条款具有多种裁量情节,包括行为性质、处分级别、处分时间、处分次数、处分状态。

根据受处分行为的性质,可以划分为:违背学术诚信行为、非违背学术诚信行为、违背四项基本原则行为、所有行为。显然,这四类行为的划分并不能构成一个完整的概念,而仅仅是为了表达高校针对不同性质的行为所呈现出来的不同立场;其往往通过与处分级别连接来发挥作用,但是四类行为与五种纪律处分的关系无法类型化,因为高校对于四类行为的严重程度存在认知差异。但是,就同一所高校而言,只要区分了违背学术诚信行为和非违背学术诚信行为,那么一般而言,违背学术诚信行为往往与较高级别的纪律处分相连接,即高校对于违背学术诚信行为的容忍度较低。

3. 兜底型条款。在兜底型条款中,绝大多数都表现为“学位评定委员会认为不应授予学位”。这是一种比较特殊的不授予条款,其独特之处在于学位评定委员会或学位评定分委员会具有一定的自由裁量权,它们对学位申请者的品行进行实质审查而非一般情况下的形式审查。具体而言,在实质审查中,学位评定委员会必须根据学位申请者自我表现、受处分等情况来综合评判其是否符合本校对学位获得者的品行要求。这一兜底型条款的共同要件都是学位评定委员会“认为不应当”或者“有权决定是否应当”授予学位。其中,“有权决定是否应当”不同于行为型、处分型的条款,区分的关键就在于“有权决定是否应当”必须对于学位申请材料进行实质性审查,细则赋予学位评定委员会以自由裁量余地。

四、司法立场:法院对品行标准的态度

在不授予学位纠纷案件中,涉及品行标准适用的案件共有 71 个(同一对当事人的多次诉讼视为一个案件),由 94 份判决书、1 份再审裁定书组成。法院对于品行标准采取三种立场:肯定立场、否定立场、未审查。法院未审查高校制定的学位授予细则的案件有 5 个,持否定立场的案件有 9 个(其中两审或一审中均持否定立场的案件有 3 个),持肯定立场的案件有 63 个(其中两审或者一审均持肯定立场的案件有 57 个,仅这一部分就占了案件总数的 80.3%)。

(一)肯定立场

在63个肯定立场的案件中,法院所审查的不授予学位涉及的事项分为三类:存在考试作弊以及其他违背学术诚信的行为、受记过或留校察看处分、因考试作弊等违背学术诚信行为受到纪律处分。这三类情形涉及的案件数量分别为:23、36、14(部分案件同时包含多类情形);它们包含了98次肯定性判断。虽然在这些案件中,法院都肯定了学位授予细则中品行标准的合法性,但是他们引用的上位法依据却存在差异。(见表1)

表1 裁判文书中直接引用的法律条款及次数

名称	《学位条例》			《学位条例暂行实施办法》			《教育法》				《高等教育法》			《普通高等学校学生管理规定》	
条款	2	4	17	3	4	25	5	6	29	44	4	11	53	4	7
次数/次	27	11	8	13	8	83	6	2	3	2	7	9	2	4	3

法院的裁判依据主要是《学位条例》《学位条例暂行实施办法》。其中,《学位条例暂行实施办法》第25条的引用高达83次,而其他条款却明显没有这么多的引用,这也就意味着在多数法院看来,第25条中的"有权"不是"严格地"对《学位条例》《学位条例暂行实施办法》的规定进行细化,而是在主体、内容制定等方面赋予了学位授予单位以"广泛地"自主性。具体表现为,很多法院直接引用《学位条例暂行实施办法》第25条,而未进一步论证就断定高校制定的学位授予细则具有合法性,这是"有权"一词的广义理解。然而,这并非司法审查中的唯一路径。法院往往不仅仅依据《学位条例暂行实施办法》第25条,同时还必须依据其他法律条款一同论证;而其他相关规范的多样化也就说明了实践中有不同的论证路径。这表明法院普遍存在尊重高校自主权的共识,但是就如何证成的问题却见仁见智。虽然对《学位条例》第2条的直接引用达到27次,占了27.6%,而且国务院学位委员会2003年的"复函"也明确对第2条进行了解读,但是依然有七成的裁判中未按照这一路径进行

论证。除了以上对法律、行政法规、规章的直接引用外，还引用了一些行政规范性文件。

根据以上法律规范的内容和功能进行分类，可以分为品行要求、学生义务、学术要求、自主办学、授权制定和其他方面。（见表 2）

表 2　裁判文书中法律规范的分类

规范分类	条款
品行要求	《学位条例》第 2、17 条；《教育法》第 5、6 条；《高等教育法》第 4 条；《普通高等学校学生管理规定》第 4 条
学生义务	《教育法》第 44 条；《高等教育法》第 53 条；《普通高等学校学生管理规定》第 7 条
学术要求	《学位条例》第 4 条；《学位条例暂行实施办法》第 3 条
自主办学	《教育法》第 29 条；《高等教育法》第 11 条
授权制定	《学位条例暂行实施办法》第 25 条
其他方面	《学位条例暂行实施办法》第 4 条

除了《学位条例暂行实施办法》第 25 条外，其他五个分类的法律规范都指向学位授予细则的“制定范围”。不同规范之间的组合能够构成法院的论证方式。首先，一部分裁判中未引用《学位条例暂行实施办法》第 25 条，它包括两类案件：未审查学位授予细则而直接适用的案件、考试作弊等违反学术诚信的案件，其中后者以《学位条例》第 17 条作为直接依据。其次，绝大多数案件都采用“有权 + 有上位法依据”的模式，其中“有权”是指《学位条例暂行实施办法》第 25 条，“有上位法依据”是指引用“品行要求”“学生义务”等五组规范中的一组或多组，构成高校有权制定学位授予细则“范围”的上位法依据。

具体而言，引用“品行要求”的规范说明学位授予之品行标准具有直接、明确的上位法依据；引用“学生义务”的规范则为了说明学生具有遵守道德的义务，它们一般与其他规范一同使用；引用“学术要求”的规范则一方面可以论证学位水平只是学位授予的必备条件，而非所有条件，这种情况下这一组规范无法单独使用，必须与其他规范一起使用才能达到论证的效果；另一方面有些法院采用“不抵触”的审查标准，即在高校"有权"制定学位授予细则的前提下,指出细则不违反《学位条例》第4条,从而论证学位授予细则具有合法性;引用"自主办学"规范则是为了说明高校具有自主性,即在制定学位授予细则中具有自由裁量余地。"自主办学"作为一种理念、共识而存在,因此法院对其高度尊重。"其他方面"的规范是《学位条例暂行实施办法》第4条第1款,一些法院认为该条款中的"有关规定"使学位授予单位可以制定非学术方面的条件,⑪另外还有法院直接将第4条第1款作为学位授予审核程序方面的依据。

通过以上规范的组合,法院就可以得出学位授予细则"与上位法不抵触""与上位法保持一致""符合立法精神""学术水平只是学位授予的必备条件,而非所有条件""客观上存在不授予学位的情形"等结论。从语义上来说,"不抵触"标准看起来要比"与上位法保持一致""符合立法精神"等标准的范围更广。实践中,部分采用"不抵触"标准的法院在直接引用《学位条例暂行实施办法》第25条的前提下,只要没有发现学位授予细则违背上位法的禁止性规定,就认定学位授予细则具有合法性。也有法院需要同时引用其他法律规范,比如江西省高级人民法院认为《教育法》(1995年版)第43条、《学位条例暂行实施办法》第4条第1款要求全面审核学位申请者的德、智、体等方面的表现,从而得出学位授予细则不与上位法抵触的结论。⑫

(二)否定立场

首先,法院的否定立场很难形成一种稳定的趋向。尽管这些案例可以归为若干种类型,但是同一类型的案例数量不足,根本无法作为一种具有倾向性的集体选择。⑬ 甚至一些案件中学生的胜诉还具有运气的成分,因为"更多的时候,法院更愿意跟强势的高校联手……但一旦高校

---

⑪ 参见天津市河西区人民法院(2016)津0103行初126号行政判决书。

⑫ 参见余波诉南昌大学不授予学位案,江西省高级人民法院(2004)赣行终字第10号判决书行政判决书。

⑬ 应当注意到,还存在尚未检索到或者文书未公开的情况。即便如此,持否定立场的案例依然存在数量不足的问题。

过于无视司法权威时,法院也会来个逆转”。[14] 持否定立场的案例共有9个,包括11次否定裁决。除了张福华案外,其他案件都经历了两审,其中贺叶飞案还经历了再审。在这8个案件中,只有朱健楠案、刘岱鹰案2个案件两审(包括再审)的裁判保持一致,而其他6个案件两审(包括再审)的裁判均不一致。

其次,在这9起具有否定性意见的案件中,持否定立场的法院认为学位授予之品行标准不存在或者否定学位授予细则中相关条款与品行标准之间的关联性,其关键论据是上位法缺乏明确规定、高校混淆了学位授予与学生管理之间的界限。

(1)从上位法的规定出发来否定高校制定品行标准的合法性。其一,指出上位法没有相关的规定。认为“国家是学位标准设定的唯一主体,且学术标准是学位授予的唯一标准;高校制定的学位授予工作细则不得在‘上位法’规定之外附加非学术评价条件或做扩大解释”。[15] 这体现在张福华案一审、张倩玉案一审、贺叶飞案一审中。其二,认为高校制定的学位授予细则的相关规定与上位法相抵触。这些案件中违背品行要求的行为包括考试作弊、受到一定程度纪律处分者以及因考试违纪受到记过及以上处分。在审查考试作弊案例中,法院援引的法律依据包括《普通高等学校学生管理规定》第51条至第56条、《学位条例》第17条等。在审查受到违纪处分的案例中,法院援引的法律依据包括《学位条例》第4条、《学位条例暂行实施办法》第3条等。

在学术讨论中,一般将《学位条例》第2条作为学位授予之品行标准的法律依据。但是,持否定立场的法院要么未将其作为审查依据,要么未将这一条款作为学位授予的条件之一,对《学位条例》第2条的解读不同于2003年的“复函”。如在张倩玉与中原工学院信息商务学院案中,一审法院同时援引了《学位条例》第2条、第4条以及《学位条例暂行实

---

⑭ 参见周慧蕾:《从规范到价值:高校学位授予权法律性质的定位》,载《法治研究》2014年第12期。

⑮ 徐靖、张敏:《论学位授予中的非学术标准设定》,载《复旦教育论坛》2020年第4期。

施办法》第3条,由此得出结论"在这些法律规范中,均未将学生是否接受过纪律处分作为影响学士学位授予的条件……不授予学士学位,明显超越法律法规既有规定,增设学位授予条件,其行为缺乏法律授权依据"。[16]

(2)持否定立场的法院认为学位授予存在功能错位,即学位授予不同于学生管理,学位授予是一种学术评价行为,但是实践中不授予学位事实上成为学生管理的手段,因此学位授予单位自行制定的不授予条款不具有合法性,违背了上位法的立法目的。这体现在朱健楠案、刘岱鹰案中,它们都将纪律处分、考试作弊与学位授予挂钩的行为作为一种学生管理手段,因此法院认为高校混淆了学生管理与学位授予之间的界限,违背了学位授予的立法目的。

五、品行标准构建的隐性功能

高校和法院对品行标准的态度具有高度一致性,造成这种现象的原因在于学位授予不仅是作为学术评价机制而存在,它还在人才培养、学生管理、制度探索方面具有独特的功能。相较于学术评价,这些隐性功能作为任务和客观要求,它们更加有利于调动相关主体的积极性,构成了相关主体适用品行标准的内在逻辑。

(一)人才培养:学位授予的根本任务

学术研究中,学者们纷纷要求对品行标准进行合理性审查,其出发点就在于保障学生权益,原因在于学位授予是一种授益性行政行为。然而,学位授予的根本任务在于人才培养,而非授益。学位授予所产生的利益是附带性的,它并非学位授予的根本任务。《学位条例》第2条中的品行要求就说明了"中国建立学位制度的目的就在于促进我国又红又专

[16] 参见河南省郑州市中级人民法院行政判决书,(2017)豫01行终836号。

的高级专门人才的成长，为我国社会主义现代化建设服务”[17]。就学位制度本身的内涵而言，“现代学位制度蕴含着更为丰富的内涵，其不仅是申请者学术水平的担保，更是道德水准的担保……学位授予的非学术标准是学位制度功能的内在要求”。[18] 况且，即便要保护学生权益，也应当区分学生“整体”的权益和学生“个体”的权益。[19]

学术评价是学位授予的首要功能，这是毋庸置疑的，但是这并不影响人才培养作为终极目的而存在，学术评价是实现这一终极目的的路径。选择学术评价抑或人才培养作为终极目的，影响品行标准的制定权归属以及司法审查的深度。具体而言，以学术评价为目标，那么与其没有直接关联的非学术标准可能就需要严格的司法审查，而与其密切相关的学术标准则交由高校来决定；若以人才培养为目标，那么学位授予的非学术标准究竟应该由谁来设定，以及司法审查的程度应根据何种情形确定更加有利于培养人才，显然高校在人才培养方面最具有发言权。学术评价和人才培养究竟何者才是终极目的？这涉及分别以认识论和政治论为基础的两种高等教育哲学之争。然而，在现代社会纯粹以认识论为基础的高等教育哲学无法立足。[20]

品行标准不仅是学位授予过程中进行品行评价的执行标准，更是高校开展高等教育的目标。《教育法》《高等教育法》分别是教育领域、高等教育领域的基本法律。《教育法》第 5 条和《高等教育法》第 4 条均要求培养德、智、体、美等方面全面发展的社会主义建设者和接班人。相较于 1980 年的《学位条例》，1995 年的《教育法》和 1998 年的《高等教育法》是新法。它们不仅对教育、高等教育作出了一般性的规定，也是学位授予工作的方向。

---

⑰ 吴镇柔等主编：《中华人民共和国研究生教育和学位制度史》，北京理工大学出版社 2001 年版，第 69 页。

⑱ 参见杨桐桐：《高校学位授予标准的合法设定——兼论〈学位条例〉的修订》，载《东方法学》2020 年第 3 期。

⑲ 参见高扬帆与苏州大学应用技术学院行政确认案，江苏省苏州市中级人民法院(2019)苏 05 行终 343 号行政判决书。

⑳ 参见[美]约翰·S. 布鲁贝克：《高等教育哲学》，王承绪等译，浙江教育出版社 2001 年版，第 91 页。

(二)学生管理:学位授予的客观功能

无论是学术理论研究中,还是司法实践中,都拒绝学位授予的学生管理功能。因为一旦承认学位授予的学生管理功能,那么取消学位授予资格、暂缓授予学位和不授予学位就成为了一种处分;而根据《普通高等学校学生管理规定》,它们不是法定的处分形式,因此承认学位授予的学生管理功能就会削弱取消学位授予资格、暂缓授予学位和不授予学位的合法性。在司法实践中,一些法院直接将学位授予视作一种学生管理手段,从而否定高校不授予学位决定的合法性。[21] 还有一些法院为了解决这一问题而区分了学位管理和学生管理,二者凭借不同的法律依据,因此看似二者是对于同一行为的两次处罚,事实上二者处于不同的法律关系之中。[22] 尽管"两权区分论"作为法院的创新,能够有效地解决"一事两罚"难题,但是它只能说明在授予管理过程中主观上没有学生管理的功能,并未否定客观上具有学生管理的功能。

首先,学位授予的学生管理功能主要体现在学士学位授予中。相较而言,在硕士和博士学位授予的细则中更加重视学术因素。学士学位授予是学位授予工作的最主要的内容。从1981~2011年,全国累计授予学士学位约占学位授予总量的85.6%。[23] 在71个案件中,绝大部分都是学士学位授予纠纷。客观来讲,学士学位的学术性不及硕士和博士学位。这可以从"学位与研究生教育"这一通常用法中得到印证。[24] 学位制度并不是基于学士学位的学术性而主张设立。1984年,我国还曾推行毕业证书和学位证书合一的改革。在一定程度上,学士学位证书的功能与毕业证书无异,这也使学士学位的学生管理功能较为凸显。

其次,学位,尤其是学士学位,是作为一种精神、物质方面的利益而存在的。学士学位逐步发演变为一种利益,这是在最初制度设计中不曾

---

[21] 参见广州铁路运输中级法院行政判决书,(2016)粤71行终1826号。

[22] 参见山东省济南市中级人民法院行政判决书,(2019)鲁01行终245号。

[23] 参见刘延东:《在纪念〈中华人民共和国学位条例〉实施三十周年纪念大会上的讲话》,载《学位与研究生教育》2011年第3期。

[24] 参见叶绍梁:《学位的概念及其与研究生教育关系的辨析》,载《学位与研究生教育》1999年第5期。

考虑到的。最初开始授予学士学位的时候,国家依然实行计划体制,毕业生由国家分配,无论是否获取学士学位,其工资水平一样。[25]《学位条例》第4、5、6条分别规定学士、硕士、博士学位授予的标准,其中在学业成绩方面分别要求"成绩优良""成绩合格""成绩合格",这就意味着学士学位是择优授予。而在实际执行的过程中,"学士学位授予中管理不规范,将'择优授予'变成'合格授予'"。[26]《教育法》更是将获取学位证书作为一项受教育者的权利。而作为权利的学位,其内部构成要素之一就是利益。[27]

再次,实践中学位授予和学生管理的界限不分明。在国家立法层面,2005年《普通高等学校学生管理规定》中多处规定了学位授予的内容,而2017年《普通高等学校学生管理规定》第20条更是直接规定可以对违背学术诚信的行为进行学位授予方面的限制。这无疑为高校建立学位授予与学生管理联系提供了上位法依据。在高校层面,学位授予细则和学生管理规定具有千丝万缕的联系,具体表现在以下方面:(1)直接将学位授予的规定纳入学生管理规定当中。(2)学位授予细则中出现准用性条款。(3)将学生管理和学位授予事项并列放在同一规范性文件中规定。(4)将《普通高等学校学生管理规定》和高校制定的学生管理规定作为学位授予工作细则的制定依据。(5)归口负责。一方面,大量学位授予细则的解释权放在具有学生管理任务的职能部门;另一方面在"信息公开网"的网站模块上,一些学校将学位授予细则放置在"学生管理"模块中。(6)学位授予的核心在于学术和品行的评价,它只关注结果,而不关注过程。然而,不少学位授予细则中既将纪律处分和违背学术诚信行为与学位授予挂钩,又规定可以通过学术、品行方面的优异表现来获取申请学位的资格,这样的操作是在人才培养这一根本任务

[25] 参见何东昌主编:《中华人民共和国重要教育文献》,海南出版社1998年版,第1788~1789页。

[26] 参见刘朔、陆根书、姚秀颖:《改革开放三十年我国学士学位授予工作的回顾与展望》,载《中国高教研究》2008年第5期。

[27] 参见林玲、胡劲松:《论学位授予中的非学术标准》,载《高等教育研究》2013年第2期。

的指导下给予犯错的学生以改过自新的机会。正是这样的做法,使学位授予与学生管理产生了联系。即便学位授予细则的制定者没有“学生管理”的主观动机,但是二者的结合能够影响学生的行为,客观上将学位授予与学生管理联结在一起。

最后,在功能上,学位管理和学生管理“相互成全”。一方面,纪律处分与学位授予挂钩,使开除学籍以下的处分具有现实威慑力,否则其影响力只能限定在校园范围内,甚至只是存在于“档案”之中。在计划体制时代,纪律处分是一种档案记录。高等教育的目的就在于培养国家干部,档案记录与学生的就业息息相关。㉘ 当前,纪律处分可以撤销,而且即便存在档案记录,其与学生就业的关系也大大减弱。虽然根据《普通高等学校学生管理规定》,纪律处分可以与“表彰、奖励及其他权益”挂钩,但是实践中“表彰、奖励及其他权益”只是“择优”,获得者只是少数;而学位授予只要“合格”就能够授予,它是大多数毕业生都能够获得的,而且能够对学生就业产生巨大的影响。显然,学生管理与学位授予挂钩使得学生管理的威慑力更强。另一方面,学位授予执行品行标准需要具备合适的手段。思想政治课程是一种提高学生品行的措施。除此之外,还需要其他多样化、易于操作的措施,以增加品行评价的合理性。直接进行政治审查难以保障客观、公正,况且,由于政治审查在新中国教育史上的失败实践,它必然会引起人们反感和质疑,而学生管理与学位授予的结合可以作为执行品行标准的方式之一。

(三)制度创新:学位制度变革的需要

实践中品行标准适用具有两大客观环境:首先,中国学位法制的现状使国家立法长期处于供给不足的状态。其次,在新中国法制发展进程中,具有“宜粗不宜细”和制度确认的立法传统。㉙

正是由于国家立法供给不足以及国家立法依赖于实践经验,因此基

㉘ 参见教育部高校学生司编:《中国高等教育学生管理规章大全:1950~2006》,首都师范大学出版社2007年版,第194~195页。

㉙ 参见中共山西省委党史研究室编:《彭真生平大事年表》,中共党史出版社1992年版,第47页;《彭真文选:1941~1990年》,人民出版社1991年版,第507页。

层实践主体的职责不能仅仅限于执行法律,而更应该承担制度创新的功能。在学位制度创新方面,高校以及法院可以被认为是“制度企业家”,[30]在这里是指推动学位制度改革和创新的主体。“法律规定是刚性要求……同时给不同水平、不同类别的高校留有探索空间。”[31]显然,基层实践主体具有制度创新功能是一种共识。

正如一些学者所言,实践中无论是高校、主管部门,还是法院,都依赖于1981年《关于做好应届本科毕业生授予学士学位准备工作的通知》和2003年国务院学位委员会的“复函”等行政规范性文件,它们的法律位阶较低。但是,当国家立法供给不足的时候,基层实践不能以没有规则为由裹足不前,制度创新成为不得不作出的选择。这些规范性文件的产生以及实践中相关主体对其的高度依赖,恰恰证明了全国人大及其常委会只是作出了原则性规定,为制度发展提供框架,而至于接下来如何运转,则有赖于相关主体的创新实践。全国人大及其常委会的立场也值得深思。一方面,全国人大及其常委会有权立法,但是《学位条例》运行的近40年中却没有制定更加明确的法律规则;另一方面,其要进行修法必须依赖于基层的实践。在一定程度上全国人大及其常委会与基层实践的主体是客观上的“共谋关系”,而并非立法主体与执法主体、守法主体之间的对立关系。在制度建设方面,高校及法院都参与到制度建构的过程之中,它们的实践构成了学位授予法治实践的内容。因此,在制度建构意义上它们都是“立法者”。

六、冲突与平衡:自主办学和国家监督的博弈分析

品行标准的合法性危机最终必须通过立法来解决。但是,在此之前品行标准实践必须为立法提供切实可行的经验支撑。这一结果的出现需要经

---

[30] 参见张维迎:《博弈与社会》,北京大学出版社2013年版,第361页。

[31] 刘延东:《刘延东副总理在国务院学位委员会第三十三次会议上的讲话》,载《学位与研究生教育》2017年第4期。

历大量的博弈,其中,最为引人注目且最为激烈的博弈出现在司法领域。

当法律具有明确、可操作的规定时,法院可以据此作出公正、中立的裁判;但是,在学位授予纠纷中,法律的规定不够明确且较为抽象,在这种情况下法院根本无法中立裁判,而且同一法律问题出现裁判不一的现象也难以证明裁判具有公正性。法院裁判的过程就是制度创新的过程。在裁判过程中,法院面临多种制度方案的选择,法院是制度竞争的博弈参与方,而非作出最终决定的一方。在制度竞争中,占优方案的形成与单个法院支持或否定无关;只有某一方案得到多数博弈参与者的支持,即集体选择,才能形成占优方案。归根结底,占优方案的形成取决于包括高校、学生以及法院在内的多方主体的博弈。

在品行标准合法性审查中,法院普遍认为《学位条例暂行实施办法》第25条中的"有权"意味着高校是制定学位授予细则的适格主体,且在制定学位授予条件的内容方面也"有权"。除了可以根据裁判的具体内容得知外,这一集体选择还可以从法院的论证逻辑中得到佐证。比如,很多法院都是未经论证而直接认定"高校有权制定品行标准",在它们看来,这是一个司法共识而非有待于论证的争议事项。虽然学界要求对于学位授予细则予以合理性审查,但是法院对此并没有太多的回应。

若以规范性文件具有合理性为目标,那么法院在裁判中采用"不抵触"的标准无法落实司法审查的任务。[32] 实践中,部分法院尝试突破形式审查的现状,然而却以失败告终。

(1)实质审查的首要阻力来自法院内部。在贺叶飞与苏州大学案中,一审法院尝试了实质审查,认为"仅因一次考试作弊就不授予其学士学位,处理明显畸重,且有重复处理之嫌"。但是二审法院直接改判了。这就意味着即便实践中司法审查采取实质审查的标准,那么也可能会被上级法院否定,因为不同法院对于这一问题的看法不一致,甚至在同一法院对于同一案件的两次诉讼中,不同的主审法官都可能做出不一致的判决。尽管有些案件中检察机关针对二审的结果进行了抗诉,但是依然

---

[32] 参见王留一:《论行政规范性文件司法审查标准体系的建构》,载《政治与法律》2017年第9期。

未能改变二审法院的立场。[33] 在一些案件中,会出现两次诉讼的情况,尽管案件的一审由同一基层法院受理,但是两次诉讼的一审也可能出现裁判不一致的结果,如刘艳与山东大学案。[34] 司法实践演化的均衡策略是避开对于实体问题的审查,原因之一是法院系统严守"尊重高校自主权"的立场。尽管存在裁判不一的问题,但是"各地的司法审查态度是高度清晰和明朗的,那就是对于高校的学术自主权,尤其是对于授予和剥夺学位的权力予以充分尊重"。[35]

(2)实质审查的另外一重阻力来自高校。在一些案件中,高校面对法院的审查表现出强硬的态度,即便法院认定品行标准违法亦不能"纠正"现实状况。在学位授予纠纷中,高校反抗司法介入的表现之一是拒绝按照法院的裁判作出授予学位的决定。2007～2009 年,因考试作弊而不被授予学位,吴凌(化名)曾三次起诉南京航空航天大学,三次诉讼中法院均判决学校败诉,但是学校学位评定委员会仍然以考试作弊为由拒绝授予学位。[36] 事实上,法院和高校的博弈由来已久,它从司法介入高等教育纠纷时就已经开始,并且其博弈平台不限于地方法院。早在 2004 年最高人民法院和教育部经内部磋商拟定了《关于审理教育行政诉讼的若干问题规定(征求意见稿)》,用于统一地方法院在受理、审理教育行政诉讼方面的标准。[37] 然而,正如 1998 年法院受理田永案时面临多方压力,2004 年最高人民法院这一行为同样遭遇了很多反对的声音。[38] 最终,这一拟定的司法解释未能问世。中国不存在司法先例的制度,司法案例的司法政策定位的确立也经历了曲折的过程。1999 年,最

---

[33] 参见贺叶飞与苏州大学不授予学士学位案,江苏省苏州市中级人民法院(2008)苏中行再终字第 0001 号行政判决书。

[34] 参见山东省济南市中级人民法院行政判决书,(2020)鲁 01 行终 319 号。

[35] 参见《学位授予的学术标准和品行标准——以因违纪处分剥夺学位资格的诉讼纷争为切入点》,载《政法论坛》2016 年第 5 期。

[36] 参见智敏:《作弊受处分大学生三次诉讼讨要学位证书:法院三判学生胜诉》,载《工人日报》2009 年 7 月 13 日,第 5 版。

[37] 参见程雁雷:《高等教育领域行政法问题研究之回顾与前瞻》,载《行政法学研究》2006 年第 1 期。

[38] 参见肖山:《司法之剑挑战高校利益集团》,载《瞭望东方周刊》2004 年第 35 期。

高人民法院将“田永诉北京科技大学拒绝颁发毕业证、学位证行政诉讼案”作为典型案例编入《最高人民法院公报》。但是,最高人民法院的这一做法并未得到地方法院的有效执行。由于高校的施压,“在刘燕文案之后,至少在北京地区,各级法院就和高校达成了默契——凡是学生状告高校的行政诉讼案件一概不予受理。在其他地区,这种默契则程度不同地存在于司法实践中”。[39] 此外,实践中法院和高校的强势和弱势都是相对的。高校无法一直保持“强硬”姿态,因此也不得不作出妥协。面对法院对品行标准的司法审查,一些高校选择修订品行标准的内容。

高校反抗法院的审查并非完全是出于高校管理者维护自身现实利益的需要,它一方面是对“大学自治”的追求,另一方面也是基于中国高等教育发展的历史而对公权机关的干预本能地进行“反抗”。在学位授予纠纷中,“法院尊重高校自主权”这一做法在中国具有特别的意义。从20世纪80年代中期开始,高校摆脱行政机关附属机构的地位,逐步获得办学自主权。最初,是要排除行政机关对其正常的教育活动的干扰;当前,司法权力也应当纳入其中。尽管司法审查有利于学生个体的权利保障,但是这并不意味着高校应该对于司法权力展开怀抱。

在吴凌(化名)与南京航空航天大学案、赵博文与济南大学案中,表面上看是高校不执行生效判决,但是更深层次的原因就在于法律明确规定由高校做出学位授予的决定,这体现了学位授予的专业性。在何小强诉华中科技大学拒绝授予学位案中,2012年通过《最高人民法院公报》发布该案例时,其裁判要旨认为“学位授予类行政诉讼案件司法审查的深度和广度应当以合法性审查为基本原则”。尽管这一案例的争议条款是关于学位授予的学术标准,但是其适用范围不仅限于此。因为高校在学位授予中的自主性源于学位授予的专业性,无论学位授予的学术标准审查,还是品行标准审查,都是以专业性为基础。反对者主张品行标准与学术无关,然而正如前文指出学位授予的终极目的在于人才培养,即便品行标准与学术无关,也无法否定品行标准与人才培养的关系,在人才培

[39] 参见肖山:《司法之剑挑战高校利益集团》,载《瞭望东方周刊》2004年第35期。

养方面，高校具有专业性。时任最高人民法院法官的江必新、耿宝建也对专业性问题予以关注，他们均要求对于高校行为予以一定的司法尊重。[40]

此外，学术研究中，一种观点是在坚持存在学位授予品行标准的前提下，认为纪律处分与学位授予挂钩损害了学生的合法权益。那些被质疑的条款往往都是品行标准的操作性条款，它们有利于防止高校滥用权力，保障学生权益。由于学位评定委员会有权决定学位申请者是否符合学位授予条件，因此明确规定不授予学位的情形能够监督学位评定委员会的权力；否则在不明确规定的情况下，学位评定委员会对于学位申请者品行进行实质审查，那么对于学生合法权益更加缺乏保障。因此，看似纪律处分与学位授予挂钩侵犯了学生权益，但同时，客观来讲它也限制了学位评定委员会的权力，减少了滥用自由裁量的可能性。

On the Empirical Investigation and Functional Analysis of the Standards of Conduct for Academic Degree Award

Wen Hongchao

Abstract: The present practice of the moral standards for academic degree award needs to be explained in depth. The subjects who are applied with the standards of conduct include those participants in universities and courts. The participants show a high degree of consistency in ways to apply the standards of conduct. In the rules of academic degree award, the standards of conduct include principle clauses and operational clauses. Operational clauses can be divided into behavior types, punishment types and "miscellaneous provision" types. The form and content of the clauses are

[40] 参见江必新：《司法审查强度问题研究》，载《法治研究》2012 年第 10 期；耿宝建：《高校行政案件中的司法谦抑与自制》，载《行政法学研究》2013 年第 1 期。

diversified. In the legality review of the standards of conduct, the court mainly held a positive position. The function of standards of conduct helps to understand the logic of collective selection of relevant subjects. As for the talent cultivation, student management and system innovation constitute the three hidden functions of academic degree award. The exertion of those functions depends on the games of relevant subjects in the judicial field. The current status of the standards of conduct is the result of conflicts and compromises among subjects such as universities, students, and courts.

Key Words: standards of conduct, legality, grassroots practice, collective selection, function

书　评

论“司考”改“法考”与法学教育发展

——《司考十年反思录》再思考*

杨城新**

摘　要:《司考十年反思录》一书以武汉市作为研究基础,对2002年至2011年的司法考试情况进行了极为细致的分析,深刻地揭露出司法考试的相关缺陷,并结合国外情况给出了较为合理的建议。直到2017年末代司法考试末年,书中提到的有些问题得到了解决,而有些问题则变本加厉。2018年法律职业资格考试初年相较于司法考试确实称得上一次变革,无论是考题类型、考试资格和考试次数等都发生了变化。在肯定进步的同时,我们也要注意到,法律职业资格考试不仅改变了法律职业人才培养的选拔方式,也改变了我国的法学教育。这种改变是否积极,在仔细分析和预测之后,只能由时间来检验。

关键词:司法考试　法律职业资格考试　法学教育　研究生教育

---

* 本文受2020年度北京大学区域与国别研究学术基金一般项目“英国殖民的路径和展开方式——以印度、东南亚和香港(地区)为例”资助。

** 杨城新,北京大学法学院博士研究生,研究方向:英国法、比较法、法律职业阶层。

一、引言

国内对司法考试(以下简称司考)及法律职业教育的研究在近年来一直都作为热点而延续下来,也有学者在论著中通过地方数据,以点带面,给出非常全面的材料论证,同时也对法律人才的培养和选拔提出比较完整的思考①,但大部分的研究都集中在2002年至2011年的时间段,然而2011年至今的新情况,很少有人详细研究过。前一个十年所存在的问题在第二个十年得到解决了吗?国家层面、高校层面、就业市场是否有更多的变化?如果说2002年至2011年这十年关于司考的相关数据基于保密性,需要通过特殊的渠道获得,那么在互联网发展日新月异的现在,很多数据只需要通过登录司法部甚至是各大培训机构就能找到。再鉴于2018年司考改为法律职业资格考试(以下简称法考),相关的法考实施办法与考试内容,以及与此相关的一系列法学领域的现象都将发生变化,这就更需要我们对这一问题好好研究和分析。

二、《司考十年反思录》之后的现状

《司考十年反思录》的第一次刊印时间为2013年的4月,从书中的内容来看,其分析的司考时间为2002年至2011年,即司考元年到司考第十年。同时该书又是以武汉市为例进行分析,以此来研究司考与法律职业培训的现状。② 因此,在接下来的论述中,笔者将会从"司考现状"、

---

① 值得一提的是,本文的灵感来源为以北京大学李红海教授为主的武汉市司法局司法考试课题组所著的《司考十年反思录》一书,该书为本文提供了诸多司法考试的数据支持。参见武汉市司法局司法考试课题组:《司考十年反思录——以武汉市的司考数据为例兼论中国的职业法律教育》,中国政法大学出版社2013年版,第33页。

② 参见武汉市司法局司法考试课题组:《司考十年反思录——以武汉市的司考数据为例兼论中国的职业法律教育》,中国政法大学出版社2013年版,第8页。

“法律职业教育”和“政策建议”三个方面入手,解析书中所论述的研究成果与问题,并延伸至2017年即“末代司考”,回顾我国司考及相关法律职业教育的整体情况。

(一)2002年至2017年的司考情况

1. 高开低走的通过率(见表1)。该书所记录的通过率是截至2010年,就2002年至2010年这个阶段,司考的通过率可以分为三个阶段,即(1)2003年之前低于10%;(2)2004年至2006年位于10%~20%;(3)2007年至2010年大致在20%以上。就当时的时间来判断,司考似乎有难度降低之倾向。

表1 历年国家统一司考全国报名人数、通过率(2002~2017年)

年份	报名人数/万	参考人数/万	通过率/%
2017	64.9	48.9	13.75
2016	58.8	43.8	19.00
2015	48.0	—	10.00
2014	45.4	—	11.00
2013	43.0	—	11.00
2012	40.0	—	12.00
2011	41.5	—	16.00
2010	39.5	32.0	22.00
2009	42.0	—	22.00
2008	37.0	—	27.00
2007	29.4	—	20.00
2006	27.8	—	15.00
2005	24.4	21.9	14.39
2004	19.5	18.0	11.22
2003	19.7	17.0	8.75
2002	36.0	31.0	6.68

注:因为官方未公布权威数据,因此相关数据只能通过“搜狐教育”“学法网”等网站获得。

以当时的年代而论,认为司考难度逐渐降低是正确的观点,但令人没有想到的是,从2011年开始至2017年,司考的通过率发生了反转,从2010年的22%跌落到2011年16%并持续下降,并在2015年低至10%。可以说,至少2011年至2017年的司考并没有如该书所预计的那样发展。造成这种结果主要有以下几个原因:

(1)题型变化。最直观的,便是题型的变化,从2011年开始,不定项选择题增至15道,多选题减至35道。不定项选择题的增多意味着难度增加,这对于2011年开始不断降低的通过率是说得通的。

(2)出题方式的变化。如前所述,司考之前的出题方式是由特定专家出题,官方辅导用书由特定专家编写,那么把握特定专家的著作和学术观点,确实可以在一定程度上把握司考命题。但后来的考试命题开始变为题库制,会要求各地高校提供一定量的题目进行遴选组成司考的题目内容,这在一定程度上加大了把握命题者思路的难度。

(3)套路与反套路。随着司考机构的逐渐壮大,多种司考复习讲义层出不穷,模拟题与押题的精准度往往会给命题组和考生都带来较大影响。命题组对市面上知名机构的相关材料进行分析,从而规避这些机构预测的重要考点,也使司考通过的不确定性加大。

2.司考的考试内容和缺陷。相较于2011年之前的司考,2011~2017年的司考难度提升,这其实和考查法条的形式发生变化有着极大关联。像2009年那样明确提示要考查的法律已不太现实,③答案的选项会要求根据案例进行作答的情况更为常见,这就需要学生具备一定的案例分析能力。④

《司考十年反思录》书中,对司考考题的问题作出了非常细致的总结,然而到司考末年时,相关的问题有些得到了解决,有些问题反而更加严重。

---

③ 参见武汉市司法局司法考试课题组:《司考十年反思录——以武汉市的司考数据为例兼论中国的职业法律教育》,中国政法大学出版社2013年版,第15页。

④ 如2017年卷三第27题考查有限公司的相关问题,看起来是一道普通的选择题,但四个选项对比后发现这实际上是一道需要进行案例分析的难题。

首先是记忆和理解之间的关系。到 2017 年时,考生复习的方法并没有发生根本变化,题目也没有变化,但是难度逐步增大,几乎所有的部门法考题都会涉及简单的案例,同时会在选项中隐藏考点,这其实是在考验考生的快速回忆能力;学生只有通过"理解",才能快速想起对应的知识点。看似是在考理解,其实是在考记忆。只要没有脱离原有的考查方式,题型越复杂,对记忆的要求反而越高。

其次是考查新增法条脱离现实。司考中,对法条的考查乃重中之重,无论客观题还是主观题都是如此,这在上文已经提到。在总结司考的规律时,曾提到"重者恒重,新增必考"的观点,事实也的确如此。就以 2019 年而论,最高人民法院出台的一系列司法解释,新的《证券法》以及《民法典》都是 2020 年法律职业资格考试的必考内容。在司考时代,多部刑法修正案、民法总则也都非常及时地出现在历年司考真题中,但这也带来一个新的隐患,即新法所调整到的行为和相关真实案例,其数量往往不能和过往的情况相提并论,因此为了考查这些条文,所使用的题干和案例就明显带着编造的痕迹。考生在复习这类考题时就会发现,尽管相关知识点很早就考到过,但因为现实情况与考试内容完全不符,以至于步入职场后也很难回忆起考到的新知识点,无法学以致用。当然,考虑到很多通过司考的考生毕业后会直接步入职场,届时必然要和最新的法条打交道,还算情有可原,但是这也暴露出我国法律人才培养的另一个漏洞,即司法研修阶段的缺乏,这个问题将在后文继续展开论述。

最后是司考的答案一直在追求"唯一"和"确定"的事实。[⑤] 这一点直到 2017 年司考末年也没有发生任何变化。

(二)《司考十年反思录》的辨析与总结建议

通过以上几点,可以看出 2002 年至 2017 年中国法学职业教育与司

---

⑤ 参见李红海:《统一司法考试与合格法律人才的培养及选拔》,载《中国法学》2012 年第 4 期。

考之间的问题,《司考十年反思录》中也提出一系列总结和政策建议,⑥与此同时,也有诸多学者在2017年之前就对该问题献计献策,笔者将总结这些建议,并对截至2017年的效果进行判决和辨析。

第一,限定司考报考资格,只有拥有法学学位者才可报考。另外,对考试进行多种设置,比如限制考生的考试次数,一旦超过,便不得再考。关于这点笔者认为甚好,但不适用于现在,直到2022年,法考也没有采取这种方式,⑦笔者将在后文具体论述自己的观点。

第二,就司考的次数和方式,可以通过多轮考试来确定是否可以通过。也有建议第一轮和第二轮通过的考试获得的法律职业资格应当有所区别。有些学者认为,第一轮过后,将拥有去法律职业人员短缺的地区执业的资格;只有通过第二轮后,才可以在全国范围内执业。⑧ 笔者非常能理解此类学者希望通过这种方式改变某些地区法律职业人员短缺的现状,但根据笔者的看法,这种现象是社会问题,并非法学专业的问题,以改变司考强行改变社会问题,只会导致一大批人放弃学习法学专业,这反而会带来无可估量的损失。

第三,也有学者提出,将司考分为笔试和面试两种形式。⑨ 笔者认为这种做法颇有可取性,类似的情况其实在教师资格证考试中也有出现,只是国家是否有足够资源组织难度极大的司考面试,暂无法得知。最起码到2017年最后一次司考和最近一年2021年的法考,没有实施这

---

⑥ 参见武汉市司法局司法考试课题组:《司考十年反思录——以武汉市的司考数据为例兼论中国的职业法律教育》,中国政法大学出版社2013年版,第191~233页。

⑦ 尽管现在有第一次客观题考试通过后,两次主观题不过将失去全部成绩的规定。但并没有限制客观题的考试次数,哪怕第一次客观题通过,两次主观题失利,考生依旧可以参加下一次客观题考试。因此本质上,考生仍然可以无限次参加法考。参见《国家统一法律职业资格考试实施办法》第13条。

⑧ 参见付子堂:《改革司法考试制度,推进国家治理法治化现代化》,载《法制与社会发展》2014年第5期。

⑨ 参见孙笑侠:《法学教育的制度困境与突破——关于法学教育与司法考试等法律职业制度相衔接的研究报告》,载《法学》2012年第9期。

种制度。[⑩]

第四，部分学者提出，可以将司考制度与法律硕士研究生考试并轨。[⑪] 这同样是个极具创新性的思路，相关制度设计也极具思考价值；但这会导致法律硕士招生与国家统一研究生招生的割裂。鉴于大学专业中某一证书与某一专业具有高度相关性的情况非常常见（比如教师资格证与师范专业，医生的相关执业证与医学专业等），单独让法学专业采用这种做法似乎并不现实。

除此之外，诸如大学课程的设置、[⑫]司法研修阶段的设置等，都具有较高的价值。可以看出，学界对司考与整个法学教育都有着各自的真知灼见，但最起码在司考结束时，一切与2002年并没有什么本质区别。

三、司考改法考后的优与劣

随着2018年4月《国家统一法律职业资格考试实施办法》与6月《2018年国家统一法律职业资格考试公告》的发布，法考时代正式来临。[⑬] 截至2021年12月，国家已经举办过四次法考，其考试形式与司考相比是否出现进步？对法学教育、法律职业市场带来了什么样的影响？下面，笔者将对法考中暴露的问题和对法学领域其他层面的影响提一些基本的看法与观点。

（一）变化不大的题型

法考的考试范围和司考相比并没有太大变化，区别在于，客观题的

---

⑩ 通过第一轮考试的考生需要在第二轮通过面试才能获得教师资格证。但教师资格证的考生数量远大于司考的考生，且实际上教师行业的岗位需求也远高于法律职业，因此教师资格证的考试难度远低于司法考试。

⑪ 参见孙笑侠：《法学教育的制度困境与突破——关于法学教育与司法考试等法律职业制度相衔接的研究报告》，载《法学》2012年第9期。

⑫ 参见叶秋华、韩大元、丁相顺：《建构法学教育与司法考试的良性互动关系——“法学教育与司法考试”研讨会综述》，载《中国法学》2003年第2期。

⑬ 参见潘剑锋：《论以法律职业精英化为目标的法律职业资格考试》，载《现代法学》2019年第5期。

卷子由三张减为两张,考试内容分布情况为:

卷一包括法理学、中国法律史、宪法、国际法、司法制度和法律职业道德、刑法、刑事诉讼法、行政法与行政诉讼法、中国特色社会主义法治理论。

卷二包括经济法、国际私法、国际经济法、民法、商法、民事诉讼法与仲裁制度、知识产权法、劳动与社会保障法、环境资源法。

主观题包括中国特色社会主义法治理论、法理学、刑法、刑事诉讼法、行政法与行政诉讼法、民法、商法、民事诉讼法与仲裁制度。

外国法律史的内容基本淡出考试范围,此外劳动与社会保障法、环境资源法则出现在考查的范围内。

客观题两张卷子的题型依旧为50道单选题、35道多选题和15道不定项选择题。主观题从7道减少为“4+1”道,时间被增至4小时,同时在考场上每位考生还会被配备一本内容为我国现有所有有效的法律法规的书籍,供学生翻阅(考场还会配备电子版)。客观题的题量有所减少,主观题大题数量减少,但小题增加,因此题目总数还是要多一些的。法考相较于司考其最大的特色在于,打破了原有的记忆链条,即原先考试中按科目顺序考查的方式被改变,就以现在的客观题卷二为例,第一道题很可能不会是经济法的题目,后面的题目也不会按照国际私法、国际经济法的顺序进行,而很可能突然变换为环境资源法;⑭各部分法内部的考查方式也会全部打散;⑮不仅如此,有些题目的选项中还会同时出现不同科目的内容。⑯ 这种做法还被贯彻到主观题中,一道大题很可能会出现民法、商法、民事诉讼法混合的情况。⑰

打破记忆链条的考试方式,笔者认为确实会加大考试的难度。正如

⑭ 例如2018年法律职业资格考试的卷二中,第27题考查的是保险法,28题考查的是反垄断法,29题考查的是反不正当竞争法,但是30题考查对象变成侵权法,即从经济法跳转为民法,而民法的考查点大多在前20题。

⑮ 如2018年法律职业资格考试中的民法试题,不会按照民法“概述、自然人、法人和非法人组织……”的顺序考查,也是完全打散。

⑯ 如2018年法律职业资格考试卷二第51题。

⑰ 例如2018年法律资格职业考试主观题第4题。

上文所讲，不再按既定的考试科目和内部的内容顺序出题，会让很多考生在看到题目的时候无法迅速定位考点。也正是因此，可以理解为何司考三张卷子的客观题会在法考时变成两张卷子，而主观题更是加长到四个小时，同时给予考生翻阅法条的条件。题量的减少必然意味着考试难度的加大，可以翻阅法条也说明考试的记忆量已经超出了正常考生能够记忆的范围，因此需要法条予以帮助。

法考的难度确实提高了，但是法考的考查方式真的变了吗？笔者认为没有。从题目的内容上看，仍旧是重记忆轻理解，主观题和客观题还是在追求唯一的正确答案。出题者无非是把对学生记忆的要求提升到一个新的层次，学生背得更辛苦了，除此之外，通过当前法考的考生其所习得的解决问题的技巧和法考思维与当年司考思维并没有太大区别。

（二）被牺牲的客观题落榜者

在考试次数上，法考的设计终于符合部分学者的构思，一年分两次进行考试，将客观题和主观题分开考查，客观题的考试一般在每年的8月末或者9月初，而主观题则在10月中旬。只有通过客观题考试的考生才有资格参加下一轮的主观题考试，⑱与此同时，客观题的有效期限为两年，通过客观题的考生可以选择本年参加考试，也可以选择来年再考；今年参加过主观题但是未能通过的考生，下一年依然可以直接参加主观题考试。

值得注意的是，以前的司考，其通过的标准是四张卷子加起来达到360分及以上，即主观题和客观题的分数相加，四张卷子各自是否达到及格线（90分）并不重要，而现如今则为客观题和主观题均要合格方可通过。以前经常会出现的客观题或主观题分数不够，可以靠另一部分来提分的情况在此时不再有效。这意味着考生在客观题部分就需要有足够的准备，偏科在法考时代并不能保证考生通过考试。如果司考时代客观题不足及格线的同学通过司考的概率依旧有50%，那么现在就是0%，这一部分学生成为牺牲品。当然，两次考试分开进行在某种程度上

---

⑱ 《国家统一法律职业资格考试实施办法》第13条。

也是在保证学生有足够的时间分开复习这两个部分。就法律职业教育和人才培养的角度来看,我们确实也需要更加全能的考生,从这意义上讲,这是一个值得肯定的进步。

(三)难以理解的通过率

如果说法考的难度相较于司考有所提升,那么通过率应该会有所下降,这样才能体现出考试的水准和考查的意义所在。但令人匪夷所思的是,2018年的通过率明显高于2011年至2017年的司考通过率,2019年的通过率达到了19%,2020年的通过率也很高。[19] 2021年的整体通过率还未公布,但从这种考试难度和通过率的巨大反差很难找到合适的理由进行解释,但也并不是没有蛛丝马迹可寻,笔者认为,报名条件的区别对待是现在法考通过率比较高的潜在原因。(见表2)

表2 国家统一法律职业资格考试条件

学历		2018年4月28日前入学	2018年4月28日后入学
专科		不可以考	不可以考
非全日制(自考)	法本	可以考	不可以考(除非考法硕)
	非法本	可以考	不可以考(除非考法硕)
	法硕	可以考	可以考
全日制	法本	可以考	可以考
	非法本	可以考	不可以考(除非考法硕)
	法硕	可以考	可以考

我们可以看到,法考报考条件相较司考发生了较大改变,多位学者提出的将报考资格限制在法学本科类学生的建议成为现实,[20]同时,对于部分原先拥有资格,但按照该条例失去报名资格的非法本学生,《国家统一

[19] 根据《司法部2021年法治政府建设年度报告》的说法,共有16.2万人获得法律职业资格,可推出2020年通过考试的人数为16.2万人,对比这几年平均70万左右的报名人数,这仍然是一个极高的通过率。

[20] 参见孙笑侠:《法学教育的制度困境与突破——关于法学教育与司法考试等法律职业制度相衔接的研究报告》,载《法学》2012年第9期。

法律职业资格考试实施办法》采取“老人老办法，新人新办法”的做法，将时间点定在2018年4月28日，在这之前入学的非法本考生都有资格参加法考。㉑

但改变绝不仅于此，根据报名条件的规定，即便是拥有法学专业学位的考生也得在拿到学位后才可以拥有报名资格，一言蔽之，就是司考时期大四上学期可以参加考试的时代结束了。㉒《国家统一法律职业资格考试实施办法》的第9条和第22条的生效，意味着2017年入学的大学生（无论是本科生还是研究生）是最后一届可以在大学期间报考法考的同学，即这一届的学生最早可以参加考试的时间是2020年的法考。

因此，由于2020年及之前的考试会有大量法学或非法学的大四在校生报考，其专业知识水平相较于已获得法学学位的本科生或研究生确实要弱一些，那么也许会有某种方式会导致通过的考生数量较考试难度所应该通过的学生数量而言更多一些，到这一层面，就无法猜测具体的操作方式了。鉴于2022年之后，考生的主力将会集中在获得法学学位的本科生或者研究生，可以预见到之后的法考会更难，而通过率也将恢复到其题目难度所应体现的水准㉓。

（四）对就业和落户的影响

前文提到，《国家统一法律职业资格考试实施办法》中对报名条件的规定采取“老人老办法，新人新办法”的做法，2018年4月28日以后入学的学生，只有在获得法学学位证书的情况下，才有资格报考法考，一般情况下，这指的就是2018年9月入学的新生。以法律精英化为目的所制定的法考设计这个条件尽管无可厚非，但与现实情况出现了脱离。司考时代允许大四学生参加考试的一个重要原因是方便这些学生在毕业后找到

㉑ 《国家统一法律职业资格考试实施办法》第22条。

㉒ 《国家统一法律职业资格考试实施办法》第9条第5款。

㉓ 中国政法大学于2022年的一则公告中称，2021年全国法考平均通过率只有7.6%。由于司法部暂未发布官方公告，因此无法得知该数据的准确性。但鉴于2021年法考是最后一次报考资格与司考时代无异的考试，该数据很可能存在一定的真实性。参见《喜报！2021年度法学院2018级本科生法考通过率达86.63%》，载中国政法大学法学院官网2022年5月16日，http://fxy.cupl.edu.cn/info/1087/12436.htm。

合适的法律专业工作；公务员考试中与法学专业对口的法院、检察院、公安、司法局等都对法律职业资格证明存在要求，社会上的律所，公司法务，尤其是这其中的知名律所和知名法务均直接规定要求应聘者通过法考（司考）。在这种情况下，《国家统一法律职业资格考试实施办法》作出此项规定恐不甚合理。非法本硕士尚且可以依靠其本科专业寻到一份还算不错的工作，而法学本科生要想找到好工作只怕是难上加难。

与此相关的还有落户事宜，近年来各地对大学生毕业落户的政策均有所放宽。就理论上而言，毕业生到绝大部分城市工作均可实现落户，且不论工作是好是坏。但北京和上海是例外，首先是北京，北京的落户政策采取进京指标的方式，即有一些特定企事业单位拥有落户资格，除开公务员以外，不少大型国有企业、中央企业、事业单位以及少部分私企均有这种指标，但可以肯定的是，上述单位均为准入要求极高的单位，和法律相关专业的大部分都会要求名校学历与专业证书。至于上海，上海在落户方面，对应届生一直采取的是积分落户政策，即达到一定分数就可以在上海拿到户口，2019 年《非上海生源应届普通高校毕业生进沪就业申请本市户籍办法》中对非上海生源毕业生的落户分数均为 72 分，其中很重要的一点，便是用人单位要素的计分。㉔

按照上述要求，与用人单位签订劳动合同或聘用合同期为一年及以上的就业协议，才能获得 5 分。但在具体办理落户的过程中会发现，对于用人单位的资质和社保金额，也有相关规定；以 2019 年为例，对用人单位就有很细致的要求。㉕

从上述办法的内容中可以看出，对非上海本地的企业，其要求极其严苛，尤其是对于律师事务所这类不要求注册资金数额的企业尤为如此，注册资本在 1000 万元以上的律师事务所多为国内顶级的律师事务所，而大部分律师事务所实际上就没有注册资本。在这种情况下寻找一个较为合

㉔ 参见《2019 年非上海生源应届普通高校毕业生进沪就业申请本市户籍办法》第 4 条第 3 款。

㉕ 参见《2019 落户上海政策要求，应届生落户办理资料》，载上海积分网 2019 年 6 月 27 日，http://www.tltzg.com/luohu/1958.html。

适的企业就困难得多。此外，对于社保缴纳的数额，也有要求，这就意味着应届生所找到的工作得具有较高的薪水，否则也无法实现落户，而具有较高薪水的工作岗位往往对应聘者有着较高要求，众多要求中通过法考（司考）反而是最基本的条件之一，这就重新回到法考的报考条件本身。在政策无法改变的情况下，暂时无法获得法律职业资格证书的应届生如若想在北京、上海落户，就得想方设法找到和法学专业无关、但薪水颇丰的职业，或是报考两地的公务员；考虑到公检法对证书的要求，意味着其也无法考到令人满意的岗位。对于2018年入学的法学专业本科生而言，其无法在毕业时得到法律资格职业证书，且即便大四能报考也无合适的公务员岗位，那么这大学四年将如何度过？有进取心、有志在法律行业做出一番事业的同学该确立什么样的学习目标？摆在他们面前的，似乎只有一条路——考取研究生。

（五）考研——新的独木桥

研究生所带来的利益对于2018年以后入学的学生而言会更为直接一些，本科为法学专业的学生在研究生阶段均可报考参加考试，而对于非法本专业的学生，报考法学硕士或者法律硕士会成为其以后能参加考试的唯一途径。这样看来，研究生学历对有志从事法律行业的学生已经成为一种必需。

目前而言，研究生分为国内和国外两种不同模式。国外硕士无论其形式、申请方式有何不同，均可认定为海外硕士（我国港、澳、台三地硕士也被等同视之）。海外硕士根据不同国家不同学校，要求也略有不同。世界知名的大学法学院对申请者的绩点、语言成绩等相关材料皆有很高要求，即便被成功录取，学费和在当地的住宿及生活费也是一笔较大的开销。

成为国内研究生的方式也有两种，一种通过推免制度，即“推荐优秀应届本科毕业生免试攻读硕士学位研究生”。推免生攻读学位根据具体情况均有所不同，攻读硕士和直接攻读博士皆有。然而拥有推免资格的学校数量有限，到目前为止，具有推免资格的学校为397所，而全国高校总数截至2019年6月15日为2956所㉖。上述397所学校具有法学专业推免资格的可能不到一半,且名额大量集中在“985”“211”及双一流高校中。因此,对于大部分法学专业本科生或有志进入法学领域的非法学专业的学生,只剩下一条路可走——考研。然而现在的考研早已今非昔比,由原先只是作为有研究志向的个人意愿到当前有可能变为不得不考的学历考试,从报考人数上就能很直观地看到改变。㉗

截至本文开始构思的2019年,报考研究生入学考试的考生达到341万人,已达到历史最高点。然而到2022年,这个数字再次刷新到创纪录的457万人。㉘ 法学专业的报录比目前没有确切的数据,但是根据部分学校的情况,还是可以看出一些端倪。以中国人民大学为例,2017年法学院法学硕士的报录比已经达到16∶1;法律硕士(法学)为14.93∶1;华东政法大学2022年的非法本法硕为19.71∶1,法本法硕为16.99∶1;㉙均远高于国家平均水平。这种情况在其他五院四系和985高校的法学院也非常常见,考研渐有成为“独木桥”的趋势。

四、反思与建议

(一)为何要选择法学专业?

文章的第一部分中,笔者曾提到,全国范围内的律师助理工资水平处在一个令人震惊的低位,而这种低位还是得通过极难的司考(法考)才到达的。从这个角度上讲,选择法学专业似乎性价比过低,而一直走

㉖ 参见《全国高等学校名单》,载中华人民共和国教育部官网,http://www.moe.gov.cn/jyb_xxgk/s5743/s5744/202007/t20200709_470937.html。

㉗ 2020年考研指的是2019年参加的考研,以此类推,参见《全国各地硕士研究生招生考试报名人数》,载中国教育网2021年9月13日,http://www.eol.cn/e_ky/zt/common/bmrs/。

㉘ 《2022年全国硕士研究生招生考试准备工作就绪》,载中华人民共和国教育部官网,http://www.moe.gov.cn/jyb_xwfb/gzdt_gzdt/s5987/202112/t20211222_589176.htm。

㉙ 《全国考研大数据:这些专业太抢手你的排第几?》,载环球网2018年8月2日,https://baijiahao.baidu.com/s?id=1607650415217433331&wfr=spider&for=pc。

低的就业率也能印证这点。[30] 然而近年来法学专业的热度却一直有增无减，无论是高考填写志愿中各高校法学院的分数，还是研究生考试报考法学专业的人数都反映出这个现象。抛开确有极高法律理想、有志于从事法学行业领域工作的少部分人外，大部分人愿意选择此专业，反而是因为法学专业的性价比并不低。

在文科领域，法学是为数不多可以带来较高收入的专业。年入百万、千万的律师在全国各个地级市均有分布；绝大多数公司也都会有相应的法律岗位或部门以应对相关法律问题；法学专业更是公务员考试中的热门专业，几乎所有企事业单位均有法学专业考生的可去之处。高上限、低门槛、宽就业使法学专业具有极大的价值，再加上党的十八届四中全会确立更加坚定地走依法治国的治国路线，因此暂时性的就业困难并不能减灭学生们成为一名法学院或法学系学子的热情。笔者相信法学专业在今后依旧会拥有非常美好的未来，但无论是法律职业资格考试还是今后的法学教育，似乎都需要调整和改进。

(二)继续改革法考

笔者认为，法考的题型还需要进一步地改变，现有的题型仍旧是以强化记忆作为出发点，以追求正确的答案为最终目标。只要答案是唯一的，考察的方式就难有直接的变化。因此最好可以在主观题和客观题的题型设计上进行一些修正。

1. 加大材料分析题的难度。以美国为例，美国律师考试的第二部分(Multistate Essay Examination, MEE) 就专门是案例分析题，其指南明示，本部分考试意在考查考生的如下能力：(1)依据假定之事实确认其所包含的法律争点。(2)区分相关事实与非相关事实。(3)以清晰、简洁、流畅的语言对前述争点进行合理分析。(4)要能显示出考生对相关法律原则有很好的理解和把握。它要求考生展示其进行有效书面沟通的能

[30] 2018 年的法学专业就业率为 85.3%，在各大专业中依旧排名倒数。参见麦可思研究院编著：《2018 年中国本科生就业报告》，社会科学文献出版社、皮书出版社分社 2018 年版。

力。[31] 就考试内容上,会提供至少16页A4纸大小的材料要求考生进行相应的分析,其考试难度远大于我国目前的主观题。实际上,美国、德国、日本、韩国等国的司考难度均高于我国的重要原因,就在于材料分析题更为复杂。[32]

2. 引入法律文书写作题。早在《司考十年反思录》出版之前,主观题的考试范围里一直都包括法律文书写作,每一年的司考(法考)复习中,培训机构和讲师也都会强调需要注意法律文书。然而,直至2019年法考,仍未考过一道法律文书写作,笔者个人认为,作为法律实务中的重要一环,引入此类题型会很好地将职业培训与司考进行结合;能通过有法律文书写作的法考的考生,能更好地适应职场。因此,不妨将此类题型引入法律职业资格考试。

另外,将面试引入考核方式也是一种值得尝试的做法,之前已有多位学者提出过相关建议,这里不再赘述。[33]

3. 考虑限制考试次数。限制考试次数同样是多位学者提到的改进方式,以法律阶层精英化培养作为指导路线的话,这的确是一条比较合适的路径。但笔者看来,是否采取限制考试次数的时间点和限制的考试次数需要谨慎考虑。

前文提到,我国法学专业具有高上限、低门槛、宽就业的特点,在西方国家,法学专业同样具有高上限和宽就业的优势,但门槛并不低。各国的法学教育均极为全面,并伴随无处不在的考核和竞争,其中德国、日本、韩国等国家的司考的难度更是远胜于我国的法考,而像美国,甚至就没有在本科阶段开设法学课程。在文科领域中,申请法学专业的相关学位,其要求向来是最高的,由此可以看出,法学专业在其他国家根本就不

---

[31] 参见武汉市司法局司法考试课题组:《司考十年反思录——以武汉市的司考数据为例兼论中国的职业法律教育》,中国政法大学出版社2013年版,第106页。

[32] 相关国家的法学教育和司法考试制度可以参见武汉市司法局司法考试课题组:《司考十年反思录——以武汉市的司考数据为例兼论中国的职业法律教育》,中国政法大学出版社2013年版,第100~190页。

[33] 参见孙笑侠:《法学教育的制度困境与突破——关于法学教育与司法考试等法律职业制度相衔接的研究报告》,载《法学》2012年第9期。

是普通大学生可以攻读的专业，其门槛一直很高；这种门槛不仅体现在对学生自身的水平有极高要求，还体现在其家庭有充分的财力以支撑孩子通过极其严苛的法学教育，具有法学专业的学生不仅拥有极高的知识水平，在各国还具有中产阶级以上的阶级特征。综观我国目前所有职业资格考试，鲜有对考试次数进行限制，若是法考率先起头，将考试次数进行限制，恐会引起社会对法学专业门槛和阶级属性的思考。

严格地讲，如今法考次数的改变已经引发了相应的领域怪相。司考时代，相关司考培训机构就会推出各类价格不一的培训班次，以服务于有各类需求的考生。法考时代来临后，我们发现，培训机构将培训班次分成客观题和主观题两部分，这固然是按照法考考试情况作出的合理调整，但诡异之处在于，两个班次的收费居然相差无几。[34] 这等于一年的考试，法考培训机构可以赚两份钱。虽然并不是所有学生都会选择参加培训班复习考试，但即便如此，相关的法考讲义也是分成两份的，价格同样没有差别，学生需要花过去 2 倍的费用来购买教辅以通过法考。这也体现出法学专业的门槛确实在提高。

作为一门已成为公众焦点的学科专业，其改变势必会引起一系列社会反响。我国在高校扩招之际增加法学专业学生的招生，固然解决了当时的燃眉之急，但现今想将大门关上，恐已不易，也许 2022 年之后可以尝试对此进行一定程度上的试点。

（三）正确处理法学本科教育与研究生教育的关系

本科教育与研究生教育是具有本质区别的，这点不光是法学专业，其他专业也不例外（甚至更甚）。其在课程的覆盖面上就有所不同，法学本科教育会更加注重法学课程的全面性，使学生有机会充分接触到法学领域的所有内容；而研究生教育则更为精细，学生在选择特定专业后，会在该专业领域继续深耕，相较于本科的老师授课，这个阶段会更加注重学生自身对所感兴趣问题的研究，同时学生会有导师进行指导，跟随

---

[34] 参见《2020 年瑞达法考面授教学计划及阶段》，载瑞达法考官网 2021 年 1 月 4 日，http://www.ruidaedu.com/front/msbc/。

导师进行相应领域的问题探究,得到导师更为细致的指导才是研究生阶段的意义所在,而毕业论文则是整个研究生阶段最为重要的学习成果。所以,研究生和本科生的区别应该在于其所受到的教育方式不同,并不是说研究生就一定高人一等。

法考的报考条件改革看似是在走精英化路线,实际上却让有志于本科阶段就步入职场的学生陷入尴尬的境地:直接就业,找不到好工作;想找好工作,就得去攻读研究生。这会迫使大量考生不得不采取继续攻读研究生的做法。然而并不是所有人都适合研究生的学习模式,有很多学生本身更适合参与实务工作,大量本没必要考研的考生进入研究生阶段只会带来两个后果:第一,有一大批学生不适应研究生的学习方式,以至于出产的研究生水准参差不齐;第二,为适应这种状态,大学被迫采取和本科生类似的方式来培养研究生,以至于研究生教育和本科生教育没有任何区别。国外的一年制法律硕士(Master of Laws,LL. M.)就因为学制短和教学模式过于雷同国外本科教学模式而饱受诟病,现在国内的法学研究生教育已存在相关问题(尤其是将法学硕士学制改为两年)。因此,如何在研究生教育和本科生教育中寻求一种平衡,是法考时代来临后各高校应该仔细考虑的一个问题。也许美国的 J. D.(Juris Doctor)模式更值得各高校借鉴,毕竟在这种趋势下,更多研究生攻读学位的目的仍为寻求一份更好的工作。这势必会引起法学思维培养和职业思维培养的大融合或是大碰撞。

五、结语

2018 年入学的法学专业本科生必须在获得法学学位证书后才能法考,也就是说,这批学生将在 2022 年才可以参加法考,届时这批学生的身份是已经工作数月的工作者、赋闲在家备考的待就业者、还是已经可以继续接受教育的研究生,其比例如何,笔者表示难以预测。但笔者担心,报考条件的这种变化,一方面会让更多人加入考研和出国大军,进而影响法学研究生教育和本科生教育的同质化；另一方面，研究生的名额毕竟为少数，未能金榜题名者不得不从事一份与法律相关不大的工作，甚至是待业在家备考研究生考试。法考的通过率截止到已给出官方数据的2020年是很高，但是这种通过率和题目难度并不匹配；考试题型的难度虽然渐升，但仍然没有脱离司考时代的出题思维。法考的改变值得肯定，但一些变化却埋藏着隐患。这些变革是会为我国的法律职业培养出越来越多的精英，还是会减灭大学生报考法学专业的热情，进而直接影响我国法学事业，只能由时间来告诉我们结果。

On the Transformation from Judicial Professional Qualification Examination to Legal Professional Qualification Examination and the Development of Legal Education

—Rethinking on *Ten Years' Reflections on Judicial Professional Qualification Examination*

Yang Chengxin

Abstract: The book, *Ten Years' Reflections on Judicial Professional Qualification Examination*, takes Wuhan City as the research foundation, and carries out a very detailed analysis of the judicial examination situation from 2002 to 2011, which profoundly reveals the related defects of the judicial examination, and presents the sound suggestions with the consideration of the counterpart examinations in foreign countries. The Judicial Professional Qualification Examination lasted until the end of 2017, when some of the problems mentioned in the book were solved, and some problems became even worse. Meanwhile, the first legal professional qualification examination started at the beginning of 2018, which is considered not only as a transmutation but also a reform comparing with its predecessor. There are many changes in the types of examination questions, examination qualifications and examination times. While affirming the progress mentioned above, we should also noticed that the legal examination has not only changed the selection method of legal professional cultivation, but also changed China's legal education. Whether this change is positive or not can only be tested by time with careful analyses and prudent prediction.

Key Words: Judicial Professional Qualification Examination, Legal Professional Qualification Examination, legal education, postgraduate education

《法学教育研究》稿约

《法学教育研究》创办于2009年,是国内较早系统关注法学教育研究的专门性学术出版物,由西北政法大学高等教育研究所主办、法律出版社定期出版。2017年起本书每年出版4卷,现已入选南京大学CSSCI来源集刊。

宗旨:本书恪守科学性、实践性、创新性、开放性原则,集中出版法学教育教学研究成果,探索法学教育教学规律,促进法学教育事业的发展。

主要栏目有理论探讨、教学研究、比较研究、教材体系、管理经纬、学问人生、教育法制、法务反哺、法学资讯、书评等。

《法学教育研究》致力于搭建高水平的学术探讨平台,所有来稿均以学术价值为遴选标准。敬请作者来稿时提供:(1)中英文题目及作者姓名,标题尽量确切、简洁;(2)中英文摘要(不超过200字);(3)中英文关键词(3~5个);(4)作者简介(含姓名、工作单位、职称、学历学位、研究方向、通信地址、邮政编码、联系电话、电子邮箱),如果来稿系作者承担的省级以上科研基金项目,请注明项目名称和编号;(5)正文;(6)注释。

注释:是对文内某一特定内容的进一步解释或补充说明。用①②③……数字标注序号,采用当页脚注整篇连续编号形式。著作类包括“序号,著者:《书名》,出版社出版年,起止页码”。论文类包括“序号,作者:《题目》,载《报刊名》出版日期或期号”。

声明:《法学教育研究》已许可中国学术期刊(光盘版)电子杂志社在中国知网及其系列数据库产品中以数字化方式复制、汇编、发行、信息网络传播全文。《法学教育研究》已许可北大法宝法学期刊数据库以电子形式对本书进行制作、以不脱离于数据库的形式进行传播和销售;《法学教育研究》被北京万方数据股份有限公司、万方数据电子出版社数据库收录,相关著作权使用费和稿费一并支付;《法学教育研究》已被维普网全文收录。如无特别说明,作者提交文章发表的行为即视为同意上述声明。

本书的微信公众号为 fxjyyj-xfd,定期发布相关信息,敬请关注,官方网站为 http://ler. nwupl. cn/。本书的网络采编系统现已开通,网址为 http://fxjy. cbpt. cnki. net,请通过网络采编系统投稿。

联系方式:

E-mail: fxjyyj@126. com

电话:029-88182796

地址:西安市长安区西长安街558号

西北政法大学长安校区80号信箱

邮编:710122

图书在版编目(CIP)数据

法学教育研究. 第36卷 / 杨宗科主编. -- 北京 : 法律出版社, 2022

(法学教育研究)

ISBN 978-7-5197-6889-8

Ⅰ. ①法… Ⅱ. ①杨… Ⅲ. ①法学教育-研究-中国 Ⅳ. ①D92-4

中国版本图书馆CIP数据核字(2022)第119855号

法学教育研究(第36卷)
FAXUE JIAOYU YANJIU (DI-36 JUAN)

杨宗科 主编

责任编辑 孙东育 曲 杰
装帧设计 李 瞻

出版发行 法律出版社
编辑统筹 学术·对外出版分社
责任校对 王晓萍 王语童
责任印制 陶 松
经 销 新华书店

开本 710毫米×1000毫米 1/16
印张 25 **字数** 341千
版本 2022年1月第1版
印次 2022年1月第1次印刷
印刷 北京建宏印刷有限公司

地址:北京市丰台区莲花池西里7号(100073)
网址:www.lawpress.com.cn
投稿邮箱:info@lawpress.com.cn
举报盗版邮箱:jbwq@lawpress.com.cn
销售电话:010-83938349
客服电话:010-83938350
咨询电话:010-63939796

书号:ISBN 978-7-5197-6889-8
定价:98.00元